普通高等教育系列教材

"十二五"江苏省高等学校重点教材（编号：2015-1-128）

电子商务概论

第 2 版

高功步　主编

机械工业出版社

本书从应用与管理的角度,针对电子商务专业及其他经济管理类专业学生的特点,按照电子商务知识体系,从理论到实践进行了全方位的内容整合。全书共 8 章,其知识点覆盖了电子商务专业知识的核心内容。每章除介绍基本知识外,还附有相关的引导案例、思考题、拓展题、典型案例分析等,可全面提升读者对电子商务的理解和应用。

本书适合作为高等院校电子商务专业本科和专科学生、经济管理或信息技术类本科学生的教学用书,也可作为研究生及各类电子商务专业培训的教材,同样适合作为企事业部门的管理和业务人员的参考书。

本书配有授课电子课件,需要的教师可登录 www.cmpedu.com 免费注册,审核通过后下载,或联系编辑索取(QQ:2850823885,电话:010-88379739)。

图书在版编目(CIP)数据

电子商务概论/高功步主编. —2 版. —北京:机械工业出版社,2017.10 (2021.1 重印)

普通高等教育系列教材

ISBN 978-7-111-58801-6

Ⅰ. ①电… Ⅱ. ①高… Ⅲ. ①电子商务-高等学校-教材 Ⅳ. ①F713.36

中国版本图书馆 CIP 数据核字(2018)第 004597 号

机械工业出版社(北京市百万庄大街 22 号　邮政编码 100037)
策划编辑:王　斌　　责任编辑:王　斌
责任校对:张艳霞　　责任印制:郜　敏

北京中兴印刷有限公司印刷

2021 年 1 月第 2 版·第 5 次印刷
184mm×260mm·17.5 印张·423 千字
8301—10200 册
标准书号:ISBN 978-7-111-58801-6
定价:52.00 元

电话服务	网络服务
客服电话:010-88361066	机　工　官　网:www.cmpbook.com
010-88379833	机　工　官　博:weibo.com/cmp1952
010-68326294	金　书　网:www.golden-book.com
封底无防伪标均为盗版	机工教育服务网:www.cmpedu.com

前　言

电子商务经过多年的快速发展，已经成为国家社会经济建设的一个基本组成部分。电子商务为企业和个人带来了新的机遇和新的挑战，它改变了企业的商务活动方式和人们的消费方式。如果说昨天的电子商务还沉湎于网络和信息化过程所带来的变化，那么今天的电子商务则更强调它所衍生出的创新、创业、创意及所产生出来的巨大社会经济效益。

根据中国互联网络信息中心（CNNIC）发布的《第44次中国互联网发展状况统计报告》，截至2019年6月，我国网民规模达8.54亿，普及率达61.2%，较2018年底提升1.6个百分点，新增网民2598万。我国手机网民规模达8.47亿，网民通过手机接入互联网的比例高达99.1%。良好的互联网发展状况，为我国电子商务的快速发展打下了良好基础。

自2005年以来，我国电子商务市场交易额稳定增长，2015年我国电子商务市场规模达到20.8万亿元，2016年达到26.1万亿元，2017年达到29.16万亿元，2018年达到31.63万亿元。截至2019年6月，我国网络购物用户规模达6.39亿，较2018年底增长2871万，占网民整体的74.8%，手机网络购物用户规模达6.22亿，较2018年底增长2989万，占手机网民的73.4%。电子商务领域首部法律《电子商务法》正式出台，对促进行业持续健康发展具有重大意义。可以说，中国的电子商务产业已经进入一个辉煌的发展阶段。这一态势，也对电子商务人才的需求提出了更高要求。

本书在第1版的基础上，进行了较大幅度的修订。在保留电子商务经典内容的基础上，完成了以下三个方面的调整：一是考虑互联网基础知识与技能的普及度，删除了电子商务技术基础的内容，同时将新技术在相关环境描述中进行介绍；二是增加了电子商务的新发展，重点阐述了移动电子商务、跨境电子商务与电子商务生态系统等新内容；三是更新了全书案例，精选经典新颖的案例，并结合案例平台的移动端阅读，强化理论与实践结合。

本书由扬州大学高功步、焦春凤负责总体策划与统稿，并具体参与了第1章、第3章、第4章及全书案例部分的编写，其他参加本书编写的人员有柯浚（第2章、第7章）、连远强（第6章、第8章）、曹宏进（第5章）。参加本书资料收集和校对工作的人员还有毕缘媛、李婉贤、高雨晴、吴丽超等。

本书得到了浙江大学陈德人教授、北京邮电大学吕廷杰教授、北京邮电大学胡桃教授、复旦大学邵明博士、浙江万里学院张少中教授、南京财经大学韩耀教授、南京财经大学杨凤召教授、盐城工学院卞保武教授、扬州大学牛刚教授、南京奥派信息产业股份公司徐林海董事长的大力协助，在此表示衷心的感谢。本书案例根据陈德人、张少中、高功步、徐林海主编的《电子商务案例分析（第2版）》、中国电子商务案例云服务平台，以及相关的网上资料整编而成。本书在编写过程中，参考和引用了许多专家学者的资料，在此表示衷心的感谢。若有资料引用而由于疏忽未能列出出处的，在此表示万分歉意。

本书由扬州大学出版基金资助出版。本书为江苏省高等学校重点教材立项建设项目（2015）、江苏省优秀研究生课程（2016）、江苏省研究生教育教学改革课题（JGLX_092）、教育部产学合作协同育人项目（201701066001、201701042001、201702067001、201801268005、201802269009、201802269019）、扬州大学创新创业改革项目（yzucx2016-9C）、扬州大学本科专业品牌化建设与提升工程项目（ZYPP2018C025）、扬州大学教改课题（互联网+创新创业在线开放课程）、扬州大学商学院本科教学工程项目（电子商务）的阶段性成果。

由于时间仓促和水平所限，书中难免有不妥之处，敬请读者不吝赐教。

高功步

2020 年 1 月于扬州大学

目　录

前言
第1章　电子商务概述 …………… 1
学习目标 ………………………… 1
引导案例 ………………………… 1
1.1 电子商务的产生与发展 ……… 2
1.1.1 电子商务产生的背景 …… 2
1.1.2 电子商务的发展历程 …… 4
1.2 电子商务的相关概念 ………… 5
1.2.1 电子商务的定义 ………… 5
1.2.2 电子商务三流 …………… 8
1.2.3 注意力经济 ……………… 8
1.3 电子商务的特征与优势 ……… 9
1.3.1 电子商务的特征 ………… 9
1.3.2 电子商务的优势 ………… 10
1.4 电子商务对社会经济生活的影响 ………………………… 11
1.4.1 电子商务对经济的影响 … 11
1.4.2 电子商务对企业的影响 … 13
1.4.3 电子商务对政府的影响 … 15
1.4.4 电子商务对人类工作和生活方式的影响 ………………… 16
1.5 国内外电子商务的发展 ……… 16
1.5.1 全球电子商务的发展 …… 16
1.5.2 中国电子商务的发展 …… 19
本章小结 ………………………… 22
思考题 …………………………… 22
拓展题 …………………………… 22
典型案例分析 …………………… 22

第2章　电子商务的应用环境 …… 27
学习目标 ………………………… 27
引导案例 ………………………… 27
2.1 电子商务的技术环境 ………… 28
2.1.1 电子商务的技术基础 …… 28
2.1.2 电子商务新技术的应用 … 31

2.2 电子商务的法律环境 ………… 37
2.2.1 电子商务法概述 ………… 37
2.2.2 电子商务交易中的法律问题 …… 40
2.2.3 电子商务中的知识产权问题 …… 43
2.3 电子商务的经济环境 ………… 46
2.3.1 电子商务对税收的影响 … 46
2.3.2 电子商务对货币政策的影响 …… 51
2.3.3 电子商务对其他经济政策的影响 ……………………… 54
2.4 电子商务应用中的政府行为 …………………………… 54
2.4.1 对电子商务应用发展的促进 …… 54
2.4.2 对电子商务交易行为的监管 …… 56
本章小结 ………………………… 57
思考题 …………………………… 58
拓展题 …………………………… 58
典型案例分析 …………………… 58

第3章　电子商务的运作模式 …… 64
学习目标 ………………………… 64
引导案例 ………………………… 64
3.1 电子商务的分类与盈利模式 … 65
3.1.1 电子商务的分类 ………… 65
3.1.2 电子商务的盈利模式 …… 71
3.2 B2C电子商务 ………………… 74
3.2.1 B2C电子商务的主要经营模式 ………………………… 75
3.2.2 B2C电子商务模式的基本流程 ………………………… 76
3.2.3 B2C电子商务模式的主要优势 ………………………… 76
3.2.4 适合B2C电子商务经营的商品 ………………………… 77
3.2.5 B2C消费者行为分析 …… 77
3.3 C2C电子商务 ………………… 79
3.3.1 C2C电子商务交易平台 … 80

V

3.3.2 网上拍卖的类型 …………… 80
3.3.3 C2C 电子商务的基本流程 …… 81
3.4 B2B 电子商务 ………………… 82
　3.4.1 B2B 电子商务的内涵和优势 … 82
　3.4.2 B2B 电子商务的实施步骤和
　　　　途径 ………………………… 83
　3.4.3 B2B 电子商务的模式 ……… 83
3.5 演化的电子商务模式 …………… 85
　3.5.1 C2B 模式 ………………… 85
　3.5.2 C2B2B 模式 ……………… 85
　3.5.3 B2B2C 模式 ……………… 86
　3.5.4 O2O 模式 ………………… 86
　3.5.5 SOLOMO 模式 …………… 86
　3.5.6 BOB 模式 ………………… 86
　3.5.7 B2Q 模式 ………………… 87
　3.5.8 F2C 模式 ………………… 87
本章小结 ……………………………… 87
思考题 ………………………………… 87
拓展题 ………………………………… 87
典型案例分析 ………………………… 87

第 4 章 电子商务安全管理 ………… 90
学习目标 ……………………………… 90
引导案例 ……………………………… 90
4.1 计算机网络安全概述 …………… 91
　4.1.1 网络安全的概念 …………… 91
　4.1.2 网络安全威胁 ……………… 91
4.2 电子商务安全威胁和安全
　　要素 ……………………………… 93
　4.2.1 电子商务的安全问题 ……… 93
　4.2.2 电子商务的安全需求 ……… 95
　4.2.3 电子商务的安全措施 ……… 96
4.3 电子商务的主要安全技术 ……… 97
　4.3.1 数据加密技术 ……………… 97
　4.3.2 数字摘要技术 ……………… 100
　4.3.3 数字签名技术 ……………… 101
　4.3.4 数字证书和认证技术 ……… 102
　4.3.5 防火墙技术 ………………… 106
　4.3.6 入侵检测技术 ……………… 107
　4.3.7 虚拟专用网技术 …………… 108

4.4 电子商务安全交易协议 ………… 108
　4.4.1 安全套接层协议（SSL）…… 109
　4.4.2 安全电子交易协议（SET）… 111
　4.4.3 SSL 协议与 SET 协议的比较
　　　　分析 ………………………… 113
本章小结 ……………………………… 114
思考题 ………………………………… 114
拓展题 ………………………………… 114
典型案例分析 ………………………… 114

第 5 章 电子商务支付 ……………… 119
学习目标 ……………………………… 119
引导案例 ……………………………… 119
5.1 电子支付概述 …………………… 120
　5.1.1 电子支付的概念 …………… 120
　5.1.2 电子支付的发展阶段 ……… 120
　5.1.3 电子支付系统的概念 ……… 121
5.2 常见的电子支付方式 …………… 121
　5.2.1 电子货币 …………………… 121
　5.2.2 银行卡 ……………………… 123
　5.2.3 电子现金 …………………… 128
　5.2.4 电子支票 …………………… 129
　5.2.5 微支付 ……………………… 132
　5.2.6 比特币 ……………………… 133
5.3 第三方支付 ……………………… 135
　5.3.1 第三方支付平台的概念 …… 135
　5.3.2 第三方支付平台的工作流程 … 135
　5.3.3 我国第三方支付业务的发展 … 136
5.4 移动支付 ………………………… 138
　5.4.1 移动支付的概念与特征 …… 138
　5.4.2 移动支付体系架构及流程 … 139
　5.4.3 移动支付发展的现状与趋势 … 140
5.5 网络银行 ………………………… 141
　5.5.1 网络银行概述 ……………… 141
　5.5.2 网络银行的框架结构 ……… 143
　5.5.3 网络银行的安全保障 ……… 145
本章小结 ……………………………… 146
思考题 ………………………………… 147
拓展题 ………………………………… 147
典型案例分析 ………………………… 147

第6章 电子商务物流与供应链管理 ... 151
学习目标 ... 151
引导案例 ... 151
6.1 物流概述 ... 151
6.1.1 物流的定义与分类 ... 151
6.1.2 物流的功能 ... 153
6.1.3 电子商务与物流 ... 156
6.2 电子商务物流配送及运作模式 ... 159
6.2.1 电子商务物流配送体系 ... 159
6.2.2 电子商务的物流模式 ... 160
6.2.3 电子商务物流运作策略与模式选择 ... 167
6.3 电子商务下的物流信息技术 ... 169
6.3.1 条码技术 ... 169
6.3.2 射频技术 ... 173
6.3.3 地理信息系统 ... 175
6.3.4 全球定位系统 ... 177
6.3.5 大数据技术与云物流 ... 179
6.4 电子商务与供应链管理 ... 182
6.4.1 供应链与供应链管理 ... 182
6.4.2 电子商务环境下的供应链管理变革 ... 185
6.4.3 电子商务环境下的供应链管理方法 ... 189
本章小结 ... 194
思考题 ... 194
拓展题 ... 194
典型案例分析 ... 195

第7章 网络营销 ... 197
学习目标 ... 197
引导案例 ... 197
7.1 网络营销概述 ... 197
7.1.1 网络营销的含义与内容 ... 197
7.1.2 网络营销与传统营销 ... 199
7.1.3 网络营销管理 ... 202
7.1.4 网络营销的理论基础 ... 203

7.2 网络营销基本策略 ... 205
7.2.1 网络营销产品策略 ... 205
7.2.2 网络营销品牌策略 ... 206
7.2.3 网络营销定价策略 ... 207
7.2.4 网络营销促销策略 ... 208
7.2.5 网络营销渠道策略 ... 210
7.3 网络营销工具及方法 ... 211
7.3.1 搜索引擎营销 ... 211
7.3.2 电子邮件营销 ... 214
7.3.3 网络广告 ... 217
7.3.4 病毒营销 ... 219
7.3.5 博客营销 ... 220
7.3.6 微博营销 ... 222
7.3.7 微信营销 ... 223
7.3.8 APP营销 ... 225
本章小结 ... 227
思考题 ... 227
拓展题 ... 228
典型案例分析 ... 228

第8章 电子商务的新发展 ... 234
学习目标 ... 234
引导案例 ... 234
8.1 移动电子商务 ... 234
8.1.1 移动电子商务概述 ... 234
8.1.2 移动电子商务的实现技术 ... 238
8.1.3 移动电子商务的运营模式 ... 240
8.1.4 移动电子商务的发展趋势 ... 243
8.2 跨境电子商务 ... 246
8.2.1 跨境电子商务概述 ... 246
8.2.2 跨境电子商务的运营模式和实践模式 ... 251
8.3 电子商务生态系统 ... 256
8.3.1 电子商务生态系统概述 ... 256
8.3.2 电子商务生态系统的培育 ... 260
本章小结 ... 262
思考题 ... 263
拓展题 ... 263
典型案例分析 ... 263

参考文献 ... 269

第1章 电子商务概述

学习目标

- 了解电子商务的发展状况。
- 熟悉电子商务对社会经济的影响。
- 掌握电子商务的相关概念、特征与内涵。

引导案例

培育开放、协同、繁荣的电子商务生态系统——阿里巴巴

1999年,本为英语教师的马云与另外17人在中国杭州市创办了阿里巴巴网站,为中小型制造商提供了一个销售产品的贸易平台。其后,阿里巴巴茁壮成长,成为主要的网上交易市场,让全球的中小企业通过互联网寻求潜在贸易伙伴,并且彼此沟通和达成交易。

2002年年末,阿里巴巴宣布首次实现盈利600万元,并于2003年5月推出了个人网上交易平台"淘宝网",进入C2C电子商务市场;随后阿里巴巴又推出第三方支付平台"支付宝",用于解决电子商务交易的支付问题。2005年8月,阿里巴巴宣布全面收购雅虎中国全部资产,与雅虎公司达成战略联盟关系,雅虎出资10亿美元成为阿里巴巴的股东之一。2007年11月,阿里巴巴成功于港交所主板上市。2008年3月,阿里巴巴成为恒生综合指数及恒生流通指数成分股。阿里巴巴已成为全球领先的电子商务企业,是中国最大的电子商务公司。

2010年,阿里巴巴将增值服务又重新提升到战略发展的重要地位,增值服务发展成为阿里巴巴国际交易市场的业务重点,2010年阿里巴巴的增值服务收入占中国Gold Supplier(金牌供应商)收入25%以上。2011年1月1日,阿里巴巴推出2011版中国Gold Supplier,2011版中国Gold Supplier旨在提升客户满意度并结合国际交易市场上的增强功能。在2012年2月21日,阿里巴巴集团以每股13.5港元价格提出收购阿里巴巴B2B公司股份,在中国香港回购退市,从而实现私有化。2014年9月19日,阿里巴巴集团成功登陆美国纽约交易所,并以92.7美元的价格开盘,较68美元/股的发行价上涨36.32%。以首日开盘价计算,阿里巴巴的市值达到2 383亿美元,比肩中石油的市值,成为仅次于中国移动、中石油的第三大市值的中国企业。阿里巴巴在纽交所上市总计融资217.7亿美元,成为美国有史以来规模最大的IPO(首次公开募股)。

阿里巴巴集团及其下属的各家公司以服务为核心,其服务能力延伸至电子商务的多个环节。利用其在电子商务服务上的经验和对网商群体的理解,以及数量庞大的会员吸引了

大量相关机构的参与，如银行、物流、保险、IT企业、营销机构等，共同为网商提供完善的服务。这些机构以各种方式集聚在阿里巴巴平台之上，逐渐形成以阿里巴巴集团为领导种群、阿里巴巴平台上的交易双方为关键种群、网络交易服务提供商为支持种群、增值服务提供机构为寄生种群的电子商务生态系统。

1.1 电子商务的产生与发展

1.1.1 电子商务产生的背景

1. 电子商务产生与发展的动力

（1）市场竞争的压力

电子商务产生与发展的动力首先来自于市场竞争的压力。在市场经济条件下，企业之间必须按照"优胜劣汰"的法则相互进行竞争，只有那些具有竞争优势的企业才能在市场获得长期的生存和发展。企业的竞争优势主要来自两个方面：一是更优质的服务；二是更低的成本。而提高服务质量和降低运营成本的主要途径就是技术进步。因此，企业不断地寻求新的技术并将其应用于企业的经营与管理过程。而网络信息技术的出现，为企业提高服务质量和降低运营成本提供了新的有效途径。通过网络信息技术的应用，可以使企业的业务流程得到优化，经营管理效率得到提高，服务质量和水平得以大大提升，同时也为企业节省了大量的生产和销售成本。因此，随着网络信息技术的不断发展，电子商务很快被广大企业应用于企业的运营与管理过程，从而导致了电子商务的产生和发展。

（2）经济全球化的促进

经济全球化是指生产要素跨越国界，在全球范围内自由流动，各国、各地区相互融合成为一个整体的历史过程。最近一次的经济全球化浪潮发生在20世纪的后半期，各国之间的贸易往来更加频繁，相互之间的经济联系更加密切。特别是在20世纪80年代之后，经济全球化的步伐大大加快，各国之间经济的相互融合日益深入。经济全球化的不断发展，导致各种生产要素，以及产品、服务等流动的地域不断扩大，数量也在不断增加。相对于国内的商务活动，国际商务活动中所受到的制约因素更多，信息的传递与沟通面临的障碍更大，交易成本高的问题更加突出。为了突破由于地域与国家的不同所带来的各种障碍，降低在国际经济关系中的交易成本，提高国际经济交往的效率，促使人们将电子及网络信息技术应用于国际经济事务中。因此，经济全球化对电子商务的产生与发展也起到了极大的促进作用。

（3）各国政府的重视与推动

随着信息时代的到来，各国政府已经开始认识到信息化、网络化对经济发展的巨大推动作用，并把电子商务的发展作为实现国民经济信息化、提高国家竞争力和发展水平的重要内容而加以推动和支持。自1997年欧盟发布《欧洲电子商务协议》、美国随后发布《全球电子商务纲要》以后，电子商务越来越受到世界各国政府的重视，许多国家的政府都制定了电子商务发展的战略规划，加大了对信息基础设施的投入，制定了有利于电子商务发展的政策。同时，政府也开始加入到电子商务的行列，积极推行电子政府和电子政务，为电子商务的发展提供了有利的政策和制度环境。可以说，各国政府对电子商务的积极倡导和大力支持，对电子商务在世界范围得以蓬勃发展，起到了巨大的推动作用。

2. 电子商务产生与发展的条件

（1）计算机技术的广泛应用

在20世纪所有的新技术中，计算机技术无疑是最伟大的发明，它是现代技术中的核心技术。电子商务的产生与发展当然离不开计算机技术的发展与广泛应用，如果没有计算机的发展并将其应用于商务活动，也就不可能有电子商务的产生和发展。

计算机自1946年诞生以来，经历了五代发展过程。从最早的电子管计算机，到后来的晶体管计算机和集成电路计算机，直至今天的大规模（超大规模）集成电路计算机和并行处理（多CPU）计算机，计算机技术取得了突飞猛进的发展。计算机的处理速度越来越快，处理能力越来越强，价格越来越低，应用也越来越广泛。计算机技术的飞速发展，为电子商务的产生和发展奠定了基础。

（2）互联网的普及和成熟

电子商务的产生与发展离不开网络信息技术的发展。单个计算机的作用是十分有限的，只有当不同的计算机相互连接成为网络时，计算机的作用才真正得到充分的体现。因此，各种计算机网络，特别是国际互联网（Internet）的产生与发展，是电子商务产生与发展的又一必不可少的重要条件。

国际互联网形成于20世纪70年代，从80年代以来，互联网走向成熟并开始广泛普及。由通信网络、计算机网络和信息资源网络构成的全球互联网络，已经把分布在各地的计算机连接起来，逐步实现了硬件资源、软件资源和信息资源共享。由于互联网逐渐成为全球通信与交易的媒体，其快捷、安全、低成本的特点使其成为新的商务工具，而全球上网用户呈几何级数增长的趋势，形成巨大的虚拟市场，这些变化为电子商务的发展提供了必要条件。

（3）网络支付手段的发展

完整的电子商务不仅要在网上进行交易，通过网络传递订单和交易信息，实现商流的信息化和网络化，还要通过网络来进行支付和结算，实现资金流的信息化和网络化。因此，电子商务的发展离不开各种网络支付工具和手段的支持。

随着金融电子化和网络化的发展，各种电子支付工具逐渐普及。特别是信用卡以其方便、快捷、安全等优点，已经成为人们消费支付的重要手段，并由此形成了完善的全球性信用卡计算机网络支付与结算系统，使网上支付与结算成为可能。这就为电子商务中资金流的电子化和网络化提供了重要手段。

（4）电子交易安全水平的提高

电子商务能否为广大企业和消费者所接受，不仅取决于这种新的交易方式的便利性，还取决于这种交易方式的安全性。只有在交易安全能够得到充分保障的情况下，电子商务才能够得到推广与普及，并成为占主导地位的交易方式。因此，电子商务的发展需要安全的交易环境作为保障。鉴于这个原因，网络安全一直是人们关注的一个焦点，并在网络安全技术上取得了很大的进展。

随着网络安全技术的发展，特别是在1997年，关于电子商务安全的电子安全交易协议（Secure Electronic Transfer Protocol，SET）正式出台，得到大多数厂商的认可和支持，并得到迅速的推广。该协议的执行使网络上的交易安全水平有了很大的提高，为电子商务的开展提供了一个必要的安全保障。

1.1.2 电子商务的发展历程

1. 基于电子数据交换的电子商务

从技术的角度来看，人类利用电子通信的方式进行贸易活动已有几十年的历史了。早在20世纪60年代，人们就开始了用电报报文发送商务文件；70年代，人们又普遍采用方便、快捷的传真机来替代电报，但是由于传真文件是通过纸面打印来传递和管理信息的，不能将信息直接转入信息系统，因此人们开始采用电子数据交换（Electronic Data Interchange，EDI）来进行企业间商务数据和信息的传递，这也就是电子商务的雏形。

EDI是将业务文件按一个公认的标准从一台计算机传输到另一台计算机上的电子传输方法。EDI在20世纪60年代末期产生于美国，当时的贸易商们在使用计算机处理各类商务文件的时候发现，由人工输入到一台计算机中的数据，其70%是来源于另一台计算机输出的文件。由于过多的人为因素，影响了数据的准确性和工作效率的提高，人们开始尝试在贸易伙伴之间的计算机上使数据能够自动交换，于是EDI应运而生。由于EDI大大减少了纸张票据，因此，人们也形象地将其称为"无纸贸易"或"无纸交易"。

2. 基于互联网的电子商务

20世纪90年代之前的大多数EDI都不通过互联网，而是通过租用的计算机线路在专用网络上实现的，这类专用的网络被称为增值网（Value-Added Network，VAN），这样做的目的主要是考虑到安全问题。但由于使用VAN的费用很高，仅大型企业才会使用，因此限制了基于EDI的电子商务应用范围的扩大。

20世纪90年代，互联网开始走向成熟并迅速得到普及，逐步地从大学、科研机构走向企业和百姓家庭，其功能也已从信息共享演变为一种大众化的信息传播工具。从1991年起，一直排斥在互联网之外的商业贸易活动正式进入这个新的领域，它使电子商务成为互联网应用的最大热点。随着互联网安全性的日益提高，作为一个费用更低、覆盖面更广、服务更好的系统，互联网逐步替代增值网而成为EDI的硬件载体，因此有人把通过互联网实现的EDI直接称为Internet EDI，即基于互联网的电子数据交换。这一转变标志着真正意义上的电子商务已经形成，电子商务从少数大企业的专利转变为所有企业都可能采用的新型商务模式和工具。

3. 基于物联网与移动平台的电子商务

迈入21世纪，新兴的移动电子商务崭露头角，以新的交易方式改善着人们的生活。特别是近年来物联网技术与移动通信技术、互联网完善地结合，嵌入电子商务库存、物流、支付、产品质量管理等整体流程，在提升移动电子商务整体水平的同时，让人们可以随时随地利用RFID射频芯片手机、PDA及掌上电脑等无线终端自如地开展衣食住行、购物娱乐和商务谈判。物联网技术凭借其提升自动化处理方面的天然优势，能有效地改善电子商务运营管理中存在的问题，使电子商务开启物联新时代。

特别是当RFID物联网智能芯片被植入手机后，通信和支付结合，现场支付、小额支付成为现实。当通过通信的作用把智能射频支付卡同时扩展到公交地铁、电子门票、门禁、身份识别、会员卡、优惠券等，演变为支付卡、民生卡、商务卡等多卡合一时，也就真正进入了移动电子商务的时代。

4. 基于地理位置服务的移动电子商务

地理位置服务（Location Based Service，简称 LBS）指通过电信运营商的移动通信网络，采用 GPS、基站等相关定位技术，结合地理信息系统（GIS），通过手机终端，确定手机用户实际位置信息，以短信、彩信、语音、网页以及客户端软件等方式为用户提供的地理位置信息服务、社交网络服务。国外移动电子商务的运营者如 Foursquare 和 Shopkick 利用用户独有的移动特性，引入 LBS 技术，依据用户的位置（地点）信息推出了有针对性的电子商务业务。当用户向系统登记其位置（地点）时，不但可以获得积分，还可以根据用户累计的积分及用户所在的位置得到业务系统推送的各类优惠券、折扣编码、代金券。因为 LBS 等定位技术的引入，商户可与应用提供商合作，向进入目标位置（地点）范围内的特定人群推送广告，快速地锁定目标人群进行营销，并通过短信、二维码等多种方式发送优惠券、代金券及广告信息。

国内一些新兴移动电子商务运营者如移动中国网等也依靠自己的技术力量，开发出了适用于中国的 LBS 技术，依据用户的位置（地点）信息推出了有针对性的电子商务业务。

LBS 技术的引入，使用户的搜索成本大为降低。它不仅为用户带来了更低的商品折扣，也使用户真切地体验到了移动电子商务带来的优惠，提升了用户体验；LBS 技术也使商户更快地锁定目标人群，进行针对性营销；对于移动电子商务运营商，因为 LBS 技术不仅带来了广告收入，还可以向商家提供流量分析工具而赢利。可以预见，随着移动电子商务业务的不断发展，LBS 技术将在更多的领域中得到广泛应用，为产业链中的各参与方带来意想不到的商机。

1.2 电子商务的相关概念

1.2.1 电子商务的定义

1. 对电子商务的不同理解和表达

电子商务是应用电子技术所开展的商务活动的总称。然而，由于对电子技术和商务活动的界定范围不同，因而对电子商务的理解和表达也会有所不同。

在英文中，电子商务主要有两个词与之相对应：一是 Electronic Commerce，缩写为 E-Commerce；二是 Electronic Business，缩写为 E-Business。采用 E-Commerce 还是 E-Business，实际上反映了人们对电子商务理解和认识上的差异。

就词义来看，Commerce 和 Business 有其相同的地方，但又存在着一定的差别。按照词典中的解释，Commerce 主要是指商业、贸易，即商品的买卖，尤指大规模的如在城市和国家之间的贸易；而 Business 除了一般的商业交易外，还包括工业和职业的交易，尤其是为进行交易而涉及的工商企业外部与内部的各项事务。仅就 Commerce 和 Business 这两个词的意思来看，Commerce 的词义相对要窄一些，而 Business 的词义要更加宽泛。因此，人们一般将 E-Commerce 称为狭义电子商务，将 E-Business 称为广义电子商务。

2. 对电子商务的不同定义

（1）E-Commerce 的定义

将电子商务理解为 E-Commerce，是很多政府支持的观点。美国政府在其制定的《全球电子商务纲要》中为电子商务所下的定义是：电子商务是指通过 Internet 进行的各项商务活动，它包括广告、交易、支付、服务等活动。

欧洲议会在《电子商务欧洲动议》中对电子商务给出的定义是：电子商务是指通过电子方式的商务活动。它的技术是通过电子方式处理和传递数据，包括文本、声音和图像。它的商务则涉及许多活动，不仅包括货物电子贸易和服务、在线数据传递、电子资金划拨、电子证券交易、货运单证、商业拍卖、合作设计和工程、在线资料、公共产品获得等有形商品的商务活动，而且包括无形商品（服务）的商务活动，如信息服务、金融服务、法律服务、健身服务、教育服务等。

国际商会举行的"世界电子商务会议"对电子商务给出的定义是：电子商务是指对整个贸易活动实现电子化。全世界商业、信息技术、法律等领域的专家和政府部门的众多代表在会议上共同探讨了电子商务的概念问题。电子商务从外延方面可以定义为：交易各方以电子交易方式而不是通过当面交换或直接面谈方式进行的任何形式的商业交易。它的技术是一种多技术的集合体，包括交换数据（如电子数据交换、电子邮件）、获得数据（共享数据库、电子公告牌），以及自动捕获数据（条形码）等。它的商务包括信息交换、售前售后服务、销售、电子支付、运输、组建虚拟企业，以及公司与贸易伙伴可以共同拥有和运营共享的商业方法等。

（2）E-Business 的定义

将电子商务理解为 E-Business，则是企业界，特别是一些信息产业著名企业的观点。E-Business 的这一表达是由 IBM 公司首先提出来的。IBM 公司认为：电子商务是在 Internet 等网络的广阔联系与传统信息技术系统的丰富资源相互结合的背景下应运而生的一种相互关联的动态商务活动。电子商务是在 Internet 网络上进行的重要事务。它利用前所未有的网络方式将顾客、销售商、供货商和雇员联系在一起，将有价值的信息迅速传递给需要的人们，而不仅仅是商业交易。

另一家积极倡导 E-Business 的企业是 Intel 公司。Intel 公司指出：电子商务是基于网络连接的不同计算机之间建立的商业运作体系，主要利用 Internet/Intranet 使商务运作电子化。电子交易是电子商务的一部分，是企业与企业之间或企业与消费者之间使用 Internet 所进行的商业交易（如广告宣传、商品订购、付款、售后服务等）。

Sun 公司以更加专业的语言对电子商务进行了描述：电子商务就是利用 Internet 进行的商务交易。在技术上，可以给出如下定义：在现有的 Web 信息发布的基础上加上 Java 网上应用软件以完成网上公开交易；在现有的企业内部网（Intranet）的基础上，开发 Java 网上企业应用软件，达到企业应用 Internet 化，进而扩展到外部网（Extranet），使外部客户可以使用企业的应用软件进行交易；电子商务客户将通过包括 PC、网络电视机顶盒（Set Top Box，STB）、电话、手机、PDA（个人数字助理）和 Java 设备进行交易。

不仅在企业界，一些国际组织也赞同 E-Business 的观点。例如，世界贸易组织（WTO）就认为：电子商务就是通过电信网络进行的生产、营销、销售和流通活动，它不仅指基于 Internet 上的交易，而且指所有利用电子信息技术来解决问题、降低成本、增加价值和创造商机的商务活动。该商务活动包括通过网络实现从原材料查询、采购、产品展示、订购，到出品、储运及电子支付等一系列的贸易活动。

3. 不同电子商务定义的比较

将上面两种不同的电子商务定义进行比较可以看出，E-Commerce 与 E-Business 之间的区别主要表现在两个方面：一是电子技术所包含内容的差别；二是商务活动所包含内容的差别。E-Commerce 只是指运用互联网开展的交易或与交易直接有关的活动，而 E-Business 则是指利用所有信息技术（IT 技术）和网络技术（Web 技术）对整个商务活动过程实现电子化。E-Commerce 仅仅将 Internet 进行的交易活动归属于电子商务，而 E-Business 则将利用包括 Internet、Intranet 等各种不同形式网络在内的一切计算机网络，以及其他信息技术进行的所有企业活动都归属于电子商务（如表 1-1 所示）。

表 1-1　E-Commerce 与 E-Business 的比较

	E-Commerce	E-Business
电子技术	Web 技术	Web 技术+其他 IT 技术
商务活动	交易	交易+其他与企业经营有关的所有活动

E-Commerce 与 E-Business 有相同点也有不同点。相同点主要表现在：①都面向同一个事物——电子商务；②它们都强调电子化，强调在现代信息社会，利用多种多样的电子信息工具；③工具作用的基本对象都为商务活动。不同点主要有：①技术的涵盖面不同，其中均包括运用 Internet 技术，但 E-Business 还涵盖了其他信息技术；②商务的涵盖面不同，其中均包括交易，但 E-Business 还涵盖了其他与企业经营管理有关的活动，如图 1-1 所示。

图 1-1　E-Business 与 E-Commerce 比较

4. 对电子商务内涵的认识

目前，虽然人们在对电子商务的理解和表达上还没有完全取得统一，但已经有越来越多的人接受 E-Business，即广义电子商务的概念。这是因为尽管电子商务最早是从利用网络开展贸易或商品销售开始的，但仅仅在交易环节实现电子化是远远不够的。商务活动是一个连续的过程，交易和销售只是商务过程末端的一个环节。没有前端的开发研制、生产加工、物流配送、支付结算及客户服务等环节的电子化、网络化的支持，交易环节的电子化、网络化就难以实现，其相对于传统商务的优越性也就无法得到充分的体现。因此，在对交易环节实行电子化、网络化的同时，还需要对产品的整个开发研制、生产加工、物流配送、支付结算，以及客户服务等所有环节都实行电子化和网络化的运作，只有这样才能实现真正意义上的电子商务。

基于这样一种认识，这里给电子商务做出如下定义：电子商务是指利用各种信息技术、网络技术所进行的商品服务贸易，以及与此相关的各种经营管理活动的总和。

1.2.2　电子商务三流

与传统商务一样，电子商务也离不开"三流"，即信息流、资金流和物流。

1. 三流的概念

（1）信息流

信息流是在空间和时间上向同一方向运动中的一组信息，它有共同的信息源和信息接收者，即由一个分支机构（信息源）向另一个分支机构（地址）传递的全部信息的集合。各个信息流组成了企业的信息网，称为企业的神经系统。信息流畅与否，决定着企业生产经营活动是否能正常运行。信息流是企业发展的脉络。

在电子商务活动中，信息流是电子商务交易各主体之间信息传递与交流的过程，它包括交易过程中的所有贸易单据和客户信息资料等。

（2）资金流

资金流是指资金的转移过程（包括支付、转账、结算等），商务活动的经济效益是通过资金的运动来体现的。作为电子商务三流中最特殊的一种，资金流扮演着重要的角色。在电子商务中，顾客通过浏览网页的方式选购商品或服务，在选购完成后在线支付。顾客支付的款项能否安全、及时、方便地到达商家，关系到交易最后的成败。因此，在线支付无论是对顾客，还是对商家，都具有非常重要的意义。而在线支付的关键就是资金流平台的建设。

（3）物流

物流是因商品交易行为而形成的物质实体的物理性移动过程，它由一系列具有时间和空间效用的经济活动组成，包括包装、存储、装卸、运输、配送等多项基本活动。其宗旨在于满足企业与顾客的物流需求，尽量消除物流过程中各种形式的浪费，追求物流过程的持续改进和创新，降低物流成本，提高物流效率。一个成功的物流系统至少应该做到5R，即在正确的时间（right time）、正确的地点（right location）和正确的条件（right condition）下，将正确的商品（right goods）送到正确的顾客（right customer）手中。

2. 三流间的关系

首先，任何一笔电子商务交易都包含信息流、资金流和物流。它们时刻同在，互为因果。任何一个交易者在完成一笔交易之前必然要同这"三流"打交道。其次，信息技术的不断进步、物流系统效率的不断提高为这"三流"的一体化整合创造了条件。"三流"在这个大环境下的有效互动构成了一个完整的电子商务模型：信息流是模型的肉体，是资金流和物流的基础；资金流和物流是模型的血液，是信息流的结果。

所以，在电子商务交易中，资金流是条件，信息流是手段，物流是过程。这一切都是为了企业和企业链满足最终客户的需要而形成的。

1.2.3　注意力经济

在以计算机网络为基础的信息社会中，面对浩如烟海的信息，对人们来说，信息已不再是一种稀缺的资源，而是相对地过剩，稀缺的是人的注意力。因此，目前以网络为基础的新经济，其实质就是"注意力经济"。

最早提出"注意力经济"这一概念的是美国经济学家迈克尔·戈德海伯，他于1997年在美国著名的《Hot Wired》杂志发表的一篇题为《注意力购买者》（Attention Shopper）的文章中提出了注意力经济的概念。他指出：所谓注意力，是指人的心理活动指向和集中于一定对象的能力，也即一个人关注一个主题、一个事件、一种行为和多种信息的持久程度。在新经济时代，最重要的资源不再是传统意义上的货币资本，也不是信息本身，而是注意力。

1.3 电子商务的特征与优势

1.3.1 电子商务的特征

1. 商业性

电子商务的本质特征就在于为商业活动（即商品或服务的买卖交易）提供技术支持，电子商务的其他功能都是围绕着商业性这一基本功能而展开的。电子商务将交易的场所由店铺或其他的实体空间转移到互联网上，将企业与用户之间面对面的交易方式改变为通过网络虚拟空间进行的交易方式。这一方面为顾客和用户提供了一种更为便捷的交易方式和途径，降低了交易成本；另一方面也为企业提供了更多的市场机会，开辟了更加广阔的市场空间。所以，商业性是电子商务一个最主要的特征，同时也是电子商务一个最基本的功能。

2. 服务性

电子商务作为一种新的交易方式，必须有相应的服务作为支撑。电子商务条件下交易的商品大多数仍然是传统的商品，商品没有变，但服务却发生了变化。在现代网络信息技术的支持下，消费者可以获得更加全面、充分的信息，以便更好地进行选择和决策。网络还使消费者可以随时随地挑选、购买自己需要的商品和服务，使交易变得更加方便、快捷。网络信息技术还帮助企业与顾客能够进行更加有效的沟通，了解每一个顾客的需求并为其提供有针对性的个性化服务，使消费者的需求得到更大满足。因此，在电子商务条件下，消费者可以获得更多传统商务所不具备的增值性服务，这也正是电子商务的价值和优势所在。

3. 安全性

互联网具有开放性、自由性、全球性等特点，这些特点使电子商务的安全性受到威胁。而电子商务的安全性则是决定电子商务能否顺利发展的关键因素。在缺乏安全保障的情况下，无论网上的物品如何具有吸引力，也无法吸引顾客。特别是企业和企业之间的交易，由于交易的数额巨大，风险更高，交易的安全性更需要得到充分的保障。因此，在电子商务中，安全性是必须具备的重要前提，要求网络能提供一种端到端的安全解决方案，包括加密机制、签名机制、分布式安全管理、存取控制、防火墙、安全万维网服务器和防病毒保护等。为了帮助企业创建和实现这些方案，国际上有多家公司联合开展了安全电子交易的技术标准和方案研究，并发表了安全套接层（SSL）和安全电子交易（SET）等协议标准，为建立一种安全的电子商务环境提供了必要的技术支持，使电子商务的安全性在很大程度上得到保障。

4. 协调性

协调企业内部、企业与供应商及客户之间的关系，是电子商务的又一重要特征。就商务活动的特性而言，商务活动本身就是一种协调过程，它需要企业员工与客户之间，客户与公司内部、生产商、批发商、零售商之间的协调。在电子商务环境中，除了上述有关方面的协调外，企业还必须与银行、配送中心、通信部门、技术服务等多个部门通力协作，才能实现电子商务活动的全过程。因此，协调性既是电子商务的一个重要特征，也是电子商务的一项基本要求。为了保证电子商务的协调性，有关组织提供了一些交互式的协议，电子商务活动可在这些协议的基础上进行。同时，许多专门的系统和软件也被不断地开发出来，包括企业资源计划（ERP）、供应链管理（SCM）和客户关系管理（CRM）等，被用于企业的电子商务过程，为企业内部各部门之间、企业与合作伙伴之间，以及企业与客户之间的相互协调，提供了必要的技术支持。

5. 集成性

"集成"一词来源于电子技术中的集成电路，是指将很多电子器件集成在芯片上的一种高级微电子器件，从而使电子器件的功能和效率大大提高。后来，集成的思想和方法被扩展到其他领域，用于表明将不同的部分功能互相连接并重新组织，使之成为一个新的有机整体。集成的思想和方法也在电子商务中得到了充分体现，使集成性成为电子商务的一个重要特征。电子商务的集成性主要体现在两个方面：技术集成和事务集成。其中，技术集成是事务集成的基础。电子商务的价值不仅在于采用了各种最新的信息技术，还在于能够进行技术集成。一方面是将不同系统和模块功能集成在一起，使各种技术和系统能够相互兼容，协同工作；另一方面是将新老技术集成在一起，使用户能够在采用新技术的同时，保留和利用他们已有的资源和技术的价值。在技术集成的基础上再对事务进行集成，以保持事务处理的整体性和统一性。事务集成能规范事务处理的工作流程，将人工操作和电子信息处理集成为一个不可分割的整体，这样不仅能提高工作的效率，而且也提高了系统运行的严密程度。

6. 可扩展性

企业运用电子商务是一个循序渐进的过程。随着客户群的增大，企业业务的扩展，必须对原先设计的电子商务解决方案进行扩展。因此，电子商务作为一个系统，必须具有可扩展性。与传统商务相比，电子商务是在更为广阔的网络空间中进行。面对潜在消费者数目的极大不确定性，这就要求电子商务的服务系统必须具备高度的弹性，以适应越来越多的消费需求。否则，电子商务系统将会难以承受消费者的增多，降低服务水平，企业最终也将失去市场的生存能力。同时，随着市场需求的变化和企业服务水平的提高，要求电子商务系统在功能上也要能够进行调整。在原有的基础上增加新的数据处理和服务功能，这也要求电子商务系统具有很强的可扩展性，以满足企业市场扩大和业务拓展的要求。

1.3.2 电子商务的优势

1. 降低交易成本

首先，通过网络营销活动，企业可以提高营销效率和降低促销费用。据统计，在Internet上做广告可以提高10倍销售数量，同时它的成本是传统广告的1/10；其次，电子商务可以降低采购成本，因为企业可以借助Internet在全球市场寻求最优惠价格的供应商，而且通过与供应商共享信息可减少由于中间环节信息不准确所带来的损失。有资料表明，使用Internet通常可以为企业节省5%~10%的采购成本。

2. 减少库存

企业为应付变幻莫测的市场需求，不得不保持一定的库存产品。另外，由于企业对原料市场把握不准,因此也常常需要维持一定的原材料库存。产生库存的根本原因是信息不畅,以信息技术为基础的电子商务则可以改变企业决策中信息不确切和不及时问题。Internet可以将市场需求信息传递给企业决策生产,同时企业的生产信息可以马上传递给供应商以适时补充供给,从而实现零库存管理。

3. 降低生产成本

每一项产品的生产成本都涉及固定成本的支出,固定成本支出的多少并不随生产数量的变化而变化,而与生产周期有关。固定成本一般包括设备的折旧、固定资产投资成本等。如果生产某一产品的生产周期缩短了,那么每一产品的单位固定成本也就相应减少。电子商务的实现使产品生产周期缩短,以至于每一单位的生产成本降低。国际互联网络的发展更是加强了企业联系的广度和深度,现在分布在不同地区的人员可以通过互联网络协同工作共同完成一个研究和开发项目,以汽车工业为例,很少有其他的行业比汽车制造行业更需要加快生产周期。

4. 增加商业机会

世界各地存在的时差,对企业来讲,提供每天24小时的人工客户支持和服务,费用相当昂贵。然而,Internet上的网页不同于人员销售,它可以实现24小时的在线服务及24小时全球运作。网上的业务可以开展到传统销售和广告促销方式所达不到的市场范围,因此,使用Internet上进行销售活动,可以赢得新的客户。

5. 提供个性化服务

顾客可以定制商品。网上商城可以自动根据老顾客以前购买的情况为其推荐商品,自动按其累计购买量打折,还可以为顾客提供个人信息服务,如提供网上秘书服务等。

6. 减轻对实物基础设施的依赖

传统企业的创建必须有相应的基础设施来支持,如仓储设施、产品展示厅、销售店铺等。然而,现代企业纷纷通过在网上设立网站来达到开辟新销售渠道的效果。Internet为那些新兴的虚拟运作企业提供了发展机会。对信息产品而言,如报刊杂志、视听娱乐、计算机软件和信息提供等,如果产品本身可以实现在线成交和在线交付的话,仓储设施完全是多余的。整个销售环节,从研制开发、订货付款到产品的交付都可以在网上实现。即使对于有实物零售店铺的商店,也会发现在网上设立虚拟店铺可以不受实物空间(如货架空间)的限制。原则上,网上虚拟店铺所出售的商品种类可以是无限的。

1.4 电子商务对社会经济生活的影响

1.4.1 电子商务对经济的影响

1. 改变了资源构成

社会经济活动的开展需要各种资源,传统经济的增长与发展主要建立在大量物质资源消耗的基础之上,而这些物质资源的有限性和稀缺性,已经成为社会经济发展的严重制约因素,导致经济发展的不可持续性。在电子商务时代,经济增长与发展所依赖的资源在构成上发生了重大改变,其中,土地、矿产、资本等物质资源开始退居次要地位,而信息、知识等非物质资源逐步占据主导地位。在电子商务时代,能否取得更快、更好的经济发展,不再取决于谁拥有多少土地、矿产和资本，而是取决于谁拥有更多的信息和知识，谁拥有更强的信息利用和知识创新的能力。与传统物质资源不同，信息和知识这些非物质资源可以再生、共享，不会因为对这些资源的使用而使其减少，更不会像物质资源那样出现枯竭。因此，资源构成的改变也就从根本上改变了整个经济发展的基本模式和走向，使经济的增长与发展更具有可持续性。

2. 优化了产业结构

产业结构是指不同产业之间的比例关系。从人类社会发展的历史来看，在农业社会，以农业为主的第一产业在国民经济中居于主导地位。工业革命以后，人类社会由农业经济转变为工业经济，以制造业为主的第二产业代替第一产业成为国民经济的主导产业。到20世纪后半期，随着后工业社会的到来，产业结构进一步发生改变。在发达国家，第三产业开始迅速崛起，以服务业为主的第三产业取代第二产业的位置成为新的主导产业。人们把这一过程称为产业结构的高度化。主导产业的层次越高，也就代表经济的发展水平越高。而电子商务的出现对产业结构的改进与优化起到了极大的促进作用。一方面，电子商务的发展是建立在信息产业发展的基础上的，电子商务的发展必然对信息产业的发展产生巨大的动力，而信息产业的发展又对服务业的发展产生巨大的推动作用；另一方面，电子商务的发展必然要求一些传统的产业进行信息化改造，增强其服务功能，特别是对一些与生产过程密切相关的服务业，如物流、金融、研发、咨询等提出了更高的要求。从而促使这些产业的快速发展，使整个服务业的发展水平得以提升，并使整个产业结构得到进一步优化。

3. 减缓了经济波动

经济波动是指经济发展过程中由高涨到萧条这样的反复循环。经济波动是由于信息的不对称导致市场失衡并积累到一定程度时，由经济体内部进行自我调整这一内在作用机制的体现，是市场经济条件下经济发展不可避免的一种规律性现象。但经济波动又是经济发展的负面因素，过大和过于频繁的经济波动将对社会经济造成很大的破坏作用，会延缓和阻碍经济的发展。因而，抑制经济波动，保持经济的稳定增长，是所有国家经济发展的一个重要目标。电子商务的发展可以起到缓解经济波动的作用。在电子商务时代，由于网络信息技术的应用，企业可以直接与消费者进行联系和沟通，按照消费者的需求来进行生产，这样，原来信息不对称的状况就可以大大改善，供求之间的相互一致和均衡就更加容易实现，因此经济波动发生的频率就可以大大减少，其波动的幅度也可以得到很大程度的缓和。

4. 促进了公平竞争

公平竞争是经济发展的重要条件，只有在公平竞争中通过优胜劣汰，才能保证经济发展的效率和资源的最优配置，使经济得到不断的发展。但在现实中，企业在竞争中的地位往往是不对等的，一些实力雄厚的大企业利用其在各种物质资源占有上的优势形成垄断，而许多弱小的中小企业则因其经济实力相差悬殊在竞争中受到大企业的挤压而处于劣势。然而，电子商务的出现使这种状况发生了重大改变。在电子商务时代，企业之间的竞争主要不是看拥有多少财力、物力，而是看拥有多少信息和知识，拥有多少创新的能力。而且，由于网络信息技术的发展，企业之间更容易进行沟通与协作。不同的企业之间可以通过网络信息结成虚拟企业。市场竞争由单个企业之间的竞争转变为不同供应链联盟之间的竞争，从而形成在合作的基础上进行竞争的局面。这样，就为中小企业的发展创造了更加有利的条件，使中小企业完全可以与大企业站在同一起跑线上，并能与大企业进行更加公平的竞争。

5. 增加了就业机会

从根本上说，财富是由人创造的。让每一个具有劳动能力的人都能得到就业机会，就能创造更多的财富，同时也可以使每个人的生活得到经济保障，从而保证社会的安定。因此，每个国家都把充分就业作为经济发展的另一重要目标。充分就业的一个重要条件就是必须要有充足的就业机会，而电子商务的发展一方面促进了信息服务业的发展，从而创造出更多的就业岗位；另一方面电子商务的发展还改善了人力资源市场的信息不对称，减少了因信息沟通障碍而导致的摩擦性失业，这也等于增加了更多的就业机会。此外，电子商务的发展还改变了人们的就业方式，使人们可以在家工作，甚至在本国为外国公司工作。电子商务使就业变得更具有灵活性，这无疑也将使更多的人获得就业机会。

1.4.2 电子商务对企业的影响

1. 转变了企业的经营理念

经营理念是指企业经营以什么为中心的思想观念。在传统商务中，由于信息传递与沟通存在着障碍，在买卖双方之间存在着很大的信息不对称，因而导致企业产生机会主义倾向，即企业的经营管理皆以企业为中心，把企业利益放在首位，甚至通过减少消费者的利益来增加企业的利益。即使是一些企业想以消费者利益为中心，但由于无法确切掌握每一个消费者需求的信息，也只能按照自己的预测和主观想象来为消费者提供产品和服务，因而每一个消费者的需求并不能得到最大满足。而在电子商务条件下，这种情况发生了根本性的改变。网络信息技术的发展和应用，一方面使消费者获得了更充分的信息，可以进行更多的选择。企业只有为消费者提供了最好的产品和服务，才能得到消费者的青睐，赢得市场，从而为自己赢得生存和发展的条件；否则，将被市场所淘汰。这就使企业的机会主义倾向受到很大抑制，促使企业必须将其经营理念从以企业为中心转变为以消费者为中心。另一方面，网络信息技术的应用也为企业实现以消费者为中心的经营理念提供了必要的技术支持。企业通过网络可以获得每一个消费者的需求信息，可以通过定制化的生产为消费者提供个性化的产品和服务，使每一个消费者都有可能得到最大满足，从而使以消费者为中心的经营理念能够得到真正体现。

2. 优化了企业的业务流程

业务流程是指一组为客户创造价值的相关活动，它由一系列相互关联的业务环节组成。业务流程设计和安排得合理、科学与否，直接关系到企业整个业务活动的效率，从而影响到企业为客户创造的价值高低，以及客户满意程度的高低。传统商务的业务流程是根据原有的技术条件设计的，存在着工作内容重复、协调性差、工作效率低等缺陷。电子商务不仅是在原有的业务流程中对网络信息技术的简单应用，更重要的是要在新的技术条件下，对原有的业务流程进行改造，即业务流程再造（Business Process Reengineering，BPR），以简化业务环节，强化内部的协调一致，提高工作效率。只有这样，网络信息技术及电子商务的价值才能得到充分体现；企业才能够为客户创造出更大的价值，使顾客得到更大的满足，也使企业形成更强的竞争力。从这个意义上说，业务流程再造也是实施电子商务应有的内容之一，它使企业的业务流程得到优化，业务活动的效率和水平得到提升。

3. 改善了企业的组织结构

企业的经营管理活动必须通过一系列不同的组织来完成。同样，企业内部的组织结构如何设计和安排，也与一定的技术条件有关。在原有的技术条件下，由于信息传递与沟通的障碍，使得管理者的管理跨度十分有限，因而企业通常采用层级式的金字塔形组织结构，在最顶层与最底层之间安排许多中间层次，行使上传下达的职能。而过多的中间层次不仅增加了管理的成本，也增大了信息失真的可能性，降低了信息传递与沟通的效率，同时还抑制了基层人员主动性的发挥。然而在电子商务条件下，由于信息传递与沟通的障碍在很大程度上得到了消除，管理人员的管理跨度增大，高层管理人员可以直接与基层人员进行沟通。而原来的一些中间层次就失去了存在的必要，从而使企业原来的金字塔形组织结构趋于扁平化。扁平化的组织结构减少了中间的管理层次和人员，降低了管理成本，减少了信息失真，提高了信息传递与沟通的效率。扁平化的组织结构还使基层人员获得了更多的决策权力，使其主观能动性得到更充分的发挥，使整个组织更具有活力。

4. 提高了企业的响应能力

在信息社会中，技术在突飞猛进地发展，消费者的需求也在日新月异地变化。企业要想在市场竞争中取得主动权，就必须对市场的变化做出快速响应，能够以最快的速度为消费者研制出新的产品和服务，从而在市场中保持领先地位。但是，一个新产品从研制开发到生产销售需要许多部门的相互协作才能完成，而且受到技术条件的限制，不同部门之间的相互协调存在困难，这就加大了新产品研制及生产销售的周期，延缓了企业对市场的反应速度。在电子商务条件下，这种状况也发生了很大的改变。一方面，由于企业能够直接面对市场和消费者，可以及时获得消费者的需求信息；另一方面，因为企业各部门能够进行信息共享并进行有效的沟通，使其协调性大大增强，这就使新产品的研制开发及生产销售的周期可以大大缩短，加快对市场的响应速度，提高对市场响应的能力，从而进一步提高企业的市场生存和竞争能力。

5. 促进了企业的合作竞争

在传统商务条件下，企业之间的关系更多的是你死我活的竞争关系，只有在竞争中击败对手，甚至击垮对手，才能获得更多的生存空间，取得更大的发展。造成这种状况的主要原因是：①传统商务依赖的资源主要是稀缺的物质资源，必须通过竞争才能为自己争取更多资源；②信息传递与沟通的障碍使得合作十分困难，合作的成本大于合作所能带来的利益。因此，在传统商务条件下，企业之间更多的是竞争关系而很少进行合作。而电子商务的发展使这种状况出现了很大变化，体现在：①资源条件发生改变，由以土地、资本等物质资源为主转变为以信息、知识等非物质资源为主，非物质资源的非消耗性和可共享性使得企业之间无须再进行争夺；②由于信息传递与沟通条件得到改善，信息障碍得以消除，从而使合作的成本大大降低，且合作变得更加容易进行；③电子商务也使企业之间的相互依赖程度进一步加深，每一个企业都无法而且也没有必要独自完成所有的业务内容，而是可以将一些非核心的业务外包给其他专业公司去完成，自己仅保留核心业务，然后整合和利用外部资源来提高自己的竞争力。因此，在电子商务条件下，企业之间更强调合作，各关联企业在网络信息无缝连接的基础上实现业务的无缝连接，组成虚拟企业（Virtual Enterprise）和战略联盟（Strategic Alliance）。企业之间在竞争中进行合作，在合作中进行竞争，从而形成"合作—竞争"的局面，并在"合作—竞争"中与合作伙伴及竞争对手取得共赢的结果。

1.4.3 电子商务对政府的影响

1. 政府的决策更加分散和民主

在电子商务背景下,各种网络信息技术在政府部门也得到广泛的应用,使政府的工作以信息化、网络化的方式进行,促使了电子政府的形成和电子政务(E-Government)的发展。借助于互联网,政府的方针政策可以直接传递到每一个社会单元甚至社会公众的每一个个体,同时每一个社会单元和个体也可以更有效地将自己的意愿和意见、建议传递到相应的政府部门。网络信息技术的应用和电子政务的开展,一方面使政府组织结构趋向扁平化和网络化,从而避免了信息在多环节传递中的阻滞和失真,提高行政效率;另一方面也使政府组织对社会更加开放,权力结构进一步分散化,行政决策的民主性进一步增强。网络信息技术的应用还使政府可以获得更加完全的信息,充分了解社会民意和现实情况,帮助政府更好地制定各项方针、政策和战略规划,使政府的决策更加科学和符合实际。

2. 政府的行为更加公开和透明

随着电子政务的开展,很多政府事务可以由计算机系统代替人工处理,如各种文件、证件的查验、审查和批准等。通过互联网,社会公众可以随时了解政府的更多信息,掌握政府行政工作的进展情况,使政府的行为更加公开和透明,从而改变政府与社会公众之间信息不对称的状况。这有利于加强社会对政府工作和行为的监督,帮助政府改善工作作风,提高行政效率,保持政府工作的客观性和公正性,减少官僚主义和行政不作为,抑制徇私舞弊和贪污腐败等行为的发生。

3. 政府的职能由管制转向服务

电子商务及电子政务的发展也使企业的行为变得更加公开和透明,一旦出现企业损害消费者和社会公众利益的行为,就立刻会通过网络传播到社会的各个角落,相关企业落得身败名裂的下场。这就促使企业把信用和声誉视为自己的生命,自觉约束自己的行为,努力保持并不断提升企业的形象。在这种情况下,由于企业的自律行为加强,政府管制的职能相应地弱化,政府可以将其主要的精力转到为企业服务上。因此,电子商务的发展将促使政府职能的转变,由以管制为主转变为以服务为主,成为一个服务型的政府。政府主要承担为企业及各种微观经济活动主体提供各种必要的行政服务。特别是在电子商务的背景下,信息成为主导性资源,而一些公共信息属于公共产品,需要由政府来提供。公共产品包括公共信息平台的建立、管理以及公共信息的收集、处理和传播等,还包括公共信息安全的制度与法律保障等。因此,在电子商务条件下,公共信息资源的配置和管理将成为政府服务的一项重要内容。

4. 管理的目标由微观转向宏观

在电子商务环境下,一方面,国家、行业或市场管理部门,可以通过电子工具来查询、统计、检查商务活动情况、市场运行情况;通过动态监测市场信息,进行分析、比较,适时发出调整、调控信息;再通过电子商务方式把这些信息传达给微观经济活动的主体。另一方面,进行自我微观调节的各类企业,在经营管理的活动中也能及时获取各个层次的市场和商务信息,从而适时调整自己的经营决策,使决策更加科学化。这样,政府管理的目标就从具体的微观经济活动中转移出来,转向宏观的经济运行。同时,政府还承担社会公共事业管理的职能,向公众提供市场无法提供或不愿意提供的公共产品,包括公共基础设施的建设、社会经济、法律制度的建设等,为企业的正常运营和社会经济的发展提供良好的物质基础和社会环境。

1.4.4　电子商务对人类工作和生活方式的影响

电子商务不仅影响着经济、企业管理与政府,同时也在改变着人们的生活、工作、学习及娱乐方式。

在信息传播方面,无论是对信息传播者还是对信息受众,网上信息的传播都是最佳的选择。这也是电子商务受欢迎的原因之一。网上信息传播的优势使网络广告也越来越受广告主欢迎。

在生活方式方面,电子商务的发展使人们的生活方式也发生了变化。现在坐在家里,就可以网上购买物品、聚会、购物、看电影、玩游戏、看书等。当然,也出现了新的问题,如网上垃圾污染、家庭隐私泄漏问题、网络安全问题等。

在办公方式方面,利用计算机和网络在家办公已成为可能,不再局限于办公室,这样既节约了时间和费用,也减轻了交通负担。

在消费方式方面,消费者不必将时间花在选购和排队等待上,在家里就可以利用互联网完成整个购物过程,消费者可以十分轻松地在网上尽情畅游。

在教育方式方面,交互式的网络多媒体技术给人们的教育带来了很大改变,远程数字化课堂让很多人的教育问题得到解决。讲课、作业讲评,一切都可以在网上进行。网络大学作为远程教育的一种方式,打破了时间和空间的限制,为越来越多的人所接受。

1.5　国内外电子商务的发展

1.5.1　全球电子商务的发展

纵观全球电子商务市场,各地区发展并不平衡,呈现出美国、欧盟、亚洲"三足鼎立"的局面。美国是世界上最早发展电子商务的国家,同时也是电子商务发展最为成熟的国家。它一直引领着全球电子商务的发展,是全球电子商务的成熟发达地区。欧盟电子商务的发展起步较美国晚,但发展速度快,成为全球电子商务较为领先的地区。亚洲作为电子商务发展的新秀,市场潜力较大,但是近年的发展速度和所占份额并不理想,是全球电子商务的持续发展地区。

艾瑞咨询分析认为,欧洲和美国的电子商务市场的发展主要得益于其自身经济具有持续良好的发展态势。亚洲地区人口众多,网民规模增长迅速,互联网发展空间大,经济增长快速,用户消费需求提高,这些原因都将促进亚洲地区网络购物市场的快速发展。

1995年,亚马逊和eBay在美国成立。此后,这种以互联网为依托进行商品和服务交易的新兴经济活动,迅速普及全球。新一轮科技革命和产业变革交汇孕育的电子商务,极大地提高了经济运行的质量和效率,改变了人类的生产生活方式。

eMarketer统计显示(如图1-2所示),2014年B2C电子商务全球销售额达到14 710亿美元,增长近20%,成为世界经济的亮点和新增长点。随着全世界互联网应用走向成熟,电子商务增长将放缓,到2018年其增长率将稳定在10%左右,2018年电子商务销售额将达到 23 560 亿美元，年增长额超过 2 000 亿美元。

图 1-2　2013—2018 年全球网络购物市场交易 eMarketer 预测模型

1. 全球电子商务发展特点

一是市场规模不断扩大。根据国际知名调查公司 E-marketer 的数据，2011 年到 2016 年，全球网络零售交易额从 0.86 万亿美元增长至 1.92 万亿美元，年平均增长率达 17.4%。随着全球智能手机保有量不断提升、互联网使用率持续提高、新兴市场快速崛起，全球网络零售仍将保持两位数增长。预计 2020 年，全球网络零售交易额将超过 4 万亿美元，占全球零售总额的比例从 2016 年的 7.4% 增长至 14.6%。

跨境电子商务尤其是跨境 B2C（企业对个人）日益活跃。根据埃森哲的研究报告，2015—2020 年全球跨境 B2C 市场规模年均增速约 27%，2020 年其市场规模将达到 9 940 亿美元。

二是地区差距逐渐缩小。欧美地区电子商务起步早、应用广。2016 年，美国网络零售交易额达到 3 710 亿美元，比 2015 年增长 8.5%，占美国零售总额的比例约 8%。目前，80% 的美国制造商拥有自己的网站，60% 的小企业、80% 的中型企业和 90% 的大型企业已经开展电子商务应用。2015 年，欧盟 28 国电子商务 B2C 交易额为 4 074 亿欧元，增幅为 13.4%。英国、法国、德国、西班牙、意大利五国的市场份额最大，占欧盟电子商务市场总量的 77.5%；英国、丹麦、卢森堡、德国和荷兰五国的网购用户渗透率最高，均超过了 70%。

亚洲地区电子商务体量大、发展快。电子商务起源于欧美，但兴盛于亚洲。亚洲地区网络零售交易额已占全球市场的 46%。中国、印度、马来西亚的网络零售年均增速都超过 20%。中国网络零售交易额自 2013 年起已稳居世界第一。全球十大电商企业，中国占 4 席、日本占 1 席。其中，阿里巴巴以 26.6% 的市场份额排名全球第一，京东商城名列亚马逊、eBay 之后，位居第四，小米和苏宁也入围前十。印度电子商务市场过去几年保持约 35% 的高速增长。中印两国网民人数占全球网民人数的 28%，每年还将新增 1 亿人，巨大的网民红利将继续支持亚洲市场发展。

拉丁美洲、中东及北非地区电子商务规模小、潜力大。拉丁美洲是全球B2C电子商务发展最快的区域之一，近几年交易额均保持两位数增长，2015年达到590亿美元。网民增长红利、互联网普及度提升、本土技术创新等是拉美电子商务市场被看好的主要原因。非洲地域广阔，人口分布不均，实体店数量少，居民购物不便，电子商务发展存在刚性需求。近年来，非洲各国更加重视电子商务发展，加大了电子商务基础设施建设力度。研究机构预算，2025年非洲主要国家的电子商务交易额将占其零售总额的10%。

三是企业并购趋于频繁。互联网经济具有天然的规模效应，随着竞争加剧及投资人的撮合，竞争对手有动力、有条件进行合并，市场集中度不断提高。《福布斯》杂志近日评选最有投资价值的10大公司，9家是互联网企业，其中阿里巴巴位居榜首，脸书和优步分列第二和第三。2012—2016年，全球私营电子商务企业共获得467亿美元投资，其中，美团大众点评获得33亿美元投资，位列首位。获得1亿美元以上投资的企业主要分布在中国、美国和印度，分别有25家、20家和10家。2016年，中国电子商务领域重大并购达15起，涉及资金超过1 000亿元人民币。其中包括腾讯以86亿美元收购芬兰移动游戏开发商84.3%股权、京东以98亿元人民币并购沃尔玛控股的一号店、阿里巴巴以10亿美元收购东南亚知名电商企业来赞达（Lazada）等，每一项市场并购都对行业发展产生了重要影响。

四是共享经济异军突起。共享经济伴随着移动互联网的发展而迅速崛起，共享领域不断拓展。从最初的汽车、房屋共享发展到金融、餐饮、空间、物流、教育、医疗、基础设施等多个领域，并向农业、能源、生产甚至城市建设。共享经济让全球数十亿人既是消费者，也是经营者，最大限度地提升了资源利用效率，带来了就业方式的变革，但同时也带来了一些新问题，对监管提出了挑战。全球咨询公司罗兰贝格测算，2018年全球共享经济市场规模有望达到5200亿美元。其中，中国共享经济规模有望达到2 300亿美元，全球占比由33%提升至44%，成为领军力量。

目前，全球估值超过100亿美元的共享经济企业有4家，分别是优步（Uber）、爱彼迎（Airbnb）、滴滴和联合办公（WeWork）。其中，优步估值高达680亿美元。中国是全球规模最大的共享汽车和共享单车市场，2016年共享出行次数超过百亿人次，占全球市场的67%。共享单车的月活跃用户数超过2 000万人。前不久，北京外国语大学做了一项调查，外国留学生将"共享单车"，以及网购、支付宝和高铁，称为中国"新四大发明"。这一说法并不准确，但也表明共享经济在中国拥有广阔的市场前景和全球影响力。

2. 全球电子商务制度建设

电子商务治理是全球课题。国际组织和世界各国在促进和规范电子商务发展方面，取得了一定的实践和经验。

一是加强规划引导，保障各方权益。在营造电子商务基础发展环境方面：美国政府从基础设施、税收政策等方面为电子商务早期快速成长创造了宽松、有利的环境。1993年，美国政府将互联网发展提升为国家战略，实施了"信息高速公路"计划。1996年成立了电子商务跨部门工作组，制定电子商务发展政策，积极推进电子商务全球自由贸易，通过互联网开辟国际贸易自由区和免税区，将信息科技的优势转化为商贸优势，以电子商务发展推动全美经济持续增长。日本在内阁设立IT（信息技术）推进战略本部，负责制订实施有关IT促进计划。欧盟制定《单一数字市场战略规划》。英国、法国、德国等也加强信息基础设施建设，积极创造电子商务发展的基础环境。

在保障电子商务各方合法权益方面：目前已有30多个国家和地区制定了电子商务相关法律法规，从信息安全、知识产权、隐私保护等方面保障企业和消费者权益，防范和打击不法行为。美国制定了《互联网税收不歧视法案》《网络安全法案》。加拿大制定了《反网络诈骗法》；欧盟制定了《电子商务指令》《电子通信领域个人数据处理和隐私保护指令》《消费者纠纷网上解决机制条例》《一般数据保护条例》，英国制定了《电子商务条例》。

二是统筹线上线下，维护公平竞争。为推动实体经济和虚拟经济深度融合发展，维护市场公平竞争，各国政府开始在政策和立法层面努力保持线上线下一致，针对电子商务的特殊性问题，提出新的政策措施，并做好与现有法律的衔接。

美国参议院于2013年、2015年先后两次通过《市场公平法案》，试图将电子商务税收从个别征收扩展至普遍要求。根据法案，电子商务企业向消费者收取消费税，企业所在州政府向企业收取销售税，从而避免电子商务免税政策带来的不公平竞争和税收流失问题。

对于金融、媒体和通信等有市场准入限制的行业，各国政府对互联网及电子商务企业和传统企业也是一视同仁，均要求遵守现行法规。例如：美国将网络借贷（P2P）、众筹等互联网金融纳入传统金融监管框架，美证监会要求对网络借贷公司实行注册制。新西兰规定，所有允许传统经营方式进入的领域必须无差别地向互联网和电子商务开放。

三是构建国际规则，争取本国权益。国际组织积极构建多边法律框架。在电子商务税收、数字化服务市场准入、跨境数据流动、信息安全等领域积极开展研究，探索建立适应网络经济发展的国际规则体系，为各国电子商务立法衔接与规则统一提供框架体系。联合国贸易法委员会（UNCITRAL）于1996年通过了《电子商务示范法》、2001年通过了《电子签名示范法》、2005年通过了《电子合同公约》、2016年通过了《关于网上争议解决的技术指引》。目前正在制定《电子可转让记录示范法》。世界贸易组织（WTO）成员自1998年开始讨论电子传输及数字化产品的世贸规则如何适用等问题，目前就通过电子方式传输临时性免征关税达成一致。经济合作与发展组织（OECD）于1998年发布了《关于电子商务中消费者保护指南》《电子商务税收政策框架条件》。亚太经合组织（APEC）于1998年发布了《APEC电子商务行动蓝图》，并设立电子商务工作指导组，其成员经济体于2004年签署了《APEC隐私保护框架》。

各国基于产业利益展开博弈。各国对电子商务议题关注度高，但从保护本国市场和相关产业国际竞争优势出发，国家之间谈判立场和原则存在分歧。美国在数字产品及服务领域占据优势，在国际场合大力倡导其提出的数字贸易规则。主要包括：主张自由开放的互联网、禁止对数字产品征收关税、促进跨境数据流动、保护关键源代码、反对服务器本地化、推广创新型加密产品等。上述内容特别是跨境数据流动、数字产品市场准入、服务器本地化等敏感问题，在国际上存在较大分歧和争议。欧盟在互联网市场并不占据优势，主要关注个人数据保护等内容。德国还针对微软、苹果、亚马逊、谷歌和脸书等美国互联网企业展开反垄断调查。发展中国家则更多地关注改善电信、物流等基础设施。

1.5.2 中国电子商务的发展

1. 我国电子商务的发展特点

1999年，阿里巴巴、中国制造网等B2B电子商务企业成立；2003年，淘宝网、京东商城等B2C电子商务平台崛起，中国电子商务开启了快速发展的20年。2016年，我国电子

商务交易额已相当于国民生产总值的35%,对推动供给侧结构性改革的作用日益突出。当前,我国电子商务呈现以下几个特点:

一是市场规模持续增长。从2012年到2016年,网络购物用户人数从2.42亿人增长至4.67亿人,增长近一倍;电子商务交易额从8.1万亿元增长至26.1万亿元,年均增长34%;网络零售交易额从1.31万亿元增长至5.16万亿元,年均增长40%,对社会消费品零售总额增加值的贡献率从17%增长至30%;直接和间接带动的就业人数从1 500万人增长至3 700万人。2016年,电子商务产生消费增量带动生产制造、批发、物流增量创造税收超过2 000亿元。

二是产业支撑不断改进。网络基础条件逐步改善,企业入网率不断提升。2016年,企业在线销售、在线采购的开展比例增长超过10%,分别达到45.3%和45.6%。电子商务服务业快速发展,市场规模达到2.45万亿元,同比增长23.7%,其中电子商务平台服务业营收规模达到4 000亿元;电子支付、物流快递、电子认证等支撑服务业市场规模达9 500亿元,全国快递业务量的70%来自于电子商务;网店建设、代运营、信息处理、数据分析、人员培养等各类衍生服务业快速发展,市场规模达1.1万亿元。

三是服务业电商快速发展。从消费群体看,2016年,我国在线教育用户规模达1.38亿人,增长率为25%。互联网医疗用户规模达1.95亿人,年增长率为28%;网上外卖用户规模达到2.09亿人,年均增长83.7%。网络约车用户规模达2.25亿人,增长率为41.7%。在线旅游预订网民规模2.99亿人,年增长率15.3%。从市场规模看,2016年,我国本地生活服务O2O交易额达到7 291亿元,同比增长64.2%。

四是线上线下融合步伐加快。国务院办公厅关于深入实施"互联网+"流通行动计划的意见进一步提振了流通企业线上线下融合发展的信心。一方面,线上企业加速布局线下。阿里巴巴收购银泰、三江购物,和苏宁交叉持股,与上海百联开展战略合作。京东、当当、聚美优品等纷纷开设实体店。另一方面,线下企业主动拥抱互联网。永辉超市、徐工集团、宝钢等通过与线上企业合作或自身发展电子商务,探索商业模式转型升级。线上线下正从渠道、供应链、数据、场景等多方面逐步打通,为消费者提供全方位、不间断、跨时空的服务,打造零售新生态。

五是新业态新模式层出不穷。租车、租房、租设备等分享经济新业态,众创、众包、第四方物流等协同经济新业态,团购点评、体验购物、主题酒店等体验经济新业态百花齐放、争奇斗艳。分享经济使得消费者之间通过互联网直接建立联系,提升闲置资源的利用效率。滴滴快车分享了闲置的汽车运力,人人快递分享了闲置的人力资源,小猪短租分享了闲置的住房空间。体验经济促使线下企业通过互联网与消费者开展互动,打破信息壁垒,畅通消费渠道。广东省开业了66家跨境电商O2O体验店,为顾客展示进口商品,让顾客体验消费场景,匹配其消费需求。

六是农村电商蒸蒸日上。2016年,我国农村网络零售市场交易规模达到8 945.4亿元,占全国网络零售总额的17.4%。在农产品上行方面,从2012年~2016年,农产品网络零售交易额从200亿元增长至1 589亿元,增长近8倍。2014年以来,商务部会同财政部、国务院扶贫办,安排中央财政资金84亿元,以中西部地区为主,在27个省区市的496个县开展电子商务进农村综合示范。重点加强农村物流体系建设、乡村网点信息化改造、农村产品网络销售和人才培养等,建设完善农村电子商务运营网络。目前,电子商务进农村综合示范引导带动邮政、供销等传统渠道，以及京东、苏宁等电商企业加快布局农村电商市场，在1 000多个县建设了40万个电商村级服务点。农村电商已经成为推进城乡协同发展，加快城乡市场一体化步伐，促进农业特别是县域经济转型升级，助力精准扶贫、精准脱贫的重要途径。

七是跨境电商发展如火如荼。2015年3月和2016年1月，国务院先后批准设立杭州、天津等13个跨境电子商务综合试验区。2016年，13个综试区跨境电商进出口超1 600亿元人民币，增长1倍以上，其中，跨境电商出口拉动杭州出口增长10%以上，占全市出口的13%。目前，跨境电商综试区B2B出口占综试区进出口总额的比重约7成，依托互联网，助推产业转型升级。郑州带动周边地区服装产业集群发展，大连推动东北老工业基地2 000多家中小微企业触网。跨境电商已成为加快外贸转型升级，推进内外贸协同发展，实现国际国内市场一体化的重要举措，为促进外贸回稳向好做出了重要贡献。

八是B2B电商迎来新机遇。国家推动供给侧结构性改革给B2B电商发展提供了重要发展契机。近年来，国内钢铁、石油化工、煤炭、有色金属等B2B电商发展迅速，相关平台总数超过1 100家。一呼百应网等综合B2B电商，将原材料的供应商与采购商通过平台直接对接，提高了交易效率，降低了下游采购商的成本；找钢网将传统的钢铁交易环节缩短，大幅提升了供应链效率。B2B电商正发挥互联网高效连接的功能，实现上下游供需的高效对接，帮助企业化解产能过剩、流通成本高、有效供给不足等问题。发展B2B电子商务已成为传统工业企业转型的重要途径之一。

2. 我国电子商务的发展趋势

展望未来，随着"互联网+"和数字经济的深入推进，我国电子商务还将迎来新机遇。新一轮科技革命为电子商务创造了新场景，新一轮全球化为电子商务发展创造了新需求，经济与社会结构变革为电子商务拓展了新空间，我国电子商务将步入规模持续增长、结构不断优化、活力持续增强的新发展阶段。总体来看，我国电子商务将呈现出服务化、多元化、国际化、规范化的发展趋势。

一是线上线下深度融合，电子商务转变为新型服务资源。未来围绕消费升级和民生服务，电子商务的服务属性将更加明显。电商数据、电商信用、电商物流、电商金融、电商人才等电子商务领域的资源将在服务传统产业发展中发挥越来越重要的作用，成为新经济的生产要素和基础设施。以信息技术为支撑、以数据资源为驱动、以精准化服务为特征的新农业、新工业、新服务业将加快形成。

二是网络零售提质升级，电子商务发展呈现多元化趋势。随着人民生活水平的提升和新一代消费群体成长为社会主要消费人群，消费者将从追求价格低廉向追求产品安全、品质保障、个性需求及购物体验转变。社交电商、内容电商、品质电商、C2B电商将成为市场热点，新技术应用更快，电子商务模式、业态、产品、服务将更加丰富多元。

三是"丝路电商"蓄势待发，电子商务加快国际化步伐。"一带一路"国际合作高峰论坛的成功召开，进一步促进了沿线国家的政策沟通、设施联通、贸易畅通、资金融通、民心相通，为电子商务企业拓展海外业务创造了更好的环境和发展空间。商务部会同国家发展改革委、外交部等围绕"一带一路"战略，加强与沿线国家合作，深入推进多层次合作和规则制定，推动"丝路电商"发展，服务跨境电商企业开拓新市场。

四是治理环境不断优化，电子商务加快规范化发展。电子商务相关政策法律陆续出台，

"通过创新监管方式规范发展，加快建立开放公平诚信的电子商务市场秩序"形成共识和政策合力。国家发展改革委、中央网信办、商务部等32个部门建立了电子商务发展部际综合协调工作组，为加强电子商务治理提供了组织保障。电子商务企业成立"反炒信联盟"等自律组织，不断强化内部管理，促进电商生态规范可持续发展。

本章小结

本章重点介绍电子商务的产生背景和发展历程，以及电子商务的基本概念和定义。市场竞争的压力、经济全球化的促进，以及各国政府的重视与推动，是电子商务产生的背景。而计算机的广泛应用，互联网的普及和支付手段的发展及水平的提高，也为电子商务的发展创造了技术条件。本章应重点掌握电子商务广义和狭义定义的不同内涵，识记电子商务所具有的各种特性，了解电子商务的发展现状和未来发展的趋势。

思考题

1. 什么是电子商务？如何理解电子与商务之间的关系？
2. 电子商务产生与发展的动力是什么？需要哪些方面的条件？
3. 阐述 EB 与 EC 的关系。
4. 电子商务有哪些基本的特征？有哪些基本的优势？
5. 阐述电子商务对社会、经济、政府和对人类工作和生活方式的影响。

拓展题

登录中国互联网络信息中心（http://www.cnnic.net.cn）、艾瑞网（http://www.iresearch.cn）、赛迪网（http://www.ccidnet.com）及其他相关网站，查询电子商务研究报告。并在此基础上，选择一个区域或一个企业，调查其电子商务发展与运营状况，进行相关优势、劣势分析，并提出合理化建议。

典型案例分析

发现品质生活——大众点评网

案例导读

大众点评网于2003年4月成立于上海。大众点评网是中国领先的本地生活信息及交易平台，也是全球最早建立的独立第三方消费点评网站之一。大众点评网不仅为用户提供商户信息、消费点评及消费优惠等信息服务，同时亦提供团购、餐厅预订、外卖及电子会员卡等O2O（Online To Offline）交易服务。大众点评网还是国内最早开发本地生活移动应用的企业。作为一家移动互联网公司，大众点评移动客户端已成为人们本地生活的必备工具。2015年，大众点评网与美团网合并，在线团购市场份额最大的这两家公司的合并促进了在线团购行业整合。使整个行业内的竞争从无序竞争升级走向大资本的竞争。

本案例介绍了大众点评网的发展历程、主要功能和服务特色、商业模式和盈利模式。

对整个O2O团购行业的发展趋势和现状进行了分析,重点分析了大众点评网的服务创新和发展优势。

一、大众点评网的发展历程

2003年4月,张涛联合其他创始人李璟、张波、叶树蕻和龙伟在上海创立了大众点评网。最初大众点评网就定位于以互动共享为特征的Web 2.0模式,网站的全部信息都来源于消费者的评论,除了对评论信息进行分类整合,网站本身不参与内容的编辑策划。大众点评网在相当长一段时间里游离在市场热点之外,但它却在时间的不断推移中逐步筑起了竞争壁垒,逐渐发展成了本地服务电子商务领域的"百度"。2005年,大众点评网凭借会员卡业务终于获得了红杉资本领投的200万美元融资,2007年再获谷歌领投的400万美元投资。

张涛是一个LinkedIn创始人雷德·霍夫曼式的创业者。他战略清晰,身处每一两年都有吸金热点的互联网业,大众点评网创立10年从来没有根本方向上的改变;他擅长"长跑",专注于核心价值的提供,相较于单纯的用户量增长,他更重视用户口碑的累积;他对融资时间点和产业机会都有着精准的把握。大众点评网正是按照这个目标经过这些年的精耕细作成为了中国领先的城市生活消费指南网站,也成为全球最早建立的独立第三方消费点评网站之一。

大众点评网站致力于为网友提供餐饮、购物、休闲娱乐及生活服务等领域的商户信息、消费优惠,以及发布消费评价的互动平台;同时,网站也为中小商户提供一站式精准营销解决方案,包括电子优惠券、关键词搜索、团购及会员卡服务等。另继网站之后,大众点评网又成功在移动互联网布局,成为中国最典型的本地化和移动化的Web 2.0网站之一。

到2011年年中,大众点评网每月的活跃用户数已经超过4 200万,点评数量近2 000万条,收录的商户数量超过150万家。大众点评网每月浏览量超过5亿,其中手机客户端的月浏览量已经占网站月浏览量的50%以上,手机独立用户数超过1 000万。

发展至2012年底,大众点评网的月活跃用户数更是超过5 500万,月综合浏览量超过14亿,点评数量超过2 300万条,收录的商户数量超过240万家。特别是在移动互联网方面,大众点评网的移动客户端浏览量超过60%,移动客户端累计独立用户数超过5 400万,而且还在快速上升过程中。在应用覆盖面方面,大众点评网的用户已经覆盖全国230多个城市。

2012年,大众点评网先后被《福布斯》中国评选为"中国移动互联网公司30强"的第一名,被中国电子商务协会评选为"2011—2012年度最受欢迎本地化服务商城",被中国互联网协会评选为"移动互联网最佳实践案例"。

2012年4月26日,大众点评网正式对外宣布完成新一轮融资,规模超1亿美元,投资方包括挚信资本、红杉资本、启明创投、光速创投。

2015年10月8日,大众点评网与美团网宣布合并,美团网CEO王兴和大众点评网CEO张涛将会同时担任联席CEO和联席董事长(2015年11月10日,大众点评网CEO张涛发内部邮件表示,将不再担任新公司联席CEO)。

2016年1月,美团—大众点评旗下APP"大众点评"荣登"2015腾讯应用宝星APP榜",喜获"年度十大最受欢迎APP"。同时,"大众点评"也是唯一一款获评该奖的美食健康类APP。

二、大众点评网的商业模式与盈利模式

1. 大众点评网的商业模式

一般网站普遍遵循"起步—融资—烧钱—达到规模点—盈利"的发展轨迹。综合对大众点评网的剖析，可以发现点评类网站商业模式的范式，其经营轨迹可以分为5个基本步骤：

第一步，确立以生活消费内容为点评对象，这直接关系到后续运作的难易程度；

第二步，构建大众参与的网站架构，树立独立形象，为网站的低成本运作奠定基础；

第三步，宣传推广，汇聚人气，吸引用户的点评，获取不断丰富的点评信息；

第四步，网聚用户点评，依托口碑的力量，通过改变消费和营销模式，培育影响消费者和被点评对象所属商户的能力；

第五步，线上线下盈利，并通过盈利，进一步加强网站的宣传推广，使其运作达到良性循环。

大众点评网的运营理念一直致力于城市消费体验的沟通和聚合。大众点评网首创并领导的第三方评论模式已成为互联网的一个新热点。在这里，几乎所有的信息都来源于大众，服务于大众。在这里，每个人都可以自由发表对商家的评论，好则誉之，差则贬之。在这里，每个人都可以向大家分享自己的消费心得，同时分享大家集体的智慧。

课堂讨论：大众点评是如何做到"源于大众，服务于大众"的？

2. 大众点评的盈利模式

大众点评网的运营收入包括佣金收入、电子商务收入、线下服务收入、无线增值、网络广告等。下面逐一简要介绍。

（1）佣金收入

借鉴携程网的模式，大众点评网推出积分卡业务。会员凭积分卡到餐馆用餐时可享优惠并获得积分，积分可折算现金、礼品或折扣。大众点评网凭借其渠道平台的优势，向餐馆收取佣金，以积分形式返还给会员一部分后，剩下的部分就是网站收入。

一方面，大众点评网为餐馆提供了有效的口碑宣传载体。随着餐饮业的竞争日趋激烈，商家对于宣传的重视度日益提升，然而受地域、规模等限制，往往缺乏有效的宣传载体，网络餐饮业便应运而生。大众点评网汇聚的点评信息，对于众多"好则褒之"餐馆来说，是一个低成本、辐射广的口碑载体。另一方面，口碑带来消费力。大众点评网的社区化，能够将分散的用户汇集起来，变成有消费力的团队。基于此，大众点评网在与相对分散的餐饮企业博弈中，形成了影响力。

具备影响力后，大众点评网在用户与餐馆之间搭建起消费平台，佣金模式得以实现。大众点评网通过积分卡（会员卡）实现佣金的收取：第一步，签约餐馆，达成合作意向；第二步，持卡消费。用户注册后，可以免费申请积分卡，用户凭积分卡到签约餐馆用餐可享优惠并获得积分，积分可折算现金、礼品或折扣；第三步，收取佣金。大众点评网按照持卡用户的实际消费额的一定比例，向餐馆收取佣金，以积分形式返还给会员一部分后，剩下的部分就是网站收入。大众点评网收取的佣金率为实际消费额的2%~5%左右，并据媒体报道，2007年人气最高的前5家餐馆中，其中一家给大众点评网的佣金超过100万元。

（2）电子商务收入

整合电子商务模式，进行网上订餐，也是营收来源之一，大众点评网可以凭借为会员

提供订餐服务向餐馆收取费用。目前这部分收入占其总收入的80%以上。

(3) 线下服务收入

把网友评论结集出版为《餐馆指南》，目前分为北京、上海、杭州、南京4个版本，每本售价为19.8元，每本盈利5元左右。《餐馆指南》仅上海版的发行量就达到10万册/年，收入颇丰。

数据库营销业务则是无心插柳之获。随着餐馆信息的不断填充和更新，大众点评网的数据库愈发庞大。目前已有食品类企业如李锦记，找到大众点评网，要求分享各地餐馆名、地址、电话、菜系、人均消费、简介等信息，从而将这些信息应用在其内部的销售系统，以便提高销售效率。

(4) 无线增值

大众点评网作为CP（Content Provider，内容提供商）与SP（Service Provider，服务提供商）合作，为用户提供手机搜索内容，比如用户发送短信"小肥羊、徐家汇"，就可以获得餐馆地图、订餐电话、网友点评等信息。

大众点评网的无线增值业务有两方面。一是作为内容提供商，与中国移动、中国联通、中国电信、空中网、诺基亚、掌上通等渠道服务商合作，推出基于短信、WAP等无线技术平台的信息服务，为中国近5亿手机用户提供随时、随地、随身的餐馆等商户资讯；二是在GPS领域与新科电子展开合作，为汽车导航系统用户精确定位自己的美食目的地。

(5) 网络广告

使用AdWords广告平台，利用谷歌的定向投放技术，大众点评网开始根据不同地区的用户喜好，在不同的城市投放有针对性的广告，甚至定位精确到用户上网的不同时间段。

上游企业或商家付费模式，即广告模式，是互联网企业的主要盈利方式。但如前所述，点评类网站对独立性的坚守，均未贸然引入广告。当然，随着广告模式的演进，点评类网站找到了广告与独立性之间的平衡。

大众点评网的关键字搜索类似于谷歌和百度，输入"菜系""商区""人均消费"等关键字后，会列出一长串符合条件的餐馆及网友的评论，显示的先后顺序依据餐馆是否投放广告及投放规模而定。这一隐形的广告模式，并没有给用户的体验效果带来直接的负面影响，却拓宽了网站的营收渠道。

电子优惠券是大众点评网上的另一种隐形广告。餐馆为了广告宣传，在大众点评网上发布电子优惠券，由用户打印该券，实地消费时凭券享受优惠。电子优惠券是网站、餐馆、用户三方共赢的方式。据张涛在两年以前的一次介绍，电子优惠券模式推进情况良好，"上海一家规模很大的餐馆开新店，结果优惠券的打印量一个月达到5 000多张"。现在很多餐馆已经成为大众点评网精准广告的客户，预计每家为大众点评网贡献几万元到几十万元不等的收入。在张涛看来，精准广告投放是大众点评网今后利润的主要来源。

课堂讨论：大众点评的盈利模式有哪些特点？

三、大众点评网的服务创新和发展方向

1. 大众点评网的服务创新

(1) 大众点评网与腾讯的合作

2014年2月19日，大众点评网与腾讯建立深度战略合作，腾讯入股大众点评网，占股20%。经过这次战略合作，大众点评网将优质的生活消费内容，如商户信息、抢购、特惠信息以及消费点评拉入腾讯QQ与微信等社交平台，消费者可以直接在微信"钱包"菜单下的第三方服务中找到大众点评网，正式名称为"吃喝玩乐"。当用户在大众点评网消费后，即可发放红包至微信好友或微信群，也可将心仪的团购单分享至微信朋友圈，增加社交圈内对于"吃喝玩乐"的交流，极易引发圈子内的口碑效应，带来更高的销售转化率。大众点评网借助腾讯庞大的用户和社交资源，可以增加用户量，打破大众点评网用户过于年轻的同质化现象，并将扩张触角蔓延至三四线城市，争取更多无法撼动的市场份额。

（2）大众点评网推出新产品

大众点评网自成立以来，不断推陈出新，致力于更好地服务用户。在2015年4月，大众点评网推出战略型新产品——闪惠。闪惠在某种意义上，是对团购的战略升级，它使消费者无须购买团购券或代金券也能在结账时通过闪惠直接买单享受优惠服务。过去的团购券对于用户来说还是显得过于麻烦，用户在购买团购券以后，需要给服务员抄写验证码，如消费金额为非整数，还需要用现金补上差额。另外，团购券对于一些正式场合的消费，或是高端商户显得难以登上大雅之堂，有损消费者面子或商户的品牌形象。最后，团购的产品形态与线下消费场景不匹配，团购的本质是先买券，再抵扣；而大部分线下消费形式是依据消费金额购买团购券。闪惠很好地解决了以上缺点，它可以让用户先消费，后实时支付，仍享受优惠。闪惠一经推出，一天内签约商户达4万，目前已覆盖全国160个城市超过15万家门店。

2. 大众点评网的发展优势

大众点评网的优势主要包括以下几个方面：

（1）信息来源真实可靠

传统的营销方式多为"强制营销"，商家将产品和服务以图片或文字的方式提供给用户，此类信息仅代表商家立场，难免出现商家自吹自擂的现象，无法轻易获得消费者的信任，甚至引发消费者的逆反心理；大众点评网则采取"软性营销"方式，由用户共同创造信息，网站只对信息进行分类和整合，并不干涉评论内容本身。网站信息的提供者和接收者均为普通大众，信息内容透明、公正，容易得到消费者的信任，被大众接受。

（2）提供个性化信息服务

不同于Web 1.0时代信息资源的分散性，大众点评网为每一个用户提供了极其细致的个性化信息服务，根据不同用户的个性、习惯、爱好，将行为相近的消费者聚集在一起形成一个独立的细分市场，就其爱好与特定需求有针对性地投放新产品和服务的广告推送，不仅满足消费者的需求，而且也为商家实现精准营销。

课堂讨论：试结合案例分析大众点评网和其他同类型的网站相比，有哪些发展优势。

案例思考题：

1. 大众点评网与同类型网站最大的不同在于哪些方面？
2. 如何看待2015年美团网与大众点评网合并？

第 2 章　电子商务的应用环境

> **学习目标**
> - 了解电子商务的政府行为。
> - 熟悉互联网技术基础与服务。
> - 掌握电子商务法律、税收等环境知识。

引导案例

社会化问答网站——知乎

社会化问答网站，是近年来在互联网上兴起的网络问答平台，它将网络问答和社交网络合为一体，旨在重新构建人与信息的关系。在社会化问答社区中，网民广泛参与讨论，为其他用户解疑答惑，使集体的智慧得到发挥。

知乎是近几年来在中文互联网世界出现的一匹黑马。知乎的本质是问答型 SNS 社区，知乎网站于 2010 年 12 月开放，初始阶段采用邀请制方式注册，2013 年 3 月开始向公众开放注册。知乎的初衷是帮助人们可以更好地分享彼此的知识、经验和见解，发表"有用""有帮助""有质量"的内容。其"精英""友善""高质"的特色，使其注册用户在不到一年时间里激增 10 倍，成为中文互联网世界最优质的交流平台之一。

知乎发展的初始阶段，重视用户积累与优秀内容的沉淀。从 2011 年的年初到 2013 年的上半年，知乎的平均日搜索指数并不高，这与知乎当时采取严格的邀请制和审核制有关。在初始运营阶段，知乎借鉴此类问答型 SNS 社区的先驱——Quora 的模式，通过邀请码的形式邀请来了知乎的第一批用户。这批用户包括蔡文胜、李开复等业内行家及媒体精英，他们的加入营造了知乎社区高质量的问答氛围，为知乎后期运营打下了一个良好的基础。

知乎在初步运营了两年后，由于坚持严格的邀请制度，其用户的数量增长缓慢。这时候，知乎开始考虑要不要全面对外界开放。2013 年 4 月，知乎终于做出了重大决定，开始对外开放注册。随后在知乎向公众开放注册的一年时间内，用户数量迅速从 40 万飙升到 400 万，增长了近 10 倍。

截至 2017 年 9 月，知乎个人注册用户总数超过 1 亿，日活跃用户量达 2600 万，人均日访问时长 1 小时，月浏览量 180 亿。相比知乎初始运营阶段的 40 万注册用户，可以说是经历了翻天覆地的变化，知乎的影响力和关注度逐年增加，知乎已然呈现出全新的发展面貌。

2.1 电子商务的技术环境

2.1.1 电子商务的技术基础

1. IP 地址

互联网的 IP 地址是指 IP 网络层通用的一种地址。IP 地址是使用 TCP/IP 在计算机网络各结点之间进行通信的基础,是每个连接在互联网主机上的唯一的标识地址。

整个互联网采用全网通用的 IP 地址格式,在互联网上的每个主机由一个唯一的 IP 地址来标识。TCP/IP 规定每个互联网地址长度为 32 位,共有 2^{32} 地址。为了便于表示,采用"点分十进制"标记法,相对于二进制形式,点分十进制表示得要直观一些,便于用户阅读和理解。下面是一个具体 IP 地址的两种表示形式:

00110011　0000111111100000　00001101（二进制表示法）

51.15.224.13（点分十进制表示法）

每个 IP 地址由网络号和主机号组成。互联网按网络的规模大小,将 IP 地址分为 A、B、C 3 大类。如表 2-1 所示,从 IP 地址的第一位数字就可确定该地址属于哪一类地址,如 128.20.4.1 这个 IP 地址属于 B 类地址,其网络号为 "128.20",主机号为 "4.1"。

表 2-1 IP 地址分类

类　别	最大网络数	IP 地址范围	最大主机数
A	126(2^7-2)	0.0.0.0-127.255.255.255	16777214
B	16384(2^{14})	128.0.0.0-191.255.255.255	65534
C	2097152(2^{21})	192.0.0.0-233.255.255.255	254

可见,从 IP 地址的第一位数字就可确定该地址属于哪一类地址,如 128.20.4.1 这个 IP 地址属于 B 类地址,其网络号为 "128.20",主机号为 "4.1"。

在互联网中,A 类网络最多可容纳 16777214 台主机;B 类地址用于最多可容纳 65534 台主机的中型网络;C 类地址用于最多容纳 254 台主机的小型网络。在互联网中寻径时,首先根据每个 IP 地址的网络号找到相应的网络,然后在该网络中按照其主机号进行网络内部寻径。

除了上述 3 大类主要 IP 地址外,还有 D、E 两类特殊的 IP 地址。D 类地址用于与网上多台主机同时进行通信;E 类地址现在保留,以备将来使用。

前面介绍的 IP 地址的格式和分类是指 IPv4,它是一个 32 位二进制数,因此总地址容量为 2^{32} 个,也即有 43 亿个左右。而按照 TCP/IP 的规定,相互连接的网络中每个结点都必须有自己独一无二的地址来作为标识,显然,相对日益增长的用户数,IP 地址资源很快会被用光。

为解决 IPv4 的问题,一种新的 IP 地址应运而生,即 IPv6。它的主要特点和功能如下:

① 如同电话号码升位一样,IPv6 提供了 128 位的 IP 地址,使地址数量大幅增加(2^{128} 个),从而解决了现在 IP 地址的资源危机,并能满足未来数字城市发展的需要。

② IPv6 采用了"可聚集全球统一计算地址"的构造,这使 IP 地址构造同网络的拓扑结构(连接形态)相一致,从而缩小了路由表,使路由器能够高效率地决定路由。

③ 具有自动把 IP 地址分配给用户的功能,大大减少了网络管理费用。IPv6 网络的应用,理论上不但使 IP 地址资源十分丰富,而且可使网络速率提升 1 000 倍,大约能达到每秒 40Gbit/s 的传输速度。

2. 域名系统

域名是人们为了在 Internet 通信中便于记忆和使用,而对 IP 地址所设计的一种入网计算机的替代符号。IP 地址的表达方式比较抽象,不容易记,也没有什么直接意义,所以以引入域名的概念来管理 IP 地址。凡是加入了互联网的各级网络都依照统一的 DNS 命名规则对本网的计算机进行命名,并负责完成通信时域名与 IP 地址的转换。例如,www.cctv.com 的 IP 地址是 202.108.249.206,www.sina.com.cn 的 IP 地址是 202.108.35.210 等。

在系统中,通过域名服务器完成 IP 地址与域名的双向映射。域名服务器接受一个域名,将它翻译成 IP 地址,再将这个 IP 地址返回提出域名请求的计算机;或者接受一个 IP 地址,将 IP 地址翻译成域名后返回给提出 IP 地址请求的计算机,这个过程称为域名解析。

域名和 IP 地址之间是一对一或多对一的关系,因为一个企业网站只有一个 IP 地址,但可以有多个域名。对于大多数人而言,只要有了域名,无须知道 IP 地址就可以访问网站。就像现实生活中开公司要给公司起名字一样,域名相当于企业在互联网上的商标。全球任何一个互联网用户只要知道网站的域名,就可以立即访问该企业的网站,所以域名又是企业在互联网上的门牌号码。

域名由若干部分组成。每部分由至少两个字母或数字组成,各部分之间用实点(.)分隔开,最右边的是一级域名(一般表示国家),往左分别是二级域名(一般表示机构)、三级域名,如图 2-1 所示。

图 2-1 域名的组成

域名类别分为区域域名和类别域名两种。

第一级域名往往是国家或地区的代码,称区域顶级域名。Internet 顶级域名的默认值是美国。

第二级域名分为行政区域名和类别域名。二级域名的行政区域名适用于一个国家的二级行政区域,如浙江为 zj.cn、北京为 bj.cn 等。

第二级类别域名往往表示主机所属的网络性质和类别,如 .com.cn。

没有国家标志的域名表示在美国注册了国际域名。例如,163.com,这里的 ".com" 为国际顶级域名。

常见的二级类别域名如表 2-2 所示。

表 2-2 常见的二级类别域名

域 名	类 别	域 名	类 别
com	商业机构	mil	军事机构
edu	教育机构	int	国际组织
net	网络运行中心和信息中心	org	非营利机构
gov	政府机构	info	提供信息服务的实体

3. 互联网服务

互联网是世界上最大的信息库,如果互联网没有提供便利的服务,要想查询并利用所需要的信息简直是无法想象的。互联网主要可以提供以下服务功能：

（1）万维网服务

万维网（World Wide Web，WWW）又称 Web 网，它基于超文本传输协议（HTTP），利用超文本标记语言（HTML）把各种类型的信息（图形、图像、文本、动画等）有机地集成起来，供用户查询使用，使互联网具备了支持多媒体应用的功能。Web 网提供了一种非常易于使用的友好界面，用浏览器软件（如 Internet Explore、Netscape 等）还可以访问 FTP、News、E-mail 等过去要用不同的客户程序才能访问的信息资源，它统一了整个互联网的应用功能，使之变成一个超媒体的信息资源的集合，从而实现了有效和广泛的信息检索。Web 已经成为互联网的主要应用之一，目前在网上的计算机，绝大多数都是以 Web 浏览和查询信息的。

（2）远程登录服务

远程登录（Telnet）是互联网上的一台计算机连接到另一台远程计算机并运行其系统的程序。利用该功能用户可以把自己所使用的计算机变成某一远程主机的终端，使用远程计算机来完成一些工作。例如，使用远程计算机上对外开放的资源，使用远程主机的软件为自己服务，也可以查询数据库、检索资料或利用远程计算机来完成大量的工作。尤其重要的是互联网上 UNIX 操作系统下的一些应用工具本身，也是通过 Telnet 来访问的，如 BBS、Archie 等。有了 Telnet 之后，用户不必局限在固定的地点和特定的计算机上工作，通过网络随时可以使用任何地方的任何联网计算机，因此 Telnet 是互联网上非常重要的功能。

（3）电子邮件服务

电子邮件（E-mail）是用户或用户组之间通过计算机网络收发信息的服务。电子邮件服务是目前互联网上最基本的服务项目和使用最广泛的功能之一。互联网用户都可以申请一个自己的电子邮箱，通过电子邮件来实现远距离的快速通信和传送信息资料。使用电子邮件通信具有简便、快捷、经济、联络范围广的特点，它不仅可以传送文本信息（发送、接收信件），还可以传送图像、声音等各种多媒体文件。通过它，用户能够快速而方便地收发各类信息，如公文文件、私人信函和各种计算机文档等。因此电子邮件成为互联网上使用频率最高的一种服务。

（4）文件传输服务

文件传输协议（File Transport Protocol，FTP），在这里泛指网上的文件传输服务。FTP 是指一项允许用户从一台 Internet 主机向另一台 Internet 主机复制文件的网上服务。在进行文件传输的过程中，一个 FTP 服务器相当于用户计算机上的一个"硬盘"。人们通常将用户自己机器上的硬盘称为本地硬盘，而将 FTP 服务器上的硬盘称为远程硬盘。另外，还经常用到上传和下载的概念。上传（upload）是指将文件从本地硬盘复制至远程主机上的过程；下载（download）是指从远程主机复制文件至本地硬盘的过程。

一般的 FTP 服务器并不向所有用户开放，用户登录 FTP 服务器也应预先知道远程主机的地址，以及验证用户身份的用户名和口令字。当与远程主机建立连接后，用户就可以发出各种 FTP 命令，如浏览远程主机的目录、改变当前目录、上传或下载文件等。一些大的软件公司（如微软等）通过 FTP 服务器，发放软件升级文件、补丁文件和免费软件。

（5）BBS

电子公告牌（Bulletin Board System，BBS），开辟了一块"公共空间"供所有用户进行讨论和交流。BBS 通常会提供一些多人实时交谈、游戏服务，公布最新消息，甚至提供各类免费软件。各个BBS站点涉及的主题和专业范围各有侧重，用户可选择自己感兴趣的站点进入BBS，参与讨论、发表意见、征询建议、结识朋友。系统允许用户之间分享软件、文件，进行实时网络对话、信件传输等。从电子商务的角度出发，BBS是企业与客户交流的最好渠道之一。企业通过BBS，可以在网上与客户加强交流，解决问题，吸引客户。

（6）信息查询及其他服务

互联网可以称得上是当今世界上最大的信息库，如果互联网没有提供有效的信息检索服务，则使用者要想得到某些特定的信息将是一件非常困难的事情。所以，互联网提供了强大的信息查询服务功能。在互联网中，用户可以利用许多查询工具实现信息查询，其使用最多的查询方式是通过浏览器登录一些搜索引擎。根据搜索引擎的原理，可将搜索引擎分为以下几种：

① 目录式搜索引擎。以人工方式或半自动方式搜集信息，由编辑员查看信息之后，人工形成信息摘要，并将信息置于事先确定的分类框架中，如百度、Yahoo、搜狐、新浪等。

② 机器人搜索引擎。由一个称为蜘蛛的机器人程序以某种策略自动地在互联网中搜集和发现信息，由索引器为搜集到的信息建立索引，由检索器根据用户的查询输入检索索引库，并将查询结果返回给用户，如AltaVista、Excite、Infoseek等。

③ 智能搜索引擎。这种搜索引擎采用全新的搜索方式，通过一种复杂的数学分析，估计出一次搜索查询后反馈的网页的质量或重要性及相关主题。例如，这类典型的搜索引擎是Google。

④ 元搜索引擎。这类搜索引擎没有自己的数据，而是将用户的查询请求同时向多个搜索引擎递交，将返回的结果进行重复排除、重新排序等处理后，作为自己的结果返回给用户。例如，这类典型的搜索引擎是搜星Soseen。

目前，商业搜索引擎站点正结合各种搜索引擎的优点，在其类型上有逐渐融合的趋势。一些传统的机器人搜索引擎也增加了人工分类的内容，以提供高精度的导航信息。

2.1.2 电子商务新技术的应用

随着社会的发展，人们越来越迫切地渴望跨越地域的限制进行相互交流。互联网上不断出现新的服务，如微信、微博、博客、网络电话、网络电视会议、交互式网络游戏等，这极大地丰富了互联网的服务功能。

1. 移动应用开发

移动应用开发是指利用小型、无线计算设备编写软件的流程和程序的集合，如在智能手机或者平板电脑上进行应用程序开发等。移动应用开发类似于Web应用开发，起源于更为传统的软件开发。但其关键在于，移动应用开发通常利用一个具体移动设备提供的独特性能编写软件。例如，利用iPhone的加速器编写游戏应用。

（1）移动应用开发平台

① 苹果iOS。苹果移动设备是消费性电子产品市场的巨人，包括iPhone、iPod Touch和iPad。苹果官方iOS开发者网站允许开发者下载软件开发工具包（SDK）并开始开发和测试新应用；新应用开发完成后还可以通过App Store进行发布。免费的iOS SDK包括Xcode IDE、Open GLES支持的iPhone模拟器、Interface Builder、Instruments、框架、编译器和Shark分析工具。

② Android 操作系统。Android 是基于 Linux 的移动操作系统，由谷歌和开源手机联盟拥有。Android 开发者网站提供了 Android SDK 及 Android 平台上开发移动应用的各种工具。Android SDK 旨在为使用 Eclipse 的人设计，其包括调试、封装及在模拟器安装应用的其他一些工具。

③ Windows Mobile 和 Windows Phone 7。来自微软的两个主要移动操作系统是 Windows Mobile 6 和更新一点的 Windows Phone 7。已经习惯在 Windows 桌面工作的开发者将会发现，它们在过渡到手机上的时候有很多类似的地方。Windows 移动应用的大多数开发协同使用 Visual Studio 和 Windows Mobile SDK。

④ 其他移动设备平台。其他移动平台包括黑莓应用平台，以及塞班开源平台。

目前，苹果公司的 iOS 和 Android 为最主要的两大移动应用开发平台。

（2）移动应用的开发流程

和其他软件开发相似，移动应用的开发也应遵循标准的软件工程流程。

① 需求分析：系统分析员通过对用户需求的多次确认与分析，做出一份系统的功能需求文档。

② 概要设计：开发者需要对应用系统进行概要设计，即系统设计。概要设计需要对应用系统的设计进行考虑，考虑因素包括系统的基本处理流程、系统的组织结构、模块划分、功能分配、接口设计、运行设计、数据结构设计和出错处理设计等，以为系统的详细设计提供基础。

③ 详细设计：在详细设计中，描述实现具体模块所涉及的主要算法、数据结构、类的层次结构及调用关系，需要说明软件系统各个层次中的每一个程序（每个模块或子程序）的设计考虑，以便进行编码和测试。详细设计应当足够详细，开发者能根据详细设计报告进行编码。

④ 编码：开发者根据详细设计中对数据结构、算法分析和模块实现等方面的设计要求，开始具体的编写程序工作，分别实现各模块的功能，从而实现对目标系统的功能、性能、接口、界面等方面的要求。

⑤ 测试：测试编写好的系统。将测试编写好的系统交给用户使用，用户使用后逐个确认每个功能。其测试方法有很多种：按照测试执行方，可以分为内部测试和外部测试；按照测试范围，可以分为模块测试和整体联调；按照测试条件，可以分为正常操作情况测试和异常情况测试；按照测试的输入范围，可以分为全覆盖测试和抽样测试。

⑥ 交付：在测试证明应用达到要求后，开发者应向用户提交开发的目标安装程序、数据库的数据字典、《用户安装手册》《用户使用指南》、需求报告、设计报告、测试报告等双方合同约定的产物。

⑦ 验收：用户验收。

⑧ 维护：根据用户需求的变化或环境的变化，对应用程序进行全部或部分的修改。

2. 云计算与 Saas

（1）云计算

① 云计算的概念。云计算（Cloud Computing）是基于互联网相关服务的增加、使用和交付模式，通常涉及通过互联网来提供动态易扩展且经常是虚拟化的资源。云是网络、互联网的一种比喻说法。过去，往往用云来表示电信网，后来云也用来抽象表示互联网和底层基础设施。对云计算的定义有多种说法。国内较为广泛接受的定义是：云计算是通过网络提供可伸缩的廉价的分布式计算能力。

云计算是通过网络使计算分布在大量的分布式计算机上，而非本地计算机或远程服务器中。这使得企业和个人能够将资源切换到需要的应用上，根据需求访问计算机和存储系统，就像是从古老的单台发电机模式转向电厂集中供电的模式。它意味着计算能力也可以作为一种商品进行流通，就像煤气、水电一样，取用方便，费用低廉。其最大的不同在于，它是通过互联网进行传输的。

② 云计算存在的问题。

a. 数据隐私问题：如何保证存放在云服务提供商的数据隐私不被非法利用，不仅需要技术的改进，也需要法律的进一步完善。

b. 数据安全性：有些数据是企业的商业机密，数据的安全性关系到企业的生存和发展。云计算数据的安全性问题解决不了，会影响云计算在企业中的应用。

c. 用户的使用习惯：如何改变用户的使用习惯，使用户适应网络化的软硬件应用是长期而且艰巨的挑战。

d. 网络传输问题：云计算服务依赖网络，云计算的普及依赖网络技术的发展。

e. 缺乏统一的技术标准：云计算的美好前景使传统 IT 厂商纷纷向云计算方向转型。但是由于缺乏统一的技术标准，尤其是接口标准，各厂商在开发各自产品和服务的过程中各自为政，这为将来不同服务之间的互联互通带来了严峻挑战。

(2) SaaS

① SaaS 的概念。SaaS（Software as a Service）的意思是"软件即服务"。SaaS 是基于互联网提供软件服务的软件应用模式。在这种交付模式中，云端集中式托管软件及其相关的数据，软件仅需通过互联网，而无须通过安装即可使用。用户通常使用精简客户端经由一个网页浏览器来访问软件即服务。作为一种在 21 世纪开始兴起的创新的软件应用模式，SaaS 是软件科技发展的最新趋势。SaaS 提供商为企业搭建信息化所需要的所有网络基础设施及软件、硬件运作平台，并负责所有前期的实施、后期的维护等一系列服务。企业无须购买软硬件、建设机房、招聘 IT 人员，即可通过互联网使用信息系统。就像打开自来水龙头就能用水一样，企业根据实际需要，从 SaaS 提供商租赁软件服务。SaaS 是一种软件布局模型，其应用专为网络交付而设计，便于用户通过互联网托管、部署及接入。SaaS 应用软件的价格通常为"全包"费用，囊括了通常的应用软件许可证费、软件维护费及技术支持费，将其统一为每个用户的月度租用费。对于广大中小型企业来说，SaaS 是采用先进技术实施信息化的最好途径。但 SaaS 绝不仅适用于中小型企业，所有规模的企业都可以从 SaaS 中获利。

对于许多商业应用来说，SaaS 已经成为一种常见的交付模式。这些商业应用包括会计系统、协同软件、客户关系管理、管理信息系统、企业资源计划、开票系统、人力资源管理系统、内容管理系统及服务台管理系统。SaaS 已经被吸纳进所有领先的企业级软件公司的战略中。这些公司的最大卖点之一就是通过将硬件和软件的维护及支持外包给 SaaS 的提供者，来降低信息技术成本。

② SaaS 架构。绝大多数软件运营解决方案都是基于一个多租架构的。依靠这个模式，应用的一个单一的版本，以及一个单一的配置（硬件、网络、操作系统）被用于所有客户（"租户"）。为了支持可扩展性，应用被安装在多台机器上（被称为水平扩展），这与传统软件形成对比。对于传统软件来说，软件的多个物理副本被安装在大量的客户现场。其中任何一个物理副本都有可能是不同的版本，有不同的配置，并且常常经过定制化。

在一些特定或例外的情况下，软件运营解决方案不使用多租技术，而使用其他技术如虚拟化技术，来替代多租户技术。多租户技术对软件即服务来说，是否是一个必需的组件，目前仍是一个争论的话题。

3. 物联网

（1）物联网的概念

物联网（Internet of Things，IoT）是一个基于互联网、传统电信网等信息承载体，让所有能够被独立寻址的普通物理对象实现互联互通的网络。物联网一般为无线网，而由于每个人周围的设备可以达到1 000~5 000个，因而物联网可能要包含500~1 000兆个物体。在物联网上，每个人都可以应用电子标签将真实的物体上网连接，在物联网上都可以查找出它们的具体位置。利用物联网，人们可以用中心计算机对机器、设备、人员进行集中管理、控制，也可以对家庭设备、汽车进行遥控，以及搜寻位置、防止物品被盗等。

物联网将现实世界数位化，应用范围十分广泛。物联网的应用领域主要包括运输和物流领域、健康医疗领域范围、智慧环境（家庭、办公、工厂）领域、个人和社会领域等，具有十分广阔的市场和应用前景。

（2）物联网的起源

比尔·盖茨在1995年出版的《未来之路》一书中提及物物互联。1998年，麻省理工学院提出了当时被称作EPC系统的物联网构想。1999年，在物品编码（RFID）技术的基础上Auto-ID公司提出了物联网的概念。2005年11月17日，信息世界峰会上，国际电信联盟发布了《ITU互联网报告2005：物联网》，其中指出了"物联网"时代的来临。

（3）物联网相关技术

在物联网应用中有3项关键技术，具体如下：

① 传感器技术：是计算机应用中的关键技术。大家都知道，到目前为止绝大部分计算机处理的都是数字信号。自从有计算机以来就需要传感器把模拟信号转换成数字信号计算机才能处理。

② RFID标签：也是一种传感器技术。RFID技术是集无线射频技术和嵌入式技术于一体的综合技术，RFID在自动识别、物品物流管理有着广阔的应用前景。

③ 嵌入式系统技术：是综合了计算机软硬件、传感器技术、集成电路技术、电子应用技术于一体的复杂技术。经过几十年的演变，以嵌入式系统为特征的智能终端产品随处可见；小到人们身边的MP3，大到航天航空的卫星系统。嵌入式系统正在改变着人们的生活，推动着工业生产及国防工业的发展。如果把物联网用人体做一个简单比喻，传感器就相当于人的眼睛、鼻子、皮肤等感官，网络就是神经系统，用来传递信息，嵌入式系统则是人的大脑，在接收到信息后要进行分类处理。这个例子很形象地描述了传感器、嵌入式系统在物联网中的位置与作用。

4. "互联网+"

（1）"互联网+"的概念

"互联网+"代表一种新的经济形态，即充分发挥互联网在生产要素配置中的优化和集成作用，将互联网的创新成果深度融合于经济社会各领域之中，提升实体经济的创新力和生产力，形成更广泛的以互联网为基础设施和实现工具的经济发展新形态。"互联网+"行动计划将重点促进以云计算、物联网、大数据为代表的新一代信息技术与现代制造业、生产性服务业等的融合创新，发展壮大新兴业态，打造新的产业增长点，为大众创业、万众创新提供环境，为产业智能化提供支撑，增强新的经济发展动力，促进国民经济体制增效升级。

(2) "互联网+"的发展

"互联网+"较早被提出时，聚焦于互联网对传统行业的渗透和改变。每一个传统行业都孕育着"互联网+"的机会。"互联网+"中的"+"是什么？它是传统行业的各行各业。"互联网+"是一个趋势，"加"的是传统的各行各业。过去十几年，互联网的发展很清楚地显示了这一点：互联网+媒体产生了网络媒体，对传统媒体影响巨大；互联网+娱乐产生了网络游戏；互联网+零售产生了电子商务，已经成为我国经济的重要组成部分；互联网+金融，使得金融变得更有效率，可更好地为经济服务。

从另一个角度分析，传统行业每一个细分领域的力量仍然是无比强大的，互联网是推动传统行业发展的有力工具。从18世纪第一次工业革命发明了蒸汽技术到19世纪第二次工业革命有了电力技术以来，很多行业发生了变化。比如，蒸汽机发明之后蒸汽机的动力可以大大加速印刷品的产量，于是书籍大量的生产，促进知识的广泛传播和人才的大量培养。这与现在互联网的传播、通信的特征也很接近。电产生之后，催生了很多新的东西，如收音机、电话、电视机等，它们推动了资讯的传播和沟通。互联网诞生后，也进一步推动了知识的产生及传播。从这个角度看，互联网是可以更有力地推动各传统行业发展的工具。当然，互联网也会推动和衍生出很多新的事物、新的机会。

(3) "互联网+"的趋势

个人计算机互联网、无线互联网、物联网等，都是互联网在不同阶段、不同侧面的一种提法，这也是谈论未来变化的一个基础。未来"连接一切"的时代还有很多想象空间。当然，"互联网+"不仅是指连接一切的网络，或将这些技术应用于各个传统行业。除了无所不在的网络（泛在网络）之外，还有无所不在的计算（普适计算）、无所不在的数据、无所不在的知识，一起形成和推进了新一代信息技术的发展，推动了无所不在的创新，推动了以用户创新、开放创新、大众创新、协同创新为特点的创新2.0。正是新一代信息技术与创新2.0的互动和演进为仪表的"互联网+"，改变着人们的生产、工作、生活方式，并给当今我国经济和社会的发展带来了无限的机遇。

5. 大数据

(1) 大数据的概念

大数据是以容量大、类型多、存取速度快、价值密度低为主要特征的数据集合，正快速发展为对数量巨大、来源分散、格式多样的数据进行采集、存储和关联分析，从中发现新知识、创造新价值、提升新能力的新一代信息技术和服务业态。

信息技术与经济社会的交汇融合引发了数据迅猛增长，数据已成为国家基础性战略资源，大数据正日益对全球生产、流通、分配、消费活动以及经济运行机制、社会生活方式和国家治理能力产生重要影响。目前，我国在大数据发展和应用方面已具备一定基础，拥有市场优势和发展潜力，但也存在政府数据开放共享不足、产业基础薄弱、缺乏顶层设计和统筹规划、法律法规建设滞后、创新应用领域不广等问题，亟待解决。

(2) 大数据的发展

全球范围内，运用大数据推动经济发展、完善社会治理、提升政府服务和监管能力正成为趋势,有关发达国家相继制定实施大数据战略性文件,大力推动大数据发展和应用。目前,我国互联网、移动互联网用户规模居全球第一,拥有丰富的数据资源和应用市场优势,大数据部分关键技术研发取得突破,涌现出一批互联网创新企业和创新应用,一些地方政府已启动大数据相关工作。坚持创新驱动发展,加快大数据部署,深化大数据应用,已成为稳增长、促改革、调结构、惠民生和推动政府治理能力现代化的内在需要和必然选择。

(3) 大数据的意义

① 大数据成为推动经济转型发展的新动力。以数据流引领技术流、物质流、资金流、人才流,将深刻影响社会分工协作的组织模式,促进生产组织方式的集约和创新。大数据推动社会生产要素的网络化共享、集约化整合、协作化开发和高效化利用,改变了传统的生产方式和经济运行机制,可显著提升经济运行水平和效率。大数据持续激发商业模式创新,不断催生新业态,已成为互联网等新兴领域促进业务创新增值、提升企业核心价值的重要驱动力。大数据产业正在成为新的经济增长点,将对未来信息产业格局产生重要影响。

② 大数据成为重塑国家竞争优势的新机遇。在全球信息化快速发展的大背景下,大数据已成为国家重要的基础性战略资源,正引领新一轮科技创新。充分利用我国的数据规模优势,实现数据规模、质量和应用水平同步提升,发掘和释放数据资源的潜在价值,有利于更好发挥数据资源的战略作用,增强网络空间数据主权保护能力,维护国家安全,有效提升国家竞争力。

③ 大数据成为提升政府治理能力的新途径。大数据应用能够揭示传统技术方式难以展现的关联关系,推动政府数据开放共享,促进社会事业数据融合和资源整合,将极大提升政府整体数据分析能力,为有效处理复杂社会问题提供新的手段。建立"用数据说话、用数据决策、用数据管理、用数据创新"的管理机制,实现基于数据的科学决策,将推动政府管理理念和社会治理模式进步,加快建设与社会主义市场经济体制和中国特色社会主义事业发展相适应的法治政府、创新政府、廉洁政府和服务型政府,逐步实现政府治理能力现代化。

6. 人工智能

(1) 人工智能的概念

人工智能(Artificial Intelligence),英文缩写为 AI。它是研究、开发用于模拟、延伸和扩展人的智能的理论、方法、技术及应用系统的一门新的技术科学。

人工智能是计算机科学的一个分支,它试图了解智能的实质,并生产出一种新的、能以人类智能相似的方式做出反应的智能机器,该领域的研究包括机器人、语言识别、图像识别、自然语言处理和专家系统等。人工智能从诞生以来,理论和技术日益成熟,应用领域也不断扩大,可以设想,未来人工智能带来的科技产品,将会是人类智慧的"容器"。人工智能可以对人的意识、思维的信息过程的模拟。人工智能不是人的智能,是能像人那样思考、也可能超过人的智能。

(2) 人工智能的实现方法

人工智能在计算机上实现时有两种不同的方式。一种是采用传统的编程技术,使系统呈现智能的效果,而不考虑所用方法是否与人或动物机体所用的方法相同。这种方法叫工程学方法(Engineering Approach),它已在一些领域内作出了成果,如文字识别、电脑下棋等。另一种是模拟法（Modeling Approach），它不仅要看效果，还要求实现方法也和人类或生物机体所用的方法相同或相类似。遗传算法（Generic Algorithm，简称 GA）和人工神经网络（Artificial Neural Network，简称 ANN）均属后一类型。遗传算法模拟人类或生物的遗传-进化机制，人工神经网络则是模拟人类或动物大脑中神经细胞的活动方式。为了得到相同智能效果，两种方式通常都可使用。采用前一种方法，需要人工详细规定程序逻辑，如果游戏简单，设定程序逻辑还是方便的。如果游戏复杂，角色数量和活动空间增加，相应的逻辑就会很复杂（按指数式增长），人工编程就非常繁琐，容易出错，而一旦出错，就必须修改原程序，重新编译、调试，最后为用户提供一个新的版本或提供一个新补丁，非常麻烦。采用后一种方法时，编程者要为每一角色设计一个智能系统（一个模块）来进行控制，这个智能系统（模块）开始什么也不懂，就像初生婴儿那样，但它能够学习，能渐渐地适应环境，应付各种复杂情况。这种系统开始也常犯错误，但它能吸取教训，下一次运行时就可能改正，至少不会永远错下去，不用发布新版本或打补丁。利用这种方法来实现人工智能，要求编程者具有生物学的思考方法，入门难度大。由于用模拟法编程时无须对角色的活动规律做详细规定，应用于复杂问题，通常会比前一种工程学方法更省力。

（3）人工智能的影响

① 人工智能对自然科学的影响。在需要使用数学计算机工具解决问题的学科，AI 带来的帮助不言而喻。更重要的是，AI 反过来有助于人类最终认识自身智能的形成。

② 人工智能对经济的影响。AI 促进了工厂产业的发展。但同时，也带来了劳动就业问题。AI 在科技和工程中的应用，能够代替人类进行各种技术工作和脑力劳动，这会造成社会结构的剧烈变化。

③ 人工智能对社会的影响。AI 也为人类文化生活提供了新的模式。现有的游戏将逐步发展为更高智能的交互式文化娱乐手段，今天，游戏中的人工智能应用已经深入到各大游戏制造商的开发中。

2.2 电子商务的法律环境

2.2.1 电子商务法概述

1. 电子商务引发的法律问题

电子商务中的经济资源并不是以传统的物化形式出现的，而是被虚拟为数字形式的符号。这种虚拟的信息资源对商业信用和立法提出了更高的要求。电子商务对现行的法律构成了挑战，这种挑战主要表现为：①传统法律的国家性与电子商务全球性之间的冲突；②政府的主动监管与电子商务自发性之间的冲突；③传统法律的实体要求与电子商务虚拟化之间的冲突。为了促进电子商务的发展，有必要对现有的法律法规进行修正，并制定法律来规范电子商务中出现的新交易行为。

电子商务法是调整电子商务活动中所产生的社会关系的法律规范的总称。

电子商务法的表现形式是制定法。大陆法系国家以制定法为其传统，以判例法为特点的英美法系国家也逐渐朝着制定法与判例法相结合的方向发展。现在美国正在着手制定其有关电子商务的成文法，而联合国贸法委员会制定的《电子商务示范法》也是以制定法的形式表现出来的。可见，以制定法的形式表现电子商务法已是大势所趋。制定法是电子商务法的又一特点。此外，电子商务是一种世界性的经济活动，它的法律框架也不应只局限在一国范围内，而应适用于国际的经济往来，得到国际的认可和遵守。各国在制定其电子商务法时应该参照联合国贸易法委员会的《电子商务示范法》，同时结合本国国情制定出具有国际性的国内法。这样制定出来的电子商务法既有利于和国际接轨，也有利于统一的国际电子商务法典的制定。

2. 电子商务法的特点

电子商务法具有以下特点：

（1）国际性

电子商务已发展为一种世界性的经济活动，它的法律框架自然不应只局限在一国范围内，而应得到国际社会的认可和遵守。电子商务法最终要以适应全世界的要求为特征，自然而然地，国际性就成为了电子商务法的特征之一。

（2）技术性

电子商务是现代高科技的产物，它需要通过互联网来进行，规范这种行为的电子商务法必然要适应这种特点。所以，有关电子商务的法律规范也必须以技术性为其主要特点之一。在电子商务中，许多法律规范都是直接或间接地由技术规范演变而成的。例如，一些国家将运用公开密钥体系生成的数字签名规定为安全的电子签名。

（3）安全性

计算机网络的技术性和开放性也使它具有极大的脆弱性。计算机及网络技术的发展使各行各业对计算机信息系统具有极强的依赖性，与此同时，计算机"黑客"和计算机病毒的侵入或攻击有可能给商家乃至整个社会造成极大的损失。电子商务法通过对电子商务安全性问题进行规范，有效地预防和打击各种计算机犯罪，切实保证电子商务的安全运行。所以，安全性是电子商务法的又一特征。

（4）开放性

电子商务法必须以开放的态度对待任何技术手段与信息媒介，设立开放型的规范，让所有有利于电子商务发展的设想和技巧，都能被容纳进来。在电子商务立法中，大量使用开放性条款和功能等同性条款，其目的就是开拓社会各方面的资源，以促进科学技术及其社会应用的广泛发展。它具体表现在电子商务法的基本定义的开放、基本制度的开放，以及电子商务法律结构的开放等方面。

（5）复合性

电子商务交易关系的复合性，来源于其技术手段上的复杂性和依赖性。它通常表现在当事人必须在第三方的协助下完成交易活动。每一笔电子商务交易的进行，都必须以多重法律关系的存在为前提，这是传统口头或纸面条件下所没有的。它要求多方位的法律调整以及多学科知识的应用。

（6）程序性

电子商务法中有许多程序性规范，主要解决交易的形式问题，一般不直接涉及交易的具体内容。在电子商务中，以数据信息作为交易内容的法律问题复杂多样化，目前由许多不同的专门的法律规范予以调整。

3. 电子商务法的基本原则

（1）交易自治原则

交易自治原则允许当事人以协议方式订立他们之间的交易规则，是交易法的基本属性。电子商务主体有权决定自己是否进行交易、和谁交易及如何进行交易，这完全体现了电子商务主体的意思。任何单位和个人利用强迫、利诱等手段进行违背当事人真实意思的交易活动都是无效的。

（2）证据平等原则

电子签名和文件应当与书面签名和书面文件具有同等的法律地位。电子商务的电子文件包括电子商务合同以及电子商务中流转的电子单据。在电子商务中，贸易合同、提单、保险单、发票等书面文件将被储存于计算机内相应的电子文件所代替，这些电子文件就应当是证据法中的电子证据。各国法律中都逐渐加入有关电子证据的规定，使电子证据取得与传统书面证据同样的法律地位。

（3）中立原则

电子商务法的基本目标是要在电子商务活动中建立公平的交易规则，这是商法的交易安全原则在电子商务法上的必然反映。而要达到交易和参与各方利益的平衡，实现公平的目标，就有必要做到如下几点：技术中立、媒介中立、实施中立、同等保护。

（4）保护消费者的正当权益原则

电子商务活动新的特点要求对消费者的权益进行更为有力的保护，所以电子商务法必须为电子商务建立适当的保护消费者权益的规定，还必须协调制定国际规则，让消费者可以明确对某一贸易如何操作以及了解所使用的消费者权益保护法。

（5）安全性原则

维护电子商务活动的安全成为电子商务法的主要任务之一，电子商务法也应该以维护电子商务的安全为基本原则。电子商务以其高效、快捷的特性，在各种商务交易形式中脱颖而出，具有强大的生命力。而这种高效、快捷的交易工具，必须以安全为前提，它不仅需要技术上的安全措施，而且也离不开法律上的安全规范。

4. 我国电子商务立法的最新进展

我国发展电子商务的法律政策环境正在不断完善，相关的法律、法规也在趋于成熟。

1994年至2001年，被称为中国互联网的1.0时代。该时期的互联网发展主要以信息的单项传播为主，同时也是以新浪、网易、搜狐等为代表的门户网站时代。1998年之前，互联网的发展由产业部门主管，由于部门的特殊性质，其更注重对互联网的开拓和探索，因此"先发展、后管理"的理念成为这个时期互联网发展的要素。

由于这个时期互联网发展的特性，相关的立法工作仍处在探索阶段，1996年2月1日，国务院第195号令发布《中华人民共和国计算机网络信息国际联网管理暂行规定》，这是在中国接入国际互联网后，国家首次出台的较为全面的规范性文件，为互联网产业的良性发展打下了基础。这个时期的相关立法偏重于以计算机病毒防治和软件保护为要点的计算机信息系统保护，如1996年发布的《计算机网络信息国际联网管理暂行规定》、1997年批准的《计算机网络信息国际联网安全保护管理办法》、2001年公布的《中华人民共和国计算机软件保护条例》（以下简称《计算机软件保护条例》）等。这个时期，共颁布了有关互联网的法律1部,行政法规7部,部门规章4部,相关司法解释2条。

从2001年至2008年,互联网开启Web 2.0的全新时代,在这个时期,互联网发展呈现出去中心化、开放和共享的特征,互联网的信息传播呈现出双向传播特征,博客开始出现,互联网媒体影响力与日俱增,电子商务开始发展。到2008年3月,中国的网民数量和宽带数量均超过了美国,中国网民规模开始领跑世界。这个时期的互联网立法,也呈现出多元化发展和回应性发展态势,相关的网络管理部门,在这个时期从产业部门转向了政府意识形态部门,面对互联网2.0时代的新问题和新挑战,中央很多部门积极回应,以规范立法的方式对产生的问题规范管理。这个时期的立法主要围绕着网络知识产权、网络文化市场整治和网络经营场所管理等方面开展,如2002年公布的《互联网上网服务营业场所管理条例》,2004年通过的《中华人民共和国电子签名法》(以下简称《电子签名法》),2006年公布的《网络信息传播权保护条例》,都是此时期的经典立法。同时,有关网络的行业自律性规章也不断出台。这个时期,共出台了1部法律,2部行政法规,11部部门规章。

2009年至2014年为互联网3.0时代,人工智能、关联数据和语义网络构建等技术提高了人与人之间沟通的便利性,使得网络对用户信息的掌握和理解更加深入。自2009年开始,微博、微信类的服务开始崛起,将中国互联网带入以全方位互动为特色的互联网模式,特别是到了2012年以后,我国全面进入了移动互联网时代。在这个时期共颁布了法律1部,部门规章13部,最高人民法院司法解释5条,如2012年通过的《全国人大常委会关于加强网络信息保护的决定》,2014年发布的《国务院关于授权国家互联网信息办公室负责互联网信息内容管理工作的通知》。同时值得注意的是,《中华人民共和国电子商务法》在2013年列入了国家立法规划。这个时期,颁布的部门规章涉及了工信部、卫生部、商务部、文化部、国家工商行政总局、国务院新闻办公室等十几个部门,涉及部门之广前所未有,足可见互联网发展已全面铺开。这个时期的立法侧重于信息保护、电子商务和知识产权保护方面。

随着网络信息技术的不断进步,网络空间成为大国间进行政治、经济、外交、安全博弈的新空间和新战场,将国家之间的博弈维度从海、陆、空、太空进一步扩展到了网络空间这个第五维度。2014年2月27日,由习近平总书记担任组长的中央网络安全和信息化领导小组正式成立,标志着我国已经将网络空间安全上升到国家战略的高度,也预示着我国将从网络大国向网络强国转变。同时,《中华人民共和国网络安全法》也于2016年11月7日发布,自2017年6月1日起开始施行。

互联网的深入发展开始渗透到各个传统行业中去。2015年7月4日,国务院印发了《国务院关于积极推行"互联网+"行动的指导意见》。自2015年开始,中央各部门及地方,不断出台新立法、新规定,或者对传统立法进行修订,以适应"互联网+"发展中出现的新业态、新模式,以填补现有的法律空白。

2.2.2 电子商务交易中的法律问题

1. 电子商务中的法律主体

电子商务交易过程中的法律主体包括卖方、买方、网络交易中心、电子银行、认证机构和第三方物流。这些主体各有一定的法律地位,对应着不同的权利和义务。

(1) 卖方

在电子商务条件下,卖方应当承担以下3项义务:①按照合同的规定提交标的物及单据；②应保障对其所出售的标的物享有合法的权利；③对标的物的质量承担担保义务。卖方不履行合同义务时，买方可以选择以下救济方法：①要求卖方实际履行合同义务，交付替代物或对标的物进行修理、补救；②减少支付价款；③对延迟或不履行合同，要求其损失赔偿；④解除合同，并要求其损失赔偿。

（2）买方

在电子商务条件下，买方同样应当承担以下3项义务：①买方应当承担按照网络交易规定方式支付价款的义务；②买方应当承担按照合同规定的时间、地点和方式接受标的物的义务；③买方应当承担对标的物验收的义务。若买方不履行合同义务，包括买方不按合同规定支付货款和不按规定收取货物，在这种情况下，卖方可选择以下救济方法：①要求买方支付价款、收取货物或履行其他义务，并为此可规定一段合理额外的延长期限，以便买方履行义务；②损害赔偿，要求买方支付合同价格与转售价之间的差额；③解除合同。

（3）网络交易中心

在电子商务中，网络交易中心在网络商品中介交易中扮演着介绍、促成和组织者的角色，应负责执行买卖双方委托的任务，并积极协助双方当事人成交。在进行介绍、联系活动时，要诚实、公正、守信用，不得弄虚作假、招摇撞骗，否则必须承担赔偿责任。

（4）电子银行

在电子商务中，电子银行同时扮演着发送银行和接收银行的角色。其基本义务是依照客户的指示，准确、及时地完成电子资金划拨。在电子资金划拨中常常出现因过失或欺诈而致使资金划拨失误或迟延的现象。如是过失，则适用于过错归责原则；如是欺诈所致，且电子银行安全程序在电子商务上是合理可靠的，则名义发送人需对支付命令承担责任。

（5）认证中心

认证中心扮演着一个买卖双方签约、履约的监督管理的角色，买卖双方有义务接受认证中心的监督管理。在网络交易过程中，认证机构是提供身份验证的第三方机构，由一个或多个用户信任的、具有权威性质的组织组成。它不仅要对进行网络交易的买卖双方负责，还要对整个电子商务的交易秩序负责。

（6）第三方物流

第三方物流是物流专业化的一种重要形式。第三方不参与商品供、需方之间的直接买卖交易，而只是承担从生产到销售过程中的物流业务，该业务包括商品的包装、储存、运输、配送等一系列服务活动。专业化、社会化的第三方物流的承担者，就是物流服务企业。

2. 电子合同

《中华人民共和国合同法》（以下简称《合同法》）第二条明确规定："本法所称合同是平等主体的自然人、法人、其他组织之间设立、变更、终止民事权利义务关系的协议。"电子合同是指当事人利用电子手段、光学手段或其他类似手段订立的合同，在当前具体表现为当事人利用网络采用电子数据交换、电子邮件等方式订立的合同。电子合同是合同的一种特殊形式，其特殊性表现为订立合同的手段或形式发生了变化。在适用法律方面，由于EDI和E-mail等电子形式的广泛应用，因此在合同的订立、合同的形式、合同成立的时间和地点、合同内容的确定，以及签字等方面都和传统的合同规则有所不同，电子合同逐渐形成了一套特殊的法律规则。

电子合同只是合同的一种特殊形式。电子合同的订立仍然遵循合同订立的基本程序

——要约和承诺。要约是希望和他人订立合同的意思表示。承诺是指受要约人向要约人做出的同意按要约的内容订立合同的意思表示。承诺是订立合同的最后一个阶段。承诺以与要约结合而使合同成立为目的,并非法律行为,而是属于意思表示。

(1) 电子合同的法律效力

我国《合同法》已将传统的书面合同形式扩大到数据电文形式。我国《合同法》第十一条规定:"书面形式是指合同书、信件以及数据电文(包括电报、电传、传真、电子数据交换和电子邮件)等可以有形地表现所载内容的形式。"这实际上已赋予了电子合同与传统合同同等的法律效力。

我国《合同法》第四十四条规定:"依法成立的合同,自成立时生效。法律、行政法规规定应当办理批准、登记等手续生效的,依照其规定。"

电子合同法律效力的内容表现为:①在当事人之间产生合同之债;②当事人不得随意变更、解除电子合同;③当事人需履行电子合同;④电子合同是处理当事人纠纷的依据。

电子合同的生效要件包括:①合同当事人应具有相应的民事行为能力;②意思表示真实;③不违反法律或者社会公共利益。

(2) 合同履行的原则

电子商务合同基本上有3种履行方式:第1种是在线付款、在线交货;第2种是在线付款、离线交货;第3种是离线付款、离线交货。

3. 电子签名与认证

签名是具有法律意义的行为,它首先是一种证明行为。签署者可借以证明物品、行为,或意思的归属;用以表明对其内容的同意。传统签名受到挑战,其理由主要有3个:一是形式上的要求导致不公平;二是传统签名在大众交易或贸易方面的不可操作性;三是不便于在电子通信环境中使用。传统的手书签名,必然要被一种与数据电信相适应的方式替代,而这就是电子签名。

根据《电子签名法》的规定,电子签名是指:"数据电文中以电子形式所含、所附用于识别签名人身份并表明签名人认可其中内容的数据。"电子签名对于电子商务的意义犹如手书签名对于传统商务的意义一样。电子签名可以满足以下要求:①发送人事后不能否认其签名以及发送的数据电文;②收件人能够核实发送人签名以及发送的数据电文;③收件人不能伪造发送人的签名和发送的数据电文;④收件人不能对发送人的签名和发送的数据电文进行部分篡改;⑤网络中的某一用户不能冒充另一用户作为发件人或收件人。因此,电子签名在一定程度上保证了网络交易的安全,是电子商务中不可或缺的一个部分。否定电子签名的法律效力,无疑会终结电子商务的发展。

电子签名的具体技术方式分为两大类:第一类是个人身份密码或个人身份号码(PIC/PIN),即以人为的特征作为鉴别的参照物,它包括从普通的个人口令、密码,到非对称加密等;第二类是与用户个人生物特征相联系的参照物,如指纹、视网膜纹、脑电波或声波等,都可用来辨别用户。

我国《电子签名法》已由第十届全国人大常务委员会第十一次会议于2004年8月28日通过,自2005年4月1日起施行。我国《电子签名法》共分五章三十六条。该法立法的直接目的是规范电子签名行为,确立电子签名的法律效力,维护各方合法权益。立法的最终目的是促进电子商务和电子政务的发展,增强交易的安全性。《电子签名法》重点解决了以下 5 个方面的问题：①确立了电子签名的法律效力；②规范了电子签名的行为；③明确了认证机构的法律地位及认证程序，并给认证机构设置了市场准入条件和行政许可的程序；④规定了电子签名的安全保障措施；⑤明确了认证机构行政许可的实施主体是国务院信息产业主管部门。

在电子商务活动中，电子签名只能解决电子文件内容的真实性和完整性，无法确保对方身份的真实性，更无法确保与自己交易的对方在事实上就是该名称所表示的本人。为了克服这一问题，建立了电子认证制度。电子认证是以特定的机构对电子签名及其签署者的真实性进行验证的具有法律意义的服务，是"为特定签名制作实施与签署人之间联系的存在提供确定性"。按照电子认证的内容和功能，电子认证大体上可以分为以下几种：

① 数据电文认证。通过认证，确保数据电文确实是已知的交易对方当事人发出的，数据电文在传输过程中没有被截获、篡改或者发生错误，并确定数据电文的发送时间、地点等。

② 身份认证。通过认证，确保用户就是已知的或者即是交易对方当事人，其身份是真实的，而不是虚构或假冒的，从而防止非法用户访问系统或者非法进入网站使用或下载信息。

③ 网站认证。通过认证，确保数据电文在预定的网站之间传输，使数据电文能正确地发送至其预定的目的地。

2.2.3 电子商务中的知识产权问题

1. 网络著作权问题

由于信息数字化技术的迅速发展，促使一系列数字作品的出现。这些数字作品的出现以及互联网的高速发展对现行的著作权保护制度带来了很多新问题，这已经成为国际知识产权界普遍关注的焦点。作品的数字化就是依靠计算机技术把一定形式，诸如文字、数值、图形、图像、声音等的信息输入计算机系统并转换成二进制数字编码，对它们进行组织、加工、储存；然后采用数字传输技术加以传送，并在需要时把这些数字化了的信息再还原成文字、数值、图形、图像、声音。以数字形式表示的文字作品、美术作品、摄影作品、音像作品、动画作品、电影电视作品、数据库、多媒体节目等数字作品已经在全世界大量出现。随着各种数字作品的出现，作品的利用方式，包括复制、改编、发行复制品等，都已经同数字信息的储存技术、加工技术和传输技术紧密结合。

一项作品能够享有著作权的必要条件是它具有独创性并已经固定于某种有形的载体上。为了确定一项传统作品的数字形式是否能够获得著作权，需要考察一项传统作品的原有形式与它的数字形式两者之间的关系。只要一项作品具有独创性，无论是该作品的原有形式还是其数字形式，都应该享有著作权。世界知识产权组织（WIPO）在 1996 年 12 月日内瓦会议缔结的《世界知识产权组织版权条约》（WCT）和《世界知识产权组织表演和录音制品条约》（WPPT）条款中规定，作品的数字化被涵盖在复制权之中。

1999 年 12 月 9 日，国家版权局发布的《关于制作数字化制品的著作权规定》第二条规定："将已有作品制成数字化制品，不论已有作品以何种形式表现和固定，都属于《中华人民共和国著作权法实施条例》第五条（一）所指的复制行为，也是《中华人民共和国著作权法》所称的复制行为。"

《中华人民共和国著作权法》（以下简称《著作权法》），对著作权各项权利的规定均适用于数字化作品的著作权。已在报刊刊登或者网络上传播的作品，除著作权人声明或者上传该作品的网络服务提供者受著作权人的委托声明不得转载、摘编的以外，网站予以转载、摘编并按有关规定支付报酬、注明出处的，不构成侵权。但网站转载、摘编作品超过有关报刊转载作品范围的，应当认定为侵权。网络著作权侵权纠纷案件由侵权行为地或被告住所地人民法院管辖。

网络作品并不是我国《著作权法》规定的作品类型之外的新的作品类型，而是专指计算机网络上出现的、传播的、受我国《著作权法》保护的作品的总称。它主要是从作品传播媒介的角度来定义作品的概念。网络上传输的作品几乎涉及我国《著作权法》规定保护的所有作品类型。网络中有文字作品，也有音乐、美术、摄影作品，计算机软件、数据库、电影作品，以及较为特殊的声、图、文等并茂的多媒体作品，其作品类型非常丰富。

网络传播权是著作权人依法享有的通过各种方式利用其作品的权利。在网络环境下，当作品通过网络向公众传播时，法律应当赋予著作权人一种直接的控制作品在网络上传播的权利。网络作品的作者与传统作品的作者区别不大，只是网络的一些特性使寻找网络作品的著作权归属相对复杂一些，如网络作品的作者不少是匿名的或不使用其真实姓名。

2. 计算机软件的保护问题

计算机软件是指计算机程序及其有关文档。它是一类特殊的人类智力成果，它兼具文字作品的形式和技术成果的内涵。采用什么方式保护软件开发者的利益，在知识产权法学界至今尚无定论。目前，世界各国对软件的保护多以著作权保护为主，我国也是这样。我国《著作权法》明确地将计算机软件列入受保护的作品范围。但鉴于其特殊性，规定计算机软件的保护办法由国务院另行规定。1991年6月，国务院颁布了《中华人民共和国计算机软件保护条例》，2001年12月，依据新修订的《著作权法》，适应我国加入世贸组织后和《与贸易有关的知识产权协议》（TRIPS）接轨的需要，国务院发布了新修订的《计算机软件保护条例》，新条例从2002年1月1日起施行。《计算机软件保护条例》第十四条规定，软件著作权自软件开发完成之日起产生。自然人的软件著作权，保护期为自然人终生及其死亡后50年。而后，《计算机软件保护条例》根据2011年1月8日《国务院关于废止和修改部分行政法规的决定》第1次修订，根据2013年1月30日中华人民共和国国务院令第632号《国务院关于修改〈计算机软件保护条例〉的决定》进行了第2次修订。

3. 数据库的保护问题

"数据库"的本来含义是指根据某种特定目的搜集起来，按照一定的数据结构组织、存储在计算机系统中，可供查询、使用的大量数据的集合。作为一种信息产品，数据库和软件一样，具有开发成本高、实用价值高而复制成本极其低廉的特点，急需得到法律的有效保护。数据库由数据、作品等汇编而成，具有传统汇编作品的基本特征，因此，数据库的保护主要是通过著作权法进行的。我国《著作权法》虽然没有明确规定数据库的著作权，但在第十四条中规定：汇编若干作品、作品的片段或者不构成作品的数据或者其他材料，对其内容的选择或者编排体现独创性的作品为汇编作品，其著作权由汇编人享有，但行使著作权时，不得侵犯原作品的著作权。可见，不是所有数据库都具备获得著作权的条件。根据《著作权法》的规定，只有那些在内容的选择或编排上体现出独创性的作品才能获得著作权。因此，独创性是数据库受到著作权法保护的必要条件。按照著作权法只保护形式不保护内容的原则，数据库的著作权保护范围也只限于其表现形式而不能延及其内容。然而，在这里我们再次遇到了与软件的著作权保护相似的问题：数据库的核心价值不在于其采用什么样的数据结构或编排体例，而在于数据库中的数据元素，即数据库的内容。

4. 网络商业方法的专利保护问题

由于电子商务行业的竞争日趋激烈，作为电子商务活动主体的商家都力图使自己的创新活动获得法律最大限度的保护。其中，将自己的商业模式申请专利就是一个最为有效的方法。然而，这种在电子商务活动中的网络商业模式，其能否作为可专利性主题而被授予专利权，以及它的外延和内涵如何等问题都是值得深入探讨的问题。目前在国际领域，已经出现对网络中的商业销售方法授予专利的情况。

网络商业方法，也称为网络商业模式，是指电子商务经营者在经营过程中所使用的新型网络商业经营方法，如网上商品销售方式、网络广告方式、网上支付方式等。网络商业方法首先是在美国成为可专利性主题，并被授予专利权的。对网络商业方法授予专利，是否会影响其他竞争者的竞争力，是否会造成某一商业领域的垄断，这是目前对是否授予网络商务专利权问题争论的焦点。

关于网络商业方法的内涵，即网络商业方法作为技术与经验的结合并表现为一个完整的处理系统，如果能够证明其是实用的，就可以被授予专利。就其内容而言，网络商业方法的表现形式是一个电子系统，由各种机器、程序和方法组成。它是一种仅存在于特定网络系统中的独立专利形式。

我国《专利法》对网络商业方法的可专利性问题没有做出明确规定，蓬勃展开的电子商务需要良好的法律环境，把网络商业方法纳入专利保护的范围将成为必然趋势。

5. 域名的保护问题

域名是互联网上识别和定位计算机的层次结构式的字符标识，与该计算机的互联网协议（IP）地址相对应。对于企业来说，它就是企业通过互联网进行销售、宣传等活动的标识，与人们经常使用的企业名称和商标具有类似的作用。对于人们在寻找企业主页、查询有关的商业信息，和增强该企业的竞争力都有很重要的作用。并且，由于域名具有唯一性、专有性、识别性、无形性、全球性和稀缺性等特性，使得域名成为网络中最重要的无形资产，具有很高的商业价值。从某些方面来讲，域名类似于商标，它们之间的共同点是都有一定的标识性和排他性，并且都具有广告宣传的功能，但是由于两者适用的对象、标识性的基础、排他性的基础、取得的原则等的不同，导致域名保护不能完全依赖于商标保护。

与域名有关的法律纠纷包括域名抢注、同一商标的域名争议、域名混淆、域名反向侵夺、域名代理纠纷等。互联网名称与数字地址分配机构（ICANN）于1999年3月4日公布了《关于委任域名注册机构规则的声明》，开始着手建立防止域名纠纷的机制；1999年8月6日，又公布了《统一域名争议解决政策》，随后公布了实施细则，完成了创设处理国际顶级域名纠纷法律依据的步骤。不久，ICANN指定了世界知识产权组织等机构为"纠纷仲裁机构"，至此，全球统一的域名纠纷处理机制完成。在我国，为妥善解决中国顶级域名纠纷，中国互联网络信息中心（CNNIC）参考上述方法，制定了《中文域名争议解决办法》（2014年12月20日起施行），授权中国国际经济贸易仲裁委员会域名争议解决中心（CI-

ETAC）作为中文域名争议解决机构，由域名争议解决中心制定相应的程序规则。按照该程序规则的规定，CIETAC 采取专家组负责制解决相关域名争议，但并不妨碍当事人就同一争议向法院提起诉讼或向仲裁机构提请仲裁。基于国家域名在注册信息核验、用户信息保护、注册服务机构管理和用户权益保护，中国互联网信息中心发布《中国互联网络信息中心域名注册实施细则》（2012 年 5 月 29 起实施）。

2.3 电子商务的经济环境

随着电子商务的发展，电子商务对社会经济的影响越来越广泛和深入，这必将对现行的经济政策产生影响乃至改变。本节所讨论的是电子商务对国民经济关系重大的税收政策及货币政策的影响。

2.3.1 电子商务对税收的影响

1. 电子商务对税收构成的挑战

从税收管理的角度分析，电子商务与传统商务相比具有以下特点：

① 全球性。互联网本身是开放的，没有国界也就没有地域距离的限制。电子商务利用互联网的这一优势，开辟了巨大的网上商业市场，使企业发展空间跨越国界，并不断增大。

② 流动性。任何人只要拥有一台能够上网的计算机就可以通过互联网参与电子商务国际贸易活动，而不必在建立传统商务活动所需的固定地点。

③ 隐蔽性。越来越多的电子商务交易都被无纸化操作和匿名交易所代替，不涉及现金，无须开具收支凭证。作为征税依据的账簿、发票等纸制凭证，已慢慢地不存在，这会使审计失去了基础。

④ 电子化、数字化。传统的实物交易和服务在电子商务中被转换成数据，在互联网上传输和交易，这对于传统贸易方式和社会经济活动形成了前所未有的冲击，也对传统税收原则、税务管理提出了挑战。

（1）电子商务对税收原则的挑战

① 对税收公平原则和税收中性原则的挑战。在税法学上，税收公平原则和税收中性原则是相同的概念。税收公平原则要求在纳税人之间公平分配税收负担，是现代各国设计税收制度所普遍遵循的基本原则。然而，把握税收公平原则的具体含义、公平分配的标准以及公平分配的评判却是一个十分复杂的问题，因为这不仅是一个法律问题、经济问题，更是一个社会问题。纳税公平原则包括横向公平和纵向公平。横向公平强调情况相同则税收相同，纵向公平指能力不同则缴税不同。电子商务虽然是一种数字化的商品或服务交易，但它仍然具有商品交易的基本特征，属于应税行为。依照横向公平原则，它和传统贸易应该适用相同的税法，担负相同的税收负担。也就是说，税收公平原则在电子商务环境下的适用意味着必须把数字交易的电子商务纳入现行税法的内容中，使之包括对数字交易的征税，以解决电子商务经营者担心政府会对此课以重税和消除误认电子商务是"免税天堂"的观念。

② 对税收效率原则的挑战。税收效率原则是指税收要有利于资源的有效配置和经济机制的有效运行，提高税收征管的效率。电子商务与税收征管的效率原则具有十分密切的关

系。首先，凭借电子化、信息化的税收稽征工具，税务机关的管理成本可以大大降低，目前税收电子化正成为各国税制改革的重要组成部分之一；其次，税收征管效率原则要求电子商务税收法律必须简明确定、易于理解，以便有利于降低纳税人的成本；最后，电子商务税收法律制度的不完善、信息化工具的运用也使逃避纳税的行为更加容易，同时在另一方面加大了税收征管的难度，对税收征管效率原则的实现提出了挑战。

（2）电子商务对税收标准的挑战

① 对常设机构标准的挑战。

在现有国际税收制度下，收入来源国对营业利润征税一般以是否设置"常设机构"为标准。传统上，以营业场所标准、代理人标准或活动标准来判断是否设立常设机构，而电子商务对这3种标准构成了挑战。在经济合作与发展组织（OECD）税收协定范本和联合国税收协定范本中，常设机构是指一个企业进行全部或部分营业的固定场所。只要缔约国一方居民在另一方进行营业活动，有固定的营业场所，如管理场所、分支机构、办事处、工厂、车间、作业场所等，便可构成常设机构的存在。这条判断标准在电子商务中难以适用，如果在一国管辖权范围内拥有一个服务器，但没有实际的营业场所，是否也构成常设机构呢？

在传统商务活动中，如果非居民通过非独立地位代理人在一国开展商业活动，该非独立地位代理人有权以非居民的名义签订合同，则认为该非居民在该国设有常设机构。在电子商务环境中，国际互联网服务提供商（ISP）是否构成非独立地位代理人呢？各国对此问题也存在争议。

如果一个人没有代表非居民签订合同的权利，但经常在一国范围内为非居民提供货物或商品的库存，并代表该非居民经常从该库存中交付货物或商品，传统上认为该非居民在一国设有常设机构。在电子商务中，在一国范围内拥有、控制、维持一台服务器（可以储存信息、处理定购），是否构成常设机构呢？美国与其他技术进口国就此问题也存在意见分歧。

② 电子商务对所得性质的标准构成挑战。

大多数国家的税法对有形商品的销售、劳务的提供和无形资产的使用都做了区分，并且制定了不同的课税规定。然而在电子商务中，交易商可以将原先以有形财产形式表现的商品转变为以数字形式来提供，那么政府对这种以数字形式提供的数据和信息应视为提供劳务还是销售产品？怎样确定其所得适用的税种和税率？目前，各国就如何对网上销售和服务征税的问题尚未有统一的意见。

③ 电子商务对税收管辖权标准的挑战。

首先，电子商务的发展必将弱化来源地税收管辖权。外国企业利用互联网在一国开展贸易活动时，常常只需装有事先核准软件的服务器便可买卖数字化产品。由于服务器的营业行为很难被分类和统计，商品被谁买卖也很难认定，加之互联网的出现使得服务也突破了地域的限制，提供服务的一方可以远在千里之外。因此，电子商务的出现使得各国对于收入来源地的判断发生了争议。

其次，居民税收管辖权也受到了严重的冲击。目前各国判断法人居民身份一般以管理中心或控制中心为准。然而，随着电子商务的出现，国际贸易的一体化以及各种先进技术手段的运用，企业的管理控制中心可能存在于任何国家。税务机关将难以根据属人原则对企业征收所得税，居民税收管辖权也形同虚设。

最后，电子商务还导致税收管辖权的冲突。世界上大多数国家都实行来源地税收管辖权和居民税收管辖权，并坚持地域税收管辖权优先的原则。然而，电子商务的发展必将弱化来源地税收管辖权，如通过互相合作的网址来提供修理服务、远程医疗诊断服务，这就使得各国对所得来源地判定发生争议。电子商务的发展还促进跨国公司集团内部功能的完善化和一体化，使得跨国公司操纵转让定价从事国际税收筹划更加得心应手，并且利用国际避税地避税、逃税的机会与日俱增。

（3）电子商务对税收征管的挑战

对电子商务征税的难点主要表现在以下几个方面：

① 税收征管无账可查。以往征税有发票、账簿作为依据，纳税人纳多少税通过发票、账簿来计算。而在电子商务交易过程中，发票、账簿等均可在计算机网络中以电子形式填制，这些电子凭证又可以轻易地修改，不会留下任何痕迹和线索。并且，随着电子银行的出现，一种非记账的电子货币可以在税务部门毫无察觉的情况下完成纳税人之间的付款业务。无纸化的交易没有有形合同，这就使税务机关征税无从下手。

② 税收管辖权难以界定。税收管辖权的范围是一个国家的政治权力所能达到的范围。自从电子商务出现以后，各国对收入来源地的界定发生了争议。由于网络空间的广泛性和不可追踪性等原因，收入来源地难以确定，其管辖权也难以界定。美国等发达国家要求加强居民税收管辖权，作为电子商务的发源地，美国已公开申明了其关于电子商务税收管辖权的态度。许多发展中国家为了本国的利益，也大力要求加大本国收入来源地管辖权的范围。随着电子商务的发展，若不积极采取国际协调措施，不同国家之间关于税收管辖权界定的潜在冲突将会进一步加剧。

③ 纳税人避税更容易。国际互联网的高流动性、隐匿性严重地阻碍了税务部门获取征税依据。前期美国财政部发行的有关电子商务的白皮书提出了电子商务中几个影响征税的特点：a. 消费者匿名；b. 制造商隐匿其住所；c. 税务部门读不到信息，无法掌握电子交易情况；d. 电子商务本身也可以隐匿。另外，企业可在国际互联网上轻易变换其站点，这样任何一个企业都可选择一个低税率或免税的国家设立站点，从而达到避税的目的。

④ 税法亟待完善。现行税法条例不适用于电子商务的征税，并带来许多在税务处理问题上的混乱。现行税法条例上关于居民来源和常设机构等概念变得难以适用，纳税义务发生时间、纳税期限及纳税地点等的规定也不适应无纸化、国际化的电子商务。因此，现有的税法已明显不能满足需要，税法亟待完善。

2. 我国电子商务税收的立法和征管

（1）电子商务税收立法的原则

制定我国电子商务税收立法之前，首先要确定我国电子商务税收立法应该遵循的基本原则，即制定法律的基本出发点和制定过程中应当遵循的方向和准则。

① 税收中性原则。税收中性原则的实际意义是指税收的实施不应对电子商务的发展有延缓或阻碍作用。从促进技术进步和降低交易费用等方面来看，电子商务和传统交易方式相比具有较大的优势，代表着未来的商贸方式，应该给予支持，至少不要对它课征新税。另外，从我国的现实情况来看，在税收政策上，在电子商务发展的初期应该给予政策优惠，待条件成熟后再考虑征税，并随电子商务的发展及产业利润率的高低调节税率，进而调节

税收收入。

② 税收法定原则。税收法定原则是现代民主和法制在税收关系上的集中体现，它作为税法最基础、最本质的原则，在电子商务环境下仍需固守。在税法对电子商务没有明确进行规范前，任何对电子商务交易征收新税的行为都是对这一原则的违背。在尚未确定是否对电子商务开征新税或附加税的前提下，应在进一步研究电子商务涉税法律问题的基础上，对现行税法的一些概念范畴和规则进行修改，重新界定和解释，并增加有关对电子商务适用的条款，从而达到对现行税法的修订和完善，以使税收法定原则在电子商务环境下得到贯彻和遵守。

③ 税收公平原则。税收公平原则作为税法基本原则之一，对电子商务税收法律规范的制定将产生直接的影响。依照横向公平的要求，在构建电子商务税收法律体系时，应与传统贸易使用相同的税法，负担相同的税负，避免"歧视性"税收的出现。税收横向公平在电子商务环境下的适用，要求修改完善现行税法，将电子商务纳入现行税法体系中来。依照纵向公平原则，由于处于起步阶段的电子商务与传统贸易行为的纳税能力还有一定的差别，若对两者同等征税则会减缓或限制电子商务的发展。因此，对电子商务征税的同时又给予一定的税收支持是符合横向公平和纵向公平要求的。

④ 税收效率原则。税收效率原则要求尽量使税收保持中性，不给纳税人或社会带来额外负担，税法的制定不应当对电子商务有延缓或阻碍作用。在制定电子商务税收法律时，应当以交易的本质内容为基础，而不应考虑交易的具体内容和媒介，以避免税收对经济的歪曲。税收行政效率原则要求国家以最小的税收成本获得最大的税收收入，因此对电子商务的税收立法应贯彻简洁、明确、可预见性、易于操作的原则，应充分利用互联网的优势，促进税收征管手段的现代化，将纳税人的纳税成本和税务机关的征税成本控制在最低限度，从而提高税收行政效率。

(2) 电子商务税收立法的基本内容

根据以上原则，以及我国电子商务发展和立法的现实情况，可以明确我国目前电子商务税收立法的主要任务和工作重点：主要是对我国现有有关税收法律进行补充和调整，同时建立并规范电子商务其他相关法律法规，全面构筑适应我国电子商务发展的税收法律体系。

① 纳税主体的确定。我国《民法通则》规定法人的主要办事机构所在地为住所，而电子商务公司的物理地址、服务器所在地与交易发生地可能不在一个地方，物理地址也很难被认为是其主要办事机构所在地。确立确定公司住所地的原则，在确定公司住所地的问题上，一般还是以其物理地址为原则；而当电子商务企业有多个物理地址且交易发生地也同样分散的时候，可以考虑将物理地址与交易发生地的地址作为公司住所地，以此来确定电子商务的纳税主体。

② 健全税务登记管理。目前，工商行政管理部门已经对电子商务进行了工商登记和相应的管理，但税务登记和管理没有跟上，《中华人民共和国税收征收管理法》对此也没有明确规定，税务部门对电子商务的监控尚处空白。为此，法律应明文规定，凡从事电子商务活动的主体，在办理网上交易手续之前，必须到主管税务机关办理电子商务的税务登记，填报《电子商务税务登记表》，并提供有关电子商务交易的业务范围等相关资料；网络服务商应与税务机关合作，对没有进行税务登记的主体在向服务商申请域名登记时，一律不予

准许，以配合税务机关的税收征缴工作。

③ 课税对象的确定。由于许多电子产品或网上服务是对传统有形商品的替代，若根据交易对象是有形还是无形做出判断，则容易忽略数字化信息的实质内容，因此应遵循"实质重于形式"的原则来确定课税对象的性质。虽然电子商务具有高流动性和隐匿性，但只要有交易就会有货币与物的交换，把为电子商务建立和使用的支付体系作为稽查、追踪和监控交易行为的手段，应赋予银行在电子商务中的特别义务，如监控货币流通量，同时行使代扣代缴职能，如广州海关在推广电子支付方面与银行的良好合作就很值得借鉴。

④ 纳税依据的认定。尽管电子申报已在《中华人民共和国税收征收管理法》中做出了规定，相关法律对电子申报数据的法律效力也已认同（我国《合同法》第十一条），而且被誉为中国电子商务第一法的《中华人民共和国电子签名法》也已于2005年4月得以实施，其第十四条规定，"可靠的电子签名与手写签名或者盖章具有同等的法律效力"，电子签名的法律效力已经得到明确承认，但根据我国《中华人民共和国票据法》第四条、第七条的规定，书面签章仍是票据的形式要件，电子签名未得到明确承认。因此，对《中华人民共和国票据法》等相关法律法规应做出修改，使之与《中华人民共和国电子签名法》相适应，明确承认电子票据、电子签名的法律效力，从机制上确保电子发票的签发和认证；统一电子发票的格式，将电子发票与电子交易的环节密切结合，确保电子发票在交易环节的应用。《电子签名法》第二十四条规定："电子认证服务提供者应当妥善保存与认证相关的信息，信息保存期限至少为电子签名认证证书失效后5年。"该条规定规定了电子认证服务机构保存认证信息的义务，为征税机关查证税收资料提供了有利条件，但对于纳税人保存电子记录却未予以规定。征税机关可遵循现行税法，规定传统贸易纳税人必须如实记账并保存账簿凭证及其他与纳税有关的资料。另外，为避免电子商务凭证的随意更改，确保交易过程的可追溯性，对纳税人保存电子账簿凭证应做出具体要求。

（3）电子商务税收征管

由于电子商务是以一种无形的方式在一个虚拟的市场进行交易活动的，其无纸化操作的快捷性和交易参与者的流动性，使税务征管中税务部门与纳税人之间信息不对称问题尤显突出，因而使得电子商务中的税收征管出现了许多"盲点"和漏洞，这些"盲点"和漏洞对税收征管模式提出了更高要求。若要提高现有征管效率，避免税源流失，关键是解决信息不对称问题，我们可以从如下几个方面入手加强税收征管：

① 加强税务机关的自身网络建设，尽早实现与国际互联网连接和在网上银行、海关、网上商业用户的连接，实现真正的网上监控与稽查；加强与各国税务当局的网上合作，防止税收流失，打击偷税、逃税违法行为。

② 积极推行电子商务税收登记制度，取得一个专门的税务登记号。税务机关应对纳税人申报有关网上交易事项进行严格审核、逐一登记，并通过税务登记对纳税人进行管理。这样，即使纳税人在网上交易是匿名的，对于税务也不构成任何威胁，政府完全可以掌握什么人通过国际互联网交易了什么物品。

③ 从支付体系入手解决电子商务税收的征管问题，杜绝税源流失。

④ 开具电子发票，明确电子发票的法律地位。如果企业的电子商务交易在互联网上完成，而开具发票在网下操作，则会增加经营成本，影响交易速度，有违电子商务高效率、低成本的特点。因此，税务部门应在电子商务中实行计算机开具电子发票，并将开具的发

票通过网络发往银行,进行电子账户的款项结算。同时,交易商在银行设立的电子账户必须在税务机关登记,并使用实名制,以确保税务机关的税收监控。此外,应对票据法等相应法律法规做出修改,承认电子发票、数字签名的法律地位,这可以说是实现电子商务税收的关键。相应的,还要确保电子发票在交易环节中的应用,为达到这个目的,需要从机制上明确电子发票的签发与认证,统一电子发票的格式,并将发票与电子交易的一些环节紧密结合,以确保电子发票的应用。

2.3.2 电子商务对货币政策的影响

1. 电子商务要求货币电子化

电子商务的主要内容仍然是实现商品(有形和无形)的交易,所以资金支付当然是电子商务不可缺少的重要环节,可以说不解决支付问题,就没有电子商务的完整实现。在电子商务中,商品的交易在网络(一般指 Internet)上完成,购物者在网上查找所需商品,在网上与商家签订购货合同,在网上向商家付款。因此,电子商务支付的过程与手段即货币必须电子化,能够在网上在线实现商务活动中所必需的资金支付。另外,电子商务中的金融服务包括支票、柜台、保险、投资、企业银行业务和家庭银行业务都搬到了网络上进行,它们同样提出了货币电子化的需求。货币电子化也就是将传统的货币形式转化为电子货币。因此,发行电子货币、建立电子货币系统是电子商务活动的基础,只有在完整认识和建立可行的电子货币系统的基础上,才能真正开展电子商务活动。

电子货币是以金融电子化网络为基础,以商用电子机具和各类交易卡为媒介,以电子计算机技术和通信技术为手段,以电子数据形式存储在银行的计算机系统中,并通过计算机网络系统以电子信息传递形式实现流通和支付功能的货币。电子货币系统包括电子支票、银行卡、电子现金和电子钱包。

2. 电子货币对货币政策的影响

货币政策是指中央银行为实现既定的政策目标,运用各种工具调节货币供应量和利率,进而影响宏观经济方针和措施的总和。货币政策一般包括 3 个方面的内容,即政策目标、实现目标所运用的政策工具和具体执行政策所要达到的效果。中央银行运用货币政策工具实现货币政策目标需要一个相当长的作用过程,这就需要设立一些货币政策中介指标,并通过对这中介指标的调节和影响以实现货币政策目标。中介指标一般有利率、货币供应量、超额准备金和基础货币。

电子货币产生的目的是取代流通中的现金,因此电子货币的使用必然会减少流通中的现金使用量,由此对利率、货币供应量、超额准备金和基础货币等货币政策中介指标产生影响,使它们难以测度。另外,还使实现控制和调控变得更加困难,货币政策的预期目标及效果变得模糊。

(1)电子货币对货币供应量的影响

货币供给是指经济生活中所有货币的集合。对于货币供给,各国采用不同的口径进行划分。国际货币基金组织将货币供给划分为"货币"和"准货币"。"货币"等于银行以外的通货加私人的活期存款,各国通用 M_1 表示,流中的通货用 M_0 表示,我国习惯称为现金;"准货币"相当于定期存款储蓄存款与外币存款之和,各国通常用 M_2 表示"准货币"与

"货币"之和。发行电子货币的目的从金融角度是为了替代现金,因此这将直接影响到中央银行基础货币的数量,并通过货币乘数对货币供应量产生巨大的影响,尤其是对 M_1 的影响。

在现代银行制度下,货币供应量取决于基础货币和货币乘数的乘积。如用 M 表示货币总量,B 表示基础货币量,m 表示货币乘数,则全社会货币供应量可用公式表示为:

$$M = Bm$$

首先讨论货币乘数对货币供应量的影响。从理论上说,货币乘数取决于活期存款法定准备金率、定期存款法定准备金率、超额准备金率、定期存款与活期存款比率,以及现金与存款比率等因素。为简化讨论,将活期存款法定准备金率与定期存款法定准备金率视为相同,用 r 表示,超额准备金率用 e 表示,定期存款与活期存款比率用 t 表示,现金与存款比率用 k 表示,则货币供应乘数可用公式表示为:

$$m = (1+k)/[(r+e)(1+t)+k]$$

从而货币供应量 $M = B(1+k)/[(r+e)(1+t)+k]$。

在这些因素中,货币乘数与法定准备金率 r 和超额准备金率 e 呈负相关,与定期存款与活期存款比率 t 和现金与存款比率 k 也成负相关,从公式上看不出 m 与 B 的正相关关系。这里 k 和 t 由社会公众决定,r 由中央银行决定,e 由商业银行决定,由此可见,货币乘数由中央银行、商业银行和社会公众共同决定。

① 法定准备金率 r 与超额准备金率 e 的变化。法定准备金率是商业银行在中央银行的法定准备金与其所吸收的存款总额的比率。超额准备金率是商业银行超过法定要求保留的准备金与其存款总额的比率。电子货币对现金的替代作用,使得中央银行资产负债表的规模发生变化,为维持资产负债表的规模,可能会引起商业银行在中央银行的准备金的变化。而准备金数量是由法定准备金率与超额准备金率决定的,由它们共同决定金融机构在央行的存款数量。为简化讨论,我们将它们合称为准备金率。中央银行的资产负债表如表2-2所示。

表2-2 中央银行资产负债表

资　产	负　债
贴现及放款	流通中的通货(现金)
政府债券和财政借款	金融机构存款(金融机构准备金)
外汇、黄金储备	非金融机构存款
其他资产	其他负债

在资产负债表中,央行最大的负债是流通中的现金,电子货币的使用使流通中的现金减少,从而降低了资产负债表的规模,这样央行在进行公开市场操作调节货币量时,可能会因为资产不够而发生困难。为增加资产规模,一个方法是提高金融机构的准备金率,使商业银行在央行的准备金增加,也就是增加金融机构的存款数量,但准备金率的提高会增加银行的负担,限制其发展,一般不轻易实行。

法定准备金率完全取决于中央银行,而超额准备金率则不仅取决于中央银行,还和商业银行有关。为了促进银行业的竞争,现在许多国家已经取消对超额准备金率的规定,也就是说,超额准备金率完全由商业银行自己决定。超额准备金是商业银行为应付日常支付而做的资金准备。超额准备金的持有会降低银行贷款规模,减少其利息收入,银行将为之付出机会成本。超额准备金率直接受到利率高低的影响。如果存款高于贷款收益,商业银行会乐于提高其在央行的准备金规模;如果存款收益低于贷款收益,无疑会减少其在央行的准备金规模;在存款收益、贷款收益相当的情况下,商业银行为加强其竞争能力,往往愿意扩大贷款规模,这样其在央行的准备金也不会增加。另外,电子货币的发展将会极大地促进信用货币的发展,减轻此种支付准备,因而超额准备金率会呈减少的趋势。

② 定期存款与活期存款比率 t 和现金与存款比率 k 的变化。现金与存款比率取决于社会公众以现金或存款形式持有货币的偏好。人们持有现金的目的通常是满足交易的需要。随着电子货币的快速发展和普及,电子货币提供的信用功能更是现金不能代替的,这一切将不断增加人们持有电子货币的欲望,而降低其持有现金的欲望,因此现金与存款比率 k 将呈不断下降的趋势,流通中现金的不断减少,使存款比率不断增加;定期存款与活期存款比率主要受利率的限制,而电子货币中信用货币的使用,如信用卡的大量使用,将会减少对活期存款的需求,一个趋势是,社会中现金减少,而存款增加;同时人们为获得更多的利息收益,更多地选择定期存款,从而增加定期存款的比率,使定期存款与活期存款比率呈上升趋势。

从以上分析可以看出,由于电子货币的发展,上述因素的变化趋势为:现金与存款比率将呈不断下降趋势;定期存款与活期存款比率呈上升趋势;法定准备金率为一个常数保持不变或呈上升趋势;超额准备金率应略有下降。由于这些因素相互作用,短期内货币乘数不会产生太大的变化。

(2) 电子货币对基础货币的影响

$$B = M_0 + 银行准备金总额 = 流通中的现金 + 银行准备金总额$$

电子货币的发展将减少流通中的现金,在银行准备金总额不变的情况下,基础货币将呈下降趋势。在货币乘数变动不大的情况下,基础货币的减少,通过货币乘数的作用,将会使货币供应量大为缩减。但从长远角度看,银行间竞争的加剧,会适当减少超额准备金,而流通中现金的日益降低,会使现金与存款比率大为缩减,从而使货币乘数加大。因此,即使基础货币下降,但乘数的加大所产生的乘数效应将使货币供应变化不大,或略为上升,但乘数中各个因素的不确定性会使货币供应量的测度和控制难度更大。

(3) 电子货币对利率的影响

中央银行通常通过公开市场操作对利率进行调整,但由于电子货币对央行储备产生影响,使得央行资产负债规模缩小,和对利率进行控制的难度加大;同时,正如上面讨论的,电子货币使得货币供给量和货币需求难以测度,进而影响利率,但电子货币对利率的影响是间接的。

货币政策中介指标应具有可控性、可测性、相关性、抗干扰性,以及与经济体制、金融体制良好的适应性。也就是说,这些指标应易于为货币管理当局所控制,中央银行应当能够迅速获取有关中介指标的准确数据,并对这些数据进行观察、分析和监测。通过对中介指标的控制,央行应当能实现货币政策目标。电子货币的产生使得利率、货币供应量、超额准备金、基础货币等中介指标变得难以测度,尤其是货币供应量变得更加难以控制。

随着电子商务的快速发展,电子货币必将对我国的货币政策产生影响。我国中央银行一直以货币供应量作为中介指标,随着电子货币的广泛应用,货币供应量将难以测度和控制，因此将货币供应量作为货币政策的中介指标在操作上难度加大。目前有一些国家已不再将货币供应量作为货币政策的中介指标，而选取利率作为中介指标。

2.3.3 电子商务对其他经济政策的影响

电子商务是世界范围内商业方式和经济生活的一次革命性变革，它作为今后的重要经贸方式之一，已成为各国巩固和提高经济竞争力的战略发展重点。但电子商务发展与网络技术进步同步，其速度极快，而一般政府和立法机构对其认识相对落后，未能清楚地看到它对经济政策的影响。电子商务除了对税收政策和货币政策的影响外，它还影响到产业政策、财政支出政策和汇率政策等宏观经济政策。

电子商务是我国国民经济信息化的重要组成部分，这使得它具有全局性、综合性、整体性与复杂性特点。各国电子商务发展的实践证明：必须发挥政府的宏观调控作用，调整相应的经济政策，消除它对经济政策的影响。

2.4 电子商务应用中的政府行为

电子商务应用中的政府行为是影响电子商务应用发展的重要因素。电子商务应用，从一开始就受到各国政府的高度重视。电子商务应用中的政府行为，既包括对电子商务发展的促进，也包括对电子商务环境的监管，主要体现在电子商务应用发展的政策与法规上。作为社会和市场管理者，政府需要加强对电子商务有效的监管，履行市场监管者的责任，以保证电子商务市场健康、有序发展。有效的政府监管，可以为电子商务应用的健康发展提供良好的外部环境。

2.4.1 对电子商务应用发展的促进

美国政府不断完善电子商务政策，使之渐成体系。为了保持和扩大在电子商务方面的领先优势，近几年来美国政府陆续出台了一系列有关电子商务的政策法规。1996年12月，美国政府提出了《全球电子商务纲要》文件；1997年12月11日，美国政府发表了《全球电子商务框架白皮书》，指出政府有必要修改和制定法律，尽快建立规范的电子商务法律体系；1998年，美国参众两院分别通过了《互联网免税法案》，规定在三年内禁止征收新的互联网访问和服务税；1998年5月，美国商务部发布《新兴的数字经济报告》，1999年6月，美国商务部发布了第二份《新兴的数字经济报告》；2000年3月，美国与欧盟就网上隐私和保护问题达成协议，促进美欧电子商务协调发展；2000年6月5日，美国商务部发布了《数字经济2000年度报告》；2000年6月，美国众议院通过法案，确认电子签名的法律地位。这一系列政策、法规的出台，为美国电子商务的发展扫清了障碍，营造出了一个良好的发展环境。

我国政府也十分重视促进电子商务的发展，2001年，《中华人民共和国电子商务法》（示范法）正式成行，面向全国专家学者征求意见；2005年，实施《中华人民共和国电子签名法》；2005年，国务院办公厅发布文件《关于加快电子商务发展的若干意见》（国办发［2005］2号）；2009年，商务部商贸服务司发布《促进加快流通领域电子商务发展》（商贸发［2009］540号）文件；2010年，国家工商总局发布《网络商品交易及有关服务行为管理暂行办法》(国家工商行政管理总局令，第49号)；2011年，商务部发布《第三方电子商务交易平台服务规范》(公告2011年第18号)，发改委、商务部等5部委联合下发《关于开展国家电子商务示范城市创建工作的指导意见》。2011年11月16日，国家发改委在深圳召开"国家电子商务示范城市、国家物联网云计算试点示范、国家创新能力建设"授牌表彰大会。北京、天津、上海、重庆等21个城市（后增加到23个）被授予"国家电子商务示范城市"牌匾。这23个城市包括北京市、天津市、上海市、重庆市、青岛市、宁波市、厦门市、深圳市、哈尔滨市、武汉市、广州市、成都市、南京市、长春市、杭州市、福州市、郑州市、昆明市、银川市、南宁市、吉林市、苏州市，汕头市。2013年10月31日，商务部以商电函〔2013〕911号印发《关于促进电子商务应用的实施意见》，该《意见》分为工作目标和原则、重点任务、保障措施三部分，重点任务是：引导网络零售健康快速发展；加强农村和农产品电子商务应用体系建设；支持城市社区电子商务应用体系建设；推动跨境电子商务创新应用；加强中西部地区电子商务应用；鼓励中小企业电子商务应用；鼓励特色领域和大宗商品现货市场电子交易；加强电子商务物流配送基础设施建设；扶持电子商务支撑及衍生服务发展；促进电子商务示范工作深入开展。2014年，国务院办公厅印发《关于促进内贸流通健康发展的若干意见》。2014年3月20日，国家发改委和财政部、商务部等部门联合下发通知，为贯彻落实《国务院关于促进信息消费扩大内需的若干意见》（国发〔2013〕32号）中关于加快推进电子商务示范城市建设的工作部署，按照国家发展改革委等13部门办公厅《关于进一步促进电子商务健康快速发展有关工作的通知》（发改办高技〔2013〕894号）的有关要求，经研究并评议论证，同意东莞市、义乌市、泉州市、莆田市、徐州市、长沙市、株洲市、温州市、贵阳市、宜昌市、赣州市、常州市、济南市、台州市、潍坊市、呼和浩特市、西安市、揭阳市、烟台市、芜湖市、无锡市、石家庄市、南昌市、沈阳市、洛阳市、兰州市、合肥市、桂林市、襄阳市、太原市共30个城市创建国家电子商务示范城市。

2015年，十二届全国人大三次会议发布的政府工作报告中，首次提出"互联网+"行动计划。"互联网+"代表了一种新的经济形态，即充分发挥互联网在生产要素配置中的优化和集成作用，将互联网的创新成果与经济社会各领域深度融合，提升实体经济的创新力和生产力，形成更广泛的以互联网为基础设施和实现工具的经济发展新形态。5月4日，国务院发布《关于大力发展电子商务加快培育经济新动力的意见》（国发〔2015〕24号），进一步明确国家鼓励电子商务快速发展的态度，指明利用电子商务培育经济新动力的发展方向。5月15日，商务部制定发布《"'互联网+'流通"行动计划》（以下简称《行动计划》），目的是加快互联网与流通产业的深度融合，推动流通产业转型升级，创新服务民生方式，释放消费潜力。《行动计划》的主要任务是，在电子商务进农村、电子商务进中小城市、电子商务进社区、线上线下融合互动、跨境电子商务等领域打造安全高效、统一开放、竞争有序的流通产业升级版，实现流通方式的不断创新、流通效率的大幅提升，以及流通环境的进一步完善。《行动计划》提出将培育200个电子商务进农村综合示范县、创建60个国家级电子商务示范基地、培育150家国家级电子商务示范企业、推动建设100个电子商务海外仓、指导地方建设50个电子商务人才培训基地。

我国政府针对电子商务应用发展，已经做了大量工作，可以概括为如下几个方面：

① 积极制订开发电子商务的发展规划、行动计划和实施方案，同时还要制定法律法

规，为全社会开展电子商务创造良好的法律环境。在电子商务发展过程中，政府的主要作用是为电子商务发展创造良好的外部环境，确保有序竞争、合同履行、保护知识产权和私有权利、防假冒、增强透明度、增进商业贸易、促进争端的解决等。

② 率先示范，即积极推动政府上网，开展 G2B 和设立咨询网站，特别是要以 G2B 带动 B2B 作为发展电子商务的切入点，实现政府信息化、政府公开上网采购，必将推动企业信息化和 B2B 电子商务的发展。

③ 制订电子商务技术标准与标准化模式，使网上交易规范化、标准化，同时加强基础设施建设，构筑社会电子商务平台。

④ 制定优惠政策，积极引导和推进企业信息化，鼓励企业开展电子商务。企业信息化是 B2B 电子商务的基础，但传统企业开展电子商务的速度十分缓慢。因此，必须提高传统企业对电子商务的认识，加快其信息化进程，以促进电子商务的发展。

⑤ 支持电子商务相关技术和开发，积极发展信息产业。信息基础设施是电子商务发展的物质基础和载体。发展信息基础设施需要政府和业界的共同努力，尤其需要政府的大力投资和宏观调控。同时，为了维护国家的利益和经济安全，在电子商务相关技术方面一定要注重自主知识产权技术的开发，不能全部依赖进口。因此，必须大力支持电子商务技术的研究开发工作。

⑥ 鼓励发展电子商务教育与培训，积极培养 IT 人才和电子商务应用人才，吸引国际一流人才。人才是电子商务应用发展的关键。

⑦ 鼓励全民上网，普及计算应用，形成社会发展基础。提高网络技术水平，加强电子商务的安全性，切实保护用户的利益和隐私，增强企业和消费者的信心。

⑧ 加强电子商务领域的国际合作，谋求建立全球电子商务体系。互联网全球性开放的特点，使建立网上国际贸易自由区的理想成为可能。

在百度上以"电子商务政府"为关键词搜索，可以搜索到大量新闻，从这些新闻中可以提炼出两个值得我们注意的要点，第一点是政府对电子商务的扶持正在落实到各个区域，这表示电子商务的政策支持已经从中央部门扩展到了地方政府；第二点是政府对电子商务的扶持呈现百花齐放的态势，措施方法各有不同，但目的都一致，都是致力于从政策上为电子商务的发展扫清障碍。

2.4.2 对电子商务交易行为的监管

与创办超级市场、连锁店相比，我国电子商务的发展只比最为发达的美国晚了几年。我国应抓住这一机遇，利用工商部门转变职能、加大执法力度的契机，不断完善对电子商务市场进行监督管理的模式和思路，全力推动我国以网络经济为代表的新经济形式的发展。

电子商务监管是一个亟待深入研究和实践的课题，特别是在当前阶段，作为监管主体的政府，还需要选择好监管的方式和监管的重点领域。例如，消除虚假信息，加强监管的制度设计，并不断探索利用网络手段监管网络，发动群众监管市场，依法、透明、高效、协同地进行监管，促进整个电子商务市场的健康发展。电子商务的虚拟性、多样性和多元化特征使政府对电子商务监管涉及多个部门，主要通过立法形式进行。其监管电子商务的体系与国家的市场监管体制基本相当。从监管的角度看，电子商务的监管主要包括市场经营主体的监管、市场行为的监管及市场体系的监管，其重点在于对市场行为进行监管。

电子商务涉及消费者权益保护、安全问题、税收、技术标准、知识产权保护等多方面问题，由于其特有的虚拟性和无国界性，使交易的过程中存在不少问题。例如，有的网络公司通过给消费者提供虚假信息进行欺诈，有的消费者利用信用系统骗取商品，有的网站宣称房屋贷款免利息，还有消费者在网上修改自己的不良信用记录，另外还有涉及电子合同的履行、著作权的侵犯等问题。因此，亟须对中国电子商务市场秩序进行必要的规范和整顿。

我国电子商务发展至今，已在国民经济生活中占有重要地位，对消费者的保护、假货和侵犯知识产权现象的整治、对经营者的管理和保护，都会成为今后一段时间监管方工作的重点。从2014上半年开始，我国整治电子商务并完善监管制度的大趋势已经形成。2014年3月新消费者权益法出台，6月19日国家工商总局发布《关于开展2014红盾网剑专项行动的通知》，从7月11日起用5个月时间开展专项行动，打击通过互联网销售假冒伪劣商品、侵犯商标专用权的行为，关闭一批违法违规经营网站。

2015年1月，商务部下发《网络零售第三方平台交易规则制定程序规定（试行）》，规定电商平台在更改规则之前，需备案并公示，广泛征求各方意见。对违反规定的电商平台，除警告外还要对社会进行公示。长久以来，电子商务商家的规则制定都是自行其是，一家一个规矩且视情况随意更改，公平性难以保障，甚至为此还闹出过群体性事件。商务部出台的这个规定，意在限制第三方平台随意解释规则的过大权力，进一步保障商家的利益，维持市场公平。

通过上述一系列政策的出台，可以想见监管部门是能意识到电子商务存在的诸多问题的，如假货和侵犯知识产权、虚假宣传、虚假营销、侵害消费者权益、刷单、随意更改规则等。每一个规定的出台，都有相当的针对性，又能给经营者留出调整的缓冲期。事实上在行业发展的这个角度，最好的规则不是令行禁止，而是构建促其向良性转变的机制。

目前我国的电子商务发展迅速，而受我国经济发展水平低、人们的信用意识差、对复杂经济现象的判断力低下等因素的影响，必须发挥政府部门的监督管理作用，引导电子商务向健康的方向发展。各级政府应注重发挥工商行政管理部门的市场监管主力军作用。工商部门在监管各类市场过程中积累了许多宝贵的经验和人才，执行的各种国家法律法规与电子商务密切相关。在我国的电子商务体系中，市场监管应由工商行政管理部门牵头，联合相关部门对电子商务进行监管，工业和信息化部、公安部、商务部、人民银行、科技部等应在各自领域进行监管或向工商部门提供技术协助。

本章小结

本章重点介绍了电子商务的技术、法律、经济环境及子商务应用中的政府行为。电子商务的活动必须建立在一定的技术保证的基础之上，而技术的发展也催生了大量新型应用，随之而来的创新关系也对社会原有的法律、经济、市场都产生了影响。电子商务应用中的政府行为也是影响电子商务应用发展的重要因素。本章应重点掌握电子商务的相关技术，识记电子商务相关法律，理解政府行为对电子商务发展的影响。

思考题

1. 什么是 IP 地址？如何理解 IP 地址和域名系统的关系？
2. 互联网服务有哪些类型？
3. 电子商务新应用有哪些？
4. 电子商务对法律提出了哪些挑战？
5. 电子商务对经济政策带来了哪些影响？
6. 政府对电子商务的发展做了哪些工作？

拓展题

以自用智能手机为例，了解移动设备操作系统的各项功能，理解移动设备操作系统是如何与硬件相结合实现电商的各类新应用的，在此基础上，思考移动电商未来发展的方向。

典型案例分析

商业巨头的成长之路——eBay

案例导读

eBay 于 1995 年诞生于美国，是全球最大的电子商务巨头之一。eBay 创始人彼埃尔·奥米迪亚（Pierre Omidyar）少年时期就对计算机兴趣浓厚，上大学也是以计算机为专业。1995 年，彼埃尔·奥米迪亚创建 eBay，以拍卖服务为主要业务。1998 年 9 月 24 日，eBay 上市，时价每股 18 美元，而仅仅半年后其股价竟翻了 4 倍。

2003 年，eBay 通过全资控股易趣网进入中国，直至 2012 年 eBay 退出易趣，却未能在 C2C 领域战胜淘宝。

但 eBay 并未离开中国，而是低调发展跨境 B2C 业务。2012 年 11 月 12 日，eBay 宣布与走秀网合作，计划重新进入中国市场；2014 年 2 月 19 日，eBay 宣布收购 3D 虚拟试衣公司 PhiSix；2017 年，eBay 与宁波电商综试区达成合作，布局跨境电商。

本案例将在阐述 eBay 发展概况的基础上，总结其商业模式，分析其中国发展之路，以及新形势下 eBay 面临的机遇与挑战。

一、eBay 发展概况

eBay 于 1995 年 5 月由 Pierre Omidyar 创建。最初的名称是拍卖网（Auction web），是全球第一家提供网上拍卖服务的网站，进行小规模的网上拍卖生意。网站建立半年以后，随着访客的不断增加，拍卖活动的广受欢迎，拍卖网的生意开始蒸蒸日上。1997 年，拍卖网正式更名为 eBay。1997 年中期，eBay 平均每天达成 80 万次拍卖交易，并吸引了很多风险投资公司的青睐。于是 Pierre Omidyar 决定招兵买马，迅速扩大规模，eBay 于 1998 年 9 月 24 日上市，时价每股 18 美元，半年后股价就翻了 4 倍。

通过全国范围的广告宣传及与美国在线 AOL 在网络电视方面的合作，eBay 成为家喻户晓的网上拍卖交易社区品牌。1999年，eBay进入澳大利亚市场，并成为当地最为优秀的C2C拍卖业务的网站。在2000~2001年，eBay继续向全球扩张，分别在加拿大、德国、法国和奥地利开设站点，并在拉丁美洲、韩国、意大利、新西兰、瑞士、爱尔兰及新加坡进行投资。2002年，eBay的全年运营利润超过2亿美元，市值达到了惊人的190亿美元。尼尔森网络排名（Nielsen/NetRating）认为eBay是互联网上最能凝聚人气的网站，在众多知名网站中，eBay用户每月花费的时间水平最高，每人浏览页数也最多。eBay逐渐从Amazon和Yahoo等网络巨头中脱颖而出，成为网上拍卖业的领航者。

eBay在全球38个国家和地区拥有本地站点，eBay全球注册用户约为2.48亿，在eBay上共开设大约520 000家店铺。2009年，eBay开始出现销售业绩下滑的趋势，2015财年全年净营收为85.92亿美元，同比下滑2%，2016财年Q4净营收为23.95亿美元，比上年同期增长3%。2002年eBay收购PayPal后，支付业务逐渐成为公司业绩增长的主要动力，2015年PayPal从eBay分拆（eBay5年内不得推出支付业务）。此外，eBay正在从传统的拍卖业务平台，转型为固定价格交易平台，2011年eBay平台业务686亿美元交易额当中，有63%来自固定价格商品交易，拍卖业务仅占37%。2016年时，eBay毛利润697.2亿美元，毛利率高达77.6%。跟自营电商低毛利运营（如亚马逊）相比，平台式电商毛利率就显得相当高。

二、eBay的商业模式

俗话说："栽下梧桐树，凤和鸟齐鸣。"在商界中，这是一种非常好的商业模式，梧桐树是交易平台，凤凰和百鸟是平台上的商品经营者，"凤鸟齐鸣"的绝妙声音可以招徕成千上万的顾客前来购物，从而使梧桐树成为摇钱树，栽树者自然财源滚滚。只要搭好了上佳的交易平台，让梧桐树枝繁叶茂，凤凰百鸟就会蜂拥而至，企业就可以赢利。eBay就是这样的模式。

eBay的商业模式是一个完美的"印钞机"模式，但是，要让这个印钞机运转顺畅，eBay必须解决两个问题，即信用问题和付款问题。由于在网上交易的双方不可能互相见面，一方甚至双方弄虚作假的情况很难避免，这就产生了信用问题。eBay的解决办法是让买卖双方互相给对方评估打分，久而久之，每个eBay的用户都有一个评级和交易的记录，包括正面评价的次数和百分比，以及最近交易的细节。这样在eBay上交易就会让用户放心。

接下来eBay必须解决网上付款的问题。以前主要的支付方式是现金、支票和信用卡，这三种方式对于eBay的交易双方都不合适。由于买卖双方无法见面，现金就无法使用了。而支票交易也很不方便，一方面卖家很怕收到假支票，另一方面买家也怕对方收了支票不付货，何况支票寄来寄去也要耽搁时间。信用卡本来是较好的支付方式，但是，个人和很多小商家无法接收信用卡。另一方面，顾客普遍不太放心将信用卡信息交给不认识的小商家。这样eBay就需要一种专门针对网上交易的支付方式，于是它花高价收购了PayPal公司，解决了支付问题。

平台交易模式的重要功能体现在平台本身，参与交易的供应商和客户越多，这个平台就越有价值。随着交易量的增加，通信成本和交易成本将持续降低，即使对每一笔交易少量收费，也是有利可图的。

eBay的收益取决于交易量和交易金额，显然，光靠卖点旧货是不能维持eBay市值的持续指数增长的，没有人能每天把自家旧货拿到eBay上拍卖。eBay不显山露水地进行了一次商业模式的小转变，渐渐地从网上跳蚤市场转变成了网上自由市场。eBay帮助电子商务的小商家通过eBay开设自己的商店，eBay成为了一个只要商家花钱为自己的网站做广告就能接触到全球消费者的场所，而这些商家将一部分销售所得作为交给eBay的佣金。这种商业模式实际上是对传统的零售商业模式的一种颠覆。在传统的商业模式中，广告是获得消费者群的几乎唯一的方式，因此广告的成本成为商业成本的一部分。而在eBay上开商店，则是将广告费转成了eBay的挂牌费（Listing Fee）和销售提成。电子商务的小商家很容易算清这笔账，是自己打广告宣传自己的网站好还是通过eBay做生意好。于是大量的从事电子商务的公司和个人都到eBay上去卖东西。这时eBay卖的不再是跳蚤市场上的旧货了，而主要是全新的消费品。事实上，eBay上面商品的数量比世界上任何一家连锁百货店都多。去过eBay的读者可能注意到了，eBay上面的一些用户做了几万甚至几十万笔交易，这些人当然不是个人，而是电子商务的零售和批发店。现在在eBay上出售的商品主要来自这些商家，而不是自家的旧货。当然，大量个人在eBay上的买卖行为为eBay贡献了足够的人气。

长期以来，eBay一直为零售企业提供各种极具价值的电子商务工具——其中最知名的就是大获成功的贝宝（PayPal）支付服务。同时通过并购加强了公司的无线产品线，公司收购了移动支付公司Zong和比价应用RedLaser。2011年，eBay斥资24亿美元收购了GSI Commerce，2012年年底，eBay又宣布达成了一桩交易，可让消费者在任何接受Discover卡的实体店使用PayPal支付服务。此举让eBay终于能为零售商提供全套商业服务。

这些努力使eBay的业绩大幅增长，到2012年年底eBay的营收达到了141亿美元，比前年增长了21%。其中的主要增长来自于PayPal完成的支付业务，其营收增加到了56亿美元。日益成为固定价格商品展示窗口的eBay商场（eBay marketplaces）也实现了11%的健康增长。

由于2012年中eBay的所有业务部门都实现了两位数用户增长、移动商务强劲上升及公司在线交易平台业务增长加速，移动业务部门在美国市场实现了总交易额19%的增长。

三、eBay的中国之路

1. 收购易趣

1999年8月18日，我国的易趣网成立。成立之初，公司在上海一个两居室的民居内办公。两位创始人是易趣网当时仅有的两名员工。2002年3月，eBay公司注资3 000万美元，与易趣网结成战略合作伙伴。2004年6月，易趣网宣布进入网站整合期，将于当年秋天与eBay平台对接；2004年9月17日，易趣网与eBay平台成功整合，自此，eBay易趣的用户能与来自美洲、欧洲及亚洲各国的1亿多用户进行网上跨国交易。

2005年7月11日，贝宝中国（PayPal China）网站正式开通，标志着PayPal正式登陆中国市场。PayPal与银联电子支付合作将使中国用户能用15家银行的20多种银行卡通过PayPal进行安全、快捷、便利的网上支付。PayPal与eBay易趣平台的对接在9月1日前完成。eBay易趣1 160多万用户能通过PayPal更方便、更快捷、更安全地进行网上支付。这将大力促进eBay易趣用户的交易。然而2015年4月，PayPal从eBay拆分，协议规定，eBay在5年内不得推出支付服务，而PayPal则不能为实体产品开发自主的在线交易平台。

2. 未达预期

猜到了开头，却没有猜中结果。eBay的中国之路从来都不平坦，巨大的投入并未并未获得预期回报。

eBay还是犯了跨国企业最容易犯的错误，缺乏本土化策略和低效的垂直管理成为限制其发展的桎梏。一方面，中国用户不得不用英文进行注册，发生重名的现象后，还得让位其他国家用户，只能是中国用户改名，同时，网站运行不稳定，对中国用户反映的问题鲜有回应。另一方面，eBay 中国的各项事务均受美国总部钳制，哪怕是更改网站上的一个小标签，也得美国总部首肯，管理效率极低。而且，与淘宝网有所不同，eBay 易趣（eBay 与易趣成立的合资品牌）并没有为用户提供电话支持，也不鼓励买家和卖家直接交流。此外，当淘宝网进入中国拍卖市场、并开始提供免费服务时，eBay 易趣的反应速度过慢，这导致大量用户流失。

在日新月异的互联网时代，固执守旧者必然要付出代价，eBay 也不例外。eBay 易趣的用户开始大量迁往"更懂中国"的淘宝。

从 2002 年 eBay 收购易趣网三分之一的股份，从而借道进入中国市场开始，到 2003 年 eBay 收购易趣网的全部股份，从而使后者变为自己的全资子公司为止，eBay 收购易趣网总计支出 1.8 亿美元。2005 年，eBay 又投入 1 亿美元在中国市场发动营销攻势。然而现实却是：根据市场研究公司易观国际公布的数据，淘宝网 2005 年在中国网络拍卖市场占据了 57.7%的份额，遥遥领先于 eBay 易趣的 31.5%。

2006 年 12 月，eBay 和 TOM 合作，关闭 C2C 主站，退出中国 C2C 市场，仅保留 PayPal 和 Skype 业务，以及一个跨国交易网站。这宣告，eBay 以 C2C 模式首次进入中国的电商市场以失败告终。

四、机遇和挑战

C2C 未达预期，又重生于跨境 B2C，5 年时间，eBay 在中国经历了从弃子到宠儿的蜕变。

2011 年 10 月底，eBay 在美国发布了第三财季报告，eBay 全球单季营收同比增长 32%，达 30 亿美元，同时，净利润同比增长 14%，至 4.91 亿美元。

在中国，借助于电商热潮，eBay 卖家的活跃度持续增加，销售总额上涨 34%，他们贡献的大量佣金帮助 eBay 中国转变为全球第五大利润中心。显然，eBay 找到了自己的"中国引擎"，那就是跨境 B2C。

从并购易趣杀入国内，与淘宝针锋相对；到折戟 C2C 领域，几乎退出国内市场；再到适时掘金跨境 B2C，重启中国业务。eBay 演绎了一出外企在中国翻身的经典剧目。

1. 走出迷失

在多数人看来，放弃 C2C 平台后，面对如此大的中国市场，eBay 还必须为自己寻找新的方向。

就在此时，一组数据引起了 eBay 中国的注意：自 2004 年开始，短短 5 个季度，eBay 易趣网上跨国贸易的卖家数量猛增 7 倍，某些卖家的月成交额可以超过 10 万美元，有的甚至达到 40 万美元。eBay 开始意识到，或许专注于中国的外贸卖家，就可能为自己找到重启中国市场的钥匙。

是时，国内 C2C 上的草根卖家仍在萌芽和成长期，B2B 也只有阿里巴巴提供外贸资讯，B2C 还尚未引起注意。而中国的对外贸易不断激增，商品从国内到国外，至少需要经过二三级中间商的周转，他们吃掉了 30%以上的利润，因此，外贸企业渴望实现供应链的扁平化，这就需要一个能直接与国外消费者对接的平台。

因此，eBay 考虑将外贸卖家的需求与 eBay 的全球化平台对接，把他们的产品放在 eBay

不同国家的网站上,恰好可以连通中国制造与欧美消费者。基于这样的考虑,eBay 便将跨境 B2C 设为中国业务的新起点。

2. 玩转跨境 B2C

于是,从 2006 年底开始,eBay 中国开始寻求跨境 B2C 的新模式。此时,eBay 的高层也从之前的管理模式中汲取教训,给予 eBay 中国团队越来越多的自主权。毕竟每一个市场有它自身的规律,只有当地的团队才能清楚自己应该提供什么样的服务,如何满足本地的需求,只有这样才可以更好地迎合卖家,而卖家赢了,eBay 才能胜出。

然而,要打造一套服务于跨境 B2C 卖家的体系并非易事,对于 eBay 而言,当时并没有任何可以借鉴的经验。仅仅是讨论建立怎样的商业模式、如何收费的问题,eBay 中国的团队就花费了数月时间,最终才决定根据成功交易的金额向卖家收取佣金。

好在后来随着团队的逐渐扩大,商业操作的诸多环节得以很快确定。从线下到线上是一个门槛,从国内到国外又是另一个门槛,eBay 需要让中国卖家的更多产品卖到国外去,实现双赢,就必须帮助刚刚学着在网上销售的中国卖家完善他们的外贸能力。

首先,最重要的瓶颈便是语言。中国卖家的东西要陈列在欧美的 eBay 页面上,就必然得与当地的买家沟通,这需要极高的沟通技巧,而一般的卖家很难像大企业一样配备专门的语言人才,同时,卖家还需要了解不同国家消费者的基本消费习惯、服务要求,以及有哪些流行的促销方式,同时能够与 eBay 不断推出的产品和政策相配合。这就需要为一直自然生长的外贸卖家提供相应的培训。2007 年,外贸大学培训系统上线,为外贸卖家提供培训,这个举措开始吸引越来越多外贸卖家加入 eBay 平台。

其次,卖家需要更足够的本地支持。过去,卖家如果碰到账户安全这样的问题,还得打越洋电话,深更半夜与 eBay 欧美的客服人员联系,非常麻烦,急需用本地化的客服来解决。随着国内客服团队的扩张,服务细则的完善,eBay 的本地化服务框架基本确立,使得 eBay 中国 2007、2008 连续两年营收呈现三位数增长。

3. 精耕细作

不过,eBay 中国并未止步于此,"精耕细作"成为其这两年维持快速成长的关键词。外贸电子商务的流程非常复杂,在基础框架之上,像数据信息支持、跨境物流等管理细节会有不断完善的空间。

对此,中国安防的曾德刚深有感触。中国安防是一家生产安防监控设备的企业,与 eBay 合作之前,它与海外市场的联系是通过当地规模较大的代理商完成的,客户需求也是由这样的代理商转述的,存在严重的信息不对称,很难在国内把握海外市场需求,继而影响品牌的树立与推广。

此前,企业开发的 IP 摄像头系列产品拥有领先技术,具备许多特殊的功能,但市场反馈却十分冷淡。直到加入 eBay 平台,获得买方市场一手的数据信息,曾德刚才发现在海外市场流行的产品竟然他们几年前淘汰的产品,虽然技术层次不高、功能有限,但需求量巨大,价格也适中,这才破解了信息不对称的困惑。

目前,eBay 中国目前已经建立起了一整套数据挖掘和信息沟通机制,与全球其他 eBay 团队及时沟通,将挖掘出的数据和信息及时传递给国内的卖家,比如面对欧债危机,哪些产品可能遭遇冲击、哪些产品可能获得新的商机,都会及时给予卖家提示。而国外紧缺的产品信息,更可以快速推送给有生产潜力的卖家,并辅以减免费用的方式,刺激他们在

eBay平台上的销售。

而另一方面，作为业内公认的瓶颈，外贸电商的物流短板也不得不补。过去在eBay平台上一宗交易的物流配送周期一般在5到30天，时间波动很大，一旦遇到圣诞节这样的购物旺季，跨国配送的效率更会大打折扣。而且，不同国家海关抽查政策的尺度往往不同，经常发生变化，对于配送时间的影响非常大。

海外买家虽然对跨境的中国商品有不错的耐心，但如果等待时间超过10~14天的区间，eBay收到的买家投诉便会激增，这个时候，很多中国卖家便不得不进行退款处理，对于买卖双方都是一次"伤害"。

为此，eBay中国不仅协助李宁、凡客这样的大卖家寻找国外合作伙伴，直接在国外建立仓储，而且还为更多中小卖家提供邮政小包的"快线"服务。比如，eBay中国与美国邮政、EMS合作，为业务集中于美国的中国卖家推出了一套"快递加邮政"的"中美快线"方案：卖家包裹在国内物流，使用EMS商务快递，而到了美国的内陆的话，则用当地邮政系统。如此，所需费用比较折中，物流时间却可以比以前缩减一半以上，90%的包裹可以在10天内到达消费者手中，eBay中国一半以上的跨境业务因此获得了物流保证。

这些成功的经验正在欧洲其他地方进行复制，围绕着eBay的中国卖家，eBay中国也会更主动地推动跨境B2C生态系统的完善和发展。

4. eBay曲线重返中国

2012年11月12日，eBay宣布和总部位于深圳的走秀网宣合作，欲携手走秀网在高利润率的奢侈品和时尚品电商领域打开一扇门，重新进入中国市场（走秀网是一家销售时尚品和奢侈品的电商公司，2008年3月份正式上线，2011年获得1.2亿美元投资，年销售额10亿元左右）。

eBay还计划将扩大对中国以几十亿美金计的整体投资，着手准备垂直类目、更主动与中国卖家沟通、数据分析支持、完善物流解决方案四大战略。很显然，eBay希望通过与走秀网的合作，获取时尚类和奢侈类商品市场的高利润率。虽然目前走秀网的奢侈品业务还没有盈利，但其对销售额的贡献在2011年已经达到了30%。

eBay并非第一次尝试这样的合作模式。此前，它已经在美国投资了一个高端的B2C网站Ruelala。这是一家著名的会员制限时折扣店，出售的商品包括各类奢侈品牌及中高档服装鞋帽，以及手包、饰品等。

在经历了诸多坎坷之后，链接本土智慧与全球视野的eBay终于在中国回到正轨。尼尔森的数据显示，中国大型出口商在eBay上实现的销售额占其总销售额的71%。卖家更多地通过eBay获利，这才是评价eBay的最重要的标准。毕竟他们是eBay真正的金主，eBay中国能够以1 000员工创造阿里巴巴1.8万员工的利润，也正是有赖于此。

案例思考题：
1. eBay在中国的发展模式有何特别之处？
2. eBay是如何走出在中国的困境的？
3. 美国eBay和中国eBay有何不同之处？
4. eBay与国内电商平台在跨境电商业务方面有何异同？

第3章 电子商务的运作模式

> **学习目标**
> - 了解电子商务分类。
> - 熟悉电子商务的盈利模式。
> - 掌握不同电子商务模式的内涵,能够进行相关的模式分析。

引导案例

专注数码产品、打造专业品牌形象——绿森数码

绿森数码科技有限公司成立于2003年,致力于国内B2C网上购物,其主营产品有手机、计算机、相机及其配件。其合作方有柯达、富士、松下、尼康、佳能、三星、卡西欧、宾得、联想、惠普、华硕、宏碁、ThinkPad等著名品牌,年销售额超10亿元。同时与招商银行、交通银行、工商银行、兴业银行、平安银行、浦发银行等开通信用卡分期付款和邮购业务,是目前国内主要的数码类B2C网站,也是支付宝、快钱等国内第三方支付公司的主要合作伙伴,也是国际知名数据公司GFK公司的签约数据提供商。

尽管国内首家B2C电子商务网站最早由8848.com开始,但零售网站真正风靡中国却几乎在十年后,继淘宝商城之后,以当当网、京东商城为代表的传统电商,以苏宁易购、易迅网为代表的新锐电商频频发动价格战,试图不断冲高流量和销售额,进入新一轮融资或冲击IPO。然而,2011年下半年以来,整个电子商务行业的融资环境由盛转衰,风暴从团购网站开始,很多电商资金链断裂告急,甚至裁员关闭的消息频频传出。不过,在竞争激烈的3C市场,绿森数码却不声不响地一路走高,成为新一代中国电子商务企业中的佼佼者,并成为国家商务部电子商务示范企业。

绿森数码的商业模式的成功之处,可以概括为以下几点:

第一,与各大品牌签约代理商。与现场交易相比,线上消费者更加看重商品品牌。品牌商品能够使减少购买风险,降低购物成本。其次,好的品牌对消费者具有很强的吸引力,有利于消费者形成品牌偏好,满足消费者的精神需求。绿森科技实行主营品牌产品的战略,不仅可以提高销售额,也有助于增加消费者信赖度,从而有利于绿森数码自身品牌的塑造。

第二,完善的售后服务。不能获得售后服务是数码产品在C2C电子商务销售中的致命缺点。消费者购买的不只是商品本身,也是一种服务。对于销售商,售后服务的成本平均

到单个商品较小，但在消费者眼中，售后服务在商品价值中占有较大的比例。即使不享受联保的产品售价比享受联保的同一产品低一个较大的数额，也不能促使消费者产生购买需求。大多数的消费者是风险规避者，全国联保无疑是给消费者购物安全提供了一层保障。销售与服务一体，也由此树立了绿森数码的良好口碑形象。

第三，补偿差价策略。绿森数码规定客户收到主件商品两天内（促销品除外），如果商品降价，可以补偿差价（降价的差价部分，下次购物抵货款或者立即更换同价值的商品）。此策略的优点在于能够加快资金周转率。减少持等待降价的顾客群体购物时间的推迟现象。比如淘宝网，临近节日时，其销售额会大幅降低，即使卖家声明其商品与节假日时的价格一致，消费者也并不买单。节假日当天，销售额暴涨，无论是卖家的发货速度还是物流公司的货运速度都会受到影响，影响到消费者的满意度。

第四，直接代理销售各种品牌。绿森数码销售的商品全部为正规行货，提供国家统一的正规税务发票（增值税或者普通商业发票），没有任何中间商环节，在全国范围内具备价格优势。所有的商品都备有足够的库存，较少出现像C2C卖家容易出现货物尺码、颜色不齐全的现象。

第五，迅速的物流和产品运输保障。绿森数码全部采用特快邮局EMS特快专递送货上门，消费者无须任何邮费，正常情况下，购买后当天就可以发货，全国48小时即可送货上门，部分城市24小时即可送货上门（特殊情况除外）。因路上运输造成商品损坏或者丢件由卖家承担全部损失（对丢件的，需要在当地邮局调查后确认是丢件，卖家承担损失，一般需要3~5个工作日完成调查）。

3.1 电子商务的分类与盈利模式

3.1.1 电子商务的分类

研究电子商务的分类体系，有助于挖掘新的电子商务模式，为电子商务模式的创新提供途径，也有助于企业制订特定的电子商务策略和实施步骤。

电子商务按照不同的分类标准，可以划分为多种不同的类型，下面介绍几种常见的分类方法。

1. 按数字化程度划分

（1）完全电子商务

完全电子商务是指可以完全通过计算机网络（尤其是互联网）实现或完成完整交易过程的交易方式。一般来说，无形商品和服务（如计算机软件、电子图书、电影、游戏、信息咨询、教育培训、保险、证券交易等）易于数字化处理，可完全在网络上完成交易过程。

（2）非完全电子商务

非完全电子商务是指不能完全依靠计算机网络（尤其是互联网）实现或完成整个交易过程的交易方式，它必须依靠或借助一些传统的交易手段，如货物运输系统等。

显然，一些实物商品（如汽车、食品、服装、花卉等）的交易属于非完全电子商务的范畴。

2. 按区域范围划分

（1）本地电子商务

本地电子商务是指利用本城市或本地区的网络信息实现的电子商务活动，电子交易范围较小。本地电子商务系统是开展远程国内电子商务和全球电子商务的基础。因此，建立和完善本地电子商务系统是厂家实现全球电子商务的关键。

（2）远程国内电子商务

远程国内电子商务是指在本国范围内进行的电子交易活动。其交易地域范围较大，对软硬件及网络技术的要求较高，要求在全国范围内实现商业电子化、自动化、金融电子化，交易各方需具备较好的电子商务知识、较强的技术支持能力和较高的管理水平。

（3）全球电子商务

全球电子商务是指在全世界范围内进行的电子交易活动。它涉及买卖方国家的进出口公司、海关、银行、税务、保险等系统。业务内容繁杂，数据来往频繁，要求电子商务系统严格、准确、安全、可靠，应制定出全球统一和接受的电子商务标准或电子商务协议，使电子商务得以顺利发展。

3. 按交易主体划分

在市场经济中，参与市场交易进行各种交易活动的交易主体主要有 3 种：企业、消费者和政府。企业作为商品或服务的主要生产者和提供者，一般在市场交易活动中处于卖方的位置，但企业为了组织生产和经营活动，又需要从他人那里购进原材料、机器设备等生产资料，因此企业同时也在市场交易中以买者的身份出现；而消费者作为商品或服务的需求者，在市场交易活动中主要处于买方的位置，但在某些情况下消费者个人也会销售某些属于个人的物品，成为市场交易的卖方；政府在交易活动中是作为管理者和服务者的身份出现的，政府向企业和个人提供公共服务。作为补偿，企业和个人向政府缴纳各种税收，政府与企业或个人之间征缴税收的行为也可以视为是政府与企业和个人之间的一种交易行为。另外，政府为开展各项活动，维持机构的运行，也需要各种物品，这些物品需要向企业采购，作为买方与企业发生交易行为。

（1）B2B

B2B 是指企业与企业之间的电子交易，是电子交易最主要的部分。B2B 交易包括生产企业之间进行的原材料和生产设备等生产资料、零配件和半成品等中间产品的交易，生产企业与流通企业之间产成品的交易。企业与企业之间的交易一般都为大宗交易，因此，它是电子交易最能产生巨大效益的领域。典型的 B2B 网站有阿里巴巴（http://www.alibaba.com）、慧聪（http://www.hc360.com）等。如图 3-1 所示为阿里巴巴中文网站的主页。

（2）B2C

B2C 是指企业与消费者之间的电子交易，是电子交易最活跃的部分。无论是生产企业还是流通企业，最终都必须面对消费者，将产品或服务销售到消费者手中，产品或服务的价值才算最后得到实现，生产和流通的过程才算完成。因此，B2C 才是电子商务价值的最终体现。B2C 是电子商务最活跃、竞争最激烈且最有发展潜力的领域之一。

图 3-1 "阿里巴巴"主页

如图 3-2 所示是一个典型的 B2C 交易网站——当当网（http：//www.dangdang.com），该网站通过网络直接向消费者个人出售书刊，它相当于一个在网上开设的书店，但规模要远比普通书店大得多。但是目前当当网的产品类目已经不仅是图书，也趋向于综合类目平台了。

图 3-2 "当当网"网站主页

(3) C2C

C2C 是指个人消费者之间的交易，也是电子交易较为活跃的部分，主要通过在网上中介平台开店和拍卖来完成交易。拍卖是一种古老的交易方式。对于一些产品非标准化、价值不易确定，并且数量极少、一次性销售的商品，尤为适宜采用拍卖的方式销售。传统的个人物品拍卖往往是通过拍卖行进行的，其程序繁杂，手续费和佣金很高，而且拍卖行对可拍卖的商品有一定的限制。而网络拍卖则为消费者提供了一个选择个人物品的便捷、有效的方式。消费者通过网络拍卖，可以使个人的一些物品，如二手商品、收藏品等实现最高价值，同时拍卖的费用大大降低。如图 3-3 所示为"淘宝网"网站主页。消费者只要注册为淘宝的会员，就可以将自己的物品拿到淘宝网站上拍卖，或选择自己需要的商品进行竞价购买。一旦竞价成功，买卖双方通过网站就可以进行商品付款和办理交割手续。

图 3-3 "淘宝网"网站主页

(4) B2G

B2G 是指企业与政府之间的交易，它包括政府与企业之间的交易活动，如政府采购及各项事务，如税收、商检、海关管理等。政府采购是政府与企业之间真正意义上的交易行为，一般通过招标的形式进行。将政府采购的指标活动搬到网上进行，就是政府与企业之间的 B2G 交易。至于税收、商检、海关管理等活动并不是严格意义上的交易活动，而是属于电子政务的一个组成部分。但它涉及企业与政府之间的关系，并伴有一定的支付行为，因而也被作为 B2G 交易的一个内容。将这些活动通过网络进行，不仅可以大大提高政府的工作效率，而且也减少了企业的负担。

如图 3-4 所示为"中国政府采购招标网"网站主页。政府在网上公布采购信息，开展招标活动。有关企业可以直接在网上投标和竞标，参与政府的采购招标活动。企业一旦中标，即可通过网络与政府进行交易。

(5) C2G

C2G 是指消费者与政府之间的电子交易，属于电子政务的范畴。例如，政府通过网络向消费者征收税收，消费者通过网络进行各种投票活动等。通过 C2G 的形式开展政府的各种事务，将有助于加强政府与公众的联系，密切政府与公众的关系。

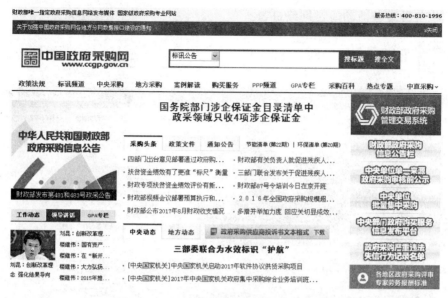

图 3-4 "中国政府采购招标网"网站主页

如图 3-5 所示为"扬州市地方税务局"网站主页。政府通过该网站发布税收政策信息，接受公众的咨询，并为企业和个人在网上办理各种税收事务。

图 3-5 "扬州市地方税务局"网站主页

(6) G2G

G2G 是指政府与政府之间通过网络进行公文传递、信息交流等活动，属于电子政务的范畴。G2G 活动的开展，有助于实现政府办公的无纸化和电子化，减少行政费用，提高办公效率，同时也使政府的工作更加公开和透明，更有利于公众和社会的参与和监督。

如图 3-6 所示为"首都之窗"网站主页，它为政府之间的 G2G 活动提供了一个电子平台,将各种政务活动通过网络进行。

图3-6 "首都之窗"网站主页

4. 按交易客体划分

交易的客体也就是交易的对象。根据交易客体的属性,可以大致分为3类:实物商品、数字商品和在线服务。因此,电子交易按照交易的客体来分,又可以分为实物商品交易、数字商品交易和在线服务交易3种类型。

(1) 实物商品交易

实物商品交易是指通过网络销售的普通商品。电子交易中的实物商品交易是以电子的方式完成信息流、商流和资金流的过程,再以物理的方式完成商品的物流过程。因此,电子交易中的实物商品交易不仅需要网络信息技术的支持,还需要快捷、高效的现代物流及网络的配合和支持,才能得以最后实现,充分体现出电子商务的优越性。

(2) 数字商品交易

数字商品是由计算机制作出来,通过计算机发行,并通过计算机消费的商品,如在网络上出版的电子书刊、通过网络播放的各种音像作品,以及通过网络传送的各种电子软件等。它没有实物形式,是仅存在于网络空间的事物,因此最适合通过网络进行交易。数字商品的电子交易,不仅信息流、商流、资金流可以通过网络完成,而且物流也可以在网上进行。数字商品是电子交易独有的商品,同时也是最适宜通过电子和网络进行交易的商品。尽管这些商品在一定程度上也可以转化为实物,如将电子文档、软件制作成光盘、磁盘,但在网络技术已经高度发达的情况下,这样做完全是多此一举的,是对资源的一种浪费。因此,电子交易是数字商品交易的最佳方式。随着计算机信息技术的发展,人类社会生活数字化的程度将不断提高,数字商品交易无论是在数量还是在种类上都将大大增加,并在所有商品的交易中占有越来越高的比例。

(3) 在线服务交易

在线服务也就是通过网络提供的各种服务,它是服务的电子交易。在线服务包括各种信息中介服务,如证券信息服务、房产中介服务等;还包括与人们日常生活密切相关的各种服务，如机票、车船票的预订，以及旅馆、医院的预约等。由于这些服务一般不提供实物产品，不需要面对面地进行，因而更适宜通过网络开展。按照产业的分类，服务行业属于第三产业。经济发展和人们收入水平越高，生活服务的社会化程度也将越高，人们对社会服务的需求量也就越大。因此，随着产业结构的调整和第三产业的发展，在线服务具有十分广阔的需求和市场潜力。

5. 按交易过程划分

（1）直接交易

直接交易是指没有中间商的交易方式，即企业将产品直接销售给用户。在商品交换出现的早期，由于商品经济不发达，生产和交易的规模很小，交易的地域范围和时间跨度十分有限，因此交易采用的是直接交易的方式。但随着经济的发展和生产技术水平的提高，生产和交易的规模在扩大，交易的地域范围和时间跨度变得更大，信息不对称的程度也在加大，在大多数情况下直接交易变得十分不经济，难以适应商品流通发展的要求，因此直接交易逐渐被间接交易所代替。然而，网络信息技术的发展使企业进行交易的技术条件发生了根本性的改变，尤其是大大降低了直接交易的信息成本，使企业与消费者之间直接进行交易又重新成为可能。正因为如此，人们把直接交易视为电子交易的一个重要特征，而网络与电子商务的发展，为企业直接面向用户的销售提供了有力的技术支持。

（2）中介交易

中介交易是通过中间商进行交易的方式。中间商存在的主要原因是买卖双方的信息不对称，增大了交易费用，同时零散的交易造成规模不经济，增加了企业的销售成本。而中间商通过买卖双方的信息沟通消除了流通中的障碍，降低了商品流通过程中的交易费用，同时将零散的消费汇集在一起，能够满足规模经济的要求。因此，以中间商为中介的间接交易是商品流通的主要形式。在网络和电子商务背景下，虽然信息不对称的状况有了根本性的改善，但交易的规模经济问题依然存在，因而中介交易依然在电子交易中有存在的必要。中介交易的中间商主要是网上商品交易中心。网上交易中心作为交易信息的汇集点，帮助买卖双方寻找交易对象，并对交易进行撮合，使网上的电子交易能够更便捷、顺利和有效地进行。

3.1.2 电子商务的盈利模式

电子商务的盈利模式就是用来描述一个企业或一个电子商务项目如何赚取利润的方法。虽然有些电子商务项目的目标并不是为了盈利，而是为了降低成本或者改善客户服务，但盈利模式是企业实施电子商务项目时需要考虑的一个重要问题。下面介绍目前网上企业的各种收益来源，这些收益来源适用于 B2B、B2C 等多种电子商务类型。

1. 销售收入

销售收入是企业通过网站上销售商品和服务来创造的收益。商品包括数字商品和非数字商品，数字商品有视频、音乐、电子文档、短信、彩铃等，非数字商品有汽车、日用品等。服务包括电子邮箱服务、网上游戏服务、网站托管服务、网页制作和维护服务、价格比较服务、信息搜索服务，以及医疗、法律等专业在线服务等。

在销售收入方向的选择上，电子商务企业可以选择批发零售商模式和网络直营制模式。批发零售商模式是以批发或者零售商品为主的网站模式，有固定价格或拍卖等价格表现形式，其中批发、零售网靠销售收入获利。此模式包括目录式、传统行业的网店、虚拟商品。商业目录如欧洲的 Compass.com 和国内的 Made-in-china.com，都是切实能为企业带来订单的平台。传统行业介入互联网的典型案例，如美国的 Walmart.com、中国的国美电器；虚拟商品如网络游戏产品等。

网络直营制模式是由生产者借助网络直接向终端用户提供商品或者服务的一种行为。网络直营的模式减少了中间流通环节，使消费者更快捷、优惠地享受产品与服务。网络直营制模式有直接销售、出租和使用授权几种形式。由制造商直接销售做得最早、最好的是 DELL。租用的典型代表是 SAS 这一功能强大的统计分析软件，该软件只出租，而且租价昂贵。关于使用授权，在网络上开展得很普遍，很多软件的试用版都放在官方网站上供人试用，如果满意就要向软件提供者购买授权协议。

2. 交易费

交易费是企业根据所处理的交易的数量或规模收取的佣金。这是目前电子市场等交易中介型平台提供商主要的收费模式。

平台提供商提供一个公共平台将买家和卖家汇聚在一起，方便了买卖双方，从而促成交易。在这个模式下又可分 3 种模式：B2B、B2C 和 C2C。平台提供商通过收取佣金或者从交易中提成的办法获利。平台提供商模式主要包括业务整合服务、全程交易服务、需求发布平台、拍卖平台、支付系统、比价系统等。

在这一领域比较成功的有携程、eBay、阿里巴巴、淘宝网等。

3. 网络广告费

网络广告费是企业利用自己知名度较高及客户数量较多的优势，允许其他企业在自己的网站上宣传企业形象及进行产品推广，并收取一定的网络广告费用。网络广告是传统广播电视公司媒体在网络上的延伸，一个提供内容和服务的网站同时在其提供的内容或者服务上会出现各种形式的广告。广告收入通常是这些内容网站的主要来源，网站主要通过提供优质的内容资源来吸引更多的流量，只有这样它才能获得更多的广告收入。网络广告的模式可以分为门户网站、分类目录、搜索引擎右侧广告和关联广告。门户网站广告的典型包括 MSN、AOL 和国内的搜狐、新浪，其广告收入是这些网站的主要收入之一；搜索引擎右侧排名广告典型的如 Google 和 Baidu；关联广告的模式可以从 clicksor.com 得到借鉴。

4. 会员与订阅费

会员与订阅费是用户注册为会员或在订阅一项服务时，企业按一定时间段（一个月或一年）向客户收取一定的费用，并向客户提供某种服务，如信息服务、接入服务等。在订阅网站上通常都会有一些免费的服务，让新用户来体验订阅的效果。订阅网站不管用户用与不用，都会按期扣费。订阅模式又包括内容服务、会员制服务、诚信与隐私保护服务。内容服务如网络电台门户网站 LIVE365.com，国内的内容订阅如 QQ 推出的电子杂志。会员制服务如 bebo.com，其在 2005 年 7 月推出，目前已经有 2 200 多万用户。另外，如联络家（linkist.com）、聚网（365ju.com），用户如果需要查询更详细的内容网站就要向网站支付费用。

5. 联属推荐费

联属推荐费是企业拥有一些联属商家，它们的网站上有通向这些商家网站的超链接，每次访问者通过单击这些超链接进入联属商家的网站上购买商品后，联属商家都要缴纳一定的费用。

联属网络营销的收益模式就是收取联属推荐费。联属网络营销模式,又称会员制营销、网站联盟等,英文为 Affiliate Program,指的是甲网站为乙网站放置广告,然后从乙网站带来的销售额或者访问流量中获得佣金。某些广告主通过这种方式获得市场调查信息而不是现金销售和访问量。联属网络营销还有很多,如网络调查、有偿广告条交换、按销售提成等。从实际的表现形式来看,联属网络营销模式主要有两种:一种是网站自己开发程序来实现联属网络营销;另一种是委托第三方进行,在网站上做个说明,然后连接到第三方广告平台。自营的广告联盟,如当当广告联盟。第三方广告联盟平台在美国最大的是 cj.com。国内也有很多第三方广告联盟,如 Allyes、IPLUS、弈天、飞舟网络传媒等。

6. 捐赠

捐赠是社区模式的主要收益来源之一。社区的经营是用户忠诚度的最好体现,对社区经营的最佳考核指标就是看人气旺不旺、内容多不多。社区建设大多由志愿者自愿投入时间和精力来进行,并且信息内容也大都免费向公众开放。盈利方式是靠销售附属产品及服务或者捐赠。社区模式包括论坛、开源、相册、WIKI、地方性社区和评价站。论坛类网站在国外如 Yahoo 的群组论坛;国内大型的论坛如 mop.com、天涯社区。开源类网站在国外最有名的是 sourceforge.net;国内比较有意义的开源项目是麻省理工学院开放课程的中文网站(cocw.net),其内容都是由志愿者来翻译的。国外的百科全书类型的网站如 Wikipedia.com;国内也有一些基于 Wiki 软件的百科全书,但这类软件是公益性的,即使有收入也是靠捐赠。关于评价站,已经被国内的 Web 2.0 的热潮炒得炙手可热。国外的亚马逊图书评论功能对应的国内网站有豆瓣网(douban.com)。大众点评网(dianping.com)也是很好的公众评价类网站。

7. 竞价排名

企业为了促进产品的销售,都希望在 B2B 网站的信息搜索中将自己的排名靠前,而网站在确保信息准确的基础上,根据会员交费的不同对排名顺序做相应的调整。阿里巴巴的竞价排名是诚信通会员专享的搜索排名服务,当买家在阿里巴巴搜索供应信息时,竞价企业的信息将排在搜索结果的前三位,被买家第一时间找到。如中国化工网的化工搜索是建立在全球最大的化工网站上的化工专业搜索平台,对全球近 20 万个化工及化工相关网站进行搜索,搜录的网页总数达 5 000 万,同时采用搜索竞价排名方式,确定企业排名顺序。

8. 增值服务

B2B 网站通常除了为企业提供贸易供求信息以外,还会提供一些独特的增值服务,包括企业认证、独立域名、提供行业数据分析报告、搜索引擎优化等。例如现货认证就是针对电子行业提供的一个特殊的增值服务,因为通常电子元器件采购商比较重视库存,另外针对电子元器件型号做的谷歌排名推广服务,就是搜索引擎优化的一种。

9. 线下服务

主要包括展会、期刊、研讨会等。通过展会,供应商和采购商面对面地交流,一般的中小企业还是比较青睐这个方式。期刊主要是关于行业资讯等信息,期刊里也可以植入广告。ECVV 国际贸易网(ecvv.com)组织的各种展会和采购会也已取得不错的效果。

10. 商务合作

商务合作包括广告联盟、政府、行业协会合作、传统媒体的合作等。广告联盟通常是指网络广告联盟，亚马逊通过这个方式已经取得了不错的成效，国内做得比较成熟的几家广告联盟有：百度联盟、谷歌联盟、淘宝联盟等。

11. 按询盘付费

区别于传统的会员包年付费模式，按询盘付费模式是指从事国际贸易的企业不是按照时间来付费的，而是按照海外推广带来的实际效果，也就是海外买家实际的有效询盘来付费。其中询盘是否有效，主动权在消费者手中，由消费者自行判断，来决定是否消费。尽管B2B市场发展势头良好，但B2B市场还是存在发育不成熟的一面。这种不成熟表现在B2B交易的许多先天性交易优势，比如在线价格协商和在线协作等还没有充分发挥出来。因此传统的按年收费模式，越来越受到以ECVV国际贸易网为代表的按询盘付费平台的冲击。"按询盘付费"有4大特点：零首付、零风险；主动权、消费权；免费推、针对广；及时付、便利大。广大企业不用冒着"投入几万元、十几万元，一年都收不回成本"的风险，零投入就可享受免费全球推广，成功获得有效询盘后，辨认询盘的真实性和有效性后，只需在线支付单条询盘价格，就可以获得与海外买家直接谈判成单的机会，主动权完全掌握在供应商手里。

在多数情况下，企业会采用多种收益模式。有时企业不一定获取直接的资金收益，但可以获得一些无形的、非量化的利益。例如，企业可以通过电子商务增进和改善客户服务质量，降低搜索成本和交易费用；通过关联交易促进交易量；通过提高客户的转移成本来锁定客户；通过创新交易方式培育新的市场等。

3.2 B2C电子商务

B2C电子商务是按交易对象划分的一种电子商务模式，即商业机构对消费者的电子商务，具体是指通过网络信息以电子数据信息流通的方式实现企业或商业机构与消费者之间的各种商务活动、交易活动、金融活动和综合服务活动，是消费者利用Internet直接参与经济活动的形式。按照为消费者提供的服务内容不同，B2C模式的电子商务可以分为电子经纪、网上直销、电子零售、远程教育、网上娱乐、网上预订、网上发行、网上金融等类型。

从企业和消费者买卖关系的角度看，B2C主要分为卖方企业—买方个人、买方企业—卖方个人两种模式。

1. 卖方企业—买方个人模式

商家出售商品和服务给消费者个人的电子商务模式，即卖方企业——买方个人模式。在这种模式中，商家首先在网站上开设网上商店，公布商品的品种、规格、价格、性能等，或者提供服务种类、价格和方式，由消费者个人选购、下订单、在线或离线付款，商家负责送货上门。这种网上购物方式可以使消费者获得更多的商品信息，虽足不出户却可货比千家，买到价格较低的商品，节省购物的时间。而对商家来说，与传统的店铺销售相比，B2C的优点关键在于店铺被代替之后节省的地皮和销售人员的人工费用相当可观。它的网上销售范围几乎不受企业大小的限制。商家还可以通过动态监测商品的单击率、购买率、用户反馈，随时调整商品的进货计划，同样也可以起到减少货物积压的情况出现。当然，这种电子商务模式的发展需要高效率和低成本的物流体系的配合。

2. 买方企业—卖方个人模式

企业在网上向个人求购商品或服务的一种电子商务模式，即买方企业—卖方个人模式。

在这种模式中，个人通过网络向企业出售商品或服务，或者个人通过网络寻找企业的产品或服务的招标信息。这种模式应用最多的就是企业用于网上招聘人才。在这种模式中，企业首先在网上发布需求信息后由个人上网洽谈。这种方式在当今人才流动量大的社会中极为流行，因为它建立起了企业与个人之间的联系平台，使得人力资源得以充分利用。

3.2.1 B2C 电子商务的主要经营模式

B2C 电子商务分为无形商品和服务的电子商务模式、有形商品和服务的电子商务模式，以及综合的电子商务模式。无形商品和服务的电子商务模式可以完整地通过网络进行，而有形商品和服务的电子商务模式则不能完全在网上实现，需要借助传统手段的配合，以及多种模式的综合运用才能完成，即产生了综合的电子商务模式。

1. 无形商品和服务的电子商务模式

计算机网络本身具有信息传输和信息处理功能，无形商品和服务一般可以通过网络直接提供给消费者。无形商品和服务的电子商务模式主要有网上订阅模式、广告支持模式和网上赠予模式。

（1）网上订阅模式

消费者通过网络订阅企业提供的无形商品和服务，并在网上直接浏览或消费。这种模式主要被一些商业在线企业用来销售报刊杂志、有线电视节目等。网上订阅模式主要有以下几种：

① 在线出版。出版商通过 Internet 向消费者提供除传统印刷出版物之外的电子刊物。在线出版一般不提供 Internet 的接入服务，只在网上发布电子刊物，消费者通过订阅可下载有关的刊物。有些在线出版商采用免费赠送和收费订阅相结合的双轨制，吸引一定数量的消费者，并保持一定的营业收入。

② 在线服务。在线服务商通过每月收取固定的费用向消费者提供各种形式的在线信息服务，他们一般都有自己特定的客户群体。例如，美国在线（AOL）的主要客户群体是家庭用户；而微软网络（Microsoft Network）的主要客户群体是 Windows 的使用者，订阅者每月支付固定的费用，从而享受多种信息服务。

③ 在线娱乐。在线娱乐商通过网站向消费者提供在线游戏，并收取一定的订阅费，这是无形商品和服务在线销售中令人关注的一个领域，如网络游戏就是当前在线娱乐的热点。

（2）广告支持模式

在线服务商免费向消费者提供在线信息服务，其营业收入完全靠网站上的广告来获得。这种模式不直接向消费者收费，但却是目前最成功的电子商务模式之一。谷歌、百度等在线搜索服务网站就是依靠广告收入来维持经营活动的。对于上网者来说，信息搜索是其在 Internet 的信息海洋中寻找所需信息最基础的服务。因此，企业也愿意在信息搜索网站上设置广告，通过单击广告可直接到达该企业的网站。采用广告支持模式的在线服务商能否成功的关键是其网页能否吸引大量的广告，能否吸引广大消费者的注意。

（3）网上赠予模式

网上赠予模式经常被软件公司用来赠送软件产品，以扩大其知名度和市场份额。一些软件公司将测试版软件通过 Internet 向用户免费发送，用户自行下载试用，也可以将意见或建议反馈给软件公司。采用这种模式，软件公司不仅可以降低成本，还可以扩大测试群体，改善测试效果，提高市场占有率。美国的网景公司（Netscape）在其浏览器最初推广阶段采用的就是这种方法，从而使其浏览器软件迅速占领市场，效果十分明显。

2. 有形商品和服务的电子商务模式

有形商品是指传统的实物商品。有形商品和服务的查询、订购、付款等活动虽然也可以在网上进行，但最终的交付不能通过网络实现，而是用传统的方法来完成。这种电子商务模式也称为在线零售。目前，企业实现在线销售主要有两种方式：一种是在网上开设独立的虚拟商店；另一种是参与并成为网上购物中心的一部分。与传统的店铺销售相比，即使企业的规模很小，网上销售也可将业务伸展到世界的各个角落。例如，一位日本客户向坐落在美国纽约的食品公司购买食品，付出的运费相当于产品的价值，然而客户却非常愿意购买，因为从日本当地购买相同的产品，其代价更昂贵。除此之外，虚拟商店需要较少的雇员而且在零库存的基础上就可以销售。在有些情况下，虚拟商店可以直接从经销商处订货，省去了商品储存的环节。

3. 综合的电子商务模式

实际上，多数企业的网上销售并不是仅仅采用一种电子商务模式，而是往往采用综合模式，即将各种模式结合起来实施电子商务。例如，GolfWeb 就是一家有 3 500 页有关高尔夫球信息的黄页网站。这家网站采用的就是综合模式，其 40%的收入来自于订阅费和服务费，35%的收入来自于广告，还有 25%的收入是该网址专业零售点的销售收入。该网站吸引了许多企业的广告，如美洲银行、美国电报电话公司等。

3.2.2 B2C 电子商务模式的基本流程

以在线零售为例，不论 B2C 电子商务所经营的产品的性质如何，对消费者来说，其基本的消费流程大致如下：

① 确定要购买的商品。

② 商品搜索。顾客通过 Internet 上的广告、产品目录、搜索引擎检索等方式得到自己有用的信息，进入有关的网站并查询自己所需要的产品或服务。

③ 填写订单。顾客通过网站提供的订货单填写需要购买的商品或服务的内容，其内容包括要购买的产品名称或编号、购买的数量、付款方式、送货方式等信息。

④ 付款。在电子商务中，付款方式一般有多种，它不仅包括信用卡、借记卡、银行转账、支付宝第三方支付等电子支付方式，也包括现金等传统的支付方式。顾客可以选择交易前付款，也可以选择交易后付款。

⑤ 送货。如果选择交易前付款，商家在确认收到货款后，可通知销售部门或物流公司送货上门。如果选择交易后付款，商家在接到订单后即可安排发货，顾客收到商品后，进行付款。

⑥ 售后服务。在电子商务中，商家可以通过 Internet 获取在线的技术支持，当然也包括传统的售后服务手段。

为保证交易过程的安全性，还需要对交易双方的身份进行认证，以确认他们的真实身份。

3.2.3 B2C 电子商务模式的主要优势

与传统的销售方式相比，B2C 电子商务模式的优势主要体现在以下几个方面：

① 缩短了消费者和企业之间的距离，为生产型企业直接面向消费者销售产品提供了机会。

② 能有效地减少交易环节，大幅度降低交易成本，从而降低消费者所得到的商品价格，同时有效地提升商家的竞争能力。

③ 减少了售后服务的技术支持费用。由于采用网络进行在线的技术支持，减少了技术服务人员的数量和技术服务人员的出差费用，因而减少了企业的经营成本。

3.2.4 适合 B2C 电子商务经营的商品

一般来说，几乎所有的商品都可以在网上销售。但并不是所有的商品都适合在网上销售，对于那些需要个人销售技巧的商品（如房地产销售）或者个人建议对估价影响很大的商品（如高档时装、古董）或易变质的食物来说，更适合通过传统商业渠道销售。但我们可以采用网上商店和实体体验店相结合的方式来弥补单纯进行网上销售的不足。

适合网上销售的商品包括：① 具有比较高的品牌辨识度的商品；② 易于转换成数字商品的物理商品，如图书、音乐和视频等；③ 有知名商家提供质量保证的商品；④ 相对便宜的商品；⑤ 具有标准规格的商品；⑥ 易于用文字或视频说明使用方法的商品；⑦ 即使在商店也不能打开包装的特殊商品；⑧ 日用百货等购买重复度比较高的商品；⑨ 咨询和信息服务等。总的来说，适合网上销售的商品就是不需要顾客亲自接触体验就能把握质量、规格及使用方法的商品，以及最能体现网络优势的商品。因此，最适合网络销售的是以下几类商品：电子消费品，包括数码相机、打印机、扫描仪、个人数字助理和手机等；办公设备；图书和音乐；玩具；汽车；保健品和美容化妆品；珠宝；服务业等。

3.2.5 B2C 消费者行为分析

1. 网络消费者的层次划分

中国互联网络信息中心（CNNIC）对网民的定义为：平均每周使用互联网至少 1 小时的 6 周岁以上的中国公民。中国互联网络信息中心（CNNIC）在北京发布第 39 次《中国互联网络发展状况统计报告》（以下简称《报告》）。《报告》显示，截至 2016 年 12 月，中国网民规模达 7.31 亿，相当于欧洲人口总量，互联网普及率达到 53.2%。

互联网的兴起造就出"e 时代"消费者，使得网络消费者从大众中分离出来。按照不同的层次，可将网络消费者划分为以下几类：

① 全球网民。全球网民普遍关注在全球市场上寻找自己喜欢的产品或服务。国际电信联盟最新发布的报告显示，全球互联网使用率继续稳定增长，2016 年全球互联网用户增至 37 人，而 7 年前，全球的互联网用户仅为 20 亿，而今天全球 47%的人在使用互联网。

② 社区网民。社区网民希望通过互联网能学到一些有价值的东西，找到自己的社区网友，并经常参加某个讨论组。

③ 网站新客。网站新客经常访问各类不同类型的网站，他们通过网站了解商品的价格等有价值的信息，但不一定产生消费。

④ 真正的客户。真正的客户是指在互联网上产生购买行为、享受网络服务的消费者。随着互联网的普及截至 2015 年，我国网络购物用户规模已达 4.1 亿人，我国网民使用网络购物的比例从 55.7%提升至 60%。

⑤ 回头客。回头客是指在互联网上产生一次以上购买行为的消费者，随着与商家交易次数的增加，其忠诚度也在增加。这一类消费者是电子商务盈利真正的源泉。

2. 网络消费者的特征

（1）网络消费者的结构特征

《第39次中国互联网络发展状况统计报告》显示：截至2016年12月，我国网民男女比例为52.4∶47.6，近几年基本保持稳定。我国网民以10~39岁年龄段为主要群体，比例合计达到73.7%。其中，10~19岁、30~39岁占比分别为20.2%、23.2%，较2015年底略有下降，与2015年年底相比，10岁以下低龄群体和40岁及以上中高龄群体占比均有所提升，互联网继续向这两部分人群渗透。一方面，是网络接入环境日益普及、媒体宣传范围广泛，增加了中老年群体接触互联网的机会；另一方面，是人口的老龄化。两方面因素共同导致网民的年龄结构出现年长化趋势。网民中具备中等教育程度的群体规模最大，初中、高中/中专/技校学历的网民占比分别为37.3%与26.2%。较2015年年底下降3.0%，小学生及以下学历人群占比提升2.2%，中国网民向低学历人群扩散。网名中学生群体规模最大，占比25%，其次为个体/自由自业者，占比22.7%，较2015年增长0.6%。企业/公司的管理人员和一般职员占比合计达到14.7%。网民中月收入在2001~3000元、3001~5000元的群体占比最高，分别为17.7%和23.2%。与2015年相比，网民的收入水平有一定的提升，一方面是由于城镇网民的增幅高于农村网民；另一方面与社会经济的快速发展、人民收入水平持续提高密不可分。

（2）网络消费者的群体特征

网络用户是网络营销的主要个体消费者，也是推动网络营销发展的主要动力，它的现状决定了今后网络营销的发展趋势和道路。要搞好网络营销工作，就必须对网络消费者的群体特征进行分析。网络消费者群体主要具备以下4个方面的特征：

① 注重自我。《第39次中国互联网络发展状况统计报告》显示：网络消费者中20~29岁年龄段的网民占比最高，达30.3%；网民中具备中等教育程度的群体规模最大，初中、高中/中专/技校学历的网民占比分别为37.3%与26.2%。可见，网民多以年轻、较高学历用户为主，他们拥有自己独立的见解、爱好和想法，对自己的判断能力也比较自负。因而，他们的具体要求越来越独特，而且变化多端，个性化也越来越明显。

② 头脑冷静，擅长理性分析。由于网络用户是以大城市、高学历的年轻人为主，不会轻易受舆论左右，对各种产品宣传有较强的分析判断能力。因此，从事网络营销的企业应该加强信息的组织和管理，加强企业自身文化的建设，以诚信待人。

③ 喜好新鲜事物，有强烈的求知欲。《第39次中国互联网络发展状况统计报告》显示：随着各类互联网应用的快速发展，互联网越来越成为网民日常工作、生活、学习中必不可少的组成部分，人们对网络的依赖程度越来越高。

④ 好奇但缺乏耐心。如前所述，因为网民以年轻人为主，比较缺乏耐心，当他们搜索信息时，经常比较注重搜索所花费的时间。如果连接、传输的速度比较慢，他们一般会马上离开这个站点，转向访问其他网站。

3. 网络消费者的类型

网络消费者可以分为多种类型，网商应将注意力集中在其中一两种人身上，这样才能做到有的放矢。

(1) 按照网络消费者主体的特征分类

① 简单型消费者。简单型消费者需要的是方便快捷的网上购物。他们每月虽只花 7 小时上网，但他们进行的网上交易却占了一半。时间对于他们来说相当宝贵，上网的目的就是快捷购物，购物前他们有明确的购物清单。网商必须为这一类型的人提供真正的便利，让他们觉得在你的网站上购买商品将会节约更多的时间。

② 冲浪型消费者。很多冲浪型消费者在网上漫步仅仅是为了寻找乐趣或找点刺激。冲浪型消费者对常更新、具有创新设计特征的网站特别感兴趣，如玩游戏、竞赛，看有趣的个人网页，看电影，听音乐，了解烹饪、健身和美容信息等。

③ 接入型消费者。接入型消费者是刚触网的新手，他们很少购物，而喜欢在网上聊天。著名传统品牌公司可以对这一群人保持足够的重视，因为网络新手们更愿意相信生活中他们所熟悉的品牌。此外，由于他们上网经验不足，一般对网页中的简介、常见问题解答、名词解释、站点结构图等链接感兴趣。

④ 议价型消费者。他们趋向于购买便宜商品，喜欢讨价还价，对站点上的"free"字样犹如对现实生活中"大减价""清仓甩卖"一样特别感兴趣，并有在交易中获胜的强烈愿望。

⑤ 定期型消费者和运动型消费者。定期型和运动型消费者通常都是被网站新颖、独特的内容等所吸引。定期型消费者常常访问新闻和商务网站，而运动型的消费者喜欢运动和娱乐网站。

(2) 按照网络消费者的购物行为分类

① 功利型。功利型购物行为是为了达到某种目的和完成某种任务而购物。通常功利型购物要求网上商店要有丰富的商品，若连续两次被告知无货供应，顾客将离开该网站。功利型购物会受到系统更多的关注。

② 快乐型。快乐型购物行为是因为可以从购物中感受到乐趣。快乐型的购物反映了购物的娱乐性，要求高度的参与、刺激因素的增长、自由度的体会及快乐的满足，而整个购买只是购物过程的附带品。

(3) 按照网络消费者购物的计划性分类

① 专门计划性购物。购买需求在进入网站商店前已经确定，购物者一般只购买预计的商品。针对计划性购买，网店应提供方便、快捷的商品检索目录，让消费者能很快找到所需的商品。

② 一般计划性购物。购买需求在进入网上商店前已经确定，但购物者在店内会根据商品的制造商，确定满意的商品。针对一般计划性购物，网店要宣传商品，提供商品的详细资料，供消费者选择、比较。

③ 提醒购物。网上商店的影响带来了顾客的需求，如网上的广告、促销活动带来了用户的需求。针对提醒购买，应加强网上促销，刺激消费者的购物需求。

④ 完全无计划购物。该类消费者进入网上商店前是毫无目的的，完全没打算购物，纯属闲逛。

3.3 C2C 电子商务

C2C 电子商务就是消费者与消费者之间的电子商务。如一个消费者有一部旧手机，通过网上拍卖，把它卖给另外一个消费者，这种交易类型就称为C2C电子商务。除网上中介平台开店外，网上消费也是C2C的主要交易方式。

3.3.1 C2C电子商务交易平台

在C2C模式中，一个有影响力的、受买卖双方信任的C2C电子商务网站作为买卖双方之间沟通的网络平台，是最为基础和必不可缺的部分。

C2C电子商务网站就是运营商为买卖双方提供一个在线交易平台，卖方既可以在平台上建虚拟商店销售商品，也可以在平台上发布商品信息、提供商品拍卖，买方可以在平台上选择商品进行竞价和购买。只要参与者注册为网站会员，就可以参与网上竞价交易，非常方便、快捷。由于网站本身不参与交易，不提供商品或资金，不负责货运及仓储，这就降低了网站的经营风险和成本，从而可以获得较高的利润。

C2C电子商务网站还具有以下一些特征。

① 为买卖双方进行网上交易提供一系列的配套服务。电子商务中最基本的3个要素是：信息流、资金流和物流。C2C电子商务网站相对应的服务包括信息交流平台、第三方的支付平台信用评价、即时通信、网络社区等。

② C2C电子商务网站的特点有：用户数量众多，地域分布广；商品信息丰富，质量参差不齐；交易次数频繁，但成交额较小。

从平台自身来看，C2C电子商务平台的目标是为用户提供完整可靠的购物解决方案，完善即时通信、社区资源、搜索及物流服务；最大限度地降低交易成本，使之成为一个安全、便捷、稳定的交易平台。

3.3.2 网上拍卖的类型

1. 网上竞拍的方式

（1）英式拍卖

在英式拍卖中，出价人叫一个比前一个出价更高的价格，直到没人出更高的价为止。这时，拍卖人就宣布，这件物品按最后一个出价卖给出价最高的出价人。

如果每种拍卖品有很多数量，允许出价人指定购买量的英式拍卖称为美式拍卖。英式拍卖被网络拍卖所采用，成为网络拍卖中最基本、最常见的在线交易方式。

（2）荷兰式拍卖

荷兰式拍卖（Dutch Auction）是一种公开的减价拍卖，又称"出价渐降式拍卖"。

荷兰式拍卖交易的大多是量大的物品，在传统拍卖中，物品价格每隔一定的时间会下降一些。在此过程中，第一个出价人可以按照他出价时的价格购买所需的量。如果他买完后物品还有剩余，降价过程继续，直到所有物品都被买走为止。

（3）密封递价拍卖

密封拍卖可分为一级密封拍卖和二级密封拍卖。一级密封拍卖也称为密封递价最高价拍卖，即在密封递价过程中，出价最高的竞买人中标。如果拍卖的是多件相同的物品，出价低于前一个的竞买人购得剩余的拍卖品。二级密封拍卖也称为密封递价次高价拍卖，其竞价过程与一级密封拍卖类似，只是出价最高的竞买人是按照出价第二高的竞买人所出的价格来购买拍卖品。二级密封拍卖也称维氏拍卖。

(4) 双重拍卖

在双重拍卖中，买家和卖家都向拍卖人同时递交价格和数量来出价。拍卖人把卖家的要约（从最低价开始上升）和买家的要约（从最高价开始下降）进行匹配，直到要约提出的所有出售数量都卖给了买家，如在证券交易中的成交价格确定。

2. 网上拍卖的种类

网上拍卖通常被分为综合消费品的拍卖、特殊消费品的拍卖、企业间的拍卖、卖家出价拍卖和集体购买网站5种类型。

(1) 综合消费品拍卖

综合消费品拍卖网站上的拍品种类繁多，拍品的数量也大。大多数拍卖网站都会邀请其他的卖家在其拍卖网站上拍卖物品，有些拍卖网站也出售自己传统商店中的各类商品，如eBay、淘宝等。

(2) 特殊消费品拍卖

eBay等无疑在综合消费品网上拍卖市场中占尽了先机。但也出现了许多后起之秀，他们不与eBay这样强大的对手竞争综合消费品拍卖市场，而是将目光集中到了某一特定的目标市场，建立特定消费品的拍卖网站，如专门拍卖技术产品，拍品包括计算机及其配件、照相器材、消费电子商品等。

(3) 企业间的拍卖

与综合消费品拍卖网站不同，企业间的网上拍卖的出现主要是满足非常特殊的需要。例如，许多制造公司需要定期处理不用或过期的存货。

(4) 卖家出价拍卖

除此以外，一些传统拍卖模式的有趣的变种也在网上出现了。例如，有些网站是由商品或服务的卖家标出愿意卖出的产品价格。这种类型的拍卖有时称为反拍卖，因为买家作为出价人变成了卖家作为出价人，如招标采购中的价格确定。

(5) 集体购买网站

另一种新现象是集体购买网站。在集体购买网站上，某个物品标上某个价格被发布出来。当单个买家就某个物品输入出价时（这时的出价就是同意购买这样的物品），网站就可以和物品的提供者商定一个与购买数量相匹配的更低价格。当出价的人数增加时，发布出来的该物品价格最终会下降，如团购即为此种类型。

3.3.3 C2C电子商务的基本流程

1. 网上店铺和商品发布的流程

在网上建立店铺和商品的发布流程如下：

① 申请认证。卖家提交认证申请，填写个人信息，平台运营商通过身份证件核实和银行账号核实进行实名认证，认证通过后就可以成为正式的会员。

② 发布商品，开设店铺。选择相应的商品目录，填写有关的商品信息（名称、属性、定价方式、发货方式、支付方式、商品图片或其他说明等），就可以把要卖的商品发布在网站上。也可以根据需要、根据网站的要求建立自己的店铺，建立店铺时需要对店铺进行相关的设置。

③ 店铺或商品的经营。在商品售卖的过程中，可以对商品或店铺的信息进行修改和完

善；经常查看商品的交易信息，并及时与买家进行交流和沟通。

④ 收款和发货。与买家达成交易，确认收到货款后，卖方按照买方提供的地址发货。

2. 购物流程

在网上进行购物的流程如下：

① 搜索商品。利用网站提供的频道、类目和搜索工具等，找到想要购买的商品和店铺。

② 联系卖家。找到卖家和商品以后，要和卖家取得联系，询问商品的细节、存货情况及优惠措施等。联系卖家的方法有多种，可以使用站内信件、留言、聊天工具，也可以使用卖家提供的联系电话或者 E-mail 地址，顾客可通过电话和电子邮件与卖家取得联系。

③ 出价和付款。根据商家的定价方式（一口价、协商价或拍卖价）确定商品最终的交易价格，买卖双方协商成功后，就可以进行交易；买方通过卖方可接受的付款方式（邮寄、信用卡、银行转账）或用其他支付工具（支付宝、贝宝等）支付货款。

④ 收货确认和评价。目前，C2C 电子商务交易平台都提供了评价功能。当买家拿到商品之后，可以对卖家做确认收货，以及对卖家的服务做出评价。如果对商品不满意，可以申请退货或者换货。

3.4 B2B 电子商务

B2B 电子商务是指企业之间通过互联网、外部网、内部网或者企业私有网以电子方式实现的交易。这些交易可以发生在企业及其供应链成员之间，也可以发生在一个企业和其他企业之间。

3.4.1 B2B 电子商务的内涵和优势

B2B 电子商务的实施将带动企业成本的下降，同时扩大企业的收入来源。

① 降低采购成本。企业通过与供应商建立 B2B 电子商务，实现网上采购，可以减少双方为进行交易投入的人力、物力和财力。另外，采购方企业可以通过整合企业内部的采购体系，统一向供应商采购，实现批量采购而获取折扣。

② 降低库存成本。企业通过与上游的供应商和下游的顾客建立 B2B 电子商务系统，实现以销定产、以产定供；实现物流的高效运转，最大限度地降低库存成本。

③ 节省周转时间。企业还可以通过与供应商和顾客建立统一的电子商务系统，实现企业的供应商和企业的顾客直接沟通和交易，减少周转环节。例如，波音公司的零配件是从供应商采购的，而这些零配件很大一部分是满足它的顾客航空公司维修飞机时使用的，为了减少中间周转环节，波音公司通过建立电子商务网站实现波音公司的供应商与顾客之间的直接沟通，大大减少了零配件的周转时间。

④ 扩大市场机会。企业通过与潜在的客户建立网上商务关系，可以覆盖原来难以通过传统渠道覆盖的市场，增加企业的市场机会。例如，DELL 公司通过网上直销，大大降低了双方的交易费用，增加了中小企业客户网上采购的利益动力。

3.4.2　B2B电子商务的实施步骤和途径

1. B2B电子商务的实施步骤

B2B电子商务的实施不是简单地建设一个电子商务站点，它还涉及企业战略规划、组织结构和管理模式。B2B电子商务的实施过程如下：

① 需要了解企业的内部经营状况和市场竞争环境，分析实施B2B电子商务的可能性和可行性，同时分析必要性和重要性。

② 制订计划和确定实施方案。计划的制订必须从企业整体出发，应由上到下制订。确定计划后，就要制订方案，同时邀请相关电子商务方案提供商参与招标，从而确定最好的方案。

③ 组织实施。方案确定后，关键是组织实施。B2B电子商务的实施是一个系统工程，它涉及资金、人员、物资等方面，需要有专门的组织机构进行管理和实施。一般电子商务计划和方案的制订需要从企业管理高层组织实施，因为电子商务实施影响的不仅仅是某个业务和某个部门，它将影响到企业各个层面和整个业务流程，而且深深地影响着与企业关连的其他企业。

2. B2B电子商务系统的实施途径

实施B2B电子商务系统时，一般有3种途径：① 购买商业软件；② 自行开发；③ 联合开发。第一种方式比较简便，但系统一般只能满足一些基本要求；采用第二种方式，便于企业自行维护，但可能导致不专业、效率比较低；第三种方式目前用得比较多，它是综合前面两种方式，在购买一些应用工具软件的基础上，结合本企业的实际情况联合专业电子商务方案提供商合作开发。目前，许多电子商务软件服务商提供的也是基本解决方案，它需要与企业合作进行二次开发才能最终满足企业的需要。

3.4.3　B2B电子商务的模式

1. 基于增值网络和内联网的封闭电子商务模式

封闭电子商务模式主要是基于增值网络和内联网（Intranet）。企业有选择性地接受信息及控制与企业连接的用户，B2B电子商务的活动主要是支持交易前和交易中阶段的信息交换和单证传输，至于交易后阶段还需依赖传统方式。随着市场竞争格局的进一步发展，以及市场需求变化的进一步加速，20世纪80年代MRP Ⅱ（制造资源计划）主要面向企业内部资源全面计划管理的思想逐步发展为20世纪90年代面向全社会资源怎样进行有效利用与管理的思想，ERP（企业资源计划）就是在这种时代背景下产生的。在ERP系统设计中，考虑到仅靠企业自己的资源不可能有效地参与市场竞争，还必须把经营过程中的有关各方（如供应商、制造工厂、分销网络、客户等）纳入一个紧密的供应链中，才能有效地促进企业的产、供、销活动的顺利开展，使企业可以快速、高效地整合全社会资源满足企业生产经营的需求，以进一步提高企业经营管理效率，从而在市场上获得竞争优势。

2. 基于EDI的外联网电子商务模式

外联网（Extranet）是将Internet的组网技术应用到企业间网际互联。利用互联网技术，允许与企业有密切业务关系的单位可通过互联网实现与企业的互联；通过防火墙禁止非关联的单位或个人连接，以保证网络的安全；通过该网络可以实现企业间的网上交易。外联网克服过去专用增值网络的专用性和复杂性的缺点，采用标准化的协议和通用软件实现企业间的互联，同时它还通过防火墙隔断外联网与其他无业务往来的信息交换。一般在外联网中，允许网内可以访问外部的互联网信息，但不允许非法和身份不明的访问者进入网络。因此，这种模式是一种半封闭的 B2B 电子商务模式。企业进行外联网连接，由于是近似封闭式的，网内之间信息传输比较安全。同时，由于联网的企业是业务合作伙伴，它们通过联网实现信息共享和共同发展的目的。例如，美国的沃尔玛将其内部零售管理网络与其供应商相连，允许供应商及时了解沃尔玛的库存情况并及时供给货源。

电子数据交换（Electronic Data Interchange，EDI）是较早应用而且比较普遍的 B2B 电子商务形式，它从开始的专用封闭式发展成为开放的标准协议。EDI 的传输也从过去专用的增值网络向开放的互联网络转移。EDI 不但可以进行 B2B 电子商务的交易，还可以与政府机关进行数据传输，如海关报关、政府采购和招标等。

3. 基于 Web 的互联网电子商务模式

基于 Web 的互联网电子商务模式是目前使用较多的模式，因为基于 Web 的 B2B 电子商务模式是采用标准化的网络、电子商务协议及通用网络商务软件，使网上电子商务的开展和维护更规范。采用这种模式建设 WWW 网站，互联网访问者在站点规定的权限内，可以通过标准化的支持超文本多媒体的浏览器访问企业站点。访问是交互式的，一方面可以从网站获取需要的信息，另一方面可以直接发送信息给网站。由于该模式有标准的软件支持平台，对使用者要求简单，但对企业却提出了较高的要求。企业建设的网站必须有丰富的产品信息和提供相关支持服务，所以要建设一个功能完善的支持电子商务的企业网站需要很大投入。

目前，基于 Web 的 B2B 电子商务模式有网上直销型、专业服务型、混合型和中介型。

（1）网上直销型模式

网上直销型是一些大型企业经常采用的电子商务模式。该模式投入比较大，但企业节约的成本和扩大的销售收入也是非常可观的。例如，DELL 公司将其产品目录、类型、规格和相关信息在其网站公开，顾客可以根据需要进行查询和订购。进行 B2B 电子商务的企业分为两大类：大型企业一般在网站查询信息、订单情况和技术支持，但并不通过电子订单订购；目前直接采用网上订购比较多的还是中小型企业和消费者。

（2）专业服务型模式

由于服务已经成为国际贸易和商务活动中的重要环节，服务成本上升非常快。加之许多企业对服务要求越来越高，要求服务及时，因此专业服务型电子商务网站就是满足这种需要建设的。这种网站的建设费用、技术支持和运转费用较高，但比传统的依赖人工方式实现服务的成本要低。例如，美国联邦快递公司为方便顾客查询包裹投递情况，专门建设网站提供网上实时查询服务，并为一些主要客户专门提供终端，方便客户在办公室进行邮寄。

（3）混合型模式

许多企业在提供产品的同时还要涉及服务，因此上面两种类型的商务网站经常是融合在一起的，即在提供产品网上销售的同时，还提供技术支持和售后服务。例如，DELL 公司的网站就可以为客户提供软件下载、技术支持、订单查询等服务。

（4）中介型模式

许多小型企业因无法单独承担昂贵的网络建设和维护费用，但又想利用互联网进行 B2B 电子商务活动，因此，它们借助一些提供中介服务的电子商务站点实现企业间的商务活动。这类中介的站点一般是将相关的供应商和采购商汇集在一起的，客户只需向站点缴纳一定的费用即可使用。

上述几种不同的 B2B 电子商务模式，不管采用的技术如何不同，其共同之处是通过网络实现企业间的交易，实现企业间信息流、资金流和物流的高效率畅通和自动化进行，只是不同模式对信息流、资金流和物流支持的方式不同和支持程度不同。目前的发展趋势是基于 ERP 的电子商务模式作为企业内部电子商务基础，同时通过 EDI 或者 Web 实现与客户的网上业务整合。

3.5 演化的电子商务模式

3.5.1 C2B 模式

C2B 模式，即消费者对企业（Customer To Business，C2B）模式，狭义上的理解是有别于 B2C 的反向电子商务模式，它是通过聚合分散分布但数量庞大的用户形成一个强大的采购集团向商家集中采购的行为，也叫反向定制或聚定制。

C2B 模式的核心，是通过聚合分散分布但数量庞大的用户形成一个强大的采购集团，以此来改变 B2C 模式中用户一对一出价的弱势地位，使之享受到以大批发商的价格买单件商品的利益。普遍的理解是由消费者（Customer）发起需求，企业（Business）进行快速响应的商业模式，即客户需要什么，企业就生产什么。

C2B 的核心是消费者角色的变化，即由传统工业时代的被动响应者变为真正的决策者。

3.5.2 C2B2B 模式

C2B2B 模式，即"消费者—电子商务企业—生产商"模式，它是指由消费者提出需求后，由从事电子商务的企业整合信息，向生产商定制高品位、高质量、高性价比的产品和服务，同时按照国际最高标准制定、检验产品和服务。

第一个 B 是 C2B2B 模式中的电子商务企业，它通过统一的经营管理对产品和服务、消费者终端同时进行整合，是生产商和消费者之间的桥梁，为生产商和消费者提供优质的服务。

第二个 B 是 C2B2B 模式中的生产商，它并不仅局限于品牌生产商、影视制作公司和图书出版商，任何的产品生产商或服务供应商都能可以成为第二个 B。

C 表示消费者，它是在第一个 B 也就是电子商务企业构建的统一电子商务平台购物的消费者。

C2B2B 模式的核心，是电子商务企业根据该需求直接向生产商定制消费者所需要的产品和服务。电子商务企业通过整合个人与生产商的信息，有效地缩短销售链，从而让消费者获得价值更高的产品和服务，同时生产商也能获得更多利润用于研发新产品、改良新技术，从而最终让广大消费者受益。在此过程中，电子商务企业对生产商的生产有制定、监管、检验等权利，确保所定制的产品和服务的品质达到最高标准。

3.5.3　B2B2C 模式

B2B2C 模式包括现存的 B2C 和 C2C 平台的商业模式，更加综合化，它可以提供更优质的服务。

第一个 B 指的是商品或服务的供应商，它并不仅局限于品牌供应商、影视制作公司和图书出版商，任何商品供应商或服务供应商都能可以成为第一个 B。

第二个 B 指的是从事电子商务的企业，它通过统一的经营管理对商品和服务、消费者终端同时进行整合，是广大供应商和消费者之间的桥梁，为供应商和消费者提供优质的服务，是互联网电子商务服务供应商。

C 则表示消费者，它是在第二个 B 构建的统一电子商务平台购物的消费者。

3.5.4　O2O 模式

O2O 模式，即线上线下相结合（Online to Offline，O2O）的模式，是指商家通过网络将商家信息、商品信息等展现给消费者，消费者通过线上筛选服务、线下比较，体验后有选择地消费。商家通过网络传播商家信息和商品信息可传播得更快、更远、更广，可以瞬间聚集强大的消费能力。

O2O 模式主要面向第三产业——服务业。服务业中的绝大部分属于实体经济，也是最大的就业容纳器和创新驱动器。在积极发展高技术产业和先进制造业的同时，推动服务业大发展成为产业结构调整的战略重点。

O2O 模式将电子商务与传统消费有效地结合起来，充分发挥了互联网信息量大、信息传递快的优势。从表面来看，O2O 模式好像只是在网络上为线下的商业伙伴进行信息的发布，但实际上，O2O 模式的核心是在线预付，如果没有在线支付的功能，O2O 模式中提供线上服务的互联网公司就无法统计自己的业绩。以团购为例，如果不能提供在线支付的功能，O2O 企业就没有向商家收取佣金的依据，容易引发纠纷。

目前 O2O 模式在打车、旅游、餐饮、家居建材领域普遍应用。

3.5.5　SOLOMO 模式

SOLOMO 模式，即社交（Social）+本地化（Local）+移动（Mobile），是互联网未来的发展模式。它将改变人们的交友方式和习惯，改变零售和服务业的未来。

2011 年 2 月，IT 风险投资人约翰·杜尔（John Doerr）第一次提出这个概念"SOLOMO"。他把最热的 3 个关键词整合到了一起，随后，SOLOMO 概念被一致认为是互联网未来的发展趋势。更早之前，摩根史坦利的分析师玛丽·米克（Mary Meeker）就预言，移动互联网将于 5 年内超过桌面互联网。

移动电子商务的发展，使 SOLOMO 模式具有更加深远的意义。手机微信、手机微博、米聊、大众点评都算是 SOLOMO 模式的应用，这些正成为企业网络营销的主力军。

3.5.6　BOB 模式

BOB 模式是指，供应方（Business）与采购方（Business）之间通过运营者（Operator）达成产品或服务交易的一种电子商务模式。核心目的是帮助那些有品牌意识的中小企业或者渠道商们能够有机会打造自己的品牌，实现自身的转型和升级。BOB 模式是由品众网络科技推行的一种全新的电商模式，它打破过往电子商务固有模式，提倡将电子商务平台化向电子商务运营化转型，不同于以往的 C2C、B2B、B2C、BAB 等商业模式，其将电子商务及实业运作中品牌运营、店铺运营、移动运营、数据运营、渠道运营五大运营功能板块升级和落地。

3.5.7　B2Q 模式

B2Q 模式，指企业网购引入质量控制（Enterprise online shopping introduce quality control，B2Q）模式交易双方先在网上签订意向交易合同，签单后根据买方需要可引进公正的第三方（验货、验厂、设备调试工程师）进行商品品质检验及售后服务。

3.5.8　F2C 模式

F2C（Factory to Customer）模式，即从厂商到消费者的电子商务模式。指品牌公司把设计好的产品交由工厂仪工后直接通过终端送达消费者的模式。

本章小结

本章重点讲解了电子商务的运作模式，从电子商务的分类依据和盈利模式来介绍电子商务的基本类型。B2B、C2C、B2C 是电子商务的主流类型，三者不仅各有优势，而且都在相应的领域得到了非常广泛的应用。除了 3 种主流模式，电子商务的新兴应用也有很大的发展空间，O2O、SOMOLO 等模式结合移动互联网正发挥着越来越重要的作用。通过本章的学习，读者应该掌握电子商务的基本分类和模式，并了解各模式的特点、优势及应用。

思考题

1. 什么是电子商务模式？按照交易主体可以把电子商务划分为哪几种类型？
2. B2C 电子商务的主要经营模式有哪些？
3. 举例说明适合 B2C 电子商务经营的商品具有哪些特点？
4. B2B 电子商务模式有哪几种基本类型？
5. 电子商务的盈利模式有哪些？
6. 建立网上店铺并进行商品销售的主要流程是什么？

拓展题

访问"淘宝网"（http：//www.taobao.com/）和"易趣网"（http：//www.eachnet.com/），比较这两个典型的 C2C 网站提供的功能和服务有哪些相同、相似和不同之处。在此基础上，分析如何制定 C2C 电子商务的差异化竞争战略。

典型案例分析

线上线下协同打造中国时尚品牌——宁波太平鸟

案例导读

太平鸟魔法风尚服饰有限公司成立于 2007 年，隶属于宁波太平鸟集团，是太平鸟集团旗下的以网络销售为主要业务的新兴 B2C 电子商务公司。该公司专门负责太平鸟集团的 B2C 电子商务平台的建设与运营。

太平鸟魔法风尚服饰有限公司在太平鸟产品优势的基础上，利用网络渠道向目标消费群体提供太平鸟服饰、时尚资讯和传递时尚理念；用线下多年积累的用户体验经验、客户价值理念结合网络购物方便快捷等特点，逐渐形成其自有的网络购物用户体验；用线下十几年积累的供应链关系，形成领先同行的产品周期；用太平鸟强大的时尚敏感度和把握能力，传递权威的时尚资讯。

本案例将从服务对象、业务模式、网站架构、网站运营等方面对太平鸟集团的 B2C 电子商务平台进行分析。

一、服务对象

电子商务的服务对象是指在通过使用互联网等电子工具在全球范围内进行商务贸易活动的过程中受到服务的交易一方。电子商务的服务对象具有不固定、不特定的特点，凡是有网络消费需求的，都可能归入其中。例如，可面向个人、企业、个体户和私人经营等，也可面向政府、家庭等。

太平鸟魔法风尚服饰有限公司的主要服务对象是庞大的个人消费群体。太平鸟集团发展的根本和支柱是时尚服饰，所以太平鸟魔法风尚服饰有限公司将服务对象定位在 20~35 岁的年轻消费群；太平鸟集团作为国内品牌时尚女装网络零售的领先者，女性消费者较多。

二、业务模式

太平鸟魔法风尚服饰有限公司采取 B2C 的网络零售形式，借助于互联网开展在线销售活动，直接面向消费者销售服装和服务。消费者通过登录太平鸟官方网站即可在太平鸟网上商店进行购物，也可以在天猫的太平鸟专区进行购物。B2C 的业务模式极大地节省了客户和企业的时间和空间，大大提高了交易效率，更有利于吸引工作忙碌的上班族，同时也与服务对象相符。

三、网站架构

网站架构是指根据客户需求分析的结果，准确定位网站目标群体，设定网站整体架构，规划、设计网站栏目及其内容，制定网站开发流程及顺序，以最大限度地进行高效资源分配与管理的设计。

太平鸟魔法风尚服饰有限公司搭建了一个较为完善的电子商务网站，包括为顾客提供在线购物场所的商场网站、负责为客户所购商品进行配送的配送系统，以及负责顾客身份的确认及货款结算的银行及认证系统。从太平鸟的官方网站上可以看到，网站栏目按照不同的目标客户群分为 4 类：男装、女装、乐町（太平鸟服饰旗下少女女装品牌）、童装。让顾客对产品种类一目了然。其次又在主页上分为 1F，女装；2F，甜美女装；3F，男装；4F，童装和魅力主场。层次分明，图片清新生动，让人产生强烈的购买欲望。底部是公司相关的栏目和一些非重要栏目：关于我们、新手上路、配送帮助、售后服务、会员相关、账户相关。

网站的主打优势是正品保障，每天 10 款更新，7 天无理由退换货，900 个城市货到付款。这种灵活的退换货处理，给顾客因为担心买到不合身的衣服吃了一颗定心丸。同时网页上还有各种和顾客取得联系的手段，如邮箱、微信公众平台等。关于新品，促销和物流的消息都可以通过微信传递给消费者。这一系列与时俱进的方式体现了太平鸟的时尚的同时也拉近了其与顾客的距离,增加了顾客对太平鸟的信赖。

四、网站运营

1. 平台

太平鸟魔法风尚服饰有限公司通过互联网建立了B2C电子商务平台,网站界面简洁明了,同时也包含了商品的展现、查找、购物车的添加和查看、配送的方法、订单的结算和支付、注册登录、客户中心、帮助、规则、联系方式等相关页面。该平台能让消费者通过简单的操作实现商品的购买。这有利于将公司打造成为国内领先的时尚服装网络购物平台,让消费者方便、快捷地足不出户就能享受到最时尚、高品质却十分平价的服饰。

2. 物流

在物流方面,太平鸟魔法风尚服饰有限公司倚重外包的形式,将物流交给第三方。这有利于太平鸟集团企业集中精力于服装的设计与销售,即价值链中最有效率的环节;减少固定资产投资,加速资本周转,减少货物运输成本;专业化发展,提高效率。但物流外包易使得企业不能直接控制物流职能,不能完全保证供货的准确和及时,从而影响顾客服务的质量和维护与顾客的长期关系。

3. 支付

在支付方面,采取货到付款与网上支付相结合的形式。货到付款便捷实时,但存在拒付风险,且交易金额受限,一般在100~1000元以内的商品才可以货到付款,有时候会产生一些局限性;货到付款给了消费者更多的安全感,但对于公司来说成本相对较高,同时存在安全风险。

4. 产业链合作

太平鸟所有专卖店均纳入公司内部计算机网络,实现包括信息发布、电子订货、销售时点等资讯网络的构建与正常运作。通过信息系统,企业能快速、全面、准确地掌握各种进、销、存数据和销售业绩,从而进行经营分析,及时做出促销、配货、调货的经营决策,对市场变化进行快速反应,使资源得到有效配置,实现物流与资金流的快速健康周转,最终提高企业的市场竞争力。

案例思考题:

1. 太平鸟原先积累的线下资源对其发展线上业务有哪些帮助?线上业务的开展对其线下业务又有什么影响?

2. 太平鸟在未来发展过程中应该在哪些方面进行强化和改进?

3. 服饰类B2C平台建设,应注意哪些问题?

第4章 电子商务安全管理

> **学习目标**
> - 了解网络安全现状。
> - 熟悉电子商务安全问题与安全要素。
> - 掌握电子商务安全技术与协议的应用方法。

引导案例

CTCA——中国电信 CA 安全认证系统

中国电信 CA 安全认证系统（简称 CTCA）于 2000 年 5 月 12 日正式向社会发放 CA 证书，并向社会免费公布 CTCA 安全认证系统的接口标准。中国电信自 1996 年开始进行电子商务安全认证的研究、试验工作；1997 年年底，开始进行电子商务试点工作；1999 年 8 月 3 日，中国电信 CTCA 安全认证系统通过了原国家密码管理委员会办公室和原信息产业部的联合鉴定，并获得国家信息产品安全认证中心颁发的认证证书。目前，中国电信可以在全国范围内向用户提供 CA 证书服务。

中国电信 CTCA 系统具有国内自主的知识产权，经过多种业务试用检验，其功能完善、安全性好、运行稳定可靠。中国电信 CA 安全认证系统采用 PKI CA 体系，是适合大型网络环境和大量用户使用的 CA 系统。该系统采用通过国家密码管理委员会办公室鉴定的加密设备和加密算法，并且所有加解密运算均可由硬件加密机实现。

为了保证中国电信 CA 安全认证系统的兼容性，系统遵循国际 PKCS、PKIX 系统标准，按照 ITU—T X.509 国际标准实现，签发的证书遵循 ITU—T X.509 V3 标准。该系统还可根据不同情况签发标准的 SSL 证书、S/MIME 证书，与标准的浏览器、Web 服务器实现互通。

根据实际业务系统的不同需求，系统可以在 X.509 标准的基础上进行证书属性的扩展，以适应不同业务系统的需求；根据应用系统对安全强度的不同要求，系统支持 512 bit 和 1024 bit 公钥证书的签发。

系统可以为应用系统提供两种黑名单查询方式，即 OCSP 方式和 CRL 方式。其中，OCSP 方式为用户提供实时的证书状态查询服务，而 CRL 方式则定期为用户提供证书黑名单列表。

系统采用了分级结构以保证可扩展性，支持多级的 CA 和分级的 RA 功能，即系统可以将审核授权与证书制作管理指派给不同的机构处理。在 2000 年 6 月，系统形成了覆盖全国的 CA 证书申请、发放、管理的完整体系。

中国电信已经与银行、证券、民航、工商、税务等多个行业联合开发出了网上安全支付系统、电子缴费系统、电子银行系统、电子证券系统、安全电子邮件系统、电子订票系统、网上购物系统、网上报税等一系列基于中国电信 CTCA 安全认证系统的电子商务应用，已经初步建立起中国电信电子商务平台。同时，中国电信还组织制定了《中国电信电子商务总体技术规范》《中国电信 CTCA 接口标准》《网上支付系统的接口标准》《中国电信电子商务业务管理办法》等，而且中国电信还向社会免费公布 CTCA 系统接口标准和 API 软件包，为更多的电子商务应用开发商提供 CTCA 系统的支持与服务。

4.1 计算机网络安全概述

在计算机网络最初出现的那段时间，它主要用于军事系统内部、各大学的研究人员之间传送电子邮件，以及共同合作的职员之间共享打印机。在这种情况下，计算机网络的安全性未能引起足够的重视。

现在，以互联网为主的计算机网络正在以惊人的速度发展着，它在提高人们工作效率的同时，也在改变着人们的生产和生活方式，人们可以使用网络来处理银行业务、购物和纳税等。计算机网络能够取得如此巨大的成功，在很大程度上得益于网络所具有的开放性和匿名性等特征。但是，正是因为这些特征决定了网络不可避免地存在着各种安全威胁和安全隐患，网络安全正逐渐成为一个潜在的巨大问题。

4.1.1 网络安全的概念

国际标准化组织（ISO）对计算机系统安全的定义是：为数据处理系统建立与采用的技术和管理的安全保护，它包括计算机硬件、软件和数据不因偶然和恶意的原因而遭到破坏、更改和泄露。由此也可以将计算机网络的安全理解为：通过采用各种技术和管理措施，使网络系统正常运行，从而确保网络系统的保密性、完整性和可用性。

迄今为止，我们可以将网络安全分为两大类：物理安全和逻辑安全。物理安全是指在物理介质层次上对存储和传输的信息的安全保护，它是信息安全最基本的保障；逻辑安全是指使用非物理手段或措施对存储和传输的信息的安全保护。

4.1.2 网络安全威胁

网络安全威胁是指网络中对存在缺陷的潜在利用，这些缺陷可能导致信息泄露、系统资源耗尽、非法访问、资源被盗、系统或信息被破坏。因为网络安全的威胁来自很多方面，并且会伴随着信息技术的进步而不断变化。下面介绍几个主要的网络安全威胁。

1. 物理威胁

目前，计算机和网络中所涉及的物理威胁主要有以下几个方面：

① 自然灾害（如地震、水灾和火灾等）、物理损坏（如硬盘损坏、设备使用寿命到期和外力破损等）和设备故障（如停电或电源故障造成设备断电等）。

② 窃取。包括窃取设备、信息和服务等。

③ 废物搜寻。它是指从已报废的设备（如废弃的硬盘、软盘、光盘等）中搜寻可以进一步利用的信息。

④ 间谍行为。它是指采取不正当的手段来获取有价值的信息的行为，如搭线窃听等。

⑤ 假冒。它是指一个实体假扮成另一个实体后，在网络上从事非法操作的行为。

⑥ 操作失误（如删除文件、格式化硬盘和线路拆除等）和意外疏忽（如系统掉电、操作系统死机等系统崩溃）。

此外，如电磁辐射、线路破坏或线路干扰也属于物理威胁的范围。

2. 系统漏洞威胁

系统漏洞是指在操作方法、管理或技术上存在的缺陷（有时也称为 Bug），而这个缺陷可以降低系统的安全性。"堡垒是最容易从内部攻破的"，外部的攻击往往是从系统内部的缺陷或漏洞开始的。目前，系统漏洞主要包括软件缺陷、硬件缺陷、网络协议缺陷和人为的失误等。

3. 身份鉴别威胁

身份鉴别是指对网络访问者身份的（主要有用户名和对应的密码等）真伪进行鉴别。目前，身份鉴别威胁主要包括以下几个方面：

① 口令圈套。常用的口令圈套是通过一个编译代码模块实现的。该模块是专门针对一些系统的登录界面和过程而设计的，运行后与系统的真正登录界面完全相同。该模块一般会插入正常的登录界面之前，所以用户先后会看到两个完全相同的登录界面。一般情况下，当用户进行第一次登录时系统会提示登录失败，然后要求重新登录。其实，第一次登录的用户名和密码并未出错（除非真的是输入有误），这是一个圈套，它会将正确的登录数据写入数据文件中。

② 口令破解。口令破解是最常用的一种通过非法手段获得合法用户名和密码的方法。

③ 编辑口令。编辑口令需要依靠操作系统的漏洞，如果部门内部的人员建立一个虚设的账号，或修改一个隐含账号的密码，这样任何知道这个账号（指用户名和对应的密码）的人员便可以访问这个系统。

4. 有害程序威胁

计算机和网络中的有害程序是相对的，如有些程序不是出于恶意目的，却被恶意利用。有害程序的威胁主要包括以下几个方面：

① 病毒。计算机病毒是指编制或在计算机程序中插入的能破坏计算机功能或者毁坏数据，影响计算机的正常使用，并能自我复制的一组计算机指令或程序代码。通常认为，计算机病毒具有隐蔽性、传染性、潜伏性、破坏性等基本特征。

② 逻辑炸弹。逻辑炸弹是嵌入在某个合法程序里面的一段代码，被设置成满足某个特定条件时就会发作。逻辑炸弹具有病毒的潜伏性，一旦条件成熟导致逻辑炸弹爆发，就会改变、删除数据、文件，引起计算机关机或完成某个特定的破坏性操作。

③ 特洛伊木马。特洛伊木马是一个包含在合法程序中的非法程序，该非法程序被用户在不知情的情况下执行。一般的木马都有客户端和服务器端两个执行程序，其中客户端程序是攻击者进行远程控制的程序，而服务器端程序则是木马程序。攻击者如果想要通过木马攻击某个系统，其先决条件是想办法把木马的服务器端程序植入要控制的计算机。

④ 间谍软件。间谍软件是一种新的安全威胁，它可能在人们浏览网页或者安装软件时，在人们不知情的情况下被安装到计算机中。一旦安装间谍软件它就会监视计算机的运行，窃取计算机上的重要信息或者记录计算机的软件、硬件设置，这严重危害到了计算机

的数据和个人隐私。

5. 网络信息污染

网络信息污染是指由非法信息、有害信息、无用信息或计算机病毒对网络或网络用户造成的危害。由于世界各国的国情和法律依据不同，对这些信息（尤其是非法信息和有害信息）的解释和分类也不同。一般来说，包括如下一些信息：

① 制造社会混乱、危害国家安全的信息。
② 破坏经济、商业秩序的信息。
③ 危害网络安全的信息。
④ 人身攻击、骚扰、侵犯他人利益的信息等。

4.2 电子商务安全威胁和安全要素

4.2.1 电子商务的安全问题

商务运作的一系列过程都体现着参与商务行为各方的权利、责任、义务和利益。传统的商务交易过程中，买卖双方是面对面的，因此很容易保证交易过程的安全性和建立信任关系。而电子商务作为商务活动的全新运作模式，一方面，它为全球客户提供了丰富的商务信息、简捷的交易过程和低廉的交易成本；另一方面，它可能把人们引进安全陷阱。在电子商务过程中，买卖双方通过网络来联系，彼此可能相距千里，所有的交易活动都在基于 Internet 的电子商务平台上完成。因此，不能简单地照抄照搬，许多在传统意义下形成的解决办法。在只有数字化、电子化交往和约定的情况下，如何建立相互信任，如何确立责、权、利，如何提供有法律依据的凭证才是亟待解决的问题。

电子商务是利用计算机网络来实现的，计算机网络的安全威胁也就必然带来一系列电子商务的安全性问题，使某些别有用心的人有机可乘。多年来，中国互联网络信息中心的调查发现：安全问题一直是影响我国电子商务得到广泛应用的较为突出的问题之一。

概括起来，电子商务面临的安全问题主要涉及信息的安全问题、信用的安全问题、安全的管理问题和电子商务的法律保障问题。

1. 信息的安全问题

从技术上看，电子商务面临的信息安全问题主要来自以下几个方面：

（1）冒充他人身份

冒充他人身份包括冒充领导发布文件、调阅密件等；冒充他人消费、栽赃；利用源 IP 地址欺骗攻击，冒充主机欺骗合法主机或合法用户，窃取信息；冒充网络控制程序，套取或修改使用权限、密码或密钥等信息；接管合法用户，欺骗系统，占用合法用户的资源。

（2）系统进入

未授权人通过一定的手段进入系统内部，从而实现对系统资源的占领，轻易地实现对用户信息的篡改、窃取和非法使用。这种威胁是致命的，因为入侵者不仅可以轻易地盗取系统资源、发布虚假信息，还可能在系统内植入木马、后门程序等来破坏系统的正常工作。这些未经授权的访问者也称为"黑客"（Hacker）。

（3）截获数据

攻击者可能通过互联网、公共电话网、搭线或在电磁波辐射范围内安装接收装置等方式，截获传输的机密信息；或通过对信息流量和流向、通信频度和长度等参数的分析，获得有价值的信息，如消费的银行卡账号、密码等。

（4）篡改数据

攻击者可能从以下3个方面破坏信息的完整性：

① 篡改。改变信息流的次序，更改信息的内容，如篡改购买商品的收货地址等。

② 删除。删除某个消息或消息的某个部分。

③ 插入。在消息中插入一些信息，让接收方读不懂或接收错误的信息。

（5）信息重放

信息重放就是攻击者在截获网络上的相关信息后，并不是将其破译，而是把这些数据再次发给有关的服务器，以实现其恶意的目的。

（6）伪造电子邮件

伪造电子邮件包括虚假开设网站和网上商店给用户发电子邮件，收、订货单；伪造大量用户发电子邮件，穷尽商家资源，使合法用户不能正常访问网络资源，使有严格时间要求的服务不能及时得到响应；伪造用户发电子邮件，窃取商家的商品信息和用户信用等信息。

2. 信用的安全问题

信用的安全问题主要来自以下3个方面：

① 来自买方的信用安全问题。对于个人消费者来说，可能存在在网络上使用信用卡进行支付时恶意透支，或使用伪造的信用卡骗取卖方货物的行为；对于集团购买者来说，可能存在拖延货款的情况；此外，购买者存在确认了订单而事后不承认的可能等，这些都使卖方为此承担安全风险。

② 来自卖方的信用安全问题。卖方不能按质、按量、按时送寄消费者所购买的货物，或者因不能完全履行与集团购买者签订的合同，而不承认原有的交易所造成的买方的安全风险。

③ 买卖双方都存在抵赖的情况。由于缺乏可靠的安全机制保证，买卖双方都抵赖曾经发生过的交易也时有发生。

3. 信息的管理问题

严格管理是降低电子商务风险的重要保证，特别是在网络商品中介交易的过程中，客户进入交易中心，买卖双方签订合同后，交易中心不仅要监督买方按时付款，还要监督卖方按时提供符合合同要求的货物或服务。在这些环节上，都存在着大量的管理问题。为了防止此类问题的安全风险，需要有完善的管理制度，形成一套相互关联、相互制约的制度群。

目前，人员管理常常是电子商务安全管理上最薄弱的环节。近年来，我国计算机犯罪大都呈现内部犯罪的趋势，其主要原因是工作人员职业道德修养不高、安全教育不足和管理松懈。另外，电子商务管理上的漏洞也带来了较大的交易安全问题。

此外，目前现有的信息系统、中小规模的电子商务网站大多数都缺少安全管理员，缺少信息系统安全管理的技术规范，缺少定期的安全测试和检查，更缺少安全监控。

4. 安全的法律保障问题

电子商务的技术设计是先进的、超前的，具有强大的生命力。但同时也应该清楚地认识到，目前我国相关的法律制度建设滞后于电子商务的发展。因此，在网上交易，可能会承担由于法律制度滞后而造成的安全风险。

4.2.2 电子商务的安全需求

电子商务面临的安全问题和威胁导致了对电子商务安全的需求。为了保障网上交易各方的合法权益、确保能够在安全顺利的前提下开展电子商务活动，在电子商务系统中，以下基本安全需求必须得到满足：

1. 信息的保密性

开展电子商务一个很大的安全威胁就是敏感的商业信息或个人信息（包括信用卡号、用户名、地址或个人喜好的信息等）被窃取。例如，信用卡的账号和用户名被他人知道，就有可能被盗用；订货和付款的信息被竞争对手获悉，就有可能丧失商机。信息的保密性是指信息在以电子化方式传送时，保证一些敏感信息不被泄露。

信息的保密性通常是通过加密技术隐藏数据项来实现的，但信息仍可能通过其他方式泄露出去，如某个观测人员可以监听发送给某个特定地址的消息数目、大小、频率等，而不需要看到这些信息的内容。

2. 信息的完整性

信息的完整性是指信息在以电子化方式传送时，确保信息未被修改过，发送方和接收方都希望确保接收到的信息同发送方发送的信息没有任何出入。数据的完整性被破坏可能会导致贸易双方信息的差异，从而影响贸易各方的交易顺利完成，甚至造成纠纷。因此，保证各种数据的完整性是电子商务应用的基础，它需要防止数据的丢失、重复、插入、修改以及保证传送次序的一致。

数据的完整性通常可采用提取消息摘要的方法来验证。

3. 身份的真实性

网上交易的双方很可能从未见面，相隔千里。因此，要使交易成功，首先要确认对方的身份。不但商家会考虑客户端是否是骗子，而且客户也会担心网上的商店是否是一个玩弄欺诈的黑店。因此，既方便又可靠地确认对方身份是交易的前提。

目前，主要采用认证技术对各方身份的真实性进行认证。

4. 不可抵赖性

由于商情千变万化，交易一旦达成是不能被否认的，否则必然会损害一方的利益。不可抵赖性是防止一方对交易或通信发生后进行否认。在无纸化的电子商务方式下，交易双方不可能像在传统的纸面交易中通过手写签名和印章进行双方的鉴别，他们一般通过电子记录和电子合约等方式来表达。

目前，防止抵赖行为发生主要通过数字签名技术来实现。

5. 系统的可用性

可用性又称即需性，是指保证商业信息及时获得和保证服务不被拒绝。在电子商务活动过程中，参与各方能否及时进行数据交换，关系到电子商务的正常进行。即需性一旦被破坏，计算机的处理速度就会非常低，当低到一定程度后就会影响电子商务系统的正常运行。如果正常客户要求的服务被拒绝，那将会失去大量的客户。

保证系统的可用性一般通过杀毒软件、防火墙技术来防范。

6. 信息的访问控制性

信息的访问控制性是防止对进程、通信及信息等各类资源的非法访问。安全管理人员要求能够控制用户的权限，分配或终止用户的访问、操作、接入等权利，使系统拒绝为未被授权者的用户提供信息和服务。

保证信息的访问控制性一般通过身份认证、防火墙等技术来实现。

4.2.3 电子商务的安全措施

解决电子商务安全问题需要从管理、技术和法律等方面综合考虑，三者缺一不可。下面分别从安全管理制度、安全技术和法律制度等方面来介绍电子商务安全管理的措施和方法。

1. 电子商务安全管理制度

依据国家计算机应急响应中心发布的数据，在所有计算机安全事件中，约有52%是人为因素造成的，25%是由火灾、水灾等自然灾害引起的，技术错误占10%，组织内部人员作案占10%，另有3%左右是由外部不法人员的攻击造成的。简单归类，属于管理方面的原因比例高达70%以上，这正应了人们常说的"三分技术、七分管理"的箴言。因此，企业在开始开展电子商务时就应当形成一套完整的、适应网络环境的电子商务安全管理制度。健全的电子商务安全管理制度的成功制定和有效实施，是保证网上交易和商务活动安全顺利进行的重要基础。这些安全管理制度应当包括以下内容：

① 建立组织机构和人员管理制度。从组织体制和管理上下工夫，加强组织机构建设、人员的安全意识教育和职业道德教育、技术培训和人员的选择，严格执行多人负责原则、任期有限原则、最小权限原则和职责分离原则，建立一套行之有效的安全管理措施和手段。

② 保密制度。保密制度需要建立完善的保密体系，确定安全防范的重点，提出相应的保密措施，并加强对密钥的管理。

③ 跟踪、审计制度。跟踪制度是要求企业建立电子商务网络交易系统的日志机制，用来记录系统运行的全过程。审计制度包括经常对系统日志的检查、审核，及时发现对系统故意入侵行为的记录和对系统安全功能违反的记录等。

④ 系统日常维护制度。系统日常维护制度包括软硬件的日常维护工作、数据备份工作等。

⑤ 病毒防范制度。电子商务从业人员应具备较强的病毒防范意识，给计算机系统安装防杀病毒软件并及时升级病毒库；不打开陌生地址的电子邮件，建立病毒的定期清理制度。

⑥ 应急措施和制度。在紧急事故发生时，利用各种应急措施和制度来保障系统继续运行或紧急恢复，如采用远程磁盘镜像技术、数据库恢复技术等，使损失减至最小。

2. 电子商务安全技术

电子商务安全技术涉及电子商务交易方自身网络安全技术、电子商务信息传输安全技术、网上身份和交易信息认证技术及电子商务安全支付技术4个方面。

① 电子商务交易方自身网络安全技术。为了维护参与电子商务活动的交易者自身网络和系统的安全性，可以采取的技术包括：防火墙技术、病毒防治技术、虚拟专用网技术和入侵检测技术等。

② 电子商务信息传输安全技术。要保证电子商务信息传输过程中信息的机密性和完整

性，一般可采用信息加密技术和数字摘要技术来实现。

③ 网上交易信息和身份认证技术。安全认证技术是保障电子商务安全交易的一项重要技术。安全认证包括交易信息认证和身份认证；前者用于保证通信双方的不可否认性和交易信息的完整性；后者用于鉴别用户身份，保证交易双方身份的真实性。安全认证技术主要依赖数字签名技术、数字证书和认证技术来完成。

④ 电子商务安全支付技术。保障电子商务在线支付的安全是网上交易者、商家和金融机构最为关注的问题之一。为了解决这一难题，一些IT公司和金融机构一起开发了安全在线支付协议，目前在电子商务活动中得以广泛采用的主要有SSL安全套接层协议和SET安全电子交易协议。

3. 电子商务安全法律制度

电子商务安全法律制度是通过法律制度来规范和制约在线商务活动中人们的思想和行为的，将电子商务安全纳入规范化、法制化和科学化的轨道，它是保障电子商务得到长远发展的根本。

4.3 电子商务的主要安全技术

4.3.1 数据加密技术

1. 数据加密概述

加密技术是最基本的信息安全技术，是实现信息保密性的一种重要手段，其目的是防止除合法接收者以外的人获取敏感机密信息。信息加密技术就是用基于数学方法的程序和保密的密钥对原始信息进行重新编码，把计算机数据变成一堆杂乱无章难以理解的字符串从而隐藏信息的内容，也就是把明文变成密文的过程。这样，即使非法接收者得到密文，也无法辨认原文；而对于合法的接收者，因为其掌握正确的密钥，可以通过解密过程得到原始信息。

数据加密经常用到的术语有如下几个：

① 明文。人或机器能够读懂和理解的信息称为明文，它可以是文本、数字化语音流或数字化视频信息等。

② 密文。通过数据加密手段，将明文变换成晦涩难懂的信息称为密文。

③ 加密过程。将明文转换成密文的过程。

④ 解密过程。加密的逆过程，即将密文转换成明文的过程。

⑤ 密钥。用于加解密的钥匙，它是控制明文与密文之间变换的关键。密钥可以分为加密密钥和解密密钥，它们分别使用于加密过程和解密过程。

⑥ 密码体制。实现加密和解密过程的特定算法。

加密系统有两种基本的形式：对称加密系统和非对称加密系统。对称加密系统，也称为私有密钥加密系统；非对称加密系统，也称为公开密钥加密系统。这两种加密系统各有不同的特点，分别采用不同的方式来提供安全服务。

2. 对称加密系统

（1）概念与加解密过程

对称加密又称为私有密钥加密，其特点是数据的发送方和接收方使用同一把私有密钥，即把明文加密成密文和把密文解密成明文用的是同一把私有密钥。这就要求通信双方必须都要获得这把钥匙并保持它的秘密性。对于一个比较好的对称加密系统来说，除非在解密时接收方能提供正确的密钥，否则是不可能利用解密功能来获得明文信息的。

利用私有密钥进行对称加密的过程如下：

① 发送方用自己的私有密钥对要发送的信息进行加密。

② 发送方将加密后的信息通过网络传送给接收方。

③ 接收方用发送方进行加密的私有密钥对接收到的加密信息进行解密，得到信息明文。

整个加解密过程如图4-1所示。

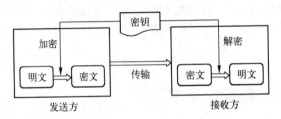

图4-1 对称加解密过程

(2) 典型的加密算法

① 数据加密标准。由IBM公司开发的数据加密标准（Data Encryption Standard，DES）于1977年被美国国家标准局（NBS）接纳为美国联邦标准，又于1981年被采纳为金融业标准，是近几十年来用于保护政府及商业部门的非机密数据的主要算法。DES综合运用了置换、替代、代数等多种密码技术，把信息分成64位大小的块，使用56位密钥，迭代16轮。

② 国际信息加密算法。国际信息加密算法（International Data Encryption Algorithm，IDEA）由James Massey和Xuejia Lai于1991年在瑞士ETH Zurich发明，于1992年正式公开。此算法使用长达128位的密钥，可有效地消除任何试图搜索密钥的可能性。

③ 高级加密标准。基于近年来对DES存在安全隐患的认识，1997年美国国家标准和技术研究所（NIST）发起了征集高级加密标准（Advanced Encryption Standard，AES）算法的活动，并成立了专门的AES工作组，目的是要建立更强大的加密算法标准来替代DES。经过多年的遴选，比利时密码专家Joan Daemon博士和Vincent Rijmen博士设计的Rijndael数据加密算法最终获得认可。AES算法的密钥长度可以为128位、192位或256位。

除此之外，对称加密算法还包括3DES、RC4、RC5等。

(3) 对称加密系统的优缺点分析

使用对称加密系统对信息进行加密和解密具有计算量小、加密速度快、效率高的优点，它一般广泛应用于对大量数据文件的加解密过程。

对称加密系统的缺点如下：

① 密钥的安全分发过程比较复杂和困难。密钥是对称加密系统保密通信安全的关键，通信双方必须要持有同一把密钥，且不能让他人知道，一旦密钥泄露，信息就失去了保密性。所以，发信方必须安全、妥善地把密钥送到收信方。而如何才能把密钥安全地送到收

信方，是对称加密技术考虑的主要问题。

② 密钥的管理工作巨大。其规模很难适应互联网这样的大环境，因为如果某交易方有 n 个贸易关系的话，他就要维持 n 把专用密钥；如果整个网络上有 n 个贸易方要求两两通信的话，总共需要的密钥数将达到 $n(n-1)/2$。

③ 不能保证互不认识的人第一次通信的安全保密需求。

3. 非对称加密系统

（1）概念

非对称加密又称为公开密钥加密。公开密钥密码体制出现于 1976 年，在采用公开密钥加密系统进行数据的加解密时要使用一个密钥对，其中任选一个用于加密（予以公开，称为加密密钥或公开密钥 PK），而另一个则用于解密（保密持有，称为解密密钥或私有密钥 SK）；加密算法 E 和解密算法 D 也都是公开的，PK 与 SK 成对出现，它们在数学上彼此关联，但不能从公开的公开密钥 PK 推断出私有密钥 SK。

（2）非对称加密系统加解密算法的特点

① 用加密算法 E 和加密密钥 PK 对明文 X 加密后，再用解密算法 D 和解密密钥 SK 解密，即可恢复明文。

② 加密算法和加密密钥不能用来解密。

③ 在计算机上可以容易地产生成对的 PK 和 SK。

④ 从已知的 PK，实际上不可能（或者说很难）推导出 SK。

（3）非对称加密系统对于信息的加密和解密过程

① 发送方用接收方的公开密钥对要发送的信息进行加密。

② 发送方将加密后的信息通过网络传送给接收方。

③ 接收方用自己的私有密钥对接收到的加密信息进行解密，得到信息明文。

整个加解密过程如图 4-2 所示。

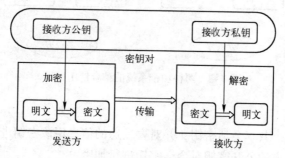

图 4-2 非对称加解密过程

（4）典型算法——RSA

目前著名的公开密钥加密系统是于 1978 年由美国麻省理工学院的 3 位教授 Ronald Rivest、Adi Shamir 和 Leonard Adleman 联合发明的，我们一般把 3 位教授姓名的首位字母结合起来，称为 RSA 加密算法。RSA 是迄今为止第一个成熟的、理论上最为成功的公开密钥密码体制。它的安全性基于数论中的欧拉（Euler）定理和计算复杂性理论中的下述论断：求两个大质数的乘积相对容易，但要分解两个大质数的乘积，求出它的质因子则是非常困难的。RSA 加解密过程由密钥生成、加密过程和解密过程 3 部分组成。

除此之外，非对称加密算法还包括 Elgamal 算法、DSA 算法等。

（5）非对称加密系统的优缺点分析

非对称加密系统具有以下优点：

① 由于公开密钥加密必须要由两个密钥的配合使用才能完成加密和解密的全过程，因而有助于加强数据的安全性。

② 密钥少而便于管理。网络中的每一个贸易方只需要妥善保存好自己的解密密钥，也就是说，n 个贸易方仅需要产生 n 对密钥。

③ 不需要采用秘密的通道和复杂的协议来传送、分发公开密钥。

④ 可以通过公开密钥加密技术实现数字签名。

公开密钥加解密也存在缺点：加解密速度很慢，所以它不适用于对大量文件信息进行加解密，一般只适用于对少量数据（如对密钥）进行加解密。

4. 两种加密系统的结合使用

正因为对称加密系统和非对称加密系统各有所长，所以在实际应用中往往将它们结合起来使用，即对于要传输的数据使用对称加密系统加密，而对称加解密过程的密钥则使用非对称加密系统加密。这样既保证了数据的安全，又提高了加解密的速度，起到了扬长避短的作用。

发送方和接收方对文件进行加密和解密时的实际应用，如图 4-3 所示。

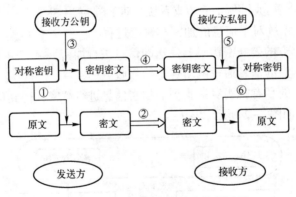

图 4-3 两种加密系统的结合使用过程

其具体过程如下：

① 发送方生成一个共享会话密钥，并对要发送的信息用该密钥进行对称加密。

② 发送方用接收方的公开密钥对会话密钥进行加密。

③ 发送方把加密后的信息和加密后的私有密钥通过网络传送到接收方。

④ 接收方用自己的私有密钥对发送方传送过来的加密后的会话密钥进行解密，得到双方共享的会话密钥。

⑤ 接收方用会话密钥对接收到的加密信息进行解密，得到信息的明文。

4.3.2 数字摘要技术

假定发送方给接收方的消息不需要保密，但接收方需要确保该消息在传输过程中没有被篡改或伪造，这就需要使用信息完整性保护的一些技术。

数字摘要技术包括消息验证码和散列函数两种方法。

1. 消息验证码

消息验证码（MAC）也称为完整性校验值或信息完整性校验值。MAC是附加的数据段，是由信息的发送方发出的，与明文一起传送并与明文有一定的逻辑联系。MAC的值与输入信息的每一位都有关系，如果在消息中的任何一位发生了改变，则会产生不同的MAC值，接收方就能知道该消息的完整性已遭到了破坏。如图4-4所示给出了消息验证码的使用过程。

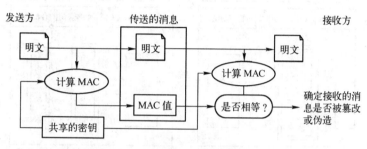

图4-4 消息验证码的使用过程

接收方在收到信息后，利用信息内容重新计算MAC，并比较两个MAC值。这种方法和用于通信系统的普通错误校验过程类似，如在消息上附加一个称为循环冗余校验值（CRC）的数据字段。不过，这里有一个主要的不同，即必须考虑可能发生的蓄意攻击。如果某个主动攻击者改变了消息，那就无法防止攻击者重新计算和替换附加在消息中的CRC，接收方也就不可能觉察到数据已被篡改。为了防止这类攻击，在生成MAC时一般采用两种策略：一种是基于对称加密的方法。在生成MAC时需要使用一个消息接收方也知道的密钥，接收方拥有可以生成MAC的密钥，在接收信息时可以对消息内容与MAC是否一致进行确认。这样，如果消息被篡改了，就肯定能检查出来。另一种是基于散列函数的方法。

2. 散列函数

散列函数一般用在数字签名中生成信息摘要（又称为消息摘要或数字摘要），它是一种单向函数，可以把大量的信息映射成相对较小的信息范围（如一条成千甚至上百万位长度的信息，经过散列函数的操作，得到的输出信息只有160位长）。此外，它还具有以下特征：

① 函数必须是真正单向的，也就是说不可能（或者说很难）根据散列形成的摘要来重新计算出原始的信息。

② 散列计算不可能对两条消息求出相同的摘要，哪怕只有一位改变，摘要就完全不同。

这两条特征缺少任何一条都可能导致无法利用散列函数生成的数字摘要来判断消息的完整性。

散列函数典型的算法有SHA-1算法、MD5算法。

4.3.3 数字签名技术

数字签名技术是实现交易安全的核心技术之一，它的实现基础是加密技术。

传统书信或文件是根据签名或印章来证明其真实性的，但在计算机网络中传送的信息报文又是如何盖章以证明其身份呢？这就是数字签名要解决的问题。

数字签名必须保证以下几点：接收者能够核实发送者对报文的签名；发送者事后不能抵赖对报文的签名；接收者不能伪造对报文的签名。

利用公开密钥加密系统的验证模式来实现数字签名的过程，如图4-5所示。

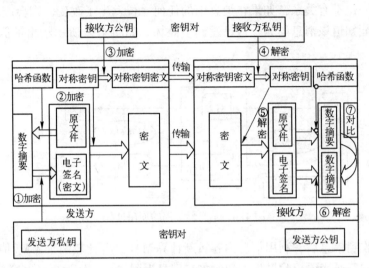

图4-5 数字签名过程

① 发送方首先用哈希函数从明文文件中生成一个数字摘要，然后用自己的私钥对这个数字摘要进行加密来形成发送方的数字签名。

② 发送方选择一个对称密钥对文件加密，然后通过网络传输到接收方，最后通过网络将该数字签名作为附件和报文密文一起发送给接收方。

③ 发送方用接收方的公钥给对称密钥加密，并通过网络把加密后的对称密钥传输到接收方。

④ 接收方使用自己的私钥对密钥信息进行解密，得到对称密钥。

⑤ 接收方用对称密钥对文件进行解密，得到经过加密的电子签名。

⑥ 接收方用发送方的公钥对数字签名进行解密，得到电子签名的明文。

因为除发送方自己外没有人知道他的私有密钥，除发送方外就没有别人能产生密文，即数字签名。所以，借助数字签名技术可以确定消息的发送方，也可以确定消息自发出后未被篡改过。同时，若发送方要抵赖曾发送报文给接收方，接收方可将消息原文及签名出示给第三方，第三方很容易用发送方的公开密钥去证实发送方确实发送消息给接收方。

我们可以看出，数字签名能够实现对原始报文的鉴别，保证信息传输过程中信息的完整性、信息发送者的身份认证及不可抵赖性。

4.3.4 数字证书和认证技术

数字签名技术可以实现对通信方身份的确认和验证，但要求验证签名的一方必须知道签名和信息发送方的公开密钥；同时，如果想使用公开密钥加密系统给对方发加密信息，也需要通信对方（即接收方）的公开密钥。这就涉及公开密钥的分发和认证问题。

在分发公开密钥时并不需要保密，但必须保证公开密钥的完整性。也就是说，不能给攻击者任何替换密钥值的机会，因为这些密钥是一方所信赖的其他方的公开密钥；否则，就可能会发生如下形式的攻击：假定接收方正在对声称是由发送方进行数字签名的信息进行验证，但这时，冒名顶替者伪造了信息并用他自己的私有密钥签名，还用他的公开密钥代替了接收方所认为的发送方的公开密钥，这样使用了替换后的公开密钥，接收方对数字签名进行的检查当然认为是正确的。由此，攻击者就成功地伪造了发送方。

所以，公开密钥的分发并不像在电话号码簿中公布电话号码那么简单，除非所有的用户对这样的目录及相应的访问具有高度的信任感，但事实证明这类信任是很难实现的。由此，便引出了需要以数字证书的形式来进行公开密钥的分发，而围绕数字证书的签发和管理就引出了相关的技术和管理框架——认证技术和公开密钥基础设施（PKI）。

1. 认证机构

认证机构（CA）又称为认证中心或证书授予机构，它是承担网上认证服务、签发数字证书并能确认用户身份的受大家信任的第三方机构。CA通常是企业性的服务机构，其主要任务是受理数字证书的申请、签发，对数字证书进行管理。

认证机构是保证电子商务安全的关键，是公正的第三方，它为建立身份认证过程的权威性奠定了基础，为交易的参与方提供了安全保障，为网上交易构筑了一个相互信任的环境，解决了网上身份认证、公钥分发及信息安全等一系列问题。

认证机构对含有公开密钥的证书进行数字签名，使证书无法伪造。每个用户都可以获得认证机构的公开密钥，以此来验证任何一张数字证书的数字签名，从而确定该证书是否由某认证机构签发、该数字证书是否合法。数字证书与驾驶执照一样，用来表示个人的身份，且有一定的有效期，有效期结束后必须重新申请。认证机构作为证书的发行机构具有一定的权威性，因而数字证书被社会承认和接受。

数字证书与认证机构相结合，为电子商务带来的好处是：如果两个用户都信任某个认证机构并从该认证机构处得到一个证书，那么他们就可以通过互相交换证书来得到对方的公开密钥。由于证书上有认证机构的数字签名，因而用户只要得到正确的认证机构的公开密钥，就可以通过对认证机构数字签名的鉴定来判断证书中的内容是否正确。数字证书和认证机构的结合减轻了公开密钥交换过程中验证公开密钥的麻烦。也就是说，有了数字证书和认证机构，用户就不再需要通过验证来信任每一个想要交换信息的用户的公开密钥，而只要验证和信任颁发证书的认证机构的公开密钥就可以了。

在电子商务的认证体系中，认证机构担当了权威认证中心的职责。在电子交易中，无论是数字时间戳服务还是数字证书的发放，都不是靠交易双方自己就能完成的，而是需要由一个具有权威性和公正性的第三方来完成的。这个第三方可以是某个政府机构，也可以是某个独立的企业，关键是大家都要信任它。因此，电子商务需要建立一个全国乃至全球性的认证中心。

目前，在全球处于领导地位的认证中心是美国的Verisign公司。Verisign公司所提供的数字证书服务遍布世界各地，它提供了我们在前文所提到的所有三类数字证书，即个人数字证书、服务器数字证书和开发者数字证书。

国内比较知名的认证中心有：中国数字认证网（www.ca365.com）、中国金融认证中心（www.cfca.com.cn）、北京数字证书认证中心（www.bjca.org.cn）、中国电子邮政安全证书管理中心（www.chinapost.com.cn/CA/index.htm）、上海市数字证书认证有限公司

(www.sheca.com）等。

2. 数字证书

公开密钥数字证书是一种将某方的身份（证书主体）与某个公开密钥值安全地联系在一起的数据结构。数字证书是由认证机构颁发的，它包含了公开密钥持有者的信息及公开密钥的文件，证书上还有认证机构的数字签名。在网上的电子交易中，如果双方出示了各自的数字证书，并用它来进行交易操作，那么双方都可不必为对方的身份担心。

（1）数字证书的内容

数字证书一般包含证书持有者的名称、公开密钥、认证机构的数字签名，还包括密钥的有效时间、认证机构的名称，以及该证书的序列号等信息。交易伙伴可以利用数字证书来交换彼此的公开密钥。

国际电信联盟（ITU）在制定的 X.509 标准中，对数字证书进行了详细的定义。

一个标准的 X.509 数字证书包含如下主要内容：

- 证书的版本信息。
- 证书的序列号（每个证书都有一个唯一的证书序列号）。
- 证书所使用的签名算法。
- 证书的发行机构名称。
- 证书的有效期。
- 证书所有人的名称。
- 证书所有人的公开密钥。
- 证书发行者对证书的签名。

（2）数字证书的类型

数字证书一般分为 3 种类型：个人数字证书、服务器证书和开发者证书。

① 个人数字证书。个人数字证书主要为某一个用户提供，以在帮助个人用户和其他用户交换信息或者使用在线服务时，验证用户的身份，确保信息的安全。它主要是针对个人的电子邮件安全。个人身份的数字证书通常安装在浏览器内，并通过安全的电子邮件来进行操作。目前常用的 Netscape 浏览器和 IE 浏览器都支持该功能。

个人数字证书一般分为两个级别：第一级提供个人电子邮件的认证，仅与电子邮件地址有关，并不对个人信息进行认证，是最初级的认证；第二级提供个人姓名、个人身份等信息的认证。

个人数字证书是通过浏览器申请获得的，认证中心对申请者的电子邮件地址、个人身份及信用卡号等进行核实后，就发放个人数字申请证书，并将数字证书安置在用户所用的浏览器中或电子邮件的应用系统中，同时通知申请者。个人数字证书的使用方法集成在用户浏览器的相关功能中，只要在浏览器中进行相应的选择就可以了。

个人数字证书用于电子邮件时，可起到类似密封的信封和手写签名的作用。它可让接收方确定信件确实由你发出，并为邮件的内容和附件加密，只有你指定的接收方才能解密，从而防止其他人截获阅读。

② 服务器证书。服务器证书主要由网上的某个 Web 服务器提供，拥有 Web 服务器的企业就可以用具有凭证的互联网站点进行安全的电子交易。拥有数字证书的服务器可以自动与客户进行加密通信，具有数字证书的 Web 服务器会自动地将其与客户端的 Web 浏览器

的通信加密。服务器拥有者有了证书，就可以进行安全的电子交易了。

服务器证书的发放比较复杂。因为服务器证书是一个企业在网上的形象，是企业在网络空间信任度的体现，所以一个权威的认证中心对每一个申请者都要进行信用调查，该调查包括企业的基本情况、营业执照、纳税执照、纳税证明等。此外，认证中心还要进行如下工作：

- 对企业服务器的管理情况进行考核。该考核一般是通过事先准备好的详细验证步骤来进行的，主要考察其是否具备完善的管理规范。
- 对企业的技术条件进行考核。该考核主要看其是否具有完善的加密技术和保密措施。
- 对设备的安全性、可靠性进行调查。该考核主要包括是否有多层逻辑访问控制、生物统计扫描仪、红外线监视器等。

认证中心通过考察来决定是否发放或者撤销服务器数字证书。一旦认证中心发放了数字证书，该服务器就可以安装认证中心提供的服务器证书，成功后即可投入服务。服务器得到数字证书后，就会有一对密钥（公开密钥和私有密钥），它与服务器之间密不可分。数字证书与这对密钥共同代表了该服务器的身份，是整个认证的核心。

③ 开发者证书。开发者证书通常由互联网中被下载的软件提供。开发者证书又称为代码签名数字证书，借助这种数字证书，软件开发者可以为软件做数字标识，在互联网上进行安全的传送。当用户从互联网上下载软件时，开发者证书与微软的 Authenticode（认证码）技术共同提供他们所需的软件信息和对该软件的信任。当客户从开发者网站上下载经过数字标识了的 Active X 控制命令、Java 程序、动态链接库、HTML 内容时，就能够确信该代码的确来自于开发者，而且没有被改变或破坏。开发者证书就像是软件的外包装，如果它被篡改了，客户就知道代码实际已经不可信了。

在上述 3 类证书中，前两类是常用的证书，第 3 类则用于特殊场合。大部分认证机构都只提供前两类证书，而能提供全部 3 类证书的认证机构并不多。

3. 公开密钥基础设施 PKI

公开密钥基础设施（Public Key Infrastructure，PKI），又称公钥体系，它是一种遵循标准的密钥管理平台，能够为所有网络应用透明性地提供采用公钥加密和数字签名等密码服务所必需的密钥和证书管理。它是一种采用公钥加密技术为电子商务的开展提供一套安全基础平台的技术和规范，用户可以利用 PKI 平台提供的服务进行安全通信。

PKI 基础设施采用数字证书来管理公钥，通过第三方可信任机构（认证机构 CA）把用户的公钥和用户的其他标识信息捆绑在一起，以验证用户的身份。PKI 必须具有权威认证机构 CA（Certificate Authority）在公钥加密技术基础上对数字证书的产生、管理、存档、发放，以及撤销作废进行管理的功能，它包括实现这些功能的全部硬件、软件、人力资源、相关政策和操作程序，以及为 PKI 体系中的各成员提供全部的安全服务。

一个有效的 PKI 系统必须是安全的和透明的，用户在获得加密和数字签名服务时，不需要详细了解 PKI 是怎样管理数字证书和密钥的。一般而言，一个典型、完整、有效的 PKI 应用系统应具有下述功能：公钥数字证书的管理；证书撤销表的发布和管理；密钥的备份和恢复；自动更新密钥；自动管理历史密钥；支持交叉认证。

一般而言，PKI 主要由认证机构 CA、注册机构 RA（Registration Authority）、证书库、密钥备份及恢复系统、证书作废处理系统、客户端证书处理系统等基本部分组成。

4.3.5 防火墙技术

1. 什么是防火墙

防火墙(Firewall)是一个由软件和硬件设备组合而成的、在可信网络和非可信网络之间(如内部网和外部网之间、专用网与公共网之间)的界面上构造的保护屏障。

防火墙能保障网络用户访问公共网络时具有最低风险,与此同时,它也保护专用网络免遭外部袭击。所有的内部网和外部网、专用网与公共网之间的连接都必须经过此保护层,并在此进行各种检查、认证和连接。只有被授权的通信才能通过此保护层,从而使内部网与外部网、专用网与公共网在一定意义下隔离。这样,可以防止非法入侵和非法使用系统资源,执行安全管理措施,记录所有可疑的事件。

2. 防火墙的分类及原理

根据防范的方式和侧重点的不同,防火墙可分为3大类:数据包过滤、应用级网关和代理服务。

(1) 数据包过滤

数据包过滤(Packet Filtering)技术是在网络层对IP数据包进行选择,选择的依据是系统内设置的过滤逻辑,它被称为访问控制表(Access Control List, ACL)。防火墙通过检查数据流中每个数据包的源地址、目的地址、所用的端口号、协议状态等因素,或通过检查它们的组合来确定是否允许该数据包通过。

数据包过滤防火墙具有逻辑简单、价格便宜、易于安装和使用、网络性能和透明性好的优点。它通常安装在路由器上。路由器是内部网与Internet之间必不可少的连接设备,因此在原有网络上增加这样的防火墙几乎不需要任何额外的费用。

数据包过滤防火墙的缺点有:一是非法访问,一旦突破防火墙,即可对主机上的软件和配置漏洞进行攻击;二是数据包的源地址、目的地址,以及IP的端口号都在数据包的头部,很有可能被窃听或假冒。

(2) 应用级网关

应用级网关(Application Level Gateways)是在网络应用层上建立协议过滤和转发功能。它针对特定的网络应用服务协议,使用指定的数据过滤逻辑,并在过滤的同时对数据包进行必要的分析、登记和统计,形成报告。在实际的应用中,应用级网关通常安装在专用工作站系统上。

数据包过滤和应用级网关防火墙的共同特点是,它们仅仅依靠特定的逻辑判定是否允许数据包通过。一旦数据包满足逻辑,则防火墙内外的计算机系统直接建立联系。防火墙外部的用户便有可能直接了解防火墙内部的网络结构和运行状态,这有利于实施非法访问和攻击。

(3) 代理服务

代理服务(Proxy Service)也称链路级网关或TCP通道(Circuit Level Gateways or TCP Tunnels),也有人将它与应用级网关归为一类。它是针对数据包过滤和应用级网关技术的缺点而引入的防火墙技术,其特点是将所有跨越防火墙的网络通信链路分为两段。外部计算机的网络链路只能到达代理服务器,从而起到了隔离防火墙内外计算机系统的作用。此外,代理服务器也对过往的数据包进行分析、注册登记,形成报告。当它发现被攻击的迹象时会向网络管理员发出警报,并保留攻击痕迹。

应用级网关和代理服务方式的防火墙大多是基于主机的,它们的价格比较昂贵、性能好,但安装和使用比数据包过滤的防火墙复杂。

3. 防火墙的优缺点

(1) 防火墙的优势

① 防火墙可以作为内外部网络之间的安全屏障。防火墙系统决定了哪些内部服务可以被外界访问,外界哪些人可以访问内部的服务,以及哪些外部服务可以被内部人员访问。

② 防火墙限制了 Intranet 对 Internet 的暴露程度,避免 Internet 的安全问题对 Intranet 的传播。

③ 可作为网络安全的集中监视点。防火墙可以记录所有通过它的访问,并能提供统计数据,提供预警和审计等功能。

④ 防火墙是设置网络地址翻译器(Network Address Translator,NAT)的最佳位置。Internet 的发展突飞猛进,目前使用的网际协议(Internet Protocl,IP)发生了地址枯竭危机,防火墙的这一用途是应付这种危机的有效方法之一。

(2) 防火墙的局限性

防火墙是保护 Intranet 免受外部攻击的极有效的方式,它应是整体网络安全计划中的重要组成部分,但同时必须注意防火墙并非是万能的,它具有以下局限性:

① 防火墙不能阻止来自内部的破坏。只要简单地断开网络连接,防火墙便可以阻止系统的用户通过网络向外部发送信息。但如果攻击者已在防火墙内,那么防火墙实际上不起任何作用。

② 防火墙不能保护绕过它的连接。防火墙可以有效地控制通过它的通信,但对不通过它的通信毫无办法。例如,某处允许通过拨号方式访问内部系统。

③ 防火墙无法完全防止新出现的网络威胁。防火墙是为防止已知威胁而设计的。虽然精心设计的防火墙也可以防止新的威胁,但没有一种防火墙会自动抵抗所出现的任何一种新的威胁。

④ 防火墙不能防止病毒。尽管许多防火墙检查所有外来通信以确定其是否可以通过内部网络,但这种检查大多数是对源目的地址及端口号进行的,而不是对其中所含数据进行的。防火墙即使可以对通信内容进行检查,但由于病毒的种类太多且病毒在数据中的隐藏方式也太多,所以防火墙中的病毒防护也是不实用的。

4.3.6 入侵检测技术

入侵检测(Intrusion Detection)是一种主动安全保护技术,它在不影响网络性能的前提下,对网络进行监控;从计算机网络的若干关键点收集信息,通过分析这些信息,看网络中是否有违反安全策略的行为和遭到攻击的迹象,从而提升系统管理员的安全管理能力,提高信息安全基础结构的完整性。

按照检测方式的不同,入侵检测技术可分为实时入侵检测和事后入侵检测。实时入侵检测在网络的连接过程中进行,通过攻击识别模块对用户当前的操作进行分析,一旦实时入侵检测发现攻击迹象就转入攻击处理模块,如立即断开攻击者与主机的连接、收集证据或实施数据恢复等。事后入侵检测是根据计算机系统对用户操作所做的历史审计记录,判断是否发生了攻击行为。如果有攻击迹象，则转入攻击处理模块。事后入侵检测通常由系统安全管理人员定期或不定期地进行。

入侵检测系统的核心功能包括数据收集和数据分析。数据收集就是收集入侵的证据。入侵检测系统对可能攻击的分析和识别是通过攻击识别模块完成的，攻击识别模块采用的分析技术大致可分为3种：模式匹配、统计分析和完整性分析。

4.3.7 虚拟专用网技术

在现实中，一个企业可能分布在不同的地理位置上。要将这些地理上分散的部分连接成一个专网，传统的办法是使用专线。显然，这样成本很高。

虚拟专用网（VPN）是指在公用网络上建立专用网络的技术，即通过对网络数据的再封包和加密传输，在公用网络上传输私有数据，形成一个逻辑上的专用网络。它具有专用网的功能，但本身并不是一个独立的物理网络。可以说，VPN是一种建立在公用网之上的局域网。

所谓"虚拟"，是指VPN是一种仿真物理连接的逻辑连接，而不是固定的物理连接，任意两个节点之间没有传统专用网所需的端到端的物理链路，而是利用公用网络资源动态组成。所谓"专用"，说明它在功能上等同于传统的专用网络，具备内部局域网相同的安全性、易管理性和稳定性，可以被当作专用网来使用。

VPN的基本处理过程如下：

① 需要保护的计算机系统发送明文信息到相应的VPN设备。

② VPN设备根据网络管理员设置的规则，判定是对数据进行加密还是直接传送。

③ 对需要加密的数据，VPN设备将其整个数据包（包括要传送的明文数据、源IP地址和目标IP地址）进行加密并附上数字签名，加上新的数据报头（包括目的地VPN设备需要的安全信息和一些初始化参数），重新进行封装。

④ 将封装后的数据包通过隧道在公用网上传送。

⑤ 数据包到达目的VPN设备后，将数据包解封、核对数据签名无误后，对数据包进行解密。

VPN技术综合采用了隧道技术、加解密技术、身份认证技术和密钥管理技术等，在各VPN设备间形成了一些跨越公用网的虚拟通道——"隧道"，以使敏感信息只有预订的接收者才能读懂，从而实现信息的安全传输，使信息不被泄露、篡改和复制。

4.4 电子商务安全交易协议

随着Internet在我国的迅猛发展，电子商务已逐渐成为人们进行商务活动的新模式，越来越多的人通过互联网从事在线商务活动。但Internet的开放性使其网络安全非常脆弱，而实现电子商务的关键是要保证整个商务活动的安全性。

通过大量调查研究表明：在网民不进行网上交易的诸多原因中，认为交易安全性得不到保障的占61.5%，这远比担心产品质量、售后服务、付款不便及送货不及时等其他原因要高得多；在对网民进行网络购物时采取的结款方式进行调查发现，采取网上支付（信用卡或储蓄卡）的占73.8%。所以，如何保证网上安全支付是当前我国电子商务发展的关键环节之一。

为了保证电子商务在线支付的安全，目前主要有 SSL 协议和 SET 协议。下面将对这两个协议进行简要介绍。

4.4.1 安全套接层协议（SSL）

1. SSL 协议简介

安全套接层协议（Secure Socket Layer，SSL），最初是由 Netscape 公司推出的一种安全通信协议，它基于 TCP/IP 的客户端/服务器（C/S）应用程序提供了服务器和客户端的鉴别、数据完整性及信息机密性等安全措施，旨在保证客户与所联系的服务器之间的安全会话。

2. SSL 协议的体系结构

SSL 协议工作在 TCP/IP 体系结构的应用层和传输层之间，利用传输层 TCP 提供可靠的端到端安全传输，并且与它的应用层协议独立无关，应用层协议（如 HTTP、FTP、Telnet 等）能透明地建立在 SSL 协议之上。

SSL 不是一个单独的协议，而是有两层结构，即由 SSL 记录协议和记录协议之上的 3 个子协议组成。其中，最主要的两个子协议是记录协议和握手协议。

（1）SSL 握手协议

SSL 握手协议是位于 SSL 记录协议之上最重要的子协议，被 SSL 记录协议所封装，可让服务器和客户机在传输和接收应用数据之前，交换 SSL 协议版本信息、相互认证鉴别、协商加密算法和加密密钥；客户机提出自己所能支持的全部算法清单，服务器选择最适合它的算法，从而完成通信前的一系列参数协商，为 C/S 双方通信建立安全连接。

SSL 协议同时使用对称加密和公钥加密算法。前者在速度上比后者要快很多，但是后者可以实现更加可靠的安全验证。为了综合利用这两种方法的优点，SSL 协议用公钥加密算法使服务器端在客户端得到验证，并传递对称密钥，然后再用对称密钥来更快地加密、解密数据。

当支持 SSL 协议的浏览器首次连接至安全 Web 服务器时，在初始化阶段，浏览器和服务器使用握手协议互通安全信息，从而在通信双方之间建立安全传输通道。其具体实现以下功能：

- 在客户端验证服务器，SSL 协议采用公钥方式和 X.509 格式数字证书进行身份认证，需要 CA 的参与。
- 在服务器端验证客户（可选的）。
- 客户端和服务器之间协商双方都支持的加密算法和压缩算法。
- 产生对称加密算法的会话共享密钥。
- 建立加密 SSL 连接，这样经过认证的双方在本次通信的自始至终就可以用会话密钥进行安全通信了。

（2）SSL 记录协议

最低层是 SSL 记录协议，它基于可靠的传输层协议，从高层接收到数据后对它们进行分段、压缩和加密等处理，最后由传输层发送出去。在发送端，SSL 记录协议对来自高层的数据进行分组，然后对每一分组进行压缩（使用在握手阶段双方协商好的压缩算法），并计算其 MAC 数据，接着将它们一起加密（使用在握手阶段 C/S 双方协商好的对称加密算法和会话共享密钥），经由传输层发送出去；在接收端，SSL 记录协议对来自传输层的数据进行解密，取出压缩分组，计算其 MAC 数据，并与解密后的接收数据携带的 MAC 数据进行比较，如果两者相同，则保证了数据的完整性，最后将压缩分组解压缩并重新组合成原来的数据传输给高层。通过这一过程为 SSL 连接确保了消息的机密性和完整性。另外，在 SSL 协议中，所有的传输数据都被封装在记录中，故 SSL 记录协议也规定了记录头和记录数据的格式。

综上所述，SSL 协议能提供以下 3 方面的服务：
① 认证用户和服务器。确保数据被发送到正确的客户机和服务器上。
② 加密数据。确保信息传递过程中的机密性。
③ 维护数据的完整性。确保数据在传输过程中没有被修改，这样在在线支付过程中 SSL 协议就可以保证信用卡号码及其他信息只会被认证过的服务器安全获取。

3. SSL 协议评价

由于 SSL 协议被大部分 Web 浏览器和 Web 服务器所内置，因而很容易被应用；凡构建于 TCP/IP 协议簇上的 C/S 模式需要进行安全通信时都可以使用。目前，很多网上支付系统通过在 SSL 协议连接传输信用卡号的方式来构建，在线银行和其他金融系统也常常构建在 SSL 协议之上。

但 SSL 协议最初并不是为支持电子商务而设计的，所以 SSL 协议提供的保密连接也有较大的漏洞。
① 除了传输过程外，SSL 协议不能提供任何安全保证，也不能使客户确信此公司接收信用卡支付是得到授权的。
② SSL 协议不对应用层的消息进行数字签名，所以不能提供交易的不可否认性。
③ 客户认证是可选的，无法保证购买者就是该信用卡的合法拥有者。

4. SSL 协议和 HTTP 相结合的使用介绍

目前，我国多家银行均结合使用 SSL 协议与 HTTP，实现了电子商务系统中的实时支付。这里主要介绍中国工商银行（www.icbc.com.cn）的网上银行。

用户进入中国工商银行首页，单击图中的"个人网上银行登录"按钮。这时浏览器发出安全警报，开始建立安全连接，如图 4-6 所示，依次单击"确定"按钮和"是"按钮开始建立安全连接。

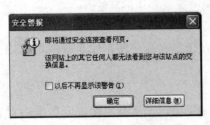
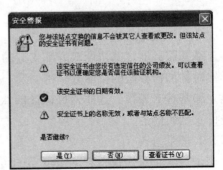

图 4-6　浏览器开始建立安全连接及浏览器验证服务器安全证书

如图 4-7 所示表示个人网上银行页面上的安全连接已经建立，浏览器右下角状态栏的锁形图标表示用户通过网页传输的用户名和密码都将通过加密方式传送。带 SSL 的 HTTP 为 https，如图 4-7 中的地址栏所示。

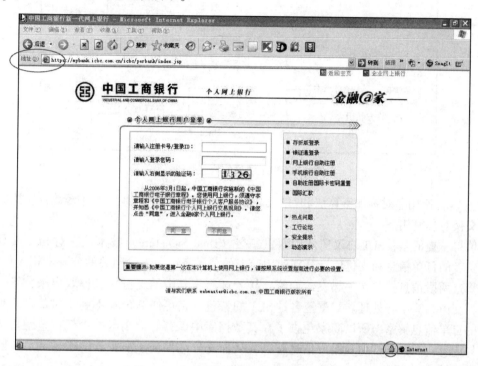

图 4-7　个人网上银行安全连接已经建立

当加密方式传送结束后，浏览器会离开交换敏感信息的页面，自动断开安全连接。

4.4.2　安全电子交易协议（SET）

1. SET 协议简介

安全电子交易协议（Secure Electronic Transaction，SET），最初于 1996 年由 VISA 和 MasterCard 两大国际信用卡组织会同一些计算机软硬件供应商联合开发，它是一种专门应用于开放网络环境中，解决用户、商家、银行之间通过信用卡支付的交易而设计的安全电子支付规范。它工作在应用层，提供了消费者、商家和银行之间多方的认证，确保交易信息的保密性、完整可靠性和不可否认性，同时具有保护消费者信用卡号不暴露给商户等优点。

2. SET 协议的信息处理模型

在 SET 协议中，信息收发双方的处理模型如图 4-8 所示。

SET 协议的信息处理模型具有以下特点：

① 采用数字证书的方式来完成交易参与方的身份鉴别，数字证书的格式一般采用 X.509 国际标准。

② 用数字签名的方式来实现交易的不可否认性。由于数字签名是由发送方的私钥产生的，而发送方的私钥只有其本人知道，故发送方就不能对其发送过的交易数据进行抵赖。

③ 用报文摘要算法来保证数据的完整性。

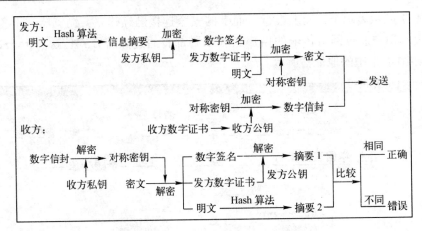

图 4-8 SET 协议的信息处理模型

④ 混合使用非对称加密算法和对称加密算法，用对称加密算法来加密数据，用数字信封来交换对称密钥。

值得一提的是，SET 协议还使用双重签名（Dual Signature）技术。它对 SET 交易过程中消费者的订单信息和支付信息分别使用商家的公开密钥和支付网关的公开密钥进行加密，然后将这两段信息打包在一起发给商家，接着商家将其中的支付信息提取出来，发给支付网关，交由结算中心处理。双重签名是 SET 的特色，它可使商户看不到支付信息，只能对用户的订单信息解密，所以商家免去了在其数据库中保存好信用卡的责任；金融机构看不到交易内容，只能对支付和账户信息解密，从而充分地保证了消费者的账号和订购隐私信息的安全性。

3. SET 协议支付系统的主要参与者

采用 SET 协议进行网上电子交易时，主要涉及持卡人、商家、支付网关、发卡行、收单行和 CA 认证 6 方。收单行是指为商家开设账号的金融机构；支付网关是由收单行或指定的第三方操作的专用系统，用来实现对支付信息从互联网到银行内部网络的转换，实现处理支付请求、支付授权审核和支付；CA 是为持卡人、商家和支付网关发行 X.509 数字证书的可信实体。

4. 采用 SET 协议的购物流程

采用 SET 协议的购物流程如图 4-9 所示，它可分为购买请求、支付确认、交易收款 3 个阶段。

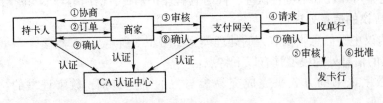

图 4-9 采用 SET 协议的购物流程

采用 SET 协议购物流程如下：
① 持卡人浏览商品目录，选择需要的货物并要求商家传送订购表单。
② 商家向持卡人传送订购表单。

③ 持卡人选择支付方式,在这里选择信用卡在线支付,填好订购单后发送给商家。
④ 商家向支付网关请求支付授权。
⑤ 商家向持卡人发送订购确认并发运货物或递送服务。
⑥ 商家向支付网关要求付款。

5. SET 协议评价

SET 协议通过制定标准和采用各种技术手段,解决了一直困扰电子商务发展的安全问题。目前它已在国际上被大量实验性地使用并经受住了考验,成为公认的信用卡网上支付的国际标准。虽然,SET 1.0 版于 1997 年就推出了,但它的实际应用却比较缓慢,这主要是因为以下几个方面:

① SET 协议过于复杂,使用起来比较麻烦,要进行多次加密解密、数字签名、验证数字证书等,导致成本高、处理效率低、商家服务器负荷重。

② 只支持 B2C 模式,而不支持 B2B 模式,并且要求客户具有"电子钱包"的场合才予以支持。

③ 只适用于卡支付业务,而对其他支付方式是有所限制的。

④ 要求客户、商家、银行都要安装相应软件。

⑤ SET 的证书虽然也遵循 X.509 标准,但格式比较特殊,它主要是由 Visa 和 MasterCard 开发并按信用卡支付方式来定义的。

4.4.3 SSL 协议与 SET 协议的比较分析

SET 是一个多方的报文协议,它定义了银行、商家、持卡人之间必需的报文规范,而 SSL 协议只是简单地在 C/S 两方之间建立了一条安全连接;SSL 协议是面向连接的,而 SET 协议允许各方之间的报文交换不是实时的;SET 协议报文能在银行内部网或其他网络上传输,而在 SSL 协议之上的卡支付系统只能与 Web 浏览器捆绑在一起。

SET 协议较之 SSL 协议的优点有以下几个方面:

① SET 协议为商家提供了保护自己的手段,使商家免受欺诈的困扰。

② 对消费者而言,SET 协议保证了商家的合法性,且用户的信用卡号不会被窃取,替消费者保守了更多的秘密,使其在线购物更加安全。

③ 对银行、发卡机构及各信用卡组织来说,由于 SET 协议可帮它们将业务扩展到 Internet 这个广阔的空间,并使信用卡网上支付被欺骗的概率降低,因而比其他支付方式具有更大的竞争力。

④ SET 协议的安全性远比 SSL 协议高。

⑤ SET 协议对于参与交易的各方定义了互操作接口,一个系统可由不同厂商的产品构筑。

SET 协议较之 SSL 协议的缺点有以下几个方面:

① SET 协议交易过程复杂、庞大,比 SSL 协议处理速度慢,系统负荷重。

② 采用 SET 协议要比 SSL 协议昂贵很多。

③ SET 协议仅适于信用卡支付,且对参与各方有软件要求,使其使用范围受到了限制。

④ 目前市场中 SET 协议的相关产品相对较少,也不够成熟。

总之,由于实现的复杂性和建设成本等因素,目前还是 SSL 协议的普及率较高。但由于网上交易的安全性需求不断提高，SET 协议必将是未来的发展方向，但它的普遍应用还需要一个过程。因此，在未来的一段时间里，会出现商家需要支持 SSL 协议和 SET 协议两种支付方式的局面。

本章小结

本章从计算机网络安全的概念和威胁入手，来探讨电子商务存在的安全问题和需要的安全技术。数据加密技术、数字摘要技术、数字签名技术、数字证书和认证技术等安全技术是电子商务的主要安全技术。此外，SSL 与 SET 是电子商务安全交易的两个协议，各有优势。

思考题

1. 电子商务交易过程中会有哪些安全需求？各需要什么安全技术来实现？
2. 常见的密钥体系分为哪两类？它们各有什么优缺点？
3. 为什么要把对称加密技术和非对称加密技术结合使用？如何结合？
4. 什么是数字签名？数字签名的功能和实现方法有哪些？
5. 什么是数字证书，数字证书的内容和类型有哪些？
6. 防火墙分为哪几类，试说明各自的实现原理。防火墙有哪些局限性？
7. 什么是 SET 协议？简要说明基于 SET 协议的在线购物的购物流程。
8. 什么是 SSL 协议？SSL 协议和 SET 协议有何区别？

拓展题

访问 Verisign 认证公司（www.verisign.com）或上海市数字证书认证中心（www.sheca.com）等 CA 认证中心，为自己的一个 E-mail 信箱申请个人 E-mail 数字证书。

典型案例分析

网络身份安全与信用认证服务商——天威诚信

案例导读

电子认证服务是构建安全可信网络空间的重要基础设施，通过电子认证可以实现虚拟实体和现实实体之间的绑定，解决网络空间中实体的身份认证和行为确认的问题，它是确定网络主体、认定网络行为的重要手段。《中华人民共和国电子签名法》（以下简称《电子签名法》）明确了电子认证的法律效力，奠定了电子认证服务的法律基础。《电子签名法》实施后，我国电子认证服务行业发展迅速，目前已经有 30 多家机构面向公众开展电子认证业务。数字签名应用在电子商务和电子政务中的迅速普及，为构建安全可信的网络空间环境奠定了良好基础。

本案例介绍了天威诚信的企业发展概况、业务范畴和解决方案，并以联想电子订单系统中的电子签名项目的开发与应用为例，介绍了该公司在网络安全服务方面的典

型应用。

一、企业发展概况

北京天威诚信电子商务服务有限公司（iTrusChina）（以下简称"天威诚信"）是工业和信息化部首批授权的电子认证服务机构之一，是虚拟网络空间身份认证、数据电文认证、证据认证及其应用的专业服务提供商，它为办公网、业务网、互联网实现有效应用提供了基于电子认证的安全与信任支撑服务。

天威诚信自2000年成立以来，不断对基础技术进行开发，在互联网、业务网、办公网做了大量的应用模式的探索及创新，形成了基于人员、产品与关键技术的融合，形成了网络空间安全服务运营的能力和实力。随着市场规模化的发展，天威诚信已经积累了百万级的可信用户。

天威诚信自成立至今共经历了3个重要的发展阶段：2000~2003年的基础技术开发期；2004~2008年的应用创新与市场培育期；2009年至今的成长期。至今，公司形成了以人员、产品与技术为基础的核心竞争力，拥有了公司核心技术和产品，市场发展呈规模化，拥有国家信息中心、中国气象局、中国航空集团公司、中国化工集团公司、中国人民财产保险股份有限公司、中国银行、招商银行、中国移动通信有限公司、中国电信集团公司、淘宝网、京东商城等一大批各类典型用户。

二、业务范畴

天威诚信的业务包括以下几方面：

1. 基础业务

依据《电子签名法》，在国家相关主管部门的直接领导与管理下，运用先进的电子认证技术构建可信身份管理系统、电子认证系统、电子签名及验证系统、证据保全系统，为业务网和互联网应用提供基础认证服务。

2. 办公网业务

基于自主研发的数字证书认证系统（iTrusCA）、统一信任管理平台（iTrusUTS）等产品及解决方案，帮助企业、事业单位、政府部门的办公应用系统实现基于可信身份的统一账户、统一授权、统一认证、统一审计的集中管控功能，全面提升信息化应用水平。

3. 业务网业务

业务网业务为供应链管理、招投标业务、财务资金管理等，提供符合电子签名法要求的身份认证、数据电文认证、证据认证等服务，实现业务全流程的电子化、合法化，从而保证相关业务的安全、可信、规范、健康发展。

4. 互联网业务

互联网业务为企业及其网站和个人提供可信网站、可信展示、可信营销、可信电子合同、可信交易等涵盖互联网电子商务流程的可信应用服务，构建可信的电子商务应用环境。

三、典型应用案例

联想集团作为一家大型企业集团，其联想计算机的市场份额多年来一直位居国内市场销量第一，并且已经建立了完善的渠道体系。它有数千家渠道分销商分布在全国各地，其电子订单系统正是联想维系各分销商进行销售管理的纽带。于2004年通过、2005年生效的《中华人民共和国电子签名法》（以下简称《电子签名法》）一方面为联想电子订单的有效性提供了法律的保障，另一方面明确了为保障电子订单系统的运行安全，通过第三方电子认证服务机构提供可靠的电子签名服务的必要性。

1. 需求分析

随着新业务的不断推出和网络应用的不断推广，网络安全和信息安全逐渐成为影响当前广大企业、行业信息化发展的关键问题。

联想集团对分销环节的电子化管理有明确的需求。联想集团成立于1984年，到今天已经发展成为一家在信息产业内多元化发展的大型企业集团，在国内已经建立了完善渠道体系，数千家渠道分销商分布在全国各地。联想电子订单系统正是联想维系各分销商进行销售管理的纽带，联想各分销商通过电子订单系统向联想下产品分销订单，联想根据电子订单来组织生产，并进行产品配货，最终实现联想产品的销售。

随着国家电子商务相关的法律法规的不断完善，联想集团意识到用第三方认证的方式是解决电子化管理分销渠道的一个可行方案。基于开放的互联网应用的电子订单系统存在很多安全隐患，它包括各分销商的身份认证和访问控制、电子订单传输的机密性和完整性、电子订单的抗抵赖性等。为了彻底解决电子订单系统存在的安全信任问题，真正发挥电子商务所带来的快捷、高效、低成本的优势，联想电子商务部决心对电子订单系统进行改造，建立基于PKI/CA技术的安全认证平台为电子订单提供安全保障，使其变成可信任的电子订单系统。

2005年4月1日出台的《电子签名法》确立了可靠的电子签名的法律效力，明确了经可靠电子签名的电子文件与纸质签名文件具有同等的法律地位，这就为联想电子订单的有效性提供了法律的保障。同时《电子签名法》明确了只有经过原信息产业部认证的第三方电子认证服务的机构才能提供可靠的电子签名服务。

联想最终进行了电子订单系统可信平台项目招标，招标的目的是选择权威、可信、公正的第三方认证中心，为电子订单系统构建基于PKI/CA技术的信任基础平台。通过第三方认证中心为联想各分销商发放企业证书，各分销商访问安全电子订单系统时使用企业证书，实现身份认证和访问控制；并利用数字证书对电子订单进行加密签名，实现电子订单的机密性、完整性和抗抵赖性，为电子交易提供安全保障。

此次招标，有国内多家大型、专业的CA认证运营中心参加了投标，天威诚信凭着优秀的技术能力和突出的服务意识，在激烈的联想项目投标过程中脱颖而出，成为联想首选的服务提供商。天威诚信的优势如下：

① 首批获得原信息产业部颁发的《电子认证服务许可证》。

② 原信息产业部批准的第一家开展商业PKI/CA试点工作的企业，国内首家通过ISO/IEC17799—2000信息安全管理体系认证的商业PKI/CA认证中心。

③ 采用了国际上先进的、商业化的运作模式，从而使用户可以顺利地与国际接轨，并且将服务收费与客户赔付机制结合起来，以商业利益关系为基础建立高公信度，将用户承担的风险降到最低。

④ 完善的运营机制。天威诚信在北京建有1 000平方米的国际一流水准的数据中心，也是当时国内唯一一家建立7层物理安全防护等级的高安全性PKI/CA认证中心，同时公司建立了员工可信度调查、安全事件分析等健全的安全审计制度。

⑤ 专业的服务体系。天威诚信拥有一批在国内CA运营领域从业多年的专业人员，拥

有完善的用户鉴证流程体制,提供 7×24 小时的服务等。

最终联想确定选择天威诚信作为电子订单系统的权威、公正、可信的第三方认证机构。

2. 解决方案

天威诚信和联想团队紧密结合,设计出了最适合联想要求的解决方案。联想电子系统使用天威诚信成熟的鉴证方法确认联想各分销商的真实身份,并签发企业证书;采用天威诚信开发的证书应用接口,对电子订单系统进行了集成,开发了安全的电子订单系统。

(1) 完善的技术方案

技术方案的总体设计图如图 4-10 所示。

联想电子订单系统集成数字证书应用的安全功能,联想各经销商和渠道分销商访问联想电子订单系统时,必须使用数字证书才能登录系统,系统通过验证提交的数字证书,来验证联想各经销商和渠道分销商的身份,实现身份认证和访问控制。在各经销商和渠道分销商给联想发送电子订单时,使用数字证书对电子订单进行数字签名,并通过加密通道进行传输,从而保证电子订单的机密性、完整性和抗抵赖性。联想对电子订单处理后,在给各经销商和渠道分销商返回确认回执时,使用联想的数字证书对确认回执进行数字签名,通过加密通道进行传输,来保证确认回执的机密性、完整性和抗抵赖性。

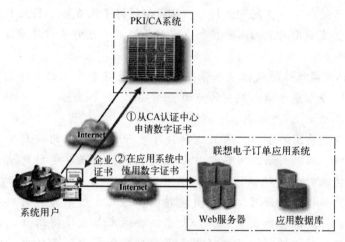

图 4-10 系统总体设计图

(2) 严谨、高效的鉴证流程

天威诚信科学地设计了面向大规模用户的高效率的鉴证流程,顺利地完成了联想要求在短短的几个月中鉴证和发放数千张证书的任务。在整个联想电子订单系统安全体系中,天威诚信提供的第三方数字证书与联想电子订单系统的集成只是建立技术层面,是天威诚信提供专业第三方认证服务中最基础的环节,接下来的流程就更加专业和复杂,也是第三方认证服务中最为重要一步的鉴证环节。如何对联想和各分销商的身份进行迅速、准确的签证,是使联想电子业务流程尽快运转起来,早日实现联想与经销商降低沟通成本的目标,同时也关系到电子订单系统运营最基本的安全性和今后电子订单核查等问题。正是凭借天威诚信多年来建立起来的专业鉴证体制,又依靠联想和各地分销商对天威诚信充分的信任和支持,天威诚信在很短的时间内就完成了对联想数千家各地分销商全面、细致、准确的鉴证工作。

3. 客户效果反馈

实际情况证明了这个项目为联想集团带来了可观的经济效益,它通过提高分销管理能力,帮助联想集团在竞争越来越激烈的国内市场保持其领先地位。联想通过与天威诚信认证中心的合作,有效地解决了电子订单系统的信息安全问题,并极大提高了联想的业务效率,具体表现在以下方面:

① 项目实施 6 个月后,签署了 15 万份合同,合同金额达几十亿元。
② 合同平均处理时间从过去的 14 天缩短到了半个小时,其中 85% 是在 1 分钟内完成的。
③ 降低了订单处理的压力,目前平均日接单 1 万单,可以按时处理完成。
④ 减少了合同处理的商务人员,降低了人力成本。
⑤ 降低了合同的存储成本。
⑥ 减少了合同在生效过程中的成本(长途电话、传真、邮寄费用)。
⑦ 加快了联想整个 PC 的交货过程,有效降低了成品库存和生产部件的库存。
⑧ 平均每年处理电子合同 30~40 万份,占订单总量的 90%。
⑨ 直接降低了交易成本,每年可直接节省费用的 140 万元左右。
⑩ 联想本身只进行了很少的资金投入,然而却获得了几百倍甚至上千倍的收益。
⑪ 联想电子签名应用的范围不断扩大,现在已经不只在电子订单中使用,而进一步应用在分销商合约签署中。

联想通过选择天威诚信的认证服务体系,建立了真正意义上的电子商务平台,再一次走在了国内众多 IT 企业电子商务应用的前面。

四、案例总结

天威诚信与联想集团的合作,有效地解决了电子订单系统的信息安全问题,建立了网上虚拟可信网络。与采用第三方认证中心之前相比,原来在运行电子订单系统时由于担心安全性保留传统的订单确认方式,相当于联想维持了新旧两套订单系统同时运行,反而使业务流程更加烦琐。每月工作人员要接收多达几千份的传真订单,然后又要在电子订单系统里核实,既浪费办公资源,加大了办公成本,又使得工作人员对同一订单要进行多次确认,工作效率低下。通过使用天威诚信提供安全服务的电子订单系统后,订单实现了一次确认、无纸化,有效降低了与经销商之间的沟通成本,简化了商务流程,提高了商务效率,使电子商务的即时性、高效性、准确性得以充分展现。因此可以认为,天威诚信的认证服务体系在联想电子订单系统中的应用是《电子签名法》实施的一个成功应用的典型案例。

案例思考题:
1. 天威认证系统的产生和应用遇到了哪些机遇?
2. 天威认证系统的效果如何?你认为还有没有待改进的地方?

第5章 电子商务支付

> **学习目标**
>
> - 了解电子支付与网络银行的概念。
> - 熟悉我国网络银行的发展状况。
> - 掌握不同类型支付方式的具体应用方法。

引导案例

真正意义上的互联网金融机构——阿里金融

阿里金融亦称阿里小贷,主要面向小微企业、个人创业者提供小额信贷等业务。目前阿里金融已经搭建了分别面向阿里巴巴 B2B 平台小微企业的阿里贷款业务群体,和面向淘宝、天猫平台上小微企业、个人创业者的淘宝贷款业务群体,并已经推出淘宝(天猫)信用贷款、淘宝(天猫)订单贷款、阿里信用贷款等微贷产品。截至 2014 年 2 月,阿里金融服务的小微企业已经超过 70 万家。

阿里金融所开发的新型微贷技术是其解决小微企业融资的关键所在,数据和网络是这套微贷技术的核心。阿里金融利用其天然优势,即阿里巴巴 B2B、淘宝、支付宝等电子商务平台上客户积累的信用数据及行为数据,引入网络数据模型和在线资信调查模式,通过交叉检验技术辅以第三方验证确认客户信息的真实性,将客户在电子商务网络平台上的行为数据映射为企业和个人的信用评价,向这些通常无法在传统金融渠道获得贷款的弱势群体批量发放"金额小、期限短、随借随还"的小额贷款。

同时,阿里金融微贷技术也极为重视互联网技术的运用。其中,小微企业大量数据的运算即依赖互联网技术中的云计算技术。阿里金融的微贷技术包含了大量数据模型,需要使用大规模集成计算,微贷技术过程中通过大量数据运算,判断买家和卖家之间是否有关联、是否炒作信用,风险的概率的大小、交易集中度等。正是应用了大规模的云计算技术,使得阿里金融有能力调用庞大的数据,以此来判断小微企业的信用。不仅保证其安全、效率,也降低了阿里金融的运营成本。

另外,对于互联网技术的利用,也简化了小微企业融资的手续、环节,更能向小微企业提供 365×24 的全天候金融服务,并使得同时向大批量的小微企业提供金融服务成为现实。这也符合国内小微企业数量庞大,且融资需求旺盛的特点。借助互联网,阿里金融在产品设置中支持以日计息,随借随还,便利小微企业有效掌控融资成本,更提升了自身的资金运作效率,得以在有限资源内为更多小微企业提供融资服务。

5.1 电子支付概述

5.1.1 电子支付的概念

虽然电子商务也可通过传统的支付方式进行结算,如银行支票、旅行支票或汇款单等,但电子钱包、电子现金、网上电子资金划拨、网上信用卡等电子支付方式显然有着更大的优越性。因为它们比传统的支付方式更加快捷,成本更加低廉,而且实现了对网上购物者来说更加方便的网上支付。这些优势使传统支付方式正日益被电子化支付方式所替代。

电子支付(Electronic Payment)是指从事电子商务的各交易实体,包括用户、厂商和金融机构,通过网络信息技术,使用安全的信息传输手段,采用数字化方式进行的货币支付或资金转移的行为。

与传统的支付方式相比,电子支付具有以下特点:

① 电子支付是采用先进的信息技术来完成信息传输的,其各种支付方式都采用数字化的方式进行款项的支付。而传统的支付方式则是通过现金的流转、票据的转让及银行的汇兑等物理实体的流转和信息交换来完成款项支付的。

② 电子支付的工作环境基于一个开放的系统平台(如互联网);而传统支付则是在较为封闭的系统中运作的,如银行系统的专用网络。

③ 电子支付使用的是最先进的通信手段,如互联网,而传统支付使用的则是传统的通信媒介;电子支付对软、硬件设施的要求很高,如联网的计算机、相关的软件及其他一些配套设施,而传统支付除了对银行端有较高的要求外,对客户端几乎没有什么要求。

④ 电子支付具有方便、快捷、高效、经济的优势。用户只要拥有一台联网的计算机,便可足不出户即在很短的时间内完成整个支付过程,支付费用相对于传统支付来说非常低。

5.1.2 电子支付的发展阶段

电子支付是计算机介入货币流通领域后产生的,是现代商品经济高速发展要求资金快速流通的产物。电子支付是利用银行的电子存款系统和各种电子清算系统来记录和转移资金的,它使纸币和金属货币在整个货币供应量中所占的比例越来越小。电子支付的使用和流通比较方便且成本低,尤其适用于大笔资金的流动。

目前,电子支付已和人们的生活密切相关,如代发工资、代收费、储蓄通存通兑、银行卡、电子支票、电子现金等各种银行业务都是电子货币的表现形式。

电子支付的出现彻底改变了银行的传统操作方式,电子货币的使用也给普通消费者在购物、旅游、娱乐等方面的付款带来了极大的便利。

电子资金转账(EFT)是指通过电子计算机及其网络系统实现资金在两个不同账户之间转移的过程。银行采用计算机技术等进行电子资金转账的方式有5种,分别代表着电子支付发展的不同阶段。

第一阶段是银行利用计算机处理银行之间的业务,办理结算。

第二阶段是银行计算机与其他机构计算机之间资金的结算,如代发工资,代交水费、电费、煤气费、电话费等业务。

第三阶段是利用网络终端向用户提供各项银行服务，如用户在自动柜员机（ATM）上进行存取款操作等。

第四阶段是利用银行销售点终端（POS）向用户提供自动扣款服务，这是现阶段电子支付的主要方式。

第五阶段是网上支付阶段，电子支付可随时随地通过互联网进行直接转账结算，这一阶段的电子支付称为网上支付或在线电子支付。

第六阶段是移动支付阶段，移动支付也称为手机支付，就是允许用户使用其移动终端（通常是手机）对所消费的商品或服务进行账务支付的一种服务方式。单位或个人通过移动设备、互联网或者近距离传感直接或间接向银行金融机构发送支付指令产生货币支付与资金转移行为，从而实现移动支付功能。移动支付将终端设备、互联网、应用提供商以及金融机构相融合，为用户提供货币支付、缴费等金融业务。

5.1.3 电子支付系统的概念

电子支付系统（Electronic Payment System）是一个由电子交易各实体、网络金融服务机构、网络认证中心，以及网上支付工具和网络银行等各方组成，以实现货币支付或资金转移的系统。其中各种安全控制协议构成网上交易的可靠环境，而网上交易与支付的外部环境，则由国家及国际相关的法律法规来予以支撑。

电子支付系统主要用来解决电子商务中各交易实体（用户、厂商、金融机构等）间资金流和信息流在网络环境下安全、高效、及时传递的问题，即把新型支付手段，包括电子现金（E-Cash）、信用卡（Credit Card）、借记卡（Debit Card）甚至人脸（Face）等的支付信息通过计算机网络系统安全传送到银行或相应的处理机构，来实现电子支付结算。

2015年3月16日至20日，德国汉诺威消费电子、信息及通信博览会（简称"CeBIT2015"）在德国汉诺威举办。会上，马云当着德国总理默克尔的面在网站上购买了一枚纪念邮票，而令人吃惊的是，他竟然用人脸识别付了账。刷脸支付，这一看上去极富科幻色彩的场景，瞬间吸引了全球亿万人的目光。据了解，这项崭新的支付认证技术由蚂蚁金服与Face++ Financial合作研发，与传统的输入密码相比，操作更方便，安全性也更强，此外，Face++Financial人脸识别技术在LFW国际公开测试中更是达到了99.5%的准确率。

5.2 常见的电子支付方式

5.2.1 电子货币

电子货币的产生是货币史上的一次飞跃，它是随着电子交易的发展而产生的，是比各种金属货币、纸币及各种票据更为方便、快捷的一种支付工具。人们花了数百年时间来接受纸币这一支付手段，而随着基于纸张经济向数字式经济的转变，货币也由纸张类型演变为数字类型。在未来的数字化社会和数字化经济浪潮中，电子货币将成为主宰。使用电子货币，可以存款、取款，可以代替现金实现转账支付，直接用于消费结算，也可以向银行办理消费信贷，提前消费，还可以办理异地汇兑。例如，有的信用卡除了可以用于日常消费外，还可以代发工资、代缴手机费、有线电视费、网络费；有的信用卡还允许持卡人透支，在特约商户进行贷款消费……电子货币的广泛使用，大大节省了印刷纸币必须花费的昂贵成本。此外，电子货币比纸币更不易伪造，使用起来更安全、便利。

一、电子货币的含义

电子货币是指以金融电子化网络为基础，以商用电子化工具和各类交易卡为媒介，以计算机技术和通信技术为手段，以电子数据形式存储在计算机系统中，并通过计算机网络系统，以电子信息传递的形式实现流通和支付功能的货币。

电子货币是在传统货币的基础上发展起来的，与传统货币在本质、职能及作用等方面存在着许多共同之处。电子货币与传统货币的本质都是固定充当一般等价物的特殊商品，这种特殊商品体现在一定的社会生产关系上。二者同时具有价值尺度、流通手段、支付手段、储藏手段和世界货币5种职能。它们对商品价值都有反映作用，对商品交换都有媒介作用，对商品流通都有调节作用。

二、电子货币的特征

电子货币与传统货币相比没有本质的区别，作为现代商品经济高度发达和银行转账清算技术不断进步的产物，是货币作为支付手段不断进化的表现，具有与其他货币形式不同的特征。

① 电子货币是用电子数据代替纸张传输和显示资金的，通过微机处理和存储，没有传统货币的大小、重量和印记。

② 电子货币只能在转账领域内流通，且流通速度远远快于传统货币的流通速度。

③ 电子货币只能在信用卡市场上流通使用；而传统货币可以在任何地区流通使用。

④ 电子货币是由银行发行的，其使用只能宣传引导，不能强迫命令，并且在使用中要借助法定货币去反映和实现商品的价值，结清商品生产者之间的债权和债务关系；而传统货币是国家发行并强制流通的。

⑤ 电子货币作为记账形式的货币单位，克服了国与国之间的交换仍存在着不同货币之间兑换的障碍；而传统货币仍是与国家政治主权紧密结合在一起的国家货币。

三、电子货币带来的法律问题

1. 电子数据的法律效力问题

电子货币的物是存储于计算机或IC卡中的电子数据，那么电子数据的法律效力问题就是传统法律所要解决的首要问题。我国《合同法》第11条规定，数据电文属于书面形式之一。据此，以电子数据为物质载体的电子货币与以纸面为物质载体的纸币具有同等的法律效力。从2005年4月1日开始正式实施的《电子签名法》以法律形式对直接关系公共利益的电子认证服务业设定行政许可，并授权信息产业部作为实施机关，对电子认证服务提供者实施监督管理。

2. 电子货币的安全问题

安全是银行业内部和外部每一个人都密切关注的焦点问题。电子货币增加了安全风险，将自古以来孤立的系统环境转变成开放的充满风险的环境。所有零售支付系统在某种程度上都是脆弱的，而电子货币产品也增加了一些诸如鉴定、认可、完整性方面的问题。安全崩溃状态可能在消费者、商家或发行者任何一个层次上发生。其潜在因素包括：盗用消费者和商家的设备、伪造设备或更改存储或设备间传输的数据、更改产品的软件功能。安全攻击大部分是为了利益，但也可能是为了攻击系统本身。因此，电子货币安全问题也是立法应充分考虑的问题之一。

3. 电子货币的监管问题

电子货币的产生与发展给各国的金融机构提出了新的问题，特别是电子货币对现行金融监管制度带来了直接或间接的影响。为维护金融体系的稳定和安全，防止侵害消费者利益的行为发生，以及避免出现恶性竞争和无秩序的行为，"政府适度监督有没有必要"成为各国比较关注的问题。如果将电子货币作为一种科技产品来管理，沿用统一、规范和标准化原则，势必会与电子货币兴起进程中出现的产品多样化和技术、协议等的快速进化相矛盾，同时又形成一些业务领域的规则和管理的真空。因此，需要通过详尽的法律规定来完善电子货币的监管问题。

4. 电子货币隐私权的保护问题

就法定货币而言，除了通过银行转账结算的情形以外，其流通完全是匿名的，即交易当事人以外的第三人无从知晓货币的流向。持币人支付了多少金额、支付给了谁，都无据可查，从而在技术上很好地保护了当事人的交易隐私。但就目前的电子货币而言，却不能如此成功地实现这一点。账户依存型电子货币的流通完全依赖于转账结算，账户管理者保存其交易记录，因此对账户管理者而言，交易当事人毫无隐私可言。现金型电子货币流通不依赖于转账，在现实生活中谁向谁支付了多少金额，第三人并不知晓，故其具有一定的匿名性，在很大程度上保护了当事人的交易隐私。但是，现金型电子货币系统要求每一个使用者在发行者处开设一个存款账户，便于使用者申请电子货币或最后兑换法定货币时转账之用，发行者可由此得以掌握信息，造成使用者的隐私受到一定程度的损害。由此可见，目前的电子货币类型都不能像法定货币那样解决使用者的隐私权保护问题。这就需要在法律上和电子技术上加以完善。

5. 电子货币洗钱犯罪问题

电子货币的出现和利用，为犯罪分子进行洗钱活动提供了便利。就洗钱犯罪来讲，传统货币本身给犯罪分子带来许多不便，如其面值有限，巨额货币必然占据较大的空间，其运输、清点和计算都需要花费时间，远距离的安全运输更需要花大量的时间与资源，且容易被人发现。电子货币则不存在这些问题，犯罪分子可以通过电话线、互联网瞬间将巨额资金从地球的一端传到另一端。所以电子货币，尤其是现金型电子货币，对洗钱犯罪分子具有无限吸引力。他们可以把来自于非法活动的钱利用电子货币很快转移到法律上对洗钱犯罪监管较为薄弱的国家，在那里更容易将这些钱合法化。如何有效地预防和打击洗钱犯罪，是电子货币发展中亟待解决的问题。

5.2.2 银行卡

银行卡是伴随着我国改革开放的脚步进入人们的生活中的。1978年，中国银行广州分行首先开始代理国外信用卡业务，信用卡从此进入中国。1985年，中国银行珠海分行发行了我国第一张信用卡——珠江卡。1986年，中国银行北京分行发行了长城卡，之后中国银行总行指定长城卡为中国银行系统的信用卡，在全国各分行发行。近年来，国内银行卡消费交易量持续快速增长。2015 年，全国银行卡消费业务发生交易 290.30 亿笔，同比增长 46.96%；银行卡消费业务交易金额 55.00 亿笔，同比增长 27.78%，银行卡占据了我国居民生活中主要的现金支付工具位置。随着银行卡产品的功能创新，支付方式客户体验的提升，现在我国发行的银行卡种类有 20 多种。支持电子支付的银行卡常用的有借记卡、信用卡、智能卡等。

一、借记卡

借记卡是指持卡人在发卡银行先存款，后进行交易的银行卡。借记卡便于携带，既可在银行柜台存取款，也可在 ATM 上进行操作，非常方便。通过借记卡储蓄还能获得利息。借记卡持卡人必须在发卡行本人的账户上保留足额的存款余额，一般不允许透支，正因为借记卡具有这一公认的特点，使其具有低风险和低运行成本等优点，因此，金融机构不管其信用级别如何，越来越多地推广借记卡。目前，我国各银行发行的借记卡具有下列 6 项基本功能：

① 存取现金。借记卡大多具备本外币、定期、活期等储蓄功能，借记卡可在发卡银行网点、自助银行存取款，也可在全国乃至全球的 ATM 机（取款机）上取款。

② 转账汇款。持卡人可通过银行网点、网络银行、自助银行等渠道将款项转账或汇款给其他账户。

③ 刷卡消费。持卡人可在商户用借记卡刷卡消费。

④ 代收代付。借记卡可用于代发工资，也可缴纳各种费用（如通讯费、水费、电费、燃气费等）。

⑤ 资产管理。理财产品、开放式基金、保险、个人外汇买卖、贵金属交易等均可通过借记卡进行签约、交易和结算。

⑥ 其他服务。许多银行借记卡的服务已延伸到金融服务之外，如为持卡人提供机场贵宾通道、医疗健康服务等。

二、信用卡

信用卡是银行等金融机构签发给那些信用状况良好的人士的一种特制卡片，上面印有发卡机构的特征图案、信用卡卡号、持有者的英文或拼音姓名、有效期限等，背面有磁条，上面录有持卡人的账号、个人密码等信息资料，是一种特殊的信用凭证。持卡人无须在银行存款或办理借款手续，就可以在发卡机构指定的商户购物和消费，也可以在指定的银行机构存取现金。如果持卡人在期限内（通常为结账日后一个月左右）结清余额，则无须支付任何利息。这就是真正意义上的信用卡，卡背面签名条上通常印有 3 位阿拉伯数字的 CVV2 码。

信用卡作为特殊的金融商品、现代化的金融工具，是国际流行的先进结算手段、支付工具和新颖的消费信贷方式，日益受到人们的青睐。目前，我国各银行发行的信用卡具有下列 4 项基本功能：

① 转账结算功能。信用卡持有者在指定的商场、饭店购物消费之后，无须以现金货币支付款项，而只要递交信用卡进行转账结算即可。这是信用卡最主要的功能。它为社会提供广泛的结算服务，加快了社会流动资金的周转速度，促进了经济的发展。

② 储蓄功能。信用卡可以在相当广泛的范围内，在发行信用卡的银行所指定的储蓄网

点（或营业所、处）办理存取款业务。另外，持卡人凭信用卡可以向银行透支取现，透支取现是需要支付利息的，并且是从提取现金的当天就开始计算利息。银行可以增加信贷资金的来源，从而获得更多的利息。

③ 汇兑功能。当信用卡持有者外出旅游、购物或出差，需要在外地支取现金时，可以持卡在当地发卡银行的储蓄所办理存款手续，然后持卡在汇入地发卡银行储蓄所（或联营银行储蓄所）办理取款手续。

④ 消费贷款功能。对于有信用的顾客，在其购物消费过程中，当所支付的货物与服务费用超过其信用卡存款账户的余额时，在规定的限额范围之内发卡银行允许持卡人进行短期透支。在透支时要支付银行透支利息，且利率较高，因此消费信贷也是信用卡业务的主要收入来源之一。

随着 Internet 的迅速发展，信用卡也成为 Internet 上最常见的付款工具之一。对消费者和商店来说，他们期望网上信用卡系统可以提供如同传统交易环境般的服务。消费者只需将信用卡明细交给商店，即可进行消费，其他的工作则由信用卡发行处负责处理。在传统的交易环境中，信用卡已占有一席之地，所以从使用者的角度来看，将熟悉的信用卡应用于网上付款与传统邮购消费并没有太大的差别，只要提供安全的交易环境就可以达到使用者的要求程度。

网上信用卡付款系统必须确保网上交易双方的权益，提供公平、安全的交易环境。常用的信用卡交易协议主要包括 SET 和 SSL。

采用 SSL 安全套接层协议的网上信用卡交易流程，如图 5-1 所示。

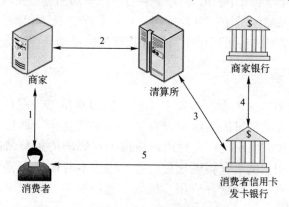

图 5-1 基于 SSL 协议的网上信用卡交易流程

基于 SSL 协议的网上信用卡交易流程如下：

① 消费者在网上商家选择好想要购买的商品放入购物车后，准备支付，此时就可以利用 SSL 协议在消费者客户端机器和商家服务器之间建立起安全连接。

② 商家服务器在接收到消费者发送的信用卡信息后，与清算所进行联系。

③ 清算所是一个金融中介机构，此时负责与发卡行联系验证信用卡的真实性并审核账户余额。

④ 确认后，发卡行贷记商家银行中的商家账户（一般在夜间批处理进行）。

⑤ 每月结账日，消费者的信用卡开户银行把消费者账户的借记情况以每月账单的形式发送给消费者。

采用 SET 安全电子交易协议进行信用卡网上支付时，商家、消费者和信用卡处理中心等各方都要进行身份认证，且付款指令都要有用户的数字签名并加密，使商家看不到持卡人的账号信息，以确保支付过程的安全性。

三、智能卡

智能卡（Smart Card 或 IC Card）是一种集成电路卡，将具有微处理器及大容量存储器的集成电路芯片嵌套于塑料等基片而制成的卡片。智能卡的信息存储量比一个磁卡大100 倍，在芯片里可存储大量关于用户的信息，包括财务数据、私有加密密钥、账户信息、信用卡号码及健康保险信息等。许多银行都使用智能卡发行各种形式的银行卡，并已经成为一种重要的电子支付工具。例如银行发行的 IC 信用卡，用户在信用额度的授权范围内可以透支资金用于消费，用户可以通过信用卡中心联机到银行主机执行查询、授权和转账操作。另外，IC 卡还可以作为电子存折和电子钱包使用，可以用于存储资金和小额支付。

智能卡最早是在法国问世的。20 世纪 70 年代中期，法国 Roland Moreno 公司采取在一张信用卡大小的塑料卡片上安装嵌入式存储器芯片的方法，率先成功开发 IC 存储卡。经过20 多年的发展，成为真正意义上的智能卡，即在塑料卡上安装嵌入式微型控制器芯片的 IC 卡，由摩托罗拉和 Bull HN 公司共同于 1997 年研制成功。

由于 IC 卡使用起来极其便捷，信息存储量大，使其在二代身份认证、电信、公共交通、车场管理等多个领域也得以广泛应用。在通信系统中，IC 卡主要应用于移支电话卡和公用电话卡；在交通管理系统中，IC 卡主要应用于汽车加油、公路收费、公交或地铁自动售票等方面；在社会保障体系中，主要应用于医疗保险、社会保险、养老保险等。此外，IC 卡也可以用于纳税管理，还可以用于商场和超市的会员卡等，在人们日常生活中扮演着重要角色。

1. 智能卡的特点

① 快捷方便、节省人力资源。智能卡不仅方便用户携带，而且节省了用户对终端操作时大量复杂的输入劳动，只需由读卡设备将存储在智能卡上的信息读出即可。另一方面，智能卡消除了某种应用系统可能对用户造成不利影响的各种情况，它能为用户"记忆"某些信息，并以用户的名义提供这种信息。应用本身能够配置成适合某个用户的需要，而不是用户去学习和适应这种应用。例如，使用智能卡消费时就不再需要记住个人识别号码（密码）。

② 保密性好。智能卡能够大量、安全地存储数据，它非常适合金融方面的应用，可以很轻松地取代磁条卡而成为储蓄卡和信用卡。不仅如此，由于智能卡上数据的保密安全度很高，它已被国际大金融组织，如 VISA 和 MASTER 启用为电子货币。它比钞票更可靠，因为要攻破它的安全系统比制造伪币困难得多。例如，智能卡中可以存放口令，每当存取卡上的数据时就会对口令进行验证，这样就能保护信息不被窃取。智能卡也可以进行加密运算，对其输入、输出的数据均可采用这种方法进行保护。

③ 加快信息流通。由于智能卡与接取设备之间是采用电子信息传送的，速度比人的手动输入要快得多，而且可以极大地减少人为的差错。

④ 成本低。智能卡的集成电路芯片成本随着技术的进步在不断下降，而集成度却不断上升。集成电路的运算能力、存储能力已经不是智能卡发展的障碍。而价格的低廉将极大

地促进智能卡的商业应用。

⑤ 可再利用。智能卡通过重写其中的用户信息或者其他数据可以重新利用。

⑥ 可一卡多用。一张智能卡可以作为多种服务的接入手段，从而进一步增加了其方便、友好的特性。

2. 智能卡的应用流程

① 在设备上启动用户的 Internet 浏览器，这里所说的设备可以是 PC，也可以是一部终端电话，甚至是付费电话。

② 通过安装在 PC 上的读卡机，将用户的智能卡登录到为用户服务的银行 Web 站点上，智能卡会自动告知银行用户的账号、密码和其他一切加密信息。

③ 完成这两步操作后，用户就能够从智能卡中取得现金到厂商的账户上，或从银行账号取得现金存入智能卡。

例如，用户想购买一束 20 元的鲜花，当用户在花店选中了满意的花束后，将用户智能卡插入到花店的计算机中，然后登录到用户的发卡银行，输入密码和花店的账号。片刻之后，花店的银行账号上就增加了 20 元，而用户的现金账户上正好减少了这个数。当然，用户买到了一束鲜花。

3. 智能卡的分类

（1）按照其组成结构分类

① 非加密存储器卡。非加密存储器卡（Memory Card）内嵌芯片相当于普通串行 E-2PROM 存储器，有些芯片还增加了特定区域的写保护功能，这类卡具有信息存储方便、使用简单、价格便宜的优点，在很多场合可替代磁卡。但由于其本身不具备信息保密功能，因此只能用于保密性要求不高的应用场合。

② 加密存储器卡。加密存储器卡（Security Card）内嵌芯片在存储区外增加了控制逻辑，在访问存储区之前需要核对密码，只有密码正确，才能进行存取操作。这类卡具有信息保密性较好的优点，其使用与普通存储器卡类似。

③ CPU 卡。CPU 卡（Smart Card）内嵌芯片相当于一个特殊类型的单片机，内部除了带有控制器、存储器、时序控制逻辑等以外，还带有算法单元和操作系统。由于 CPU 卡具有存储容量大、处理能力强、信息存储安全等优点，因此，广泛用于信息安全性要求特别高的场合。

④ 超级智能卡。超级智能卡上具有微处理器和存储器，并装有键盘、液晶显示器和电源，有的卡上还具有指纹识别装置，如同个人电脑那样。这种智能卡还设有"自爆"装置，如果犯罪分子想打开超级智能卡非法获取信息，卡内软件上的内容将立即自动消失。

（2）按照数据读写方式分类

① 接触式智能卡。接触式智能卡读卡器必须要有插卡槽和触点，以供卡片插入接触电源。这类卡具有使用寿命短、系统难以维护、基础设施投入大等缺点，但发展较早。国际标准 ISO7816 系列对此类智能卡进行了规定。

② 非接触式智能卡。非接触式智能卡又称为射频卡，是近年发展起来的新技术下的产品。它成功地将射频识别技术和智能卡技术结合起来，将具有微处理器的集成电路芯片和天线封装于塑料基片中。读写器采用兆频段及磁感应技术，通过无线方式对卡片中的信息进行读写并采用高速率的半双工通信协议。这类卡的优点是使用寿命长，应用范围广，操

作方便、快捷，但也存在成本高、读写设备复杂、易受电磁干扰等缺点。目前，非接触式卡片的有效读取距离一般为 100 mm~200 mm，最远读取距离可达数米（应用在停车场管理系统）。国际标准 ISO10536 系列阐述了对非接触式智能卡的有关标准。

5.2.3 电子现金

1. 电子现金的概念

电子现金（Electronic Cash）是纸币现金的电子化，是一种表示现金的加密序列数。它可以用来表示现实中各种金额的币值，并通过计算机网络系统，以电子信息传递的形式实现流通和支付功能的货币。

电子现金是一种以数据形式流通的、能被消费者和商家普遍接受的、通过互联网购物时使用的数字化货币。用户可以随时通过互联网从银行账号上下载电子现金，从而保证了电子现金使用的便捷性。电子现金一般用于小额支付。

2. 电子现金的特征

在现有的各类电子现金中，各自具有其特色来吸引消费者。从原则上来讲，电子现金必须具备以下共同特性：

（1）不可重复性

为了维护交易的公平性及安全性，电子现金必须具有不易被复制或被篡改的特性，避免违法的行为发生，以维护商店及消费者的权益。由于 Internet 的无国界性，对于可能在不同国度同时进行电子现金的重复使用问题，更是电子现金必须加以特别关注的问题。

（2）可存储性

电子现金要有安全可靠的载体。为了加强电子现金不宜被复制或篡改的特性，电子现金必须储存于安全性较高的装置中，如智能卡等安全设备。

（3）匿名性

电子现金的使用与银行账户之间不存在任何关联性，具备较高的匿名性。因此，使用者不用担心个人的消费行为会被泄露，可以自由地利用电子现金来进行任何消费。

（4）货币价值

电子现金必须具备货币价值，所以电子现金必须具有传统的货币、银行信用认证或银行本票的支持，以代表电子现金所具有的实际货币价值。

（5）可交换性

电子现金必须具备相通性，以便和其他电子现金、货币、银行存款、银行本票等付款方式相互交易。

（6）安全性

电子现金必须具有防止诬陷的特性和防止被盗用的特性，以防不法之徒恶意破坏，保障合法消费者的权益。

3. 电子现金的应用流程

电子现金的应用流程如图 5-2 所示。

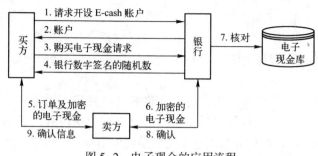

图 5-2 电子现金的应用流程

电子现金的应用流程如下：

① 购买电子现金。消费者在电子现金发布银行办理一定的手续，然后购买。

② 存储电子现金。消费者通过个人电脑电子现金终端软件从电子现金银行取出一定数量的电子现金，然后存储在硬盘上。当然，根据电子现金的模式不同，也可以存放在卡或其他介质上。

③ 用电子现金购买商品或服务。消费者从同意接收电子现金的商家订货，使用电子现金支付所购商品的费用。

④ 资金清算。接收电子现金的商家与电子现金发放银行之间进行清算，电子现金银行将消费者购买商品的钱支付给商家。

⑤ 确认订单。商家获得付款后，向消费者发送订单确认信息。

5.2.4 电子支票

1. 电子支票的概念

传统上，当交易金额较多时，交易方普遍都会利用支票来付款。而电子支票（Electronic Check，eCheck）则是在电子交易环境中具有同样功能的付款工具，是一种纸质支票的电子替代品。同纸质支票的功能类似，电子支票也同样绑定了一个合法的支付承诺。在纸质支票手写签名的地方，电子支票则使用能够自动审核和确认的数字签名来保证其真实性。eCheck 嵌在一个安全的电子文件中，其内容包括有关支票的用户自定义数据，以及在纸质支票上可以见到的信息，比如受付方姓名、支付方账户信息、支付金额和日期等。

电子支票是付款人向收款人签发的、无条件的数字化支付指令，它可以通过 Internet 或无线接入设备来完成传统支票的所有功能。

2. 电子支票的优势

支票是一个被广泛应用的金融工具。网上交易额的快速增长，给电子支票的运用带来了广阔的前景。早期开发的电子支票系统（如 NetCheck、NetBill）主要适用于小额支付，但近期开发的电子支票系统（如 eCheck）主要向大额支付的方向发展，以满足 B2B 交易的支付需求。电子支票支付方式具有以下优势：

（1）处理速度快

由于电子支票为数字化信息，因此处理极为方便，处理的成本也比较低。电子支票通过网络传输，速度极其迅速，大大缩短了支票的在途时间，使客户的在途资金损失减为零。

(2) 安全性好

电子支票采用公开密钥体系结构（PKI），可以实现支付的保密性、真实性、完整性和不可否认性，从而在很大程度上解决了传统支票中大量存在的伪造问题。

(3) 处理成本低

由于电子文档可以取代纸质文档，而数字签名可以替代手写签名，所以电子支票取代纸质纸票，不需要创建一个全新的支付手段，可以充分利用现有的支票处理基础设施（如法律政策和商业环境等）。在充分利用电子支付手段的前提下，电子支票可以给付款人、收款人、银行和金融系统带来尽可能少的负面影响。

(4) 给金融机构带来了效益

第三方金融服务者不仅可以从交易双方处收取固定的交易费用或按一定比例抽取费用，它还能够以银行身份提供存款账目，且电子支票存款账户很可能是无利率的，因此给第三方金融机构带来了收益。

3. 电子支票的应用

(1) 电子支票的支付流程

电子支票的支付流程如图 5-3 所示。

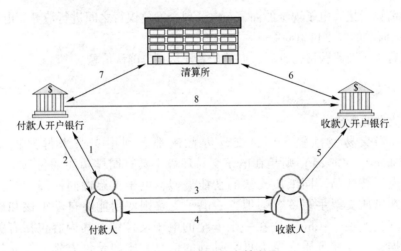

图 5-3 电子支票的支付流程

电子支票的支付流程如下：
- 付款人在开户银行申请一个电子支票簿。
- 付款人根据电子支票的要求生成一个电子支票，并对该支票进行签名。
- 付款人利用安全 E-mail 或 Web 方式把电子支票传送给收款人，一般用收款人的公钥加密电子支票。
- 收款人收到该电子支票后，用付款人的公钥确认付款人的数字签名。
- 收款人背书（Endorses）支票，填写存款单（Deposit），签署该存款单后转给收款人的开户银行。
- 收款人开户银行验证付款人签名和收款人签名，贷记（Credits）收款者账号，在合适的时间向清算所发出支票清算申请。

- 付款人银行验证付款人签名，并借记（Debits）付款人账号。
- 付款人银行和收款人银行通过传统银行网络进行清算，并将清算结果向付款人和收款人进行反馈。

（2）电子支票的安全验证

由于 Internet 的开放性带来了相应的安全风险问题和可靠性问题，电子支票必须满足网上支付的安全需求。在电子支票系统中使用安全认证可以实现身份识别，数字签名可以取代手写签名和签章来实现信息的完整性和不可抵赖性，加密解密技术能实现支票信息的保密性。因为电子支票系统采用公开密钥密码体制实现其加解密和数字签名，尽管用于加密和签名的算法很重要，但一般情况下算法是公开的，秘密全部寓于密钥中，所以密钥的管理尤为重要。此外，由于电子支票的数字签名是用签发人的私钥生成的，一旦私钥被窃取，任何人都可以签发和使用电子支票，系统必须确保签名私钥的安全性。所以，实现电子支票安全支付的关键是密钥管理和对签名私钥的保护。

电子支票系统中的每个用户拥有两对密钥对。其中，一对密钥用作签名和验证签名，另一对用作加密和解密。支票的签发方在电子支票文档中输入必要的支票信息，用自己的签名私钥对支票签名，然后用收款方的公开加密密钥对签名进行加密，发送加密签名后的电子支票，收款方在接收到支票时，用相应的私有密钥解密签名。同样的过程也会在收款方和银行之间发生。因此，在支票的签发方发送支票前，必须获得接收方的公开加密密钥，这就要求系统具备密钥产生、密钥分发、密钥存储的能力。电子支票是一份电子文档，可能由于种种原因造成损坏，系统必须有能力恢复电子支票和密钥。同时，为了确保公钥来自一个真实的合法用户，需要公钥证书来证实。可见，电子支票系统需要密钥管理体系结构的支持，把身份认证、公钥加密、数字签名等技术集成在一起。

众所周知，即便是有了手写签名的样本，也很难模仿出一模一样的签名。但如果有了签发人的私钥，任何人都可以很容易地使用该私钥伪造出一份完全一样的签名进行欺诈。因此，电子支票系统必须确保签发人私钥的安全性。为了防止私钥在用户个人机器或在网络传输时被窃取，私钥一般存放在硬件智能卡或 PC 卡上，由用户随身携带。在电子支票系统中对签名私钥的保护是通过电子支票簿技术来实现的。

（3）电子支票簿的生成过程

- 生成密钥。系统执行初始化程序，激活卡内芯片，调用满足标准的密钥生成程序，生成加密和签名的密钥对，私钥保存在卡内，公钥可以从卡内导出。
- 发卡行对支票账号、卡及持卡人进行登记。
- 公钥以安全的方式从卡中发送到银行 CA，银行 CA 把公钥与一定的支票账户和持卡人进行映射。
- 银行验证所有的账户信息和公钥后，给支票簿发放一张用银行私钥签名的公钥证书。
- 系统确认银行证书的完整性，把证书及一些账户信息（如支票账户、支票限制）存入卡内。
- 将中央 CA 给银行发放的证书存入卡内。
- 系统生成电子支票簿卡，在卡面上打印银行的标识、持卡人姓名、识别码。
- 随机生成初始个人身份识别码（PIN），安装到芯片。

● 把卡和被覆盖的 PIN 发给用户。

(4) 电子支票簿的存放介质

电子支票簿是一种硬件和软件装置，可以实现电子支票的签名、背书等最基本的功能，它具有防篡改的特点，并且不容易遭到来自网络的攻击。常见的电子支票簿有智能卡、PC卡、掌上电脑等。

(5) 电子支票簿的功能

① 密钥生成。系统执行标准的加密算法在智能卡内生成所需的密钥对。其中，公钥可以对外发放，私钥只保存在卡内，除非密钥恢复时能得到私钥的备份；否则，其他任何地方都无法获取私钥。

② 签名和背书。用户通过执行智能卡内 ROM 芯片中的加密例程实现信息的加密和签名。

③ 存取控制。用户通过输入个人身份识别码（PIN）来激活电子支票簿，确保私钥的授权使用。系统根据不同的控制级别分别对应 3 种 PIN：第一种 PIN 可实现填写电子支票、核对支票签名、背书支票、签发进账单、读取日志信息、更改该级别 PIN 等功能；第二种 PIN 除执行第一种的功能以外，还增加了对电子支票簿的管理功能，如可增加、删除证书和公钥、读取签发人的公钥和签发人的个人信息，以及更改管理者的 PIN 等；第三种 PIN 用作银行系统初始化，包括初始化公钥对和初始化签发人的个人数据等。

(6) 电子支票簿的优点

电子支票簿的优点有：保证了用户私钥的安全性；标准化和简化了密钥生成、分发和使用，使电子支票的用户不需要专门的技能和培训就能建立起很高的信任机制；能理解电子支票的语法，对电子支票的关键数据建立日志并保存，提供了使用卡进行数字签名的安全记录，还提供了解决"特洛伊木马"问题的入口点；能随机自动生成递增的、唯一的"电子支票号"，杜绝了由于 E-mail 出现问题或人为原因造成的支票副本，防止对支票的多次兑现。

5.2.5 微支付

在现金、支票和银行卡等各种支付工具中，现金最适合低价值的交易。假如想用信用卡买一小包巧克力，就会体会到信用卡公司对小额交易的压力。因为每笔交易商店都必须付给信用卡公司一笔手续费，所以当顾客的消费额很小时，对商家很不划算，对于消费金额较少的交易，往往交易处理成本过高。如何减少不必要的成本是影响交易成败的重要因素，微支付系统就是为解决小额消费问题而设置的。

对于那些货款金额特别小的电子商务交易（比如用户浏览一个收费网页），需要一种非常经济、成本很低的电子支付策略，这就是所谓的微支付系统（Micro Payment）。微支付系统的特征是能够处理任意小量的钱，一般而言，交易金额小于 1 美元的交易付款就可称为微支付。小额交易大多发生于消费者使用网上服务的交易上，如在网络上下载数据、浏览新闻、数据库查询等交易。由于微支付系统所涉及的交易金额较少，且为了提高整体系统效率，一般的微支付系统不采用较昂贵或复杂的数字加密技术。

为保持每个交易的发送速度与低成本，目前有很多厂商在致力于发展其他的协议以支持 SET 和 SSL 所不能支持的小额付款方式。其中之一是微支付传输协议（Micro Payment Transport Protocol，MPTP），该协议是由 IETF 制定的。小额付款方式的一个重要方面是其定义随着对象而变化。有许多系统允许支付小于现有货币面额的数额，如 Compaq 与 Digital 开发的"Millicent"，Cyber Cash 开发的"Cybercoin"等。

1. Millicent

Millicent 是一种小额电子商务交易的 Internet 支付系统，其钱包用的是能够在 Web 上使用的一种被称为便条（Script）的电子令牌。Script 被安全地保存在用户的 PC 硬盘上，并用个人标识号或口令对其加以保护。用户想要购买需要支付的内容，就将被引导进入 Millicent。在拥有一个 Millicent 账户后，用户可以通过以下 3 种方法来支付款项：①通过在线信用卡或者借记卡支付；②通过直接记账到他们每月的 ISP 服务或者电话费用；③通过在便利商店购买的储值卡支付。Millicent 提供了很多权威或经纪人，以出售便条，每个经纪人只有一个消费者。它有两种支付方式：①单击支付，仅用于需要的内容，小到 1/10 个分币；②可以开放订购，允许并不严格的存取。

2. World Pay

World Pay 是一种通过 Internet 的安全、多币制电子支付系统构建的一个电子付款方式平台。消费者拥有信用卡或借记卡授权的 World Pay 多币制账户。该账户的处理是集中式的，因此可以在世界上的任何地方、任何计算机上存取资金。对于一个消费者来讲，它把资金从消费者的账户转拨到商家的 World Pay 银行账户中。没有使用的资金可以在任何时候返还给原始账户的信用/借记卡用户。对于一个卖家来讲，若有一个网上商城，就可以通过它来收取电子付款，然后 World Pay 会把收取的款项转到卖家的账户。

3. Cybercoin

Cybercoin 可以用于信用卡交易，以及美国国内使用的小额支付和电子支票转拨，它是一个基于软件的电子现金产品，目前已经与 SET 结盟。Cybercoin 也称为网络硬币，这是因为在开发这种支付手段时，考虑的是为网上进行的一些小额的交易提供支付服务，比如通过网络传输信息制品（软件等）。这些产品适合网络交易，而且价格不高，消费者使用的金额一般都在 25 美分到 10 美元之间，数额不大，像硬币一样。网络硬币的最大特点是交易中存在一个"中间人"，消费者和商家之间存在一个"服务商"。消费者通过各种手段，比如信用卡、ATM 卡等从网络中将自己银行账户上的钱，下载到一个"钱包"里。这个"钱包"以消费者的名义，由服务商存在银行的某一账户上。在交易的时候，通过服务商作为中介来实现。也就是说，由服务商将客户"钱包"里的钱划到商家在银行的账上。这样，就不需要银行之间的结算，而是由服务商执行这种结算的功能。

5.2.6 比特币

2008 年 11 月 1 日，一个自称中本聪（Satoshi Nakamoto）的人在一个隐秘的密码学评论组上贴出了一篇文章，陈述了他对电子货币的新设想——比特币（BitCoin）就此面世，比特币用揭露散布总账的方式摆脱了第三方机构的制约，中本聪称之为"区域链"。

与大多数货币不同，比特币不依靠特定货币机构发行，它依据特定算法，通过大量的计算产生，比特币经济使用整个 P2P 网络中众多节点构成的分布式数据库来确认并记录所有的交易行为，并使用密码学的设计来确保货币流通各个环节的安全性。P2P 的去中心化特性与算法本身可以确保无法通过大量制造比特币来人为操控币值。基于密码学的设计可以使比特币只能被真实的拥有者转移或支付，这同样确保了货币所有权与流通交易的匿名性。比特币与其他虚拟货币最大的不同，是其总数量非常有限，具有极强的稀缺性。比特币的总数量将被永久限制在 2 100 万个。

比特币可以用来兑现，可以兑换成大多数国家的货币。使用者可以用比特币购买一些虚拟物品，比如网络游戏中的衣服、帽子、装备等，只要有人接受，也可以使用比特币购买现实生活当中的物品。

1. 比特币特征

① 去中心化：比特币是第一种分布式的虚拟货币，整个网络由用户构成，没有中央银行。去中心化是比特币安全与自由的保证。

② 全世界流通：比特币可以在任意一台接入互联网的计算机上管理。不管身处何方，任何人都可以挖掘、购买、出售或收取比特币。

③ 专属所有权：操控比特币需要私钥，它可以被隔离保存在任何存储介质上。除了用户自己之外无人可以获取。

④ 低交易费用：可以免费汇出比特币，但最终对每笔交易将会收取一定的交易费，以确保交易更快执行。

⑤ 无隐藏成本：作为由 A 到 B 的支付手段，比特币没有额度与烦琐的手续限制，知道对方比特币地址就可以进行支付。

⑥ 跨平台挖掘：用户可以在众多平台上使用不同硬件的计算能力挖掘比特币。

2. 比特币优点

① 完全去处中心化，没有发行机构，也就不可能操纵发行数量，其发行与流通，是通过开源的 P2P 算法实现的。

② 匿名、免税、免监管。随着比特币逐渐被各国认可，对其进行监管的呼声越来越高。

③ 健壮性。比特币完全依赖 P2P 网络，无发行中心，所以外部无法关闭它。比特币价格可能会波动、崩盘，多国政府可能宣布它非法，但比特币和比特币庞大的 P2P 网络不会消失。

④ 无国界、跨境。跨国汇款会经过层层外汇管制机构，而且交易记录会被多方记录在案。但如果用比特币交易，直接输入数字地址，单击一下鼠标，等待 P2P 网络确认交易后，大量资金就转走了，不经过任何管控机构，也不会留下任何跨境交易记录。

⑤ 山寨者难于生存。由于比特币算法是完全开源的，谁都可以下载到源码，修改某些参数，重新编译，就能创造一种新的 P2P 货币。但这些山寨货币很脆弱，极易遭到货币网络 51% 的运算能力的攻击。任何个人或组织，只要控制一种 P2P 货币网络 51% 的运算能力，就可以随意操纵交易、币值，这会对 P2P 货币构成毁灭性打击。很多山寨货币，就死在了这一环节上。而比特币网络已经足够健壮，想要控制比特币网络 51% 的运算力，所需要的 CPU/GPU 数量将是一个天文数字。

3. 比特币缺点

① 交易平台的脆弱性。比特币网络很健壮，但比特币交易平台很脆弱。交易平台通常

是一个网站,而网站会遭到黑客攻击,或者遭到主管部门的关闭。

② 交易确认时间长。初次安装比特币钱包时,会消耗大量时间下载历史交易数据块。而比特币交易时,为了确认数据的准确性,会消耗一些时间,与P2P网络进行交互,得到全网确认后,交易才算完成。

③ 价格波动极大。由于大量炒家介入,导致比特币兑换现金的价格如过山车一般起伏。使得比特币更适合投机,而不是匿名交易。

④ 大众对比特币的原理不理解,以及传统金融业的抵制。活跃网民了解P2P网络的原理,知道比特币无法人为操纵和控制。但大众并不理解,很多人甚至无法分清比特币和Q币的区别。"没有发行者"是比特币的优点,但在传统金融从业人员看来,"没有发行者"的货币毫无价值。

5.3　第三方支付

随着电子商务的蓬勃发展,网上购物、在线交易已经成为广大消费者日常生活的一部分。电子商务运作模型和业务流程中的3个环节——信息流、资金流和物流是促进电子商务发展的关键。作为中间环节的网上支付,已成为制约电子商务发展的"瓶颈"。由于电子商务中的商家与消费者之间的交易是在网上进行的,物流与资金流在时间和空间上分离,这导致了商家与消费者之间的博弈:商家不愿先发货,怕货发出后不能收回货款;消费者不愿先支付,担心支付后拿不到商品或商品质量得不到保证,最终可能导致网上交易无法进行。第三方支付平台的出现,为商家与消费者提供了可信的交易平台,满足了双方对信誉和安全的要求,它的出现是电子市场发展的必然要求。

5.3.1　第三方支付的概念

第三方支付在指一些和国内外各大银行签约,并具备一定实力和信誉保障的第三方独立机构提供的交易支持平台。通过第三方支付平台的交易,买方选购商品后,使用第三方平台提供的账户进行货款支付,由第三方通知卖家货款到达,进行发货;买方检验物品后,再通知付款给卖家,第三方再将款项转至卖家账户。第三方支付以银行的支付结算功能为基础,向政府、企业、事业单位提供中立的、公正的面向其用户的个性化支付结算与增值服务。

在第三方支付服务商的运营过程中,逐渐体现其优势所在。它可以提高支付效率,降低交易风险,提高交易成功率,降低交易、支付过程中的多种成本。同时,推动了电子银行业务的发展,使更多的消费者享受到电子商务所带来的便捷。

5.3.2　第三方支付平台的工作流程

第三方支付平台的工作流程主要分3步:一是将买方货款转拨到第三方平台所在的账户;二是当转账成功后通知卖方发货;三是接收买方确认货物信息后,将货款转拨到卖方的账户。一次成功的第三方支付过程包括9个环节,其具体工作流程如图5-4所示。

第三方支付平台的工作流程如下:

① 买方(网上用户)进入买方市场(电子商务网站),浏览自己所需商品的信息。

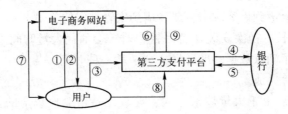

图 5-4　第三方支付平台的工作流程

② 买方如果觉得某件商品合适，就和卖方达成交易协议。卖方就会发送信息通知买方到与其结盟的第三方支付平台进行支付。

③ 买方进入第三方支付平台，提交其账户和密码，以及所付货款金额等信息给第三方支付平台。

④ 第三方支付平台接收到买方提供的银行账户信息后，进入买方账户所在的银行，对其提供的账户信息进行验证。

⑤ 验证成功后，第三方支付平台将买方所应支付的款额转拨到第三方支付平台所在的账户，对其进行临时保管。

⑥ 通知与其结盟的电子商务网站，买方应付货款已到，准备发货。

⑦ 电子商务网站配送商品到买方手中。

⑧ 买方收到商品后进行验证，如果满意就发送信息给第三方支付平台，确认商品已经验收，同意付款。

⑨ 第三方支付平台接收到用户确认信息后，将其临时保存的货款转拨给卖方，这就完成了一次完整的支付过程。

由此可见，第三方支付平台对整个支付流程全面介入，进行监管。买方或卖方任何一方出现不满意，都可以通过第三方支付平台进行调节，直至双方满意为止。这样就使支付能够顺利完成，减少了交易的风险和成本，促进了电子商务的极大发展。

5.3.3　我国第三方支付业务的发展

随着计算机网络通信技术的快速发展，使电子商务经营模式的优势不断展现，并得到快速发展和完善。第三方电子支付平台的出现为电子商务系统的发展和完善提供了基础，为我国电子商务交易提供了一个安全的支付平台。我国第三方电子支付服务作为电子支付的重要组成部分，有利于促进电子商务的发展、降低交易成本，以及推动电子支付业务的创新。

目前，我国具有较大规模的第三方电子支付服务机构已达 20 余家。国内知名的第三方电子支付平台有：易宝、支付宝、财付通、快钱、首信易、ChinaPay、百汇通、云网及百付宝等。具有代表性的第三方支付平台是阿里巴巴旗下的支付宝，支付宝因其体系架构比较完善、应用接口简单等诸多优势，使其成为国内主流的第三方支付工具。国内最早的第三方支付系统采用支付网关模式，这种模式的主要特点是仅提供支付通道，并不涉及电子交易的内部管理。随着第三方支付平台的快速发展，以及支付宝、财富通等第三方电子支付工具在电子交易中的广泛应用，基于信用中介模式的跨行、跨区域的电子支付和结算服务得到迅速发展。

我国第三方电子支付市场在细分应用市场的基础上不断拓展和深化，保险、基金、跨境支付等业务领域不断被突破,并在传统零售业和制造业的上下游产业链上延伸,为第三方电子支付市场提供了增长基础。

支付宝、财付通等第三方电子支付平台加速了移动支付市场业务的拓展,借助二维码识别技术设计适用于移动支付的手机支付终端软件。满足了移动用户的电子支付需求,为中小型网上商店提供了多元化的支付模式和商业模式。在 2012 年 12 月,支付宝宣布推出二维码收款业务,所有支付宝用户均可通过登录相关网站免费领取"向我付款"的二维码。消费者只需通过支付宝手机客户端的扫码功能,就可以跳转至付款页面进行支付。交易成功后,款项将支付给二维码绑定的支付宝账户。

根据易观国际在 2012 年的统计数据,2005 年我国第三方互联网支付市场交易规模是 152 亿元,2008 年增长到 2 355 亿元,2011 年我国第三方互联网支付市场交易规模达 2.16 万亿元,2012 年我国第三方互联网支付市场交易规模已经增长到 3.8 万亿元,2013 年我国第三方互联网支付市场交易规模已经增长到 5.37 万亿元。根据 iResearch 艾瑞咨询统计数据显示,2016 年我国第三方互联网交易规模达到 19 万亿元,同比增长 62.2%。

艾瑞咨询的统计数据显示如图 5-5 所示,2016 年 Q2(2 季度)第三方互联网支付交易规模市场份额中,支付宝占比 42.8%,财付通占比 20.0%,银商占比 10.9%,快钱占比 7.0%,中金支付占比 5.2%,汇付天下占比 5.0%,易宝支付占比 3.7%,京东支付占比 2.3%,易付宝占比 1.4%,宝付占比 1.4%。随着第三方支付的业态逐步稳定,在现有格局下,全行业将进入稳定增长时期,预计未来三年均会保持 35% 左右的增速。

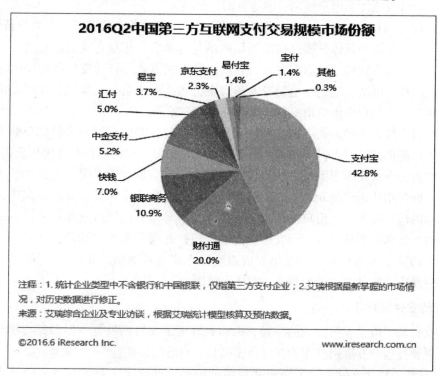

图 5-5　2016 年 Q2 第三方互联网支付交易规模市场份额

艾瑞分析认为,除了上述第三方电子支付平台所占核心企业交易规模市场份额外,从不同公司属性和业务发展方向上看,第三方支付行业呈现出三足鼎立的局面,首先以银联商务为首的银联系第三方支付平台,在交易规模上占有优势,它们的发展对于我国支付行业规则建立具有十分重要的意义;而以支付宝和财付通为首的拥有互联网巨头背景的第三方支付平台,无论是交易规模、创新支付模式,还是支付场景和基于支付数据的增值服务等方面,都对我国第三方支付行业的繁荣做出了巨大贡献;而以汇付天下、快钱为首的独立第三方支付平台已经找到不依靠集团资源优势的发展道路,对整个第三方支付行业的健康发展起到了良好的推动作用,未来这些独立第三方支付平台将以支付业务为基础,为企业客户提供全方面的财务与资产服务,使第三方支付这一概念在我国深化,对我国金融电子化和金融环境的健康发展、建设提供良好的助力。

5.4 移动支付

5.4.1 移动支付的概念与特征

1. 移动支付的概念

支付手段的电子化和移动化是不可避免的必然趋势。对于我国的移动支付业务而言,庞大的移动用户和银行卡用户数量提供了诱人的用户基础。信用卡使用习惯的不足留给移动支付巨大的市场空间,发展前景毋庸置疑。与此同时,移动支付也面临着信用体系、技术实现、产业链成熟度、用户使用习惯等方面的瓶颈。

移动支付(Mobile Payment),也称为手机支付,是指交易双方为了某种货物或者服务,使用移动终端设备作为载体,通过移动通信网络与金融机构相融合完成信息交互,实现资金从支付方向受付方转移,从而实现支付目的一种支付方式。移动支付所使用的移动终端可以是手机、平板电脑、笔记本电脑等,移动支付将终端设备、互联网、应用提供商及金融机构相融合,为用户提供货币支付、缴费等金融业务。

移动支付主要有3种方式:方式一是手机话费支付,即费用通过手机账单收取,用户在支付其手机账单的同时支付了这一费用。在这种方式中,移动运营商为用户提供了信用,但这种代收费的方式仅限于下载手机铃声等有限业务,交易额度受限。方式二是指定绑定银行支付,即费用从用户的开通电话银行账户或信用卡账户中扣除。在该方式中,手机只是一个简单的信息通道,将用户的银行账号或信用卡号与其手机号连接起来。方式三是银行快捷支付,无绑定手机支付,个人用户无须在银行开通手机支付功能,即可实现各种带有银联标识的借记卡进行支付,采用双信道通信方式进行通信,非同步传输,更加安全、快捷。相对而言,此种方式最为简单、方便、快捷。

2. 移动支付的特征

移动支付属于电子支付方式的一种,因而具有电子支付的特征,但因其与移动通信技术、无线射频技术、互联网技术相互融合,又具有自己的特征。

① 移动性。移动支付消除了距离和地域的限制,结合了先进的移动通信技术的移动性,随时随地获取所需的服务、应用、信息和娱乐。

② 及时性。移动支付不受时间、地点的限制,信息获取更为及时,用户可以随时对账户进行查询、转账或进行购物消费。

③ 定制化。移动支付基于先进的移动通信技术和简易的手机操作界面,用户可以定制自己的消费方式和个性化服务,账户交易更加简单方便。

④ 集成性。移动支付以手机为载体,通过与终端读写器近距离识别进行的信息交互,运营商可以将移动通信卡、公交卡、地铁卡、银行卡等各类信息整合到以手机为平台的载体中进行集成管理,并搭建与之配套的网络体系,从而为用户提供十分方便的支付及身份认证渠道。

5.4.2 移动支付体系架构及流程

1. 移动支付体系架构

移动支付的分类多种多样,其实现方式也各不相同。但总体来讲,移动支付涉及的主体有:消费者、运营商、移动支付处理中心、商家及银行系统。移动支付处理系统简单架构如图 5-6 所示。

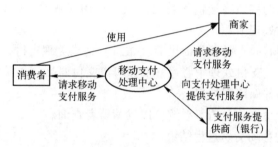

图 5-6 移动支付处理系统简单架构

从图 5-6 中可以看出,移动支付处理中心是整个支付处理系统中的核心,它负责联系系统中的其他实体,提供支付处理服务。同时,移动支付处理中心还维护用于认证的用户信息及认证服务。移动支付处理中心实现了提供管理与消费者、商家和支付服务之间的交互。通常,移动支付处理中心可以由移动运营商来实现。支付服务提供商(银行)向移动支付处理中心提供支付服务。

2. 移动支付的基本流程

移动支付交易的基本流程如下:

① 消费者初始化一个交易。消费者使用自己的移动终端,输入与银行协商好的标识,进而与移动支付处理中心取得联系。

② 消费者兑现一个交易,商家兑现商品。

③ 商家实现交易价值。如果该交易是预支付的,就直接实现了交易价值。如果是后支付的,就要在一段时间以后,通过支付处理机构或其他中间机构来实现。

假定在交易之前已经确认了移动支付处理中心和商家的身份,即默认移动支付处理中心和商家的身份是可信的,则整个支付过程可以分为对消费者的身份认证和交易处理两个部分。

① 对消费者的身份认证。

- 消费者首先访问商家提供的网站,请求身份认证。
- 消费者将认证请求发送给移动支付处理中心,移动支付处理中心通过一定的身份认证机制（应用级的身份认证）来认证消费者的身份是否合法。
- 移动支付处理中心将认证结果发送给商家，如果消费者通过验证，则可以进行交易；否则，终止交易。

② 对消费者进行完身份认证后，支付过程可归纳如下：
- 消费者接入网络，进入商家为消费者提供的界面浏览并选择商品。
- 消费者选择好商品后，将购买指令发送给商家。
- 商家收到购买指令后，将购买指令及相关信息发送给移动支付处理中心。
- 移动支付处理中心将确认购买信息发送到消费者的移动终端上，请求消费者确认，如果没有得到确认消息，则拒绝交易，购买过程到此终止。
- 消费者将确认消息发送给商家。
- 商家将消费者确认的购买信息发送给移动支付处理中心，请求支付操作。
- 移动支付处理中心通知消费者进行支付操作。
- 消费者使用自己的移动终端输入自己的银行信用卡账号、密码及金额等信息，然后发送给移动支付处理中心。
- 移动支付处理中心向支付服务提供商（银行）请求兑现支付。
- 兑现支付后，移动支付处理中心通知商家可以交付商品，并保留交易记录。
- 商家交付商品，并保留交易记录。
- 商家将交易记录写入前台消费系统，以供消费者查询。

至此，一个完整的移动交易过程结束。

在实际应用中由于应用的需求及环境不同，其实现过程可能与上面的步骤也有所不同。

5.4.3 移动支付发展的现状与趋势

1. 移动支付发展现状

随着移动电子商务的增长和移动互联网的兴盛等因素的刺激，移动支付成为越来越受关注的移动增值业务之一，并在全球范围内呈现出了强劲增长的态势。移动支付已经成为除了信用卡等无现金支付方式外的一个重要的支付手段。移动支付作为新型的电子支付方式，有着方便、快捷、安全的特征。其跨行业的特征可以帮助电信运营商实现业务转型、提升服务水平，因此获得了大部分运营商的青睐。当前，全球已经超过了100多个国家和地区的运营商和服务商正在发展移动支付业务，并且有很多成功的案例。

2. 移动支付的发展趋势分析

进入21世纪，日本、韩国及欧美等地区，通过采用RFID技术，大力开展手机移动支付业务，经过几年的发展，手机移动支付业务得到用户的广泛认可和接受。国外移动支付机构Intuit Digital Wallet发表文章称，2011年全球手机移动支付总额约为2 410亿美元，到2015年已增长至1万亿美元。

手机移动支付业务的迅猛发展，给我国市场展示了该业务的美好前景。相关研究报告表明，目前最适合我国手机支付业务发展的商业模式是银行与移动运营商合作、第三方支付服务提供商协助支持的整合商业模式。采用该合作模式将实现资源共享，达到优势互补，促进价值链的高效运转。

据央行统计显示，截至 2015 年末，全国银行卡在用发卡数量 54.42 亿张，较上年末增长 10.25%。截至 2016 年 12 月，我国使用网上支付用户规模达到 4.75 亿，较 2015 年 12 月，网上支付用户增加 5831 万人，年增长率 14%，其中手机支付用户规模迅速增长，达到 4.69 亿，年增长率 31.2%，网民手机网上支付的使用比例从 57.7% 提升至 67.5%。巨大的手机消费群体和银行卡持有量，对移动支付业而言无疑是一个巨大的"金矿"，国内银行和商家已纷纷介入到移动支付领域。例如，用友推出的"移动商街"，上海市推出的"手付通"个人移动银行，支付宝和财付通均介入移动支付。2009 年 11 月，中国银联在宁波推出的银联手机支付业务通过将手机 SIM 卡与金融 IC 卡进行集成，使手机具备金融支付功能。范围涵盖了商场、超市、餐饮、宾馆酒店、娱乐、数码等各类商户。银联手机支付业务已经拓展至公交车、出租车、高速公路等小额快速支付领域，以及话费缴纳、机票购买、无线网络上网购物等远程支付领域。进入到 2016 年，银行和银联与国内外手机厂商积极展开合作，布局国内移动支付市场，ApplePay、SamsungPay 已在国内市场上线，小米、华为等手机厂商纷纷推出具备 NFC（近场支付）功能的新款手机。使手机成为了集购物、公交、地铁、高速、社保、加油等多功能于一体的综合支付工具，为人们的生活带来更多的便利。

5.5 网络银行

自从 1995 年 10 月 18 日世界上第一家网络银行——"安全第一网络银行（Security First Network Bank，SFNB）"在美国诞生以来，网络银行借助国际互联网、现代信息技术及其遍布全球、24 小时不间断、低成本、高效快捷的信息传递等优势，为用户提供全方位、全天候、便捷、实时的金融服务，显示出了其强大的生命力，使网络银行的扩张速度以几何级数增长。网络银行是一种新型的银行服务手段，它的出现与发展是网络经济发展的必然结果，也是电子商务发展的需要。

5.5.1 网络银行概述

1. 网络银行的含义

网络银行（Network Bank）又称网上银行（Internet Bank），是指金融机构利用 Internet 技术，通过 Internet 向客户提供开户、销户、财务查询、对账、行内转账、跨行转账、信贷、网上证券、投资理财等传统服务项目，使客户可以足不出户就能安全便捷地管理活期和定期存款、支票、信用卡及个人投资等业务。它实际上是银行业务在网络上的延伸。网络银行依托迅猛发展的计算机和计算机网络与通信技术，利用渗透到全球每个角落的因特网，突破了银行传统的业务操作模式，摒弃了银行由店堂前台接单开始的传统服务流程，把银行业务直接在因特网上推出。可以说，网络银行是设在 Internet 上的虚拟银行柜台，代表了整个银行金融业未来的发展方向。

2. 网络银行的优势

网络银行是银行适应网络时代的发展需要而推出的新型金融服务方式，特别是在电子商务的发展浪潮中，网络银行提供了一种先进的网络支付方式，以其高效率、低成本、简单方便等优势成为商业支付结算发展的趋势和方向。由于网络技术的发展对传统银行业的经营模式和理念形成了巨大冲击，网络银行从各个方面影响着传统银行的经营与发展。网络银行与传统银行相比，具有显著的优势，总结起来主要有以下5点：

① 提高了服务的准确性和时效性。网络银行要求一切交易、银行的各种业务和办公实现无纸化、电子化和自动化，这不仅大幅度提高了银行业务的操作速度和操作水平，而且降低了服务成本，提高了服务的准确性和时效性，从而提高了服务质量。无纸化银行服务和电子化票据、电子化现金传递，使"瞬间传递"变为现实，网络银行采用电子手段可以在几秒钟内把大批资金传送到世界各地。及时、准确、快捷、方便、可靠的高质量服务是网络银行的突出优势。

② 降低银行服务成本，提高服务质量。现代商业银行都面临着资本、技术、服务、管理水平等全方位竞争。各家银行不断推出新的服务手段，如电话银行、自助银行、ATM、客户终端等。网络银行的服务费用最低，比普通的营业费用低很多。这主要是由于其采用开放技术和软件，使开发和维护费用极大降低的缘故，并且方便了消费者，缩短了服务时间。通过网络查询自己的账户余额和消费明细，比电话银行系统更直观和快捷。通过E-mail，银行每月可向客户提供对账单，可使银行提高工作效率、节约纸张。同时，银行在网上还可以对特约商户进行信用卡业务授权、清算、传送黑名单、紧急止付名单等。有了网络银行，客户就可以直接得到支付、转账等银行服务。因此，网络银行能够比电话银行、ATM和早期的企业终端服务提供更经济、生动、灵活、多种多样、标准化、规范化的服务。

③ 降低银行实物设施成本和软、硬件开发维护费用。基于Internet的网络银行不需要遍布各地的银行大厅和众多的员工，实物设施成本大幅降低。此外，由于消费者使用的是公共Internet资源，银行免去了建立专用客户网络所带来的成本和维护费用。其客户端由标准PC、浏览器组成，便于维护。E-mail通信方式也非常灵活方便，便于消费者与银行之间，以及银行与银行之间的沟通。

④ 降低消费者成本，操作简单、界面友好。网络银行使银行走入办公室和家庭成为现实。消费者使用公共浏览器实现有声有色、图文并茂的客户服务，消费者足不出户就可以进行理财、结算、转账、信贷、股票买卖等银行业务，实现消费者在银行的各类账户信息的查询，及时反映消费者的财务状况，同时也可更好地改善银行与消费者之间的关系。

⑤ 网络银行具有全天候服务的特色。消费者可以不受时间和空间的限制，只要拥有一台PC、一根电话线、一只Modem，在任何时候（Anytime）、任何地点（Anywhere）、任何场合（Anyplace）都可以与银行相连，享受每天24小时不间断的银行服务。

除了现金业务和其他少量必须在柜台办理的业务以外，绝大多数业务都能在网络银行完成。此外，多数网络银行都与银行卡账号及银行卡使用有相当程度的结合。

3. 网络银行运行的特点

网络银行是建立在计算机网络通信技术之上的，以高科技、智能化为支撑，它的发展必然引发金融业运作方式、管理模式、经营理念、风险监管等一系列重大变革。网络银行的运行具有如下特点：

① 业务智能化、虚拟化。传统银行主要借助物质资本，通过银行员工的劳动为客户提供服务。而网络银行没有建筑物及其地址，只有网址，其分行是终端机和Internet带来的虚拟化的电子空间，客户无须银行工作人员的帮助，就可以自己在短时间内完成账户查询、资金转账、现金存取等银行业务，可以自助式地获得网络银行高质、快速、准确、方便的

服务。

② 服务个性化。传统银行一般是单方面开发业务品种，向客户推销产品和服务的，客户只能在规定的业务范围内选择自己需要的银行服务，而 Internet 为网络银行提供了交互式的沟通渠道，客户可以在访问网络银行站点时提出具体的服务要求，网络银行与客户之间采用一对一的金融解决方案，使金融机构在与客户的互动中，进行有特色、有针对性的服务，通过主动服务赢得客户。

③ 它是金融业务创新的平台。传统银行的业务创新主要围绕资产业务，包括：针对商业银行的资产负债业务，进行资产证券化，对金融产品进行改造与组合，满足客户和银行新的需求。而网络银行侧重于利用其成本低廉的优势和 Internet 丰富的信息资源，对金融信息提供企业资信评估、个人理财顾问、专家投资分析等业务进行创新和完善，提高信息的附加价值，强化银行信息中介的职能。

4. 网络银行的基本功能

网络银行既承担着传统商业银行的业务，也肩负着电子商务过程中的在线支付等服务功能。网络银行功能一般包括网络银行业务项目、网络银行商务服务和网络银行信息发布。

① 网络银行业务项目。主要包括企业银行、个人银行、国际业务、信用卡业务、信贷及特色服务等子功能模块。

② 网络银行商务服务。主要包括投资理财、金融市场、政府服务等子功能模块。银行通过网络投资理财服务，更好地体现以客户为中心的服务策略。

③ 网络银行信息发布。主要包括国际市场外汇行情、对公利率、储蓄利率、汇率、国际金融信息、证券行情、银行信息等子功能模块。

通过对目前国内外一些网络银行的功能分析可知，它们所提供的服务并无太大的区别，大体上可以分为以下 3 类：

① 信息服务类。不区分消费者对象，使上网浏览者都能够了解银行的信息。

② 查询类。如查询信用卡余额、交易历史等，通过记录交易额为消费者提供方便的理财渠道。

③ 交易类。提供转账服务、个人支票的签发等，个人和企业可以通过 Internet 实现支付和转账。

目前，在 Internet 上实现的银行业务处理主要是信用卡业务、家庭银行、企业银行业务等消费者与银行关系比较密切的部分。

5.5.2 网络银行的框架结构

网络银行是一个有机的系统，整个网络银行系统包括 4 个部分：网上银行客户、网银运行中心（Internet 接入、Web 服务、CA 中心、交易网关）、支付网关和银行端系统。网络银行的框架结构如图 5-7 所示。

1. 网上银行客户

网上银行客户通过拨号、Internet 或其他方式和网银运行中心相连，向银行发出查询、支付、转账等交易指令，从而取得网上银行的各种交易和信息服务。网上银行客户可以分成两类：一是个人用户和小微企业用户，由于业务量和投入成本的原因，这类客户通过低

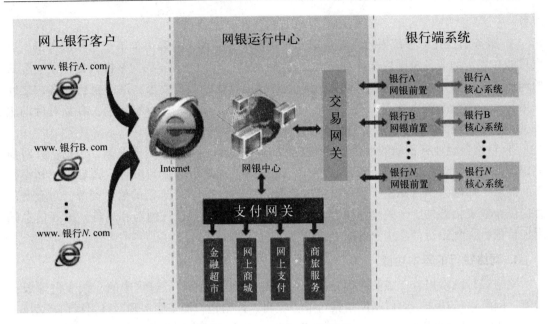

图 5-7 网络银行的框架结构

成本的拨号访问 Internet 和网上银行相连，接口采用 HTTP 协议；二是电子商务中心和大型企业，由于这类客户的业务量大，愿意在网上银行做较多的投入，因此可以通过 DDN 或专用网等方式和网上银行连接。

2. 网银运行中心

网银运行中心是介于网上银行客户和银行系统之间联系的中间环节，它依托高速发展的计算机技术、网络通信技术和安全技术，以保障网上交易的安全性，维持金融秩序，最大限度地减少经济损失，主要包括 Internet 接入、Web 服务、CA 认证、交易网关等。

（1）Internet 接入

Internet 接入包括过滤路由器、DNS 服务器、入口实时监测和防火墙系统等，保证能够为网络银行系统提供安全可靠的 Internet 接入服务，Internet 接入系统必须统一规划、统一管理，不管有几个出口，它都是一个统一管理的整体。

（2）Web 服务

Web 服务是网络银行框架的主体所在，涉及外部 Web 服务器、网络银行 Web 服务器和网络银行数据库服务器。网络银行 Web 服务器负责提供银行查询、交易类服务，该系统存放机密性的信息，对安全的要求很高。外部 Web 服务器负责提供银行咨询类服务，供客户了解各种公共信息，如网络银行开户方法、个人理财建议、网络银行演示、网络银行热点安全问题解答与网络银行服务申请方法等，对安全的要求并不是太高。网络银行数据库服务器通常是一个通用的 UNIX 服务器，其上运行 Sybase 或 UDB 数据库服务器软件，该数据库上存放的数据包括网上银行客户开户信息（如个人综合账户所辖具体账户）、网上银行系统参数，以及与 Internet 客户定制服务相关的信息、企业银行客户开户信息（如企业系统账户所辖具体账户）、企业银行系统设置参数，以及与企业用户定制服务相关的信息。

(3) CA 中心

信息安全的一个重要方面就是信息的不可否认性，为实现这一目的，就要求有一个网上各方都信任的机构来做身份认证，这个机构就是如前所述的认证机构（简称 CA）。通常 CA 都应具有证书的签发、证书的归档、证书的作废和证书的更新等基本功能。证书分为安全套接层（Secure Sockets Lay，SSL）证书和安全电子交易协议（Secure Electronic Transaction，SET）证书。通常，网络银行系统使用 SSL 证书，网上购物系统使用 SET 证书。需要配置一台 SSL 证书服务器，专门负责审核、发放和管理 SSL 证书。

(4) 交易网关

网络银行的业务核心部件，包括网络银行交易网关系统和放在各个账户分行的网络银行前置机。网络银行交易网关系统用于向 Web 服务部分提供与业务系统通信的服务界面和接受客户的指令，并将客户指令送往相应账户分行的网络银行前置机；网络银行前置机是根据交易类型的不同送往相应的后台业务系统进行数据处理的，后台业务系统将处理结果回送给网络银行前置机，并由网络银行前置机将结果送达网络银行交易网关系统，再由网络银行交易网关系统将结果送交 Web 服务部分。

3. 支付网关

支付网关是网络银行和 Internet 间的接口，是将 Internet 上的传输数据转换为网络银行的金融机构内部数据的设备，通常由第三方商家提供。支付网关可以确保交易在互联网用户与网络银行间安全、无缝隙地传递，并且无须对原有主机系统进行修改。它可以处理所有 Internet 支付协议、Internet 特定的安全协议、交易交换、消息和协议的转换、本地授权结算处理等，且可通过适度的系统设置来满足特定的处理要求。支付网关可使银行或交易商能从容应对高速增长的网络市场和应用广泛的网络银行。

4. 银行端系统

银行端系统是指已建成或未来将建设的各种业务系统，提供整个网络银行系统的管理控制，并负责处理网上客户的咨询等，如系统管理工作站、对公系统、储蓄系统、电子汇兑系统和信用卡等银行业务系统。其中，系统管理工作站采用高档工作站，负责防火墙体系运作、系统与网络管理及 CA 系统管理工作。

5.5.3 网络银行的安全保障

网络银行最关心的问题就是安全问题。由于网络银行依靠的平台是 Internet，而 Internet 是一个开放的网络，那么保障网络银行安全就更是首要的问题，它不仅包括客户资料的安全、客户利用网络银行进行交易的安全和客户隐私的安全，同时还包括由于网络银行业务风险带来的经营安全等。世界各地的黑客随时随地可以通过互联网对网络银行进行攻击，会对网上商务造成难以估量的损失。因而，亟须建立一个安全可靠的安全体系。网络银行的安全体系应包括安全策略、安全管理体系、安全管理制度和流程、安全技术措施、业务安全措施、内部安全监控，以及定期安全评估与安全审计。

1. 安全策略

网络银行系统的安全策略应当是整个计算机网络安全策略的一部分，在制定网络银行安全策略时也要考虑到整体安全策略的要求，还要考虑到安全与成本以及安全与效率这两对矛盾。通常，要减少潜在的安全风险，必然会增加成本、降低运行效率。

2. 安全管理体系

一般情况下，网络银行安全管理体系必须首先设置一个安全主管，以指导管理员工作并协调其他安全事宜。其次，还需设置网络银行中心管理员。网络银行中心管理员设置分成：网络银行系统操作员、网络银行系统管理员、网络银行账户管理员、网络银行安全审计员和网络银行客户资料管理员。这些管理员承担不同的工作，拥有不同的权限，尽可能相互牵制。在分配权限时，遵照最小权限原则，即完成管理工作必须有哪些权限，就只赋予哪些权限，不额外赋予多余的权限。管理员具体拥有的权限与承担的责任，可在制度中明确定义。

3. 安全管理制度和流程

安全问题不仅仅是技术上的问题，还包括管理上的因素，制定安全管理制度是保证系统安全的关键因素，必须根据具体管理体系，组建网络银行的运行维护和技术支持管理体系。从安全策略出发，设立不同的安全管理角色，明确各自的职责与工作流程，建立考核监督机制，制定安全管理制度，做到网络银行的运行管理有章可循。

4. 安全技术措施

从技术角度而言，所需的安全技术措施包括安全管理体系、网络链路安全与应用安全。

5. 业务安全措施

为了降低安全风险，有必要从业务制度方面对网络银行交易进行一些限制，例如，设立每笔交易限额和当日累计交易限额，网络银行中心每日核对交易流水；对转账类交易加以限制，规定交易账户需事先签约或约定，且收款方只能是信誉良好的单位或客户事先明确书面约定的个人。

6. 内部安全监控

为使安全管理员尽早发现并防范系统中存在的安全漏洞，需要采用先进的安全监控工具进行系统地网络扫描和实时监控，可采用 ISS 公司的 System Scanner、Internet Scarier、Real Secure 产品进行内部的安全监控。

7. 定期安全评估与安全审计

为了保证原先制定的安全策略仍然能适应目前的新情况与准确地查明安全管理制度和安全措施的具体执行情况，有必要定期对网络银行安全策略进行重新评估。定期对现有安全设施进行安全评估，以找出安全隐患，制定防范措施，尽可能地减少安全威胁。因此必须定期（3 个月）由安全管理部门主持，各区域网络银行中心安全主管进行一次内部安全评估，并同时酌情进行安全审计，包括系统自动生成的针对应用访问情况的审计日志和针对交易内容的应用程序所记的审计日志两方面。

本章小结

本章重点介绍电子支付系统的相关概念和常见的电子支付方式，以及第三方支付发展现状，介绍移动支付和网络银行的基本概念和定义。在电子商务环境下，从事商务活动买卖双方成功的关键就是资金结算能否随交易的结束而顺利完成。由于交易活动与支付清算的分离，从而产生了一系列的问题，包括安全、信用、技术操作、金融机构与服务平台关系等。

本章重点掌握常见的电子支付方式与网络银行支付的定义和区别，识记各种支付方式在电子商务所具有的各种特性。随着互联网应用特别是移动环境的成熟，电子支付会越来越普及深入，应理解电子支付系统未来的发展趋势。

思考题

1. 什么是电子支付？如何理解电子支付系统与电子支付的关系？
2. 常见的电子支付方式有哪些？它们的含义是什么？
3. 简述第三方支付的工作流程。
4. 请谈谈你对移动电子商务和移动支付发展前景的认识。
5. 简述网络银行的含义、组成及其框架结构。

拓展题

请通过网络或相关书籍查找并总结电子支付的发展趋势，并结合资料思考如下问题：在电子支付的发展过程中，各参与者之间的关系如何？它们各自发挥了怎样的作用？出现了哪些代表性的支付工具？电子支付未来的发展趋势如何？

典型案例分析

"互联网+"金融——陆金所

案例导读

2011年9月，平安集团旗下上海陆家嘴国际金融资产交易市场股份有限公司（简称陆金所）在上海市政府的支持下成立，注册资金8.37亿元人民币。其目标为一站式的金融服务平台，使用户可以通过互联网交易一切金融产品。

本案例将在简要阐述陆金所发展历程的基础上，分析其业务模式，总结其成功的要素。

一、基本情况

陆金所成立之后，制定了三步走战略，第一步着重开发产品、积累数据；第二步着重建立平台；第三步推动与平安集团深度融合。截至2014年底，陆金所在线上拥有网络投融资平台（Lufax）和金融资产交易服务平台（Lfex）两个平台，为有融资需求的个人、小微企业、金融机构和平安旗下机构提供融资的平台，同时也为合格的个人投资者、金融机构和公司企业提供投资理财的产品。另外，其针对非标产品所提供的转让服务也增加了产品的可流通性。背靠大树好乘凉，平安的品牌优势成为陆金所的无形资产，与国内其他P2P平台不同，陆金所注定在发展中更为顺风顺水。2014年底，陆金所的Lufax平台在中国P2P平台的交易规模中即排名首位，并成功入选中国小额信贷联盟P2P执委会5家执委之一,截至 2015 年 6 月,Lufax 平台累计注册用户突破一千万。

二、陆金所的业务模式

陆金所现有两大互联网平台如图 5-8 所示,分别是:网络投融资平台 Lufax 和金融资产交易服务平台 Lfex,分别为个人客户和机构客户提供互联网金融服务。双平台涉及平安内部机构、金融机构、公司企业和个人 4 个交易主体,由借款人和出借人关系匹配,共有 B2B、B2C 等 10 种交易模式。交易参与者的多元保证了陆金所生态体系的稳定性。平台搭建初期,产品多是无抵押贷款、票据金融等较为基本的投资类型。随着平台业务拓展、客户积累和金融创新,产品逐步丰富。

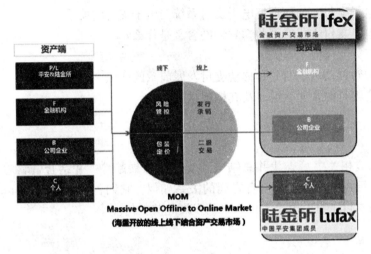

图 5-8 陆金所互联网金融平台

1. Lufax——个人投融资交易平台(为个人客户提供互联网金融服务)

(1) P2P 业务

P2P 业务模式为一笔投资对应一笔借款的一对一模式,为有借款需求的个人提供融资服务,同时也为有投资需求的个人提供投资服务。通过平安集团旗下的担保公司对借款人的借贷真实性及申请担保的资格进行审核和风险控制,并对借款人的借款承担全额担保责任。一旦交易成功,出资者对借款人拥有债权,在整个投资周期内,出资者将获得一定的利息回报,并采用等额本息的方式每月收款,而陆金所平台为借款人和出资者的资金提供代收代付服务。由于投融资的低门槛和便捷的操作流程,陆金所的 P2P 践行了普惠金融的意义,不仅满足了普通投资者的理财需求,也缓解了市场对于优质投融资服务的迫切需求。

(2) 二级市场债权转让业务

此外,陆金所率先推出了二级市场债权转让业务,并于 2012 年底开通。某项目的投资人在急需用钱时可以通过二级市场交易功能将自己持有的稳赢系列债权转让给其他投资人,以获得流动性。据陆金所官网统计,在二级市场转让的债权从挂牌到成交的平均时间仅为 1 分钟,这意味着投资者可以进行更多轮次的投资,这一点极大地提升了金融产品对投资者的吸引力。同时陆金所尝试债权转让创新模式,让用户将其在陆金所投资的资产转变为抵押品,这样用户有短期资金需求时,可以通过这种方式在陆金所平台上进行融资。这就为那些既不想放弃高收益,又急需流动性的人提供了便捷。

2. Lfex——金融资产交易服务平台（为广大机构、企业等合格投资者提供综合性金融资产交易相关服务及投融资顾问服务）

金融资产交易服务平台的基本业务模式是在金融机构对投资客户（B2C）、企业与企业之间（B2B）和金融机构与金融机构之间（F2F），面向银行、非银行金融机构和企业，以基于互联网的线上合约交易与线下交易服务相结合的方式，为非标金融资产提供一级和二级市场转让交易及相关配套服务。

交易产品端陆续上线的试点业务有：委托债权投资及二级转让、商业/银行承兑汇票交易、应收账款转让、理财投资权益转让交易等产品。同时拓展投资方市场：商业银行自有资金、理财资金投资、保险资产管理公司、四大资产管理公司、证券和基金专项子公司，以及信托公司自有资金投资和代客交易等，努力从金融产品提供和投资方挖掘两端扩大市场容量、丰富交易产品种类，提高金融产品的可得性，提高交易效率和投资效率，促进金融资源和合理流动和有效配置。

三、陆金所成功的要素

陆金所平台是平安传统金融和互联网结合的一个成功典范，也是P2P平台业务的传统金融行业先行者。由于借贷双方可以直接交易，P2P借贷市场消除了传统金融机构的中介作用，但陆金所自身却发展成为了新型的金融信息中介并领跑行业。总结陆金所互联网金融平台的成功要素，不外乎以下两点：

1. 传统金融优势——成熟的金融产品制造能力

依托于平安集团全金融牌照、丰富的跨金融领域综合发展经验，陆金所从众多互联网金融平台中脱颖而出，敢于面向现今国内金融市场中资源配置不佳、市场效率低下的领域如小微企业融资难问题，并长期致力于通过优质服务，引入境外资产及境外投资人，创新交易组织模式，提高交易效率，优化金融资产配置，从一定程度上改变了小微企业融资需求市场的信贷配给，弥补了适量的供给缺口，减轻了信贷配给程度，促进了金融资源的合理配置。

依靠健全的信用评估流程，成熟的风险控制措施，以及互联网渠道的低成本，陆金所建立起一个能够提供安全、透明、公开、公正、高效金融交易服务的平台，并优化金融资源配置，提高市场效率，有效补充了传统的金融市场，从而促进了全方位、多层次金融市场体系的发展。

2. 互联网渠道——全面的互联网化水平

陆金所通过将互联网和IT技术应用和金融创新相结合，为更多的投资者提供了普惠金融的便利。Lufax个人投融资交易平台和Lfex金融资产交易服务平台面向不同金融服务受众，为小微企业、工商个体户、个人借款人、企业和机构等提供了高效、快捷、公平、透明的投融资交易服务。此外，陆金所创新性地将前期积累的线上交易、第三方存管、债权资产风险控制等经验运用到信贷资产、债权交易平台建设中，致力于建立企业、金融机构与合格投资者之间的金融资产交易平台，并提供安全、透明和高效的金融资产交易及相关配套服务，努力打造互联网模式的高效率的非标金融资产交易平台。

然而，陆金所的债权转让模式在金融创新的同时也存在一定的风险。在这种债权转让模式中，原来的投资人摇身一变成为借款人，而借款人一旦再将这笔资金通过陆金所的平台进行再投标，那么就等于一笔资金同时投资了两个项目，实际上等同于加杠杆。而这种基于借贷关系形成的债权抵押很容易形成债务关系链条，倘若其中某一个环节出现了问题，就会导致该链条形成错综复杂的权益纠纷。假如在该链条中，其中一个产品出现逾期，而短时间内又无法得到合理解决，那么整个链条上所有出资方的资金都可能沉淀下来，这不仅不能优化陆金所倡导的"流动性"，反而会使资金效率降至最低。而随着二级市场规模的不断扩大，接二连三地推出创新产品，当市场出现流动性过剩时，一些资本很容易涌向个别P2P产品，令二级市场出现虚高报价的情况，身陷"投机漩涡"。

案例思考题：
1. 请简述你理解的陆金所的核心竞争力。
2. 试选取陆金所一种业务或产品模式进行分析。
3. 你对陆金所未来发展策略的看法是什么。
4. 试阐述金融背景的互联网金融公司的优势。

第6章 电子商务物流与供应链管理

> **学习目标**
> - 了解电子商务物流与供应链管理的内涵。
> - 熟悉电子商务物流模式与物流技术。
> - 掌握电子商务物流运作与供应链管理的具体方法。

引导案例

做中国特色的UPS——百世物流

百世物流科技（中国）有限公司成立于2007年9月，公司注册在中国香港，中国区总部扎根于美丽的西子湖畔——杭州，是创新型综合物流与供应链服务提供商。百世物流针对不同类型的客户需求，提供以信息系统为核心的一体化物流产品和服务。

2010年4月16日，百世物流科技有限公司获得了来自鼎晖和华登国际的1 500万美元投资，这是最近几年物流行业吸引的众多资本中为数不小的投资。而百世物流的创办者是前谷歌大中华区联合总裁周韶宁，以及主要股东马云和郭台铭等。这些业界大佬的参与，更是让传统的物流行业陡然焕发了新活力。

百世物流通过完整、系统的合作伙伴认证管理体系、专业的供应链解决方案设计，以及先进的信息技术和公司自行研发的综合营运平台 GeniMax 系统，为国内外企业提供综合供应链设计与优化、电子物流与网络化仓储管理、干线运输、区域和同城配送等一站式物流管理外包服务。目前已有超过200家企业通过与百世物流合作，有效地改善了供应链管理并享受精准的物流服务，其中包括李宁、家乐氏、七匹狼等多家合作伙伴将百世物流纳入战略合作伙伴体系。百世物流通过面向服务的信息平台架构（SOA）建立以客户需求为导向的快速响应机制，优选服务产品组合，以专业的服务管理能力和协同工作平台，帮助企业客户和合作伙伴提高效益，降低成本。

6.1 物流概述

6.1.1 物流的定义与分类

1. 物流的定义

物流的概念最早是在美国形成的，当初被称为 Physical Distribution（即PD），译成中文是"实物分配"或"货物配送"。1935年，美国销售协会阐述了"实物分配"的概念："实物分配是包含于销售之中的物质资料和服务在从生产场所的流动过程中所伴随的种种经济活动。"1963年，物流的概念被引入日本。当时的物流被理解为"在连接生产和消费间对物资履行保管、运输、装卸、包装、加工等功能，以及作为控制这类功能后援的信息功能，它在物资销售中起了桥梁作用"。1979年6月，中国物资经济学会派代表团参加在日本举行的第三届国际物流会议，把物流的概念介绍到了国内。20世纪90年代初，"Logistics"的概念直接从欧美传到中国，但这时我国仍沿用"物流"的译法。此时的物流已被称为Logistics，已经不是过去PD的概念了。Logistics的原意为"后勤"，这是第二次世界大战期间军队在运输武器、弹药和粮食等给养时使用的一个名词，它是为维持战争需要的一种后勤保障系统。后来人们把Logistics一词转用于物资的流通中，这时，物流就不单纯要考虑从生产者到消费者的货物配送问题，还要考虑从供应商到生产者对原材料的采购，以及生产者本身在产品制造过程中的运输、保管和信息等方面，从而全面地、综合性地提高经济效益和效率问题。因此，现代物流是以满足消费者的需求为目标，把制造、运输、销售等市场情况统一起来考虑的一种战略措施，这与传统物流把它仅看作是"后勤保障系统"和"销售活动中起桥梁作用"的概念相比，在深度和广度上又有了进一步的含义。2001年4月，中华人民共和国国家标准《物流术语》正式颁布，2006年又对其进行了修订。《物流术语》标准中将物流定义为："物品从供应地向接收地的实体流动过程。根据实际需要，将运输、储存、装卸、搬运、包装、流通加工、配送、信息处理等基本功能实现有机结合。"

根据上述定义，我们可以分析得出以下几点：

① 物流的对象不仅仅是物品。根据对众多物流概念的研究，物流的对象不仅仅指物品，还应该包括人、服务和信息。因为人的运输和货物的运输在设计、运作、管理的原理和要求上是基本相同的，所以物流的对象中应该包括人、服务和信息。因为它们是特殊商品，所以美国物流管理协会的定义中也包括了服务和信息。

② 物流是一个过程和系统。过程是指人机交互作用与作业对象，从而达成作业目标的行为集合。物流过程从纵向可以分为环节、作业和动作；从横向可以分为流体、载体、流量、流向和流程5个要素。物流过程又是一个系统，是由许多环节和要素组成的系统，是由流动要素、资源要素和网络要素组成的实现产品物理性移动功能的系统。系统论要求我们要使物流系统整体最优，必须对物流过程进行系统化的设计与管理。最优的总体设计方案并不能保证局部环节最优，但却能使物流系统整体最优。

③ 物流过程需要一体化管理。现代物流并不是运输、储存、装卸、包装、流通加工、配送和物流信息等要素的简单集合，而是从供应方到最终顾客整个流通过程中所发生的商品实物运动及相关服务的一体化管理。这也是已经有了运输、仓储等概念和功能以后还要提出物流概念的根本原因。在实践中人们发现，许多问题无法通过单一功能的改进得到解决，而必须将包装、运输、储存、装卸等相关要素结合起来进行整体设计和处理。

④ 物流的范围包括整个社会再生产过程。传统物流认为，物流存在于商品销售阶段。也就是说，传统物流主要是指"实体分销"（Physical Distribution），而现代物流的范围则包括从原材料采购到最终消费者，甚至退货的整个过程，包括废弃物回收等都在物流研究的范围之内。物流包括空间位置的移动、时间位置的移动，以及形状、性质的变动，因而通过物流活动，可以创造物品的空间效用、时间效用和形质效用。

⑤ 物流是效率和效果的统一。在经济学和管理学领域，有效率（Efficient）是指能够低成本地达到目标，而效果（Effective）是指达到目标的程度。就物流而言，有效率是指以最低的物流费用满足顾客的要求，而有效果则是以物流的速度（订货周期）、可获得性、准时性、差异化等来反映服务的水平。显然，在许多场合，效率与效果是存在矛盾的，如运输速度与运输费用、服务水平与库存水平、标准化与差异化等。解决的办法就是战略匹配，即针对顾客的不同偏好或优先顺序提供不同的物流战略，求得效率与效果的统一。

2. 物流的分类

社会经济领域中的物流活动无处不在，对于各个领域的物流，虽然其基本要素存在且基本相同，但由于物流对象、目的、范围和特性不同，因而形成了不同的物流类型。为了便于学习和研究，按照物流在供应链管理中的作用，可以将物流分为供应物流、销售物流、生产物流、回收物流、废弃物物流等不同的类型。

① 供应物流（Supply Logistics）。生产企业、流通企业或消费者购入原材料、零部件或商品的物流过程称为供应物流，即物资生产者、持有者至需求者、使用者之间的物流。对于工厂而言，它是指生产活动所需要的原材料、备品备件等物资的采购、供应活动所产生的物流；对于流通领域而言，它是指交易活动中从买方立场出发的交易行为中所发生的物流。

② 销售物流（Distribution Logistics）。生产企业、流通企业出售产品或商品的物流过程称为销售物流，即物资的生产者或持有者到用户或消费者之间的物流。对于工厂而言，它是指售出产品；对于流通领域而言，它是指交易活动中从卖方角度出发的交易行为中的物流。销售物流的成本在产品及商品的最终价格中占有一定的比例。

③ 生产物流（Production Logistics）。从工厂的原材料购进入库起，直到工厂成品发送为止，这一全过程的物流活动称为生产物流。生产物流是制造企业所特有的，它和生产流程同步。原材料、半成品等按照工艺流程在各个加工点之间不停地移动、流转，从而形成了生产物流。如果生产物流中断，生产过程也将随之中断。

④ 回收物流（Returned Logistics）。不合格物品的返修、退货以及周转使用的包装容器从需方返回到供方所形成的物品实体流动的过程称为回收物流。

⑤ 废弃物物流（Waste Material Logistics）。将经济活动中失去原有使用价值的物品，根据实际需要进行收集、分类、加工、包装、搬运、储存等，并分送到专门处理场所形成的物品实体流动的过程称为废弃物物流。废弃物物流没有经济效益，但却具有不可忽视的社会效益。因此，对废弃物物流的研究也很有必要。

6.1.2 物流的功能

物流的功能是指物流活动应该具有的基本能力，以及通过对物流活动最佳的有效组合，形成物流的总体功能，以达到物流的最终经济目的。物流的功能包括采购、生产、包装、运输、储存保管、装卸搬运、流通加工、配送、废旧物的回收与处理，以及与上述职能相关的情报信息。上述构成也称为"物流活动的基本功能"。如果从物流活动的实际工作环节来考查，物流由下述7项具体活动构成，除了传统的物流服务外，电子商务还具有增值性的物流服务功能。增值性的物流服务功能包括增加便利性的服务功能、加快反应速度的服务功能、降低成本的服务功能、延伸服务功能等。

1. 运输功能

运输是物流的核心业务之一，也是物流系统的一个重要功能。运输是指劳动者通过使用运输工具和设备，实现人与货物在空间、场所等有目的位移。运输是物流的主要功能要素之一，是社会物质生产的必要条件之一，运输可以创造"场所效用"，它是"第三利润源"的主要源泉。选择何种运输手段对于物流效率具有十分重要的意义。在决定运输手段时，必须权衡运输系统要求的运输服务和运输成本，人们可以从运输工具的服务特性作为判断的基准：运费、运输时间、频度、运输能力、货物的安全性、时间的准确性、适用性、伸缩性、网络性和信息等。

2. 储存功能

储存是指商品离开生产领域后，在进入消费领域之前，处于流通领域时所形成的临时性的"停滞"。储存功能包括对进入物流系统的货物进行堆存、管理、保管、保养、维护等一系列活动。储存的作用主要表现在两个方面：一是完好地保证货物的使用价值和价值；二是为将货物配送给用户，在物流中心进行必要的加工活动而进行的保存。随着经济的发展，物流由少品种、大批量物流进入多品种、小批量或多批次、小批次物流时代，储存功能从重视保管效率逐渐变为重视如何顺利地进行发货和配送作业。流通仓库作为物流储存功能的服务据点，在流通作业中发挥着重要的作用，它将不再以储存保管为其主要目的。流通仓库包括拣选、配货、检验、分类等作业，并具有多品种、小批量、多批次等收货配送功能及附加标签、重新包装等流通加工功能。储存不仅是传统意义上的"蓄水池"，而是由过去的静态管理逐步向动态管理转变。储存相当于物流体系的一个节点。在这里，物质实体在化解其供求时间上的矛盾的同时，也创造了新的时间上的效益。

3. 包装功能

包装是指在物流过程中，为了保护产品、方便储运、促进销售，按一定的技术方法所采用的容器、材料及辅助物等的总称，其主要作用有保护、容纳、便利、促销等。生产物流的终点，也是社会物流的起点。包装具有从属性和商品性两种属性。包装是其内装物的附属品，包装所选用的容器、材料、包装技法等都从属于内装货物的需要。商品包装是附属于内装货物的特殊商品，本身具有价值和使用价值两种属性。为使物流过程中的货物完好地运送到用户手中，并满足用户和服务对象的要求，需要对大多数商品进行不同方式、不同程度的包装。

包装分工业包装和商品包装两种。工业包装的作用是按单位分开产品，便于运输，并保护在途货物。商品包装的目的是便于最后的销售。因此，包装的功能体现在保护商品、单位化、便利化和商品广告等几个方面。其中，前3项属于物流功能，最后一项属于营销功能。

4. 装卸搬运功能

装卸搬运是随运输和保管而产生的必要物流活动，它是对运输、保管、包装、流通加工等物流活动进行衔接的中间环节，以及在保管等活动中为其进行检验、维护、保养所进行的装卸活动，如货物的装卸、移送、拣选、分类等。装卸搬运在物流活动转换中起着承上启下的作用，在物流成本中占有重要地位，是提高物流系统效率的关键。装卸搬运是附属性、伴生性、支持性、保障性和衔接性的活动。装卸作业的代表形式是集装箱化和托盘化，使用的装卸机械设备有吊车、叉车、传送带和各种台车等。在物流活动的全过程中，装卸搬运活动是频繁发生的，因而是产品损坏的重要原因之一。对装卸搬运的管理，主要是对装卸搬运方式、装卸搬运机械设备的选择、合理配置与使用，以及装卸搬运合理化的管理，旨在尽可能减少装卸搬运的次数，以节约物流费用，获得较好的经济效益。

5. 配送功能

配送是指将从供应者手中接受的多品种、大批量货物进行必要的储存保管，并按用户的订货要求进行分货、配货后，将配好的货物在规定的时间内安全、准确地送交需求用户的一项物流活动。配送中心是从事对特定用户送货业务的集货、加工、分货、拣选、配选和组织，以高水平实现销售或供应的现代流通服务场所和组织。其功能一般有：采购功能、存储功能、配组功能、分拣功能、分装功能、集散功能、加工功能等。配送是实现流通社会化的重要手段，通过集中库存使企业实现低库存或零库存，以提高供应程度，从而有利于实现运输的合理化。它是为消费者提供方便、优质服务的重要方式。

6. 流通加工功能

流通加工功能是在物品从生产领域向消费领域流动的过程中，为了促进产品销售、维护产品质量和实现物流效率化，对物品进行加工处理，使物品发生物理或化学性变化的功能。其功能包括包装、分割、计量、分拣、刷标志、拴标签、组装等简单作业。流通加工在流通中，仍然和流通总体一样起着"桥梁和纽带"的作用。但是，它却不是通过"保护"流通对象的原有形态而实现这一作用的。它是和生产一样，通过改变或完善流通加工的概念对象的原有形态来实现"桥梁和纽带"作用的。

流通加工功能的主要作用表现在：进行初级加工，方便用户；提高原材料利用率；提高加工效率及设备利用率；充分发挥各种运输手段的最高效率；改变品质、提高收益。这种在流通过程中对商品进行的进一步辅助性加工，可以弥补企业、物资部门、商业部门在生产过程中加工程度的不足，可以更有效地满足用户的需求，更好地衔接生产和需求环节，使流通过程更加合理化。它是物流活动中的一项重要增值服务，也是现代物流发展的一个重要趋势。

7. 物流信息服务功能

现代物流是需要依靠信息技术来保证物流体系正常运作的。物流信息是指在物流活动进行中产生及使用的必要信息。它是物流活动内容、形式、过程以及发展变化的反映。在物流活动中，物流信息流动于各个环节之间，它不仅指与物流活动有关的信息，还包含与其他流通活动有关的信息，如商品交易信息和市场信息等。物流系统的信息服务功能包括进行与上述各项功能有关的计划、预测、动态（运量、收、发、存数）的情报及有关的费用情报、生产情报、市场情报等活动。财物流情报活动的管理，要求建立情报系统和情报渠道，正确选定情报科目和情报的收集、汇总、统计、使用方式等，以保证其可靠性和及时性。物流系统的信息服务功能必须建立在计算机网络技术和国际通用的 EDI 信息技术基础之上，才能高效地实现物流活动一系列环节的准确对接，真正创造"场所效用""时间效用"。可以说，信息服务是物流活动的中枢神经，该功能在物流系统中处于不可或缺的重要地位。物流信息服务功能的主要作用表现为：缩短从接受订货到发货的时间；库存适量化；提高搬运作业效率；提高运输效率；使接受订货和发出订货更为省力；提高订单处理的精度；防止发货、配送出现差错、调整需求和供给；提供信息咨询等。

6.1.3 电子商务与物流

电子商务是随计算机网络与通信技术的迅速发展，特别是 Internet 的普遍应用而产生的一种全新的商务运作模式。电子商务的出现使流通产业的内涵与外延都发生了重大变化，有关流通的执行部分和全部由信息流取代，物流手段和信息手段演变成现代流通的两大支柱。整个市场实务运行的处理工作主要由物流公司来提供，物流企业成了代表所有生产公司及供应商对客户进行实务供应的承担者，也是商品流通实务运作的最主要载体。所以，在电子商务环境下，物流被提升到了前所未有的重要程度，也为物流业实现跨越式的发展创造了新的机遇。随着电子商务的进一步发展，物流对电子商务的作用也显得日益突出。作为支持有形商品网上商务活动的物流，它已成为有形商品网上商务活动的一个障碍，是有形商品网上商务活动能否顺利进行的一个关键因素。

1. 物流在电子商务中的地位和作用

电子商务是 21 世纪信息化、网络化的产物，其自身的特点已引起人们的广泛注意，但是人们对电子商务所涵盖的范围却没有统一、规范的认识。过去，人们对电子商务过程的认识往往局限于信息流、商流和资金流的电子化与网络化，而忽视了物流的电子化过程。其实对于大多数商品和服务来说，物流仍然可以通过传统的经销渠道运行。随着电子商务的进一步推广与应用，物流的重要性及其对电子商务活动的影响也日益明显。

① 物流是电子商务的重要组成部分。现代物流是电子商务运作过程的重要组成部分，是信息流、商流和资金流最终实现的根本保证。电子商务＝网上信息传递＋网上交易＋网上结算＋物流配送＝鼠标＋车轮。电子商务的整个运作过程是信息流、商流、资金流和物流的流动过程。对于有形商品的任何一笔交易，如果没有实物商品的顺利转移，就无法完成一次完整的交易。所以，物流是实现电子商务的有力保障，电子商务的开展离不开物流业的发展。电子商务呼吁发达物流业的出现。

② 物流是电子商务的支点。以现代电子网络为平台的信息流极大地加快了现代物流信息的传递速度。它在为客户赢得宝贵时间的同时，也使货物运输环节和方式实现科学化和最佳化。以快节奏的商流和先进的信息为基础的现代物流，能够有效地减少流动资金的占压，加速资金周转，充分发挥资本的增值作用。它被认为是继企业节约原材料、降低物耗、提高劳动生产率之后的又一经济利润增长点，是电子商务的利润源泉。从企业供应链的角度来看，电子商务是信息传送保证，物流是执行保证。

③ 物流是实现电子商务跨区域配送的重点。近年来，随着电子商务的发展，国际物流呈现出加速增长的趋势。要解决电子商务中跨国物流、跨区域物流可能出现的问题，就特别需要完善的物流系统。随着电子商务发展的日趋成熟，跨国、跨区域的物流将会日益重要。没有物流网络、物流设施和物流技术的支持，电子商务将受到极大的限制；没有完善的物流系统，电子商务虽然能够降低交易费用，却无法降低物流成本，电子商务所产生的效益将大打折扣。只有大力发展电子商务，广泛开展国际物流合作，才能促进经济的长期繁荣与持续发展。

2. 电子商务对物流的影响

近几年来，电子商务作为一种新兴的商务活动，为现代物流创造了一个虚拟性的运动空间。在电子商务状态下，物流的各种职能及功能可以通过虚拟化的方式表现出来。在这种虚拟化的过程中，人们可以通过各种组合方式来寻求物流的合理化，使商品实体在实际的运动过程中达到效率最高、费用最省、距离最短、时间最少的目的，从而改变人们传统的物流观念。一方面，电子商务改变了物流的运作方式和物流企业的经营形态，电子商务使物流活动实现了网络的实时控制。传统的物流活动在其运作过程中，其实质都是以商流为中心，从属于商流活动，因而物流是紧随着商流而运动的。而在电子商务条件下，物流运作是以信息为中心的，信息不仅决定了物流的运动方向，而且也决定了物流的运作方式。另一方面，电子商务促进了物流基础设施的改善和物流技术、管理水平的提高，把物流业提升到了前所未有的高度，这将大大拓展物流服务的空间。在电子商务改变传统产业结构的同时，物流业也不可避免地受到它的影响，具体的电子商务对物流各作业环节的影响分析如下：

① 对采购的影响。传统的采购极其复杂，采购员要完成寻找合适的供应商、检验产品、下订单、收取发货通知单和货物发票等一系列复杂烦琐的工作。而在电子商务环境下，企业的采购过程变得简单、顺畅。近年来，国际上一些大的公司已在专用网络上使用 EDI，以降低采购过程中的劳务、印刷和邮寄等费用。通常，可由此节约 5%～10% 的采购成本。Internet 与之相比可进一步降低采购成本。与专用增值网相比，大公司可从 Internet 的更低传输成本中获得更多的利益。Internet 也为中小型企业打开了一扇大门。通过 Internet 采购，企业可以接触到更大范围的供应商，因此也就产生了更为激烈的竞争，然而又从另一面看它又降低了采购成本。

② 对配送的影响。首先表现为配送业地位得到强化。在配送发展初期，主要是以促销手段的职能来发挥作用的。据一些学者研究，供大于求的买方市场格局才是推行和发展配送的适宜环境。这说明在电子商务产生之前，配送存在的根本原因是为了促销。而在电子商务时代，B2C 的物流支持都要靠配送来提供，B2B 的物流业务会逐渐外包给第三方物流，其供货方式也是配送制。没有配送，电子商务的物流就无法实现，因为电子商务的命运与配送业连在了一起。同时，电子商务使制造业和零售业实现了零库存，它实际上是把库存转移给配送中心，因此配送中心成为整个社会的仓库。由此可见，配送业的地位大大提高了。

③ 对运输的影响。在电子商务环境下，传统运输的运输原理并没有改变，但运输组织形式受其影响，却有可能发生较大的变化。运输通常分为一次运输和二次运输，物流网络由物流节点和运输线路共同组成，节点决定线路。在传统经济模式下，各个仓库位置分散，物流的集中程度比较低，这使得运输也很分散。在电子商务环境下，库存比较集中，而库存集中必然会导致运输集中，从而多式联运将得到迅速发展。

④ 对物流网络的影响。首先是物流的网络信息化是物流信息化的必然，是电子商务下物流活动的主要特征之一。当今世界 Internet 等全球网络资源的可用性及网络技术的普及为物流的网络信息化提供了良好的外部环境。物流网络可划分为线路和节点两部分，其相互交织连接，就形成了物流网络。电子商务会使物流网络中的仓库数目减少，库存集中化。配送中心的库存将取代社会上千家万户的零散库存，它将成为集货、分货、集散和流通加工等功能于一体的物流节点。

⑤ 对物流信息的影响。物流信息将会变得十分重要，它将成为物流管理的依据。首先是信息流由闭环变为开环。原来的信息管理以物流企业的运输、保管、装卸、包装等功能

环节为对象,以自身企业的物流管理为中心,与外界的信息交换很少,是一种闭环管理模式。而在电子商务物流管理中则更注重供应链管理,以顾客服务为中心。它通过加强企业间的合作,把产品生产、采购、库存、运输配送、产品销售等环节集成起来,将生产企业、配送中心、分销商网络等经营过程的各个方面纳入一个紧密的供应链中。此时,信息就不只是在物流企业内闭环流动,信息的快速流动、交换和共享将成为信息管理的新特征。

3. 电子商务环境下物流的发展趋势

在电子商务时代,由于企业销售范围的扩大,企业和商业销售方式及最终消费者购买方式的转变,给全球物流带来了新的发展,使物流具备了一系列新特点。

(1) 物流的信息化

在电子商务时代,物流信息化是电子商务的必然要求。物流信息化表现为物流信息的商品化、物流信息收集的数据库化和代码化、物流信息处理的电子化和计算机化、物流信息传递的标准化和实时化、物流信息存储的数字化等。条码技术(BarCode)、数据库技术(Database)、电子订货系统(Electronic Ordering System,EOS)、电子数据交换(Electronic Data Interchange,EDI)、快速反应(Quick Response,QR)及有效的客户反映(Effective Customer Response,ECR)、企业资源计划(Enterprise Resource Planning,ERP)等技术与观念在我国的物流中已得到普遍的应用。信息化是一切的基础,没有物流的信息化,任何先进的技术设备都不可能应用于物流领域,信息技术及计算机技术在物流中的应用将会彻底改变世界物流的面貌。

(2) 物流的自动化

自动化的基础是信息化,自动化的核心是机电一体化,自动化的外在表现是无人化,自动化的效果是省力化。另外,还可以扩大物流作业能力、提高劳动生产率、减少物流作业的差错等。物流自动化的设施非常多,如条码/语音/射频自动识别系统、自动分拣系统、自动存取系统、自动导向车、货物自动跟踪系统等。这些设施在发达国家已普遍用于物流作业流程中,而在中国由于物流业起步较晚,各地的物流发展水平差别较大,自动化技术的普及还需要相当长的时间。

(3) 物流的智能化

物流的智能化是物流自动化、信息化的一种高层次应用。在物流作业过程中的大量运筹和决策,如库存水平的确定、运输(搬运)路径的选择、自动导向车的运行轨迹和作业控制、自动分拣机的运行、物流配送中心经营管理的决策支持等问题都可以借助电子商务系统来解决。可以说,物流的智能化已成为电子商务物流发展的一个新趋势。比如,京东集团就已对外宣布,由其自主研发的中国首辆无人配送车已经进入道路测试阶段,有望进行大规模商用。这也标志着继用无人机解决农村电商配送"最后一公里"问题后,京东又在变革城市配送模式上前行了一大步。

(4) 物流的网络化

物流网络化的基础也是信息化,是电子商务物流活动主要特征之一。这里指的网络化有两层含义:一是物流配送系统的计算机通信网络,包括物流配送中心与供应商或制造商的联系要通过计算机网络,另外与下游顾客之间的联系也要通过计算机网络通信;二是组织的网络化,即所谓的企业内部网(Intranet)。物流的网络化是物流信息化的必然,是电子商务下物流活动的主要特征之一。当今世界 Internet 等全球网络资源的可用性及网络技术的普及为物流的网络化提供了良好的外部环境,物流网络化不可阻挡。

(5) 物流的全球化

电子商务的发展加速了全球经济一体化的过程,其结果将使物流企业向跨国经营和全球化发展。这就要求物流企业与生产企业要更加紧密地联系在一起,他们需要花费大量的时间和精力更好地从事物流服务。

6.2 电子商务物流配送及运作模式

6.2.1 电子商务物流配送体系

1. 传统商务的物流配送体系

在传统商务中,商品要从生产者手中最终到达消费者手中,需要经过很多中间环节,如代理商、批发商、零售商。商品在从生产者到达消费者的每一个中间环节都要经过一系列的商品处理,从而形成了几种不同的物流模式,如图6-1所示。

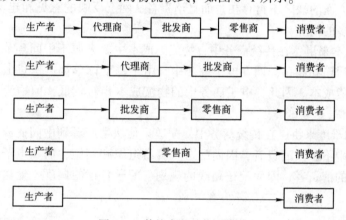

图6-1 传统商务的物流模式

2. 电子商务的物流配送体系

在电子商务中,在仓储中心要进行入库管理、储存管理、出库管理,在配送中心要进行物流的组配作业和在途运输作业,在电子商务网络中心则进行信息的管理和网络的维护。商品从生产者到达消费者手中的电子商务物流模式如图6-2所示。

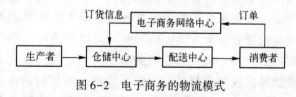

图6-2 电子商务的物流模式

3. 传统商务与电子商务物流配送体系的比较

通过以上对传统商务和电子商务物流体系的分析和比较可以看出,电子商务与传统商务在物流方面存在以下7项差别:

① 从中间环节来讲,在传统商务中,商品在途一般要经过两个以上的中间环节。有

时，由于批发商的增加，如二级批发商、三级批发商等，商品在途经过的环节就更多了。而在电子商务中，由于信息是通过网络来沟通的，商品在流通的中间环节只要经过一个仓储部门就可以了，因而大大减少了中间环节。

② 从商品的处理来讲，在每一个环节中，不论是传统商务还是电子商务，都要经过商品的入库管理、仓储管理、出库管理。虽然，有时由于中间商管理不规范，对商品的处理不完善，但这些基本处理是不可缺少的。由于在电子商务中的中间环节少，因而在商品流通过程中对商品的处理也大大减少，从而减少了在途商品的损耗和破损。

③ 从商品的在途时间来讲，电子商务由于中间环节少，因而能够使商品的在途时间减少到最短，从而满足用户对时间的要求。

④ 从消费者得到货物的方式来讲，对于传统商务而言，消费者得到货物需要到零售商店去购买；而在电子商务中，由于每个订单都可送货上门，消费者在家中就可以得到货物，这极大地方便了消费者。

⑤ 从对消费需求的反应来讲，在传统商务中，由于调查和与消费者的交流需要时间，因而对消费需求和消费动向反应较慢；而在电子商务中，网络的调查和送货上门的交流，使传统商务在这方面的缺陷不再存在。而且消费者从网上反映的意见和建议可以无所顾忌，因而能够得到更多的信息。

⑥ 从物流成本来讲，在传统商务中，物流的成本主要来源于中间环节，来自于若干级中间商对商品的运输和储存；而在电子商务中，由于每个订单都可送货上门，其物流的成本主要来源于送货成本。因此，电子商务中的物流成本相对较低，但物流成本占商品交易总成本的比例较高。

⑦ 从配送的难度来讲，在传统商务中，配送只是从生产者到中间商或从中间商到中间商，在配送过程中不涉及消费者，因而配送较容易组织和实施；而在电子商务中，由于配送的对象是分散的消费者，因而配送路线的规划、配送日程的调度、配送车辆的合理利用难度很大。

6.2.2 电子商务的物流模式

1. 自营物流模式

（1）自营物流概述

自营物流是指企业自身投资建设物流的运输工具、储存仓库等基础硬件，经营管理企业的整个物流运作过程。电子商务企业之所以愿意投入巨资进行自建物流主要有以下3方面的原因：第一，传统物流服务水平不能满足某些电子商务公司其成本控制目标和客户服务的要求；第二，土地是投资升值潜力很大的行业，而"物流国八条"明确了对物流用地的利好政策，吸引许多持有大量外国风险投资的有实力的电商企业大力投入物流基础设施建设；第三，自建物流能够实现货到付款且不收手续费，能够打消许多人网购的顾虑，而且与第三方物流代收货款相比，能够加速资金流动性。目前，采取自营物流的电子商务企业主要有两类。

① 资金实力雄厚且业务规模较大的电子商务公司。例如，当当网已经拥有了北京、上海、广州等6个物流基地。凡客诚品自建了一家名为"如风达"的快递公司。京东商城CEO刘强东曾透露，京东目前已经完善组建300余量卡车组成的大型运输车队，以正式进

军干线和支线物流运输市场。京东商城还通过标准化物流，构筑垂直领域的竞争堡垒，整合供应链，逐步占据微笑曲线型产业链的高位。此前，一直宣称不会自建物流的阿里巴巴集团和旗下的淘宝网，也开始谋求转变，欲大力发展阿里物流体系，现在分为两块：天网与地网。天网是由天猫牵头负责与各大物流快递公司对接的数据平台，地网则是"菜鸟"，又称"中国智能物流骨干网（CSN）"。

② 传统的大型制造企业或批发企业经营的电子商务网站。由于其自身在长期的传统商务中已经建立了初具规模的营销网络和物流配送体系，因此，在开展电子商务时只需将其加以改进、完善，就可以满足电子商务条件下物流配送的要求，并可向其他的物流服务需求方（如其他的电子商务公司）提供第三方综合物流服务，以充分利用其物流资源，实现规模效益。如2011年发展起来的苏宁易购等传统零售商也已加入自建物流。

(2) 自营物流模式的优势

① 反应快速、灵活。与第三方物流相比，自营物流由于整个物流体系属于企业内部的一个组成部分，与企业经营部门关系密切，以服务于本企业的生产经营为主要目标，能够更好地满足企业在物流业务上的时间、空间要求。特别是要求物流配送较频繁的企业，自营物流能更快速、灵活地满足企业的要求。

② 企业拥有对物流系统运作过程的有效控制权。在自营物流下，企业可以通过内部行政权力控制自营物流运作的各个环节，对供应链有较强的控制能力，容易与其他业务环节密切配合，可以使企业的供应链更好地保持协调、稳定，从而提高物流的运作效率。

(3) 自营物流模式的劣势

① 一次性投资大、成本高。虽然自营物流具有自身的优势，但由于物流体系涉及运输、仓储、包装等多个环节，建立物流系统的一次性投资较大，占用资金较多。对于资金有限的企业来说，物流系统建设投资是一个很大的负担。

② 需要较强的物流管理能力。自营物流的运营，需要企业工作人员具有专业化的物流管理能力，否则仅有好的硬件，也无法高效经营。

2. 第三方物流模式

(1) 第三方物流概述

第三方物流（Third-Party Logistics，3PL 或 TPL）是由相对"第一方"发货人和"第二方"收货人而言的第三方专业企业来承担企业物流活动的一种物流形态，它是物流专业化的重要形式。它是提供物流交易双方部分或全部物流功能的外部服务提供者。由于3PL是以签订合同的方式，在一定期限内将部分或全部物流委托给专业物流企业来完成的，因此又称为合同物流或契约物流、外包物流。第三方通过与第一方或第二方的合作来提供其专业化的物流服务，它不拥有商品，不参与商品买卖，而是为顾客提供以合同约束、以结盟为基础的专业化、规模化、个性化、信息化的物流代理服务。它提供的物流服务包括设计物流系统、EDI能力、报表管理、货物集运、选择承运人、货代人、海关代理、信息管理、仓储、咨询、运费支付和谈判等。

社会分工的细化及物流业发展到一定阶段，必然会促使这种专业物流企业的出现。它们利用专业设施和物流运作的管理经验，为顾客定制物流需求计划和提供个性化的物流服务。将物流外包给第三方物流公司是跨国公司管理物流的通行做法。按照供应链的理论，企业将不是自己核心业务的业务外包给从事该业务的专业公司去做，这样从原材料供应到生产，再到产品的销售等各个环节的各种职能，都是由在某一领域具有专长或核心竞争力的专业公司互相协调或配合来完成的，由此所形成的供应链具有最大的竞争力。将物流业务外包给第三方是电子商务经营者适应电子商务的需求变化而进行的一种较理想的选择。第三方物流是物流专业化的重要形式，是物流社会化、合理化的有效途径。所以，第三方物流的发展程度反映出了一个国家物流业发展的整体水平。

特别是随着电子商务的发展，因为第三方物流先天的优势，绝大多数的电子商务公司会将第三方物流作为配送的首选。电子商务物流是信息化、现代化、社会化的物流配送。它是指物流配送企业采用网络化的计算机技术和现代化的硬件设备、软件系统及先进的管理手段，针对社会需求，严格地、守信用地按用户的订货要求，进行准确及时的配送。一般的电子商务公司不具备亚马逊和沃尔玛那样自营物流系统的能力，它们需要将更多的精力投入产品的开发领域，通过与第三方物流企业建立联盟的方式构建自己的竞争优势。同时，电子商务的发展也深刻地影响着第三方物流的发展进程：一是电子商务信息技术的发展促进了第三方物流服务商向信息化、网络化的升级；二是电子商务对配送需求的多样性与分散性，为第三方物流整合系统内部资源提供了内在的动力和外在的需求，电子商务为众多企业拓展边界的同时，也对企业的物流配送提出了全球化服务的要求；最后，电子商务的发展同时也拓展了第三方物流公司的业务发展渠道。

(2) 第三方物流模式的优势

对于开展电子商务的企业而言，在当今竞争日趋激化和社会分工日益细化的大背景下，采用第三方物流模式解决物流问题具有明显的战略优势，主要表现为以下几个方面：

① 使电子商务企业能更好地集中力量发挥其核心竞争能力，使企业集中精力于核心业务。由于任何企业的资源都是有限的，很难成为业务上面面俱到的专家。因此，企业应把自己的主要资源集中于擅长的主业，而把物流等辅助功能留给物流公司。这样可以使企业集中资源，培育其核心能力，大力发展核心主业，把主业做大、做强、做精，走集约化的发展道路。

② 降低经营成本。将物流外包给第三方物流公司会降低经营成本，这主要通过以下两个方面来实现：一是减少固定资产投资，加速资金周转。使用第三方物流公司不仅减少了设施的投资，还解放了仓库和车队方面的资金占用，加速了资金周转；二是规模优势、专业化优势、信息化优势等的发挥会降低库存与成本。

③ 第三方物流供应商能更好地根据市场需要进行技术创新，使之提供的服务与电子商务的要求相匹配，提供灵活多样的顾客服务，为顾客创造更多的价值。专业化的第三方物流企业会利用其健全的物流网络、先进的物流设施和专业的运作能力，给顾客提供更加灵活多样的高品质服务，创造更高的顾客让渡价值；并且可以利用第三方物流提供商的专业物流技术，缩短交货期，从而改进电子商务企业的企业形象。

(3) 第三方物流模式的劣势

第三方物流以其突出的优势和特点成为适合电子商务的一种全新物流模式，它已在国际范围内蓬勃发展。当然，第三方物流也有不利之处。与自营物流比较，第三方物流意味着企业放弃了对顾客的直接控制，放弃了物流专业技术的开发，具有一定程度的风险性和不确定性，也会给企业带来诸多的不利，这主要体现在以下两个方面：

① 企业不能直接控制物流职能。企业将物流业务外包给第三方物流企业时，就意味着

不能像自营物流那样可以对物流各环节的活动进行自如的控制，物流的服务质量与效率不一定得到完全的控制与保证；在供应链中，由于过分依赖供应链伙伴，容易受制于人，在供应链关系中处于被动地位，对供应链的控制能力差。

② 第三方物流尚未完全成熟。我国第三方物流企业总体尚未完全成熟，没有达到一定的规模化与专业化，缺乏合格的专业人员设计、评估物流系统，提高的服务质量尚不能满足外包方的需求，成本节约、服务改进的优势在我国并不明显，而且常常会造成外包物流的失败。

3. 物流联盟模式

（1）物流联盟概述

物流联盟（Logistics Alliance）是一种介于自营和外包的物流模式，是介于独立的企业与市场交易关系的一种组织形态，是企业间由于自身某些方面发展的需要而形成的相对稳定的、长期的契约关系，是以物流为合作基础的企业战略联盟。它是指两个或多个企业之间，为了实现自己的物流战略目标，通过各种协议、契约而结成的优势互补、风险共担、利益共享的松散型网络组织。在现代物流中，是否组建物流联盟作为企业物流战略的决策之一，其重要性是不言而喻的。在我国，其物流水平还处于初级阶段，则组建物流联盟就显得尤为重要。它可以降低前两种模式的风险，物流联盟是为了取得比单独从事物流活动更好的效果，在物流方面通过契约形成优势互补、要素双向或多向流动的中间组织。联盟是动态的，只要合同结束，双方又可变成追求自身利益最大化的单独个体。

电子商务企业与物流企业进行联盟，一方面有助于电子商务企业降低经营风险，提高竞争力，同时企业还可从物流伙伴处获得物流技术和管理技巧；另一方面也使物流企业有了稳定的货源。当然，物流联盟的长期性、稳定性会使电子商务企业改变物流服务供应商的行为变得困难，电子商务企业必须对今后过度依赖于物流伙伴的局面做周全的考虑。例如，淘宝探索的独特的物流策略——推荐物流，即淘宝与物流公司签约，签约的物流公司一旦进入淘宝的推荐物流企业行列，这些物流企业就可直接通过与淘宝对接的信息平台接受其用户的订单。

（2）物流联盟的优势

① 大企业通过物流联盟迅速开拓全球市场，有利于提高其服务水平。第三方物流公司通过联盟有利于弥补在业务范围内服务能力的不足。例如，美国联邦快递公司发现自己在航空运输方面存在明显不足，于是决定把一些不是自己核心竞争力的业务外包给 Fritz 公司，将 Fritz 公司作为它的第三方物流提供商。

② 长期供应链关系发展成为联盟形式，有助于降低企业的风险，有利于减少因交易主体的"有限理性"而产生的交易费用。单个企业的力量是有限的，它对一个领域的探索失败了损失会很大，如果几个企业联合起来，在不同的领域分头行动，就会减少风险。而且联盟企业在行动上也有一定的协同性，因此对于突如其来的风险，能够共同分担。这样就减少了各个企业的风险，提高了抵抗风险的能力。

③ 企业（尤其是中小企业）通过物流服务提供商结成联盟，有助于物流合作伙伴之间在交易过程中减少相关交易费用，能有效地降低物流成本，提高企业的竞争能力。由于我国物流业存在着诸多不利因素，这些企业间进行联盟能够在物流设备、技术、信息、管理、资金等各方面互通有无，优势互补，减少重复劳动，降低成本，达到共同提高、逐步完善

的目的，从而使物流业朝着专业化、集约化的方向发展，提高整个行业的竞争能力。

通过以上分析可以看到，物流联盟的建立能减少交易的全过程、交易主体行为和交易特性等领域和环节中产生的各种交易费用，它是一种节约交易费用的制度安排。因此，寻找合适的物流伙伴建立物流联盟也是电子商务企业进行物流运作的一个好选择。

（3）物流联盟的劣势

如何建立一个强有力的物流联盟，在具体构建与运作过程中也面临着不少问题。

① 联盟要给成员带来实实在在的利益。联盟采取的每一项措施都要考虑每个成员的利益，使联盟的每个成员都是受益者，并能协调处理成员间的摩擦，提高客户的服务能力，减少成本和获得持久的竞争优势。

② 联盟战略目标与企业的物流战略一致或部分一致。联盟是一个独立的实体，是一个系统一体化的组织。联盟成员应有共同的目标和采取一致的努力，优化企业的外部行为，共同协调并实现联盟的目标。

③ 联盟成员的企业文化精神实质基本一致。企业文化往往决定着企业的行为，只有企业文化大体相同的企业才有可能在行为上取得一致，从而结盟。如果企业间有文化冲突，则在运作物流联盟过程中将会面临很大的风险。

④ 联盟成员的领导层要相对稳定。如果联盟成员经常更换领导层，则后一任领导可能不认同前一任领导的决策，导致联盟不稳定性加大。因此，领导层的相对稳定是联盟长期稳固发展的重要因素。

在选择物流联盟运作模式时，应注意以下两个问题：①联盟伙伴的类型。在选择联盟伙伴时，要注意物流提供商的种类及其经营策略；②保持在联盟中的控制能力。

4. 第四方物流模式

（1）第四方物流概述

由于第三方物流难以达到系统最优化，物流企业数量的不断增加，因而使企业在使用第三方物流时有了更多的选择。由于第三方物流分工的细化，企业也需要将其物流业务分包给更多的第三方物流企业。因此，企业必须花费大量的精力进行对第三方物流企业的选择与管理。虽然从局部来看，第三方物流是高效率的，但从整体来说，第三方物流企业各自为政，这种加和的结果很难达到最优，难以解决经济发展中的物流瓶颈问题，尤其是电子商务中新的物流瓶颈。电子商务环境下的物流管理日益复杂，使得在电子商务环境下的供应链管理过程需要一个"超级经理"来对企业的供应链进行设计、优化与监控，在客户、企业物流、信息、供应商之间充当唯一"联系人"的角色，这促使了第四方物流模式的出现。著名的管理咨询公司埃森哲公司首先提出了第四方物流的概念。

第四方物流（4PL）就是供应链的集成者、整合者和管理者。它主要通过对物流资源、物流设施和物流技术的整合，提出物流全过程的设计、实施办法和解决途径，形成一体化的供应链解决方案，根据集成方案将所有的物流运作及管理业务全部外包给第三方物流公司。从定义上讲，"第四方物流供应商是一个供应链的集成商，它对公司内部和具体互补性的服务供应商所拥有的不同资源、能力和技术进行整合和管理，以提供一整套供应链解决方案"。该概念是由埃森哲咨询公司提出并注册的。通俗地讲，第四方物流是指集成商们利用分包商来控制与管理客户公司的点到点式供应链运作，它不仅控制和管理特定的物流服务，而且对整个物流过程提出策划方案，并通过电子商务将这个过程集成起来。也就是说，第四方物流要通过与第三方物流公司、供应链管理咨询公司、供应链信息技术公司、大型流通类公司的协作才能最终完成，这个过程涉及信息技术、管理技术和物流运作技术等诸多方面。

在某种意义上，4PL 的概念是 3PL 概念的延伸。一般来说，我们认为第四方物流是指第三方物流提供商将供应链管理技术外包给第四方，即由第四方来拟订一套供应链总体解决方案，并负责对解决方案的实施过程进行监控与评价。供应链解决方案的目标是提高供应链整体绩效，这就要求第四方物流提供商必须开发先进的集成和同步化技术，将第三方物流提供商、信息技术服务商、供应链上各企业所拥有的资源、技术及业务能力进行优化整合。因此，第四方物流提供商是各相关实体联系和交流的枢纽，是包括供应链在内的整个系统的集成商。我们应当认识到，第四方物流概念的引进是与目前第三方物流缺乏跨越整个供应链的运作能力，以及整合供应链流程所需的 IT 专业技术和管理技能的特点密切相关的。从整体上看，第三方物流经营目前仍处于较低水平状态，第三方物流要么独自经营，要么通过与自己有密切关系的转包商来为客户提供服务。第四方物流公司参与设计、咨询、提供集成管理方案，它可以将每一个领域的最佳物流服务商组合起来，形成最优物流方案或供应链管理方案。

(2) 第四方物流的优势

第四方物流是指从事物流服务业务的社会组织，它不需要独自直接具备承担物资物理移动的能力，而是借助于自己所拥有的信息技术和实现物流的充分需求和供给信息，并加上对于物流运作胜人一筹的理解所开展的物流服务。这种业务与现有的货运代理业务十分相似，故称为物流代理业务。第四方物流的产生得益于第三方物流市场的高度发展、网络信息技术的先进。第四方物流的优势主要体现在以下几个方面：

① 成本及交易费用低。第四方物流自己不投入任何固定资产，而是对买卖双方及第三方物流供应商的资产和行为进行合理的调配和管理。它依靠业内最优秀的第三方物流供应商、技术供应商、管理咨询顾问和其他增值服务商，为客户提供独特和广泛的供应链解决方案，从而减少存货和现金流转次数，提高资产利用率。其物流业务的分离整合协调了物流环节各参与方的利益冲突，有效地降低了企业和供应商的交易费用。

② 能提供一整套完善的供应链解决方案，实现供应链的"共赢"。在第三方物流中，由于信息不对称、外包商不确定，企业为维持外包物流服务的稳定与可靠会增加相应的监察、协调、集成等管理费用，因而执行外包合约的交易费用随之上升，供应链并不能都从中受益。而第四方物流关注的不是仓储或运输单方面的效益，而是整条供应链的效益。整条供应链外包可以降低运营成本，提高运作效率、流程一体化建设，改善供应，使运营成本和产品销售成本降低，而整条供应链的客户利益会因此而增加。第四方物流集成了管理咨询和第三方物流服务商的能力。

③ 管理"软""硬"分离，第四方物流通过对整个供应链产生影响的能力来增加价值。第四方物流专门提供物流方案和进行物流人才培训。物流服务提供者或参与者不再依托或者不完全依托物流硬件设施设备，而是为所服务的企业制订完整的物流方案，然后利用社会物流资源实现方案。与第三方物流相比，它是变拥有物流硬件为控制物流硬件。物流产业内"软"的管理设计与"硬"的设施设备相分离，使产业分工更加明晰，提高了服务的专业化程度和服务水平，加速了市场发育和产业升级。第四方物流充分利用了一批服务提

供商的能力，如 3PL、信息技术供应商、合同物流供应商、呼叫中心、电信增值服务商等，以及客户的能力和 4PL 自身的能力。总之，第四方物流通过提供一个全方位的供应链解决方案来满足如今企业所面临的广泛而又复杂的需求。这个方案关注供应链管理的各个方面，既提供持续更新和优化的技术方案，又能满足客户的独特需求。

④ 能充分发挥信息技术的重要作用，适应商品流通新趋势。信息化技术、自动化技术、智能化技术、仿真技术和管理技术的提高是第四方物流的源泉，EDI、POS、GIS、GPS、ITS、MT、自动识别系统、自动分拣系统、电子拣选系统、高架立体仓库、虚拟库存、电子支付的使用为第四方物流的出现打下了基础。第四方物流能提供一个综合性供应链解决方法，集中所有资源为客户完美地解决问题。它将客户与供应商信息和技术系统一体化，把人的因素和业务规范有机地结合起来，使整个供应链规划和业务流程能够有效地贯彻实施。特别是随着全球经济的发展，商品交易表现为高频率、大范围，从而也要求现代物流向高速、多层次、大范围的运行趋势进行变革，第四方物流在时间上和空间上由于更有效率，因而适应了商品流通的新趋势。

(3) 第四方物流的劣势

① 我国目前对第四方物流的服务需求不足。谁来对制造企业或分销企业的供应链进行监控，在客户和它的物流与信息流之间充当唯一的"联系人"的角色？在实际操作中，第三方物流往往会觉得它们自己在与客户的关系中就是物流提供商，并且它们认为没有必要在客户和第三方物流之间插入一个第四方物流。它们的管理模式是建立在发展与更多客户联系的基础上的，不需要第四方物流插足。它们的客户都想保持直接的联系，它们就是集成的服务提供商。何况作为一个第三方物流，谁能够允许第四方物流自由进出自身信息系统，掌握自身价格和服务特色，然后利用这些信息抢走客户呢？第四方物流公司不仅很难得到客户的信任，而且在处理与第三方物流的关系上也十分尴尬。

② 统一物流信息平台尚未建成。第四方物流开展的前提条件是必须提供全面供应链及物流信息管理系统平台。程度低的物流信息化，而强大的物流网络信息是第四方物流展开成长的前提条件。当前因为信息技术的不成熟、投资费用高等难题使得信息化水平低，缺乏可以达成供应链上全部企业和第三方物流企业的信息同享的大众信息平台。例如，如何将移动终端采集到的定位数据传回到一个控制中心，再通过控制中心去调度移动终端，以达到资源的合理利用。基于 GPS（全球卫星定位系统）的物流跟踪定位子系统是技术关键，这不仅仅是个技术难题，也需要大量的资金。因此，信息技术的不成熟、投资费用偏高是第四方物流信息平台推广应用的最大障碍。

③ 供应链管理技术尚未发育成熟，相关专业人才匮乏。目前，我国供应链管理技术尚未发育成熟；供应链、物流管理专长人员稀缺；企业组织变革管理的能力较差；同时整个物流的基础设施落后，客户的规模较小，还承担不起第四方物流的服务。第四方物流的发展必须在第三方物流高度发达和企业供应链业务外包极为流行的基础上才能发展起来。第四方物流企业不仅要有整合整个供应链的能力和雄厚的资金实力，还要求有一批高素质的物流人才。因为对整个供应链的整合并不等同于简单的物流外包，而是要求物流人员不仅具备物流的基础知识和丰富的实践经验，还要具备 IT、人力资源管理、技术集成等全方位的知识和能力。然而，我国的物流人才奇缺。目前，我国拥有国际权威认证机构颁发的物流专业管理资格证书的职业经理人数量有限，缺口很大。

6.2.3 电子商务物流运作策略与模式选择

随着电子商务行业竞争的白热化，物流这个电子商务中的瓶颈环节，已经成为电商巨头们决心打造的新的核心竞争力，甚至一度有人喊出"得物流者得天下"的口号。

1. 电子商务物流运作策略

（1）轻公司、轻资产策略

轻公司，它是指电子商务企业做自己最擅长的，比如平台、数据，而把其他业务比如生产、物流都外包给第三方专业企业去做，最终把公司做小，把客户群体做大。电商物流中的轻公司、轻资产模式，即电商企业着重于管理好业务数据，管理好物流信息，而租赁物流中心的地盘，并把配送环节全部外包。这是传统电商企业的传统运作模式，也就是说，电商企业真正实现"归核化"和"服务外包"。轻公司、轻资产模式，减轻了电商企业在物流体系建设方面的资金压力，但对与其合作的第三方依赖度很高，如果第三方的服务出现问题，势必连累电商企业本身。曾有统计数据称，第三方物流的投诉率是电商企业自建物流的 12 倍。因此，这种合作模式需要具备较高的合作风险管控能力。

（2）垂直一体化策略

垂直一体化，也被称为纵向一体化，即从配送中心到运输队伍，全部由电商企业自己整体建设，这是完全相反于轻公司、轻资产模式的物流模式，它将大量的资金用于物流队伍、运输车队、仓储体系建设。典型企业为京东商城。垂直一体化模式改变了传统电子商务企业过于注重平台运营而轻视物流配送的状况，将较多的资金和精力转投物流体系建设，希望以物流方面的优势加大在电商业务上的竞争力。

（3）半外包策略

相对于垂直一体化的过于复杂和庞大，半外包是比较经济而且相对可控的模式，它也被称为半一体化模式，即电商企业自建物流中心和掌控核心区域物流队伍，而将非核心区物流业务进行外包。这种半外包模式，仍然需要电商企业自己投入大量资金进行物流体系建设。垂直一体化也好，半外包也好，姑且不论是被动扩张还是主动扩张，实际上是电商企业将业务扩展到了物流业的一亩三分地。虽然对于做好顾客的物流服务有较高的保障，但是，需要电商企业投入较多的资金和精力，以及需要电商企业具备较大的物流管理经验，可以说，这实际上存在很大的经营风险。

（4）云物流云仓储策略

借鉴目前热门的云计算、云制造等概念，云物流模式，顾名思义，就是指充分利用分散、不均的物流资源，通过某种体系、标准和平台进行整合，为我所用、节约资源，相关的概念还有云快递、云仓储。从理论上讲，云物流实现了"三化"：一是社会化，快递公司、派送点、代送点等成千上万的终端都可以为我所用；二是节约化，众多社会资源集中共享一个云物流平台，实现规模效应；三是标准化，一改物流行业的散、乱，建立统一的管理平台，规范服务的各个环节。云物流模式，希望利用订单聚合的能力来推动物流体系的整合，包括信息整合、能力整合。但问题在于，目前云物流只是提供了一个信息交换的平台，解决了供给能力的调配问题，不能从根本上改变行业配送能力的整合问题、服务质量问题、物流成本及物流效率的控制问题。如何整合和管理好云资源，这也是云计算、云制造面临的共同问题。

2. 电子商务物流模式选择

对开展电子商务的企业而言，目前电子商务企业的物流模式主要有自营物流、第三方物流和物流联盟等几种。这几种模式各有优缺点，企业该如何选择自己的物流模式呢？企业在进行物流决策时，应立足于自己的实际需要和资源条件，以提高自身的核心能力和市场竞争力为导向，综合考虑以下主要因素，慎重选择物流模式：

(1) 物流子系统的战略地位

在进行物流模式决策时，首先要考虑物流子系统的战略重要性、物流对企业成功的影响度和企业对物流的管理能力，它们是电子商务企业决定采用何种物流模式的首要影响因素。物流地位越重要，企业自营物流的可能性就越大，反之亦然。考虑物流子系统的战略地位，主要是看其是不是构成企业的核心能力。如果物流对企业成功的重要度高，而企业处理物流的能力相对较低，则应采用外包物流；如果物流对企业成功的重要度较低，同时企业处理物流的能力也低，则应采用外购物流服务；如果物流对企业成功重要度很高，且企业处理物流能力也高，则应采用自营物流。通常，按照专业化分工理论，应该将不是自己核心业务的物流管理外包给从事该业务的专业公司去做，这样有利于提高电子商务企业的核心竞争力。

(2) 企业对物流的管理能力

电子商务企业对物流的管理能力是影响其选择物流模式的又一个重要因素。一般而言，在其他条件相同的情况下，如果企业在物流管理方面具有很强的能力，则自营物流就比较可取。企业物流管理能力越强，自营物流的可行性就越大。而在企业对物流的管理能力较差的情况下，如物流子系统在战略上处于重要地位，则应该寻找合适的物流伙伴建立物流联盟；反之，则采用第三方物流较为合适。也就是说，要考虑企业对物流控制力的要求。越是市场竞争激烈的行业，企业越是要强化对供应和分销渠道的控制，此时企业应采取自营物流。一般来说，最终产品制造商对渠道或供应链过程的控制力比较强，它们往往会选择自营物流，即作为龙头企业来组织全过程的物流活动，制订物流服务标准。

(3) 对企业柔性的要求

随着科技的进步与经济的发展，企业要根据市场的情况来不断地调整自己的经营方向、经营重点、市场、产品，这就对企业的柔性提出了越来越高的要求。而外包物流能够使企业具有较大的柔性，能够比较容易地对企业的业务、内容、重点、数量等方面进行必要的调整。所以，相对而言，处于变化发展速度较快行业中的企业，其商品种类、数量比较不稳定，变动较多、较大，需要根据实际情况相对较快地调整其经营管理模式及相应的业务。为保证企业具有足够的柔性，应采用外购物流服务。而业务相对稳定、物流商品种类也比较稳定且数量大的企业，对于企业的柔性要求较低，则采用自营物流的可能性比较大。

(4) 物流系统总成本

在选择是自营还是物流外包时，企业必须弄清两种模式物流系统总成本的情况。其计算公式为：物流系统总成本＝总运输成本＋库存维持费用＋批量成本＋总固定仓储费用＋总变动仓储费用＋订单处理和信息费用＋顾客服务费用。这些成本之间存在着二律背反现象：当减少仓库数量时，可降低保管费用，但会带来因运输距离和次数的增加而导致的运输费用增加的问题。如果运输费用的增加部分超过了保管费用的减少部分，则总的物流成本反而增大。所以，在选择和设计物流系统时，要对物流系统的总成本加以论证，最后选择成本最小的物流系统。

(5) 企业规模和产品自身的物流特点

一般来说,大型的电子商务企业由于实力比较雄厚,因而有能力建立自己的物流系统、制订合适的物流需求计划、保证物流服务的质量。而小型电子商务企业则受人员、资金和管理资源的限制,物流管理效率难以提高。此时,企业为了把资源用于核心业务上,就应该把物流管理交给第三方专业物流代理公司。另外,它们还要考虑企业产品自身的物流特点,对于某些专业性强的商品,应交给专业的物流服务企业去做。

(6) 第三方物流的客户服务能力

企业在选择物流模式时,虽然考虑成本很重要,但第三方物流为本企业及企业顾客提供服务的能力是选择物流服务至关重要的因素。

6.3 电子商务下的物流信息技术

电子商务环境下的物流发展离不开物流信息技术,尤其是在现代化的物流系统中,物流信息技术起到了引领物流行业发展的作用。今后发展的趋势是智慧物流,将利用集成智能化技术,使物流系统能模仿人的智能,具有思维、感知、学习、推理判断和自行解决物流中某些问题的能力。其中,自动识别技术实现订单处理、跟踪、结算;货物的快速入库、盘点、库存管理;EDI 包括买卖双方数据交换、企业内部数据交换等;利用 GPS/LBS/GIS 技术,实现货物及资产的实时定位;使用无线智能终端,可以实时地收集、传输物流信息,由此制定、优化操作物流计划,缩短物流周转时间;数据挖掘是从大量随机的物流数据中,挖掘出反映物流规律的信息,并不断优化物流流程;自动分拣系统通过网络将控制装置、分类装置、输送装置及分拣道口组成完整的自动分拣系统;人工智能使用机器模拟人类智能的途径,可以显著提高物流效率和准确性,并降低物流成本。

6.3.1 条码技术

1. 条码技术概述

条码技术是在计算机的应用实践中产生和发展起来的一种自动识别技术,它是为实现对信息的自动扫描而设计的,也是实现快速、准确、可靠地采集数据的有效手段。条码技术的应用解决了数据录入和数据采集的"瓶颈"问题,为电子商务物流管理提供了有力的技术支持。条码标识简称条码,是由一组黑白相间、粗细不同的条状符号组成的。条码隐含着数字信息、字母信息、标志信息、符号信息,其主要用于表示商品的名称、产地、价格、种类等,是全世界通用的商品代码的表示方法。条码是一组黑白相间的条纹,这种条纹由若干个黑色的"条"和白色的"空"的单元所组成。其中,黑色条对光的反射率低,而白色的空对光的反射率高,再加上条与空的宽度不同,就能使扫描光线产生不同的反射接收效果,在光电转换设备上转换成不同的电脉冲,从而形成可以传输的电子信息。由于光的传输速度极快,因而,条码技术可以准确无误地对运动中的商品条码予以识别。

2. 条码的种类

目前,条码的码制多种多样,但根据国际物品编码协会(EAN)和美国统一代码协会(UCC)的编码规范,国际上通用的物流条码码制有 3 种:EAN-13 条码,即消费单元条码(商品条码);ITF-14 条码,即储运单元条码;UCC/EAN-128 条码,即 EAN/UCC-128 物流条码。企业在选用物流条码时,首先要根据货物规格的不同和包装形式的不同,按照国家或国际的标准,选用 EAN/UCC 规定的条码码制进行合理的编码。

(1) 商品条码

商品条码是用于标识国际通用的商品代码的一种模块组合型条码。EAN/UCC 条码是国际上通用的商品代码。我国通用商品条码标准也采用 EAN 条码结构,它通常是由 13 位数字及相应的条码符号组成的。在较小的商品上,也采用 8 位数字码及其相应的条码符号。

① 前缀码。由 3 位数字组成,前缀码是国家的代码,我国为 690~693,它是国际物品编码会统一决定的。

② 制造厂商代码。由 5 位数字组成,我国物品编码中心统一分配并统一注册,一厂一码。

③ 商品代码。由 4 位数字组成,它表示每个制造厂商的商品,认代码由厂商确定,可标识 1 万种商品。

④ 校验码。由 1 位数字组成,用以校验前面各码的正误。

标准版商品条码所表示的代码由 13 位数字组成。在标准版商品条码所标识的 13 位数字代码中,最左侧的一位数字代码称为前置码,而用于标识国际物品编码协会(EAN)所属编码组织成员(国际或地区)的代码称为前缀码($X_{13}X_{12}X_{11}$)。前缀码是标识 EAN 编码组织的代码,由 EAN 统一管理和分配。标准版商品条码结构如表 6-1 所示。

表 6-1 标准版商品条码结构

结构种类	厂商识别代码	商品项目代码	校验码
结构一	$X_{13}X_{12}X_{11}X_{10}X_9X_8X_7$	$X_6X_5X_4X_3X_2$	X_1
结构二	$X_{13}X_{12}X_{11}X_{10}X_9X_8X_7X_6$	$X_5X_4X_3X_2$	X_1
结构三	$X_{13}X_{12}X_{11}X_{10}X_9X_8X_7X_6X_5$	$X_4X_3X_2$	X_1

其中,厂商识别代码由 7~9 位数字组成,用于对厂商唯一标识。厂商识别代码是 EAN 编码组织在 EAN 分配的前缀码的基础上分配给厂商的代码。商品项目代码由 3~5 位数字组成,商品项目代码由厂商自行编码。在编制商品项目代码时,厂商必须遵守商品编码的基本原则,即唯一性和无含义性。校验码用于校验厂商识别代码和商品项目代码的正确性。

标准版商品条码符号由左侧空白区、起始符、左侧数据符、中间分隔符、右侧数据符、校验符、终止符、右侧空白区及供人识别字符组成,如图 6-3 所示。

缩短版商品条码所表示的代码由 8 位数字($X_8X_7X_6X_5X_4X_3X_2X_1$)组成。其中,$X_8X_7X_6X_5X_4X_3X_2$ 为商品项目代码,是在 EAN 编码组织分配的前缀码($X_8X_7X_6$)的基础上分配给厂商特定商品项目的代码,用于对厂商特定商品项目进行唯一标识。其中,X_1 是校验码。

缩短版商品条码符号由左侧空白区、起始符、左侧数据符、中间分隔符、右侧数据符、校验符、终止符、右侧空白区及识别字符组成,如图 6-4 所示。

图 6-3 标准版商品条码符号结构

图 6-4 缩短版商品条码符号结构

(2) 物流条码

物流条码是由 EAN 和 UCC 制定的用于商品单元标识的条码。商品单元由消费单元、储运单元和货运单元组成。因此，物流条码中应包含商品条码（EAN/UPC）、储运单元条码（ITF-14）和货运单元 128 码（EAN/UCC-128）。

物流条码具有全球唯一单元标识（按照 EAN/UCC 规范编码，不会出现重码），用于供应链管理的全过程，以实现全球物流信息共享；可表示的信息多，具有信息可变性和易维护等特性。物流条码所标识的物品信息内容主要有两部分：①固定项目标识，如厂商信息、产品编码信息等；②动态项目标识，如系列货运包装箱代码信息、生产日期、有效期、批号、数量、参考项目（客户购货订单代码）、位置码、特殊应用（医疗保健业等）及内部使用信息等。物流条码典型的应用有以下几个方面：

① 销售信息系统（POS 系统）。在商品上贴上条码就能快速、准确地利用计算机进行销售和配送管理。其过程为：对销售商品进行结算时，通过光电扫描仪读取信息并将信息输入计算机，然后输入收款机，收款以后开出收据。同时，通过计算机处理，掌握进、销、存的数据。

② 库存系统。在库存物资上（如规格包装、集装、托盘货物）应用条码技术，入库时自动扫描并输入计算机，由计算机处理后形成库存信息，并输出入库区位、货架、货位的指令，出库程序则与 POS 系统条码应用一样。

③ 分货拣选系统。在配送方式和仓库出货时，一般采用分货、拣选方式，需要快速处理大量的货物时，由于在每件物品外包装上都印（贴）有条码，因而利用条码技术就可自动进行分货拣选，并实现有关的管理。

3. 条码技术的发展趋势——二维条码

(1) 二维条码概述

由于条码技术具有输入速度快、准确度高、成本低、可靠性强等优点，因此它在各行业得到了广泛应用。但随着应用领域的不断扩大，传统的一维条码渐渐表现出了它的局限性。首先，使用一维条码必须通过连接数据库的方式提取信息才能明确条码所表达的信息含义，即对商品信息，如生产日期、价格等的描述必须依赖数据库的支持，因此在没有数据库或者不方便联网的地方，一维条码的使用就受到了限制。一维条码通常仅仅是对物品的标识，而不是对物品的描述。其次，一维条码表达的只能是字母和数字，而不能表达汉字和图像，在一些需要应用汉字的场合，一维条码就不能很好地满足要求。随着电子商务的发展，迫切需要用条码在有限的几何空间内表示更多的信息，以满足千变万化的信息表示的需要。二维条码在电子商务中的应用能解决一维条码不能解决的问题，它能够在横向和纵向两个方位同时表达信息。它不仅能在很小的面积内表达大量的信息，而且能够表达汉字和存储图像。

二维条码（如图 6-5（a）所示）除了左右（条宽）的粗细及黑白线条有意义外，上下的条高也有意义。与一维条码相比，由于左右（条宽）上下（条高）的线条皆有意义，故可存放的信息量就比较大。我们在普通商品上的条码和储运包装物上的条码基本上是一维条码（如图 6-5（b）所示），其原理是利用条码的粗细及黑白线条来代表信息。当拿扫描器来扫描一维条码时，即使将条码上下遮住一部分，其所扫描出来的信息都是一样的，所以一维条码的条高并没有意义，而只有左右（条宽）的粗细及黑白线条有意义，故称一维条码。

(a) (b)

图 6-5 二维条码与一维条码比较

从符号学的角度讲，二维条码和一维条码都是信息表示、携带和识读的手段。但从应用角度讲，尽管在一些特定场合可以选择其中的一种来满足我们的需要，但它们的应用侧重点是不同的：一维条码用于对"物品"进行标识，二维条码用于对"物品"进行描述。信息容量大、安全性高、读取率高、错误纠正能力强等特性是二维条码的主要特点。

（2）二维条码的分类

二维条码通常分为以下两种类型：

① 行排式二维条码。行排式二维条码，又称为堆积式二维条码或层排式二维条码，其编码原理是建立在一维条码基础之上的，按需要堆积成二行或多行。它在编码设计、校验原理、识读方式等方面继承了一维条码的一些特点，识读设备、条码印刷与一维条码技术兼容。但由于行数的增加，二维条码需要对行进行判定，其译码算法与软件也不完全与一维条码相同。有代表性的行排式二维条码有 CODE49、CODE 16K、PDF417 等。例如，PDF417 码可用来作为电子商务活动中运输/收货标签的信息编码，它是 ANSI MH10.8 标准的一部分，这种编码被许多的电子商务企业所采用。

② 矩阵式二维条码。矩阵式二维条码又称为棋盘式二维条码，它是在一个矩形空间通过黑、白像素在矩阵中的不同分布进行编码，具有更高的信息密度。在矩阵相应元素的位置上，用点（方点、圆点或其他形状）的出现来表示二进制数"1"，点的不出现表示二进制数"0"，点的排列组合确定了矩阵式二维条码所代表的意义。矩阵式二维条码是建立在计算机图像处理技术、组合编码原理等基础上的一种新型图形符号自动识读处理码制。具有代表性的矩阵式二维条码有 QR Code、Data Matrix、Maxi Code、Code One、网格码（Grid Matrix Code）和 CM 紧密矩阵码（Compact Matrix）、龙贝码等。

（3）二维条码在电子商务物流中的应用

目前，二维条码在电子商务流动中已有广泛的应用。一个典型的物流过程通常经历供应商→货运代理→货运公司→客户的过程，在每个过程中都涉及发货单据的处理。发货单据含有大量的信息，其包括发货人信息、收货人信息、货物清单、运输方式等。单据处理的前提是数据的录入，而人工键盘录入的方式存在着效率低、差错率高的问题，已不能适应电子商务物流发展的要求。二维条码在这方面提供了一个很好的解决方案。它将单据的内容编成一个二维条码打印在发货单据上，然后在运输业务的各个环节使用二维条码阅读器扫描条码，信息就可录入计算机管理系统，既快速又准确。在美国，虽然 EDI 应用革新了业务流程的核心部分，但它却忽略了流程中的关键角色——货运公司。许多 EDI 报文对于货运商来说总是迟到，以至于因不能及时确认准确的装运单信息而影响了货物运输和客户单据的生成。美国货运协会（ATA）因此提出了纸上 EDI 系统。发送方将 EDI 信息编成一张 PDF417 条码标签提交给货运商，通过扫描条码，信息立即传入货运商的计算机系统。这一切都发生在恰当的时间和恰当的地点，使得整个运输过程的效率大大提高。

6.3.2 射频技术

1. 射频技术概述

无线射频技术（Radio Frequency，RF）是有效解决供应链上各项业务运作数据的输入/输出、业务过程的控制与跟踪、减少出错率等难题的一种新技术。RF 发出的无线电波或微波被人们称为"永不消失的电波"，它可以穿透某些障碍物，不局限于视线的范围，被广泛用于自动识别。RF 技术在电子商务活动中的运用，非常适用于物料跟踪、运载工具、仓库货架，及其他目标的识别等要求非接触数据采集和交换的场合，以及用于生产装配线上的作业控制。无线射频技术是将无线电信号扩展到一个很宽的频带上，以达到高速数据传输和减少相互干扰的目的。由于 RF 标签具有可读写能力，对于需要频繁改变数据内容的场合尤为适用。它发挥的作用是数据采集和系统指令的传达，被广泛用于供应链上的仓库管理、运输管理、生产管理、物料跟踪、运载工具和货架识别、商店等场合。另外，它在超市中商品的防盗方面，作用尤为明显。

2. 射频识别系统的组成

射频识别（Radio Frequency Identification，RFID）技术是一种无接触自动识别技术，其基本原理是利用射频信号及其空间耦合、传输特性，实现对静止的或移动中的待识别物品的自动机器识别。射频识别系统一般由两部分组成：电子标签和阅读器。在实际应用中，电子标签附着在待识别的物品上，阅读器用于当附着电子标签的待识别物品通过其读出范围时，自动以无接触的方式将电子标签中的约定识别信息取出，从而实现自动识别物品或自动收集物品标识信息的功能。射频识别的距离可达几十厘米至几米，且根据读写的方式可以输入数千字节的信息，同时，它还具有极高的保密性。射频识别技术适用的领域：物料跟踪、运载工具和货架识别等要求非接触数据采集和交换的场合，要求频繁改变数据内容的场合尤为适用。RFID 系统在具体的应用过程中，根据不同的应用目的和应用环境，系统的组成会有所不同。但从 RFID 系统的工作原理来看，系统一般都由信号发射机、信号接收机、发射接收天线等部分组成。

① 信号发射机。在 RFID 系统中，信号发射机为了不同的应用目的，会以不同的形式存在，其典型的形式是标签（Tag）。标签相当于条码技术中的条码符号，用来存储需要识别传输的信息。与条码不同的是，标签必须能够自动或在外力的作用下，把存储的信息主动发射出去。标签一般是带有线圈、天线、存储器与控制系统的低电集成电路。

② 信号接收机。在 RFID 系统中，信号接收机一般称为阅读器。根据支持的标签类型的不同与完成功能的不同，阅读器的复杂程度也不同。阅读器的基本功能是提供与标签进行数据传输的途径。另外，阅读器还提供相当复杂的信号状态控制、奇偶错误校验与更正功能等。

③ 编程器。只有可读可写标签系统才需要编程器。编程器是向标签写入数据的装置。编程器写入数据一般是离线（Off-Line）完成的，也就是预先在标签中写入数据，等到开始应用时再直接把标签黏附在被标识的项目上。也有一些 RFID 应用系统写入数据是在线（On-Line）完成的，尤其是在生产环境中作为交互式便携数据文件来处理时。

④ 天线。天线是标签与阅读器之间传输数据的发射、接收装置。在实际应用中，除了系统功率外，天线的形状和相对位置也会影响数据的发射和接收，因而需要专业人员对系统的天线进行设计、安装。

3. 射频识别系统的工作原理与特点

射频识别系统的数据存储在电子标签中，其能量供应及与阅读器之间的数据交换是通过磁场或电磁场来实现的（类似于无线电和雷达技术），而不是通过电流触点接通。

其工作原理如下：

① 当装有电子标签的物体接近微波天线时，读写器受控发出微波查询信号。

② 安装在物体表面的电子标签收到读写器的查询信号后，会根据查询信号中的命令要求，将标签中的数据信息反射回电子标签读出装置。

③ 读写器接收到电子标签反射回的微波合成信号后，经读写器内部微处理器处理，即可将电子标签储存的识别代码等信息分离出来。

④ 这些识别信息作为物体的特征数据被传送到控制计算机进行进一步处理，从而完成与物体有关的信息查询、收费、放行、统计管理等应用。

射频识别系统的特点如下：

① 非接触。阅读距离远（可达 10 米以上），识别时无须人工干预，便于实现自动化，且不易损坏。

② 读写速度快（毫秒级），可对高速移动的物体（如汽车）进行识别。

③ 可穿过玻璃、布料、木材、塑料等非金属材料阅读。

④ 具有方向性，只对指向物体进行识别。

⑤ 可在油污、粉尘等恶劣环境下工作。

⑥ 可全天候工作，如不受风、雨、雪、雾等天气的影响。

4. 射频识别技术的应用发展情况

RFID 技术能实现对供应链上每一件单品的识别和跟踪，其关键是每个 RFID 标签中都有一个唯一的识别码。如果 RFID 技术能与电子供应链紧密联系，它很有可能在几年内取代条形码扫描技术，并将给电子商务物流带来革命性的变化。

目前，在商品流通领域，条形码是产品识别的主要手段，但条形码仍存在许多无法克服的缺点：条码只能识别一类产品，无法识别单品；条码是可视传播技术，必须在看得见的情况下才能读取；条码容易被撕裂、污损或脱落等。而 RFID 技术是一种非接触式的自动识别技术，它通过射频信号自动识别目标对象并获取相关数据，识别工作无须人工干预。同时 RFID 技术可识别运动物体并可同时识别多个标签，不怕油渍、灰尘污染等。可以说，RFID 技术具有条形码所不具备的防水、防磁、耐高温、使用寿命长、读取距离大、标签上数据可以加密、存储数据容量更大、存储信息可更改等优点。当然，RFID 技术在物流领域的应用并不仅仅涉及 RFID 技术本身，而且它是一个庞大的应用系统，其涉及技术、管理、硬件、软件、网络、系统安全、无线电频率等许多方面。从目前现状来看，至少在几年内，RFID 还不会完全取代条形码。或者说，RFID 技术取代条形码还面临很多问题需要解决，如标准问题、应用系统的跟进，以及价格、安全、隐私保护等问题。

另外，作为物联网发展的排头兵，RFID 技术成为市场最为关注的技术。在"物联网"的构想中，RFID 标签中存储着规范且具有互用性的信息。RFID 技术通过无线数据通信网络把这些信息自动采集到中央信息系统,实现物品(商品)的识别,进而通过开放性的计算机网络实现信息交换和共享,实现对物品的"透明"管理。物联网是新一代信息技术的重要组成部分。物联网的英文名称为"The Internet of Things"。顾名思义,物联网就是"物物相连的互联网",它是指通过各种信息传感设备,如传感器、射频识别技术、全球定位系统、红外感应器、激光扫描器、气体感应器等各种装置与技术,实时采集任何需要监控、连接、互动的物体或过程,采集其声、光、热、电、力学、化学、生物、位置等各种需要的信息;按约定的协议,把任何物体与互联网连接起来,以实现对物体的智能化识别、定位、跟踪、监控和管理的一种网络。其目的是实现物与物、物与人及所有的物品与网络的连接,以方便识别、管理和控制物品(商品)。

物联网技术在物流领域的应用主要有以下几方面:①产品的智能可追溯网络系统;②物流过程的可视化智能管理网络系统;③智能化的企业物流配送中心;④企业的智慧供应链。目前,物联网在物流行业的应用,在物品可追溯领域的技术与政策等条件都已经成熟,应加快全面推进;在可视化与智能化物流管理领域应该开展试点,力争取得重点突破,取得有示范意义的案例;在智能物流中心建设方面需要物联网理念进一步提升,加强网络建设和物流与生产的联动;在智能配货的信息化平台建设方面应该统一规划,全力推进。此外,物联网技术在行业物流的集成应用也具有广阔前景,如烟草物联网、医药物联网等。

6.3.3 地理信息系统

1. 地理信息系统的概念

地理信息系统(Geographical Information System,GIS),在英文文献中,也有用 Spatial Information System(空间信息系统)来表示同样的意思。地理信息系统是随着地理科学、计算机技术、遥感技术和信息科学的发展而发展起来的一个学科。地理信息系统通常泛指用于获取、储存、查询、综合、处理、分析和显示与地球表面位置相关的数据的计算机系统。它的特征有两点:它是一个计算机系统;它处理的数据是与地球表面位置相关的。古往今来,由于几乎人类的所有活动都是发生在地球上,与地球表面位置相关,同时计算机技术也日益完善和普及,因而地理信息系统越来越重要。随着地理信息产业的建立和数字化信息产品在全世界的普及,GIS 深入到了各行各业乃至千家万户,成为人们生产、生活、学习和工作中不可缺少的工具和助手。

2. GIS 的组成

GIS 由 5 个主要元素构成:硬件、软件、数据、人员和方法。硬件是运行操作 GIS 所需要的计算机,如今 GIS 软件可以在很多类型的硬件上运行,如从中央计算机服务器到桌面计算机、从单机到网络环境。GIS 软件提供所需的存储、分析和显示地理信息的功能和工具。其主要的软件部件有:输入和处理地理信息的工具;数据库管理系统(DBMS);支持地理查询、分析和视觉化的工具;容易使用这些工具的图形化界面(GUI)。

GIS 系统中最重要的部件是数据。地理数据和相关的表格数据可以自己采集或者从商业数据提供者处购买。GIS 把空间数据和其他数据源的数据集成在一起,可以使用那些被大多数公司用来组织和保存数据的数据库管理系统来管理空间数据。如果没有人来管理 GIS 技术系统和制订相应计划应用于实际问题,GIS 技术就没有什么价值。GIS 的用户范围包括设计和维护系统的技术专家、使用该系统并完成他们每天工作的人员。成功的 GIS,具有好的设计计划和自己的事务规律,而且这些规范对每一个公司来说,具体的操作实践又是独特的。

3. GIS 的工作原理

GIS 就是用来存储有关世界的信息的,这些信息是可以通过地理关系连接在一起的所有主题层集合。它对解决许多现实世界的问题具有无价的作用,这些问题包括跟踪传输工具、记录计划的详细资料、模拟全球的大气循环等。

地理信息包含明确的地理参照系统,如经度和纬度坐标,或者是国家网格坐标。它也可以包含间接的地理参照系统,如地址、邮政编码、人口普查区名、森林位置识别、路名等。地理编码的自动处理系统可以从间接的参照系统(如地址描述)转变成明确的地理参照系统(如多重定位)。这些地理参照系统可以使你定位一些特征,如商业活动、森林位置,也可以定位一些事件,如地震,可用于做地表分析。

地理信息系统工作于两种不同的基本地理模式——矢量模式和栅格模式。在矢量模式中,关于点、线和多边形的信息被编码并以 X、Y 坐标形式储存。一个点特征的定位,如一个钻孔,可以被一个单一的 X、Y 坐标描述;线特征,如公路和河流,可以被存储于一系列的点坐标;多边形特征,如销售地域或河流聚集区域,可以被存储于一个闭合循环的坐标系。矢量模式非常有利于描述一些离散特征,但对连续变化的特征就不太有用,如土壤类型或医院的开销等。栅格模式为连续特征的模式。栅格图像包含网格单元,有点像扫描的地图或照片。不管是矢量模式还是栅格模式,用来存储地理数据,都有优点和缺陷。而现代的 GIS 都可以处理这两种模式。

4. GIS 在物流中的应用

GIS 应用于物流分析是指利用 GIS 强大的地理数据功能来完善物流分析技术。国外公司已经开发出利用 GIS 为物流分析提供专门分析的工具软件。完整的 GIS 物流分析软件集成了车辆路线模型、网络物流模型、分配集合模型和设施定位模型等。

① 车辆路线模型。用于解决一个起始点、多个终点的货物运输中如何降低物流作业费用,并保证服务质量的问题。该模型包括决定使用多少辆车、每辆车的路线等。

② 网络物流模型。用于解决寻求最有效的分配货物路径的问题,即物流网点布局问题。例如,将货物从 N 个仓库运往 M 个商店,因为每个商店都有固定的需求量,因此需要确定由哪个仓库提货送给哪个商店,所耗的运输代价最小。

③ 分配集合模型。可以根据各个要素的相似点把同一层上的所有或部分要素分为几个组,用以解决确定服务范围和销售市场范围等问题。例如,某一公司要设立 X 个分销点,同时要求这些分销点覆盖某一地区,而且要使每个分销点的顾客数目大致相等。

④ 设施定位模型。用于确定一个或多个设施的位置。在物流系统中,仓库和运输线路共同组成了物流网络,仓库处于网络的节点上,节点决定着线路。如何根据供求的实际需要并结合经济效益等原则,在既定区域内设立多少个仓库,每个仓库的位置,每个仓库的规模,以及仓库之间的物流关系等问题,可运用此模型得到解决。

把 GIS 技术融入物流配送的过程,可以更容易地处理物流配送中货物的运输、仓储、装卸、送递等各个环节,并对其中涉及的问题,如运输路线的选择、仓库位置的选择、仓库的容量设置、合理装卸策略、运输车辆的调度和投递路线的选择等进行有效的管理和决策分析。这样才符合现代物流的要求,才有助于物流配送企业有效地利用现有资源,降低消耗，提高效率。实际上，随着电子商务、物流和 GIS 本身的发展，GIS 技术将成为全程物流管理中不可缺少的组成部分。

6.3.4 全球定位系统

全球定位系统（GPS）是美国国防部发射的 24 颗卫星组成的全球定位、导航系统。这 24 颗卫星分布在高度为两万千米的 6 个轨道上绕地球飞行。每条轨道上拥有 4 颗卫星，在地球上任何一点、任何时刻都可以同时接收到来自 4 颗卫星的信号。我国的北斗卫星导航系统是中国自行研制开发的区域性有源三维卫星定位与通信系统（CNSS），是除美国的全球定位系统（GPS）、俄罗斯的 GLONASS 之后第三个成熟的卫星导航系统。

GPS 的工作原理是基于卫星的距离修正。客户通过测量到太空各可视卫星的距离来计算它们的当前位置，卫星的位置相当于精确的已知参考点。每颗 GPS 卫星时刻发布其位置和时间数据信号，客户接收机可以测量每颗卫星信号到接收机的时间延迟，并根据信号传输的速度计算出接收机到不同卫星的距离。GPS 的问世标志着电子导航技术的发展到了一个更加辉煌的时代。GPS 系统与其他导航系统相比，它的主要特点有以下几个方面：

① 全球地面连续覆盖。由于 GPS 卫星数目较多且分布合理，因而在地球上任何地点均可连续同步地观测到至少 4 颗卫星，从而保障了全球、全天候连续实时导航与定位的需要。

② 功能多、精度高。GPS 可为各类客户连续地提供高精度的三维位置、三维速度和时间信息。

③ 实时、定位速度快。目前 GPS 接收机的一次定位和测速工作在 1 秒钟甚至更少的时间内便可完成，这对高动态客户来讲尤为重要。

④ 抗干扰性能好、保密性强。由于 GPS 系统采用了伪码扩频技术，因而 GPS 卫星所发送的信号具有良好的抗干扰性和保密性。

1. 全球定位系统的构成

全球定位系统由三大子系统构成：空间卫星系统、地面监控系统和客户接收系统。下面对其分别进行介绍。

（1）空间卫星系统

空间卫星系统由均匀分布在 6 个轨道平面上的 24 颗高轨道工作卫星构成，各轨道平面相对于赤道平面的倾角为 55°，轨道平面间距 60°。在每一轨道平面内，各卫星升交角距差 90°，任一轨道上的卫星比西边相邻轨道上的相应卫星超前 30°。该卫星系统能够保证在地球的任一地点向使用者提供 4 颗以上的可视卫星。

空间系统的每颗卫星每 12 小时（恒星时）沿近圆形轨道绕地球一周，由星载高精度原子钟（基频 $F=6.23 \text{MHz}$）控制无线电发射机在"低噪声窗口"（无线电窗口中，2 MHz~8 MHz 的频区天线噪声最低的一段是空间遥测及射电干涉测量优先选用频段）附近发射 L1、L2 两种载波，向全球的客户接收系统连续地播发 GPS 导航信号。GPS 工作卫星组网保障全球任一时刻、任一地点都可对 4 颗以上的卫星进行观测（最多可达 11 颗），实现连续、实时的导航和定位。

（2）地面监控系统

地面监控系统由监测站、主控站和注入站组成。该系统的功能是对空间卫星系统进行监测、控制，并向每颗卫星注入更新的导航电文。

① 监测站。用 GPS 接收系统测量每颗卫星的伪距和距离差，采集气象数据，并将观测的数据传送给主控站。5 个监测站均为无人值守的数据采集中心。

② 主控站。主控站接收各监测站的 GPS 卫星观测数据、卫星工作状态数据、各监测站和注入站自身的工作状态数据。根据上述各类数据，主控站可完成以下几项工作：及时编撰每颗卫星的导航电文并传送给注入站；控制和协调监测站间、注入站间的工作，检验注入卫星的导航电文是否正确，以及卫星是否将导航电文发给了 GPS 客户系统；诊断卫星的工作状态，改变偏离轨道的卫星位置及姿态，调整备用卫星取代失效卫星。

③ 注入站。接受主控站送达的各卫星导航电文并将之注入飞越其上空的每颗卫星。

(3) 客户接收系统

客户接收系统主要由以无线电传感和计算机技术支撑的 GPS 卫星接收机和 GPS 数据处理软件构成。

① GPS 卫星接收机。GPS 卫星接收机的基本结构为天线单元和接收单元两部分。天线单元的主要作用是：当 GPS 卫星从地平线上升起时，能捕获、跟踪卫星，接收放大 GPS 信号。接收单元的主要作用是：记录 GPS 信号并对信号进行解调和滤波处理；还原 GPS 卫星发送的导航电文，解得信号在卫星间的传播时间和载波相位差；实时地获得导航定位数据或采用测后处理的方式，获得定位、测速、定时等数据。

微处理器是 GPS 接收机的核心，承担整个系统的管理、控制和实时数据处理。视屏监控器是接收机与操作者进行人机交流的部件。

② GPS 数据处理软件。GPS 数据处理软件是 GPS 客户系统的重要部分，其主要功能是对 GPS 接收机获取的卫星测量记录数据进行"粗加工""预处理"，并对处理结果进行平差计算、坐标转换及分析综合处理；解得测站的三维坐标、测体的坐标、运动速度、方向及精确时刻。GPS 之所以能够定位导航，是因为每台 GPS 接收机无论在任何时刻、在地球上任何位置都可以同时接收到最少 4 颗 GPS 卫星发送的空间轨道信息。

2. 全球定位系统在物流中的应用

(1) 基于 GPS 技术的车辆监控管理系统

该系统是将 GPS 技术、地理信息技术（GIS）和现代通信技术综合在一起的高科技系统。其主要功能是将任何装有 GPS 接收机的移动目标的动态位置（精度、纬度、高度）、时间、状态等信息，实时地通过无线通信网传至监控中心，然后在具有强大地理信息处理、查询功能的电子地图上进行移动目标运动轨迹的显示，并能对目标的准确位置、速度、运动方向、车辆状态等客户感兴趣的参数进行监控和查询，以确保车辆的安全，方便调度管理，提高运营效率。

(2) 基于 GPS 技术的智能车辆导航仪

该装置是安装在车辆上的一种导航设备。它以电子地图为监控平台，通过 GPS 接收机实时获得车辆的位置信息，并在电子地图上显示出车辆的运动轨迹。当接近路口、立交桥、隧道等特殊路段时可进行语音提示。作为辅助导航仪，它可按照规定的行进路线使司机无论是在熟悉或不熟悉的地域都可以迅速到达目的地。该装置还设有最佳行进路线选择及路线偏离报警等多项辅助功能。

(3) 利用 GPS 技术实现货物跟踪管理

货物跟踪是指物流运输企业利用现代信息技术及时获取有关货物运输状态的信息（如

货物品种、数量、货物在途情况、交货期间、发货地和到达地、货物的货主、送货责任车辆和人员等）来提高物流运输服务的方法。货物跟踪的工作过程：货物装车发出后，当运输车辆上装载的 GPS 接收机在接收到 GPS 卫星定位数据后，自动计算出自身所处的地理位置的坐标；然后，由 GPS 传输设备将计算出来的位置坐标数据经移动通信系统（GSM）发送到 GSM 公用数字移动通信网；接着，移动通信网再将数据传送到基地指挥中心；最后，基地指挥中心将收到的坐标数据及其他数据还原后，与 GIS 的电子地图相匹配，并在电子地图上直观地显示车辆实时坐标的准确位置，以便收货方在电子地图上能清楚而直观地掌握车辆的动态信息（位置、状态、行驶速度等），如图 6-6 所示。

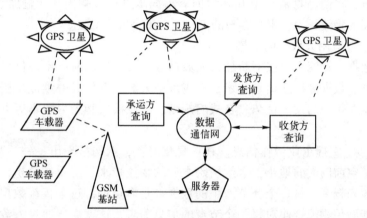

图 6-6　利用 GPS 技术进行货物跟踪示意图

6.3.5　大数据技术与云物流

当前，我国物流业在"互联网+"战略的带动下快速发展，并与云计算等新一代互联网技术深度融合，整个行业向着高效流通的方向迈进。新的信息技术如大数据、物联网、云计算、移动应用、4G 等新技术加速物流企业智慧成长。部分企业将数据挖掘、商业智能等作为物流信息化建设的重点，为企业决策提供信息化支撑。

1. 大数据在物流中的应用

在这个信息爆炸的时代，物流企业每天都会产生出海量的数据，特别是全程物流，包括运输、仓储、搬运、配送、包装和再加工等环节，每个环节中的信息流量都十分巨大，使物流企业很难对这些数据进行及时、准确的处理。随着大数据时代的到来，大数据技术能够通过构建数据中心，挖掘出隐藏在数据背后的信息价值，从而为企业提供有益的帮助，为企业带来利润。

物流的大数据，即运输、仓储、搬运装卸、包装及流通加工等物流环节中涉及的数据、信息等。通过大数据分析可以提高运输与配送效率、减少物流成本、更有效地满足客户服务要求。将所有货物流通的数据、物流快递公司、供求双方有效结合，形成一个巨大的即时信息平台，从而实现快速、高效、经济的物流。信息平台不是简单地为企业客户的物流活动提供管理服务，而是通过对企业客户所处供应链的整个系统或行业物流的整个系统进行详细分析后，提出具有指导意义的解决方案。许多专业从事物流数据信息平台的企业形成了物流大数据行业。面对海量数据，物流企业在不断增加大数据方面投入的同时，不该仅仅把大数据看作是一种数据挖掘、数据分析的信息技术，而应该把大数据看作是一项战略资源，充分发挥大数据给物流企业带来的发展优势，在战略规划、商业模式和人力资本等方面做出全方位的部署。大数据在物流企业中的应用贯穿了整个物流企业的各个环节。主要表现在物流决策、物流企业行政管理、物流客户管理及物流智能预警等过程中。

大数据技术对物流行业最显著的影响是横向流程延拓，纵向流程压缩简化。从供需平衡角度出发，为供方（物流企业）提供最大化的利润，为需方提供最佳的服务。主要体现在以下几个方面：第一，提高运营管理效率，根据市场数据分析，合理规划分配资源，调整业务结构，确保每个业务均可赢利；第二，预测技术，根据消费者的消费偏好及习惯，预测消费者需求，将商品物流环节和客户的需求同步进行，并预计运输路线和配送路线，缓解运输高峰期的物流压力，提高客户的满意度，提高客户黏度。

（1）物流企业应用大数据的优势

面对海量数据，物流企业在不断加大大数据方面投入的同时，不该仅仅把大数据看作是一种数据挖掘、数据分析的信息技术，而应该把大数据看作是一项战略资源，充分发挥大数据给物流企业带来的发展优势，在战略规划、商业模式和人力资本等方面作出全方位的部署。

① 信息对接，掌握企业运作信息。在信息化时代，网购呈现出一种不断增长的趋势，规模已经达到了空前巨大的地步，这给网购之后的物流带来了沉重的负担，对每一个节点的信息需求也越来越多。每一个环节产生的数据都是海量的，过去传统数据收集、分析处理方式已经不能满足物流企业对每一个节点的信息需求，这就需要通过大数据把信息对接起来，将每个节点的数据收集并且整合，通过数据中心分析、处理转化为有价值的信息，从而掌握物流企业的整体运作情况。

② 提供依据，帮助物流企业做出正确的决策。传统的根据市场调研和个人经验来进行决策已经不能适应这个数据化的时代，只有真实的、海量的数据才能真正反映市场的需求变化。通过对市场数据的收集、分析处理，物流企业可以了解到具体的业务运作情况，能够清楚地判断出哪些业务带来的利润率高、增长速度较快等，把主要精力放在真正能够给企业带来高额利润的业务上，避免无端的浪费。同时，通过对数据的实时掌控，物流企业还可以随时对业务进行调整，确保每个业务都可以带来赢利，从而实现高效的运营。

③ 培养客户黏性，避免客户流失。网购人群的急剧膨胀，使得客户越来越重视物流服务的体验，希望物流企业能够提供最好的服务，甚至掌控物流业务运作过程中商品配送的所有信息。这就需要物流企业以数据中心为支撑，通过对数据挖掘和分析，合理地运用这些分析成果，进一步巩固和客户之间的关系，增加客户的信赖，培养客户的黏性，避免客户流失。

④ 数据"加工"从而实现数据"增值"。在物流企业运营的每个环节中，只有一小部分结构化数据是可以直接分析利用的，绝大部分非结构化数据必须要转化为结构化数据才能储存分析。这就造成了并不是所有的数据都是准确的、有效的，很大一部分数据都是延迟、无效、甚至是错误的。物流企业的数据中心必须要对这些数据进行"加工"，从而筛选出有价值的信息，实现数据的"增值"。

（2）大数据在物流企业中的具体应用

物流企业正一步一步地进入数据化发展的阶段，物流企业间的竞争逐渐演变成数据间的竞争。大数据能够让物流企业能够有的放矢，甚至可以做到为每一个客户量身定制符合他们自身需求的服务，从而颠覆整个物流业的运作模式。目前，大数据在物流企业中的应用主要包括以下几个方面。

① 市场预测。商品进入市场后，并不会一直保持最高的销量，是随着时间的推移，消费者行为和需求的变化而不断变化的。在过去，我们总是习惯于通过采用调查问卷和以往经验来寻找客户的来源。而当调查结果总结出来时，结果往往已经是过时的了，延迟、错误的调查结果只会让管理者对市场需求做出错误的信计。而大数据能够帮助企业完全勾勒出其客户的行为和需求信息，通过真实而有效的数据反映市场的需求变化，从而对产品进入市场后的各个阶段作出预测，进而合理的控制物流企业库存和安排运输方案。

② 物流中心的选址。物流中心选址问题要求物流企业在充分考虑到自身的经营特点、商品特点和交通状况等因素的基础上，使配送成本和匿定成本等之和达到最小。针对这一问题，可以利用大数据中分类树方法来解决。

③ 优化配送线路。配送线路的优化是一个典型的非线性规划问题，它一直影响着物流企业的配送效率和配送成本。物流企业运用大数据来分析商品的特性和规格、客户的不同需求（时间和金钱）等问题，从而用最快的速度对这些影响配送计划的因素做出反映（比如选择哪种运输方案、哪种运输线路等），制定最合理的配送线路。而且企业还可以通过配送过程中实时产生的数据，快速地分析出配送路线的交通状况，对事故多发路段的做出提前预警。精确分析配送整个过程的信息，使物流的配送管理智能化，提高了物流企业的信息化水平和可预见性。

④ 仓库储位优化。合理的安排商品储存位置对于仓库利用率和搬运分拣的效率有着极为重要的意义。对于商品数量多、出货频率快的物流中心，储位优化就意味着工作效率和效益。哪些货物放在一起可以提高分拣率，哪些货物储存的时间较短，都可以通过大数据的关联模式法分析出商品数据间的相互关系来合理地安排仓库位置。

2. 物流云技术

云计算是物流系统中的一个使能技术，在充分发展以后，云计算在信息技术的支持下，会为各个层面提供信息，把各个物流功能模块中的信息集中起来，进行全方位、大范围的物流信息共享，并反作用于物流运行的控制与指挥，成为物流系统的中枢神经。运用云计算分类的方法，物流行业中的"行业云"就是"物流云"。所谓"物流云"，就是一个平台开放资源共享终端无限的网络，"物流云"是物流信息的共享平台。"物流云"应该对物流行业的各个层面进行支持，它不仅可以对微观层进行支持，如为快递行业提供数据共享，而且对于其他层面也可以提供支持，如在管理层面进行相关的统计、控制。"物流云"的应用范围会随着物流业发展而不断拓宽。

"云物流"是云计算在物流行业的应用服务，即云计算派生出云物流。云物流（Cloudlogistics）是指基于云计算应用模式的物流平台服务。在云平台上，所有的物流公司，代理服务商，设备制造商，行业协会，管理机构，行业媒体，法律结构等都集中云整合成资源池，各个资源相互展示和互动，按需交流，达成意向，从而降低成本，提高效率。

云物流利用云计算强大的通信能力、运算能力和匹配能力，集成众多的物流用户的需求，形成物流需求信息集成平台。用户利用这一平台，最大限度地简化应用过程，实现所有信息的交换、处理、传递，用户只需专心管理物流业务。同时，"云物流"还可以整合零散的物流资源，实现物流效益最大化。快递业提出云物流概念的本质是利用了云计算数据共享的特性，把快递行业的数据进行集合、整理，并用整理后的数据指导、控制快递公司的业务运作，最终提高快递的运输效率。

从长远看，云物流具有广阔的发展前景。计算机的信息系统不仅仅支撑起物流系统的运营，发挥物流系统中枢神经的作用，而且在充分利用云计算的基础上，云物流有可能使物流的许多功能发生质的变化。

6.4 电子商务与供应链管理

6.4.1 供应链与供应链管理

1. 供应链概述

供应链的概念是于20世纪80年代初被提出的，它的真正发展是在20世纪90年代后期。供应链译自英文 Supply Chain，但目前供应链尚未形成统一的定义。

（1）供应链概念的发展过程

供应链的概念经历了一个长期发展过程。早期的观点认为供应链是制造企业中的一个内部过程，它是指把从企业外部采购的原材料和零部件，通过生产转换和销售等活动，再传递到零售商和用户的一个过程。传统的供应链概念局限于企业的内部操作层上，注重企业自身的资源利用。

随着企业经营的进一步发展，供应链的概念范围扩大到了与其他企业的联系，即供应链的外部环境，它偏向于定义供应链为一个通过链中不同企业的制造、组装、分销、零售等过程将原材料转换成产品到最终用户的转换过程，它是更大范围、更为系统的概念。

随后，供应链的概念有了新的发展，它开始注重与其他企业的联系。它被定义为：通过链中不同企业的制造、组装、分销、零售等过程将原材料转换成产品，再到最终用户的转换过程。

而近年来，供应链的概念更加注重围绕核心企业的网链关系，如核心企业与供应商、供应商的供应商乃至与一切前向的关系，以及与用户、用户的用户及一切后向的关系。此时，对供应链的认识形成了一个网链的概念，如丰田、耐克、尼桑、麦当劳和苹果等公司的供应链管理都从网链的角度来实施。

从提出概念到现在，供应链已经有了很大的发展，按涵盖的范围可分为4个层次。

① 内部供应链。局限在单个企业内部，强调企业内部市场、销售、计划、制造和采购等部门之间的协调。

② 供应链管理。强调企业与其供应商之间的供需关系。

③ 链式结构双向供应链：由原材料加工、制造、组装、配送、零售商、客户等组成的串行系统。

④ 网状结构供应链。是以"我"为根节点的双向树状结构所组成的网络系统，实际上已经超出了"链"的范围。

（2）供应链的含义

通过上述的分析，我们可以给供应链一个比较确切的定义：供应链是围绕核心企业，通过对信息流、物流、资金流的控制，从采购原材料开始，制成中间产品及最终产品，最后由销售网络把产品送到消费者手中的将供应商、制造商、分销商、零售商直到最终用户连成一个整体的网链结构和模式。它是一个范围更广的企业结构模式，它包含所有加盟的节点企业，从原材料的供应开始，经过链中不同企业的制造加工、组装、分销等过程直到最终用户。这个概念强调了供应链的战略伙伴关系。从形式上看，客户是在购买商品，但实质上客户是在购买能带来效益的价位。各种物料在供应链上移动是一个不断采用高新技术增加其技术含量或附加值的增值过程。从结构来看，它是一个网络，其中心是供应链的核心企业，服务对象是产品或服务的最终用户，它有5个主要评价指标：速度、柔性、质量、成本和服务。因此，供应链不仅是一条连接供应商到用户的物料链、信息链、资金链，而且是一条增值链。物料在供应链上因加工、包装、运输等关系而增加其价值，从而给相关企业都带来收益。

根据上述定义，供应链的结构如图 6-7 所示。

从图 6-7 可以看出，供应链由所有加盟的节点企业组成，其中有一个核心企业（可以是产品制造企业，也可以是大型零售企业，如美国的沃尔玛）。节点企业在需求信息的驱动下及信息共享的基础上，通过供应链的职能分工与合作（生产、分销、零售等），以资金流、物流/服务流为媒介实现整个供应链的不断增值。

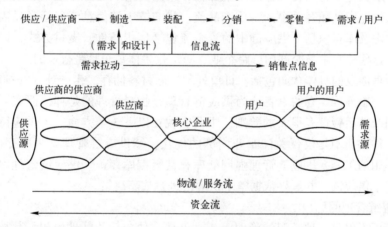

图 6-7 供应链的结构模型

2. 供应链管理概述

（1）供应链管理的含义

供应链管理（Supply Chain Management）是近年来在国内外逐渐受到重视的一种新的管理理念与模式。供应链管理的研究最早是从物流管理开始的，起初人们并没有把它和企业的整体管理联系起来，而主要是进行供应链管理的局部性研究。随着经济全球化和电子商务的快速发展，现代企业的业务越来越趋向于国际化，优秀的企业都把主要精力放在企业的关键业务上，并与世界上优秀的企业建立战略合作关系，将非关键业务转由这些企业来完成。现在行业的领头企业在越来越清楚地认识到保持长远领先地位的优势和重要性的同时，也意识到竞争优势的关键在于战略伙伴关系的建立。而供应链管理所强调的快速反映市场需求、战略管理、高柔性、低风险、成本、效益目标等优势，吸引了许多学者和企业界人士研究和实践它。国际上一些著名的企业，如惠普、IBM、戴尔等在供应链管理实践中取得的巨大成就，使人们更加坚信供应链管理是企业适应全球竞争的一种有效途径。

美国物流管理协会最近对供应链管理做出了最新的定义："供应链管理是以提高企业个体和供应链整体的长期绩效为目标，对传统的商务活动进行总体的战略协调，对特定公司内部跨职能部门边界的运作和在供应链成员中跨公司边界的运作进行战术控制的过程。"因此，供应链管理是一种系统的管理思想和方法，它执行供应链中从供应商到最终用户的物流的计划和控制等职能。它是指在生产及流通过程中，为将货物或服务提供给最终消费者，连接上游与下游企业创造价值而形成的组织网络；是对商品、信息和资金在由供应商、制造商、分销商和顾客组成的网络中流动的管理。它是在企业 ERP 的基础上构筑的与客户及供应商的互动系统，用来实现产品供应的合理、高效及高弹性。客户可以通过网络了解产品的供货周期、订单的执行情况等，企业则可以即时了解客户的销售情况，提高决策执行的准确性、及时性，缩短供应链的运作周期，以降低交易成本。对公司内和公司间的商品、信息、资金的流动进行协调和集成是供应链管理的关键。

（2）供应链管理的内容

作为一种新的管理方法，供应链管理就是对整个供应链中各参与组织、部门之间的物流，信息流与资金流进行计划、协调和控制等，其目的是通过优化提高所有相关过程的速度和确定性，最大化所有相关过程的净增加值，来提高组织的运作效率和效益。供应链中的物流是指从供应商到顾客手中的物质产品流。供应链中的信息流包括产品需求、订单的传递、交货状态及库存信息。供应链中的资金流包括信用条件、支付方式，以及委托与所有权契约等。这些流常常是跨部门、跨企业、跨产权主体甚至是跨行业的。

供应链管理涉及的具体功能包括：订单处理、原材料储存、生产计划安排、库存设计、货物运输和售后服务等。有的学者认为供应链管理是物料管理的延伸，但实际上供应链管理与物料控制及储运管理有很大的差别，主要表现在以下 3 个方面：①供应链管理强调与企业外部的合作，而不是仅仅关注企业内部的优化；②供应链管理认为库存不是必需的，而是起平衡作用的工具，供应链管理强调低库存甚至零库存；③供应链管理以系统工程的方法来统筹整个供应链，并最终依据整个供应链进行战略决策。

（3）供应链管理的思想

供应链管理不仅是一种新型的管理模式，更是一种全新的管理思想。其核心思想才是其灵魂，是其精髓所在。把握供应链管理，首先必须对供应链管理的核心思想有一个深刻、清晰和透彻的理解。因为其核心思想才是供应链管理的真正力量源泉。供应链管理作为一种全新的管理思想，强调通过供应链各节点企业间的合作和协调，建立战略伙伴关系；将企业内部的供应链与企业外部的供应链有机地集成起来进行管理，以达到全局动态最优目标，最终实现"共赢"的目的。由此可以看到，供应链管理着重强调了 3 种思想："系统"思想、"合作"思想和"共赢"思想，这是贯穿供应链管理始终的 3 个核心思想，也是其区别于传统管理模式的根本所在。

①"系统"思想。供应链本身就是一个系统，这个系统是由核心企业、供应商以及供应商的供应商、用户以及用户的用户所组成的。整个系统在信息共享的基础上实现物流和资金流的顺利流动，实现系统的增值。所以，当我们对供应链进行管理时，首先要用系统的思想作为指导。系统观念的核心思想是不再孤立地看待各个企业及各个部门，而是考虑所有相关的内外联系体——供应商、制造商、销售商等，并把整个供应链看成是一个有机

联系的整体。系统思想是供应链管理思想中的核心思想，是"共赢"思想和"合作"思想的基础。也就是说，只有当我们用系统的观念来思考供应链中的问题时，如盈利问题、产品研发问题、库存问题等，才能真正做到"合作"和"共赢"。

② "合作"思想。合作是供应链管理成功的最基本的要求和条件，是供应链管理的力量源泉。整个供应链竞争力的大小，直接取决于供应链各节点企业间合作的程度。供应链管理中合作的含义较以往有了较大的扩展和延伸。供应链管理中的合作不仅要求在计划、生产、质量、成本等方面的信息沟通和在成本、质量改进上的互相帮助等，还要求在产品开发中的相互交流、双方在资金上的相互支援，以及双方在人力资源上的相互交流等。也就是说，合作伙伴关系不仅是"风险分担、利益共享"，还包括"信用互守、信息共享、团结互助"等含义。它涉及了从物流、资金流到信息流，包含了整个供应链所有的节点企业，因此它是一种更深层次、更大范围的企业合作。这种全方位、深层次的合作要求供应链各节点企业有强烈的"合作"意识和"整体"意识，把供应链的整体利益当作自身利益，以实现整体利益的最大化为目标。

③ "共赢"思想。早期，供应链中各节点企业通常都只注重企业内部的资源管理，它们的经营策略是一种零和博弈竞争的策略，即总利润一定，一方利润的增加则以另一方利润的减少为前提。因此，各节点企业通常都想方设法以减少对方的利润来提高自己的利润。近年来，企业逐渐发现通过合作能提高整个供应链的总利润。因此，他们改变其经营策略为合作竞争策略，强调通过企业间的合作达到整个供应链的绩效最优，以此来实现各节点企业对利润的追逐。因此，"共赢"思想是"系统"思想和"合作"思想得以贯彻实施的保障。

6.4.2 电子商务环境下的供应链管理变革

1. 电子商务与供应链管理的相互关系

（1）传统的供应链管理

供应链管理是进入 21 世纪企业适应全球竞争的一个有效途径。作为一种新的管理模式，它从整个供应链的角度对所有节点企业的资源进行集成和协调，强调战略伙伴协同、信息资源集成、快速市场响应及为用户创造价值等。传统的供应链管理仅仅是通过通信介质把预先指定的供应商、制造商、分销商和客户依次联系起来，它是一个简单的、点对点的横向集成，如图 6-8 所示。

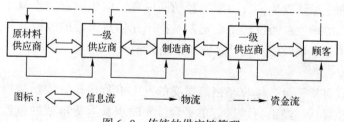

图 6-8 传统的供应链管理

由于信息技术应用和网络环境发展相对滞后于这种先进的管理模式，因而传统的基于纸张、传真的供应链难以实现企业与合作伙伴间信息实时的、同步的共享。在传统的供应链中,信息流、物流、资金流的传递是逐级传送的,传送效率低,灵活性差,同时大大增加了不确定性,从而经常会导致供求信息不对称、缺乏市场响应机制、对新的市场需求反应迟缓、企业间缺乏沟通和信任机制等问题。

(2) 电子商务与供应链管理的关系

电子商务是未来企业提高国际竞争力和拓展市场的有效方式,同时,电子商务也为传统的供应链管理理论与方法带来了新的挑战。供应链管理与电子商务的相互结合,产生了供应链管理领域新的研究热点——电子商务供应链管理(e-Supply Chain Management,e-SCM)。e-SCM 的核心是高效率地管理企业的信息,帮助企业创建一条畅通于客户、企业内部和供应商之间的信息流。电子商务与供应链管理之间的关系如图 6-9 所示。

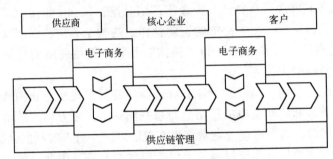

图 6-9 电子商务与供应链管理的关系

供应链电子商务以企业级内部 ERP 管理系统为基础,在统一了人、财、物、产、供、销各个环节的管理,规范了企业的基础信息及业务流程的基础上,能建立全国范围内经销商的电子商务协同平台,并实现外部电子商务与企业内部 ERP 系统的无缝集成,实现商务过程的全程贯通。实现供应链电子商务的计划、采购、入厂物流、库存、配套生产协作、产品销售、出厂物流、售后服务、退货、结算等主要功能。

① 在线订货。

企业通过 ERP 将产品目录及价格发布到在线订货平台上,经销商通过在线订货平台直接订货并跟踪订单后续处理状态,通过可视化订货处理过程,实现购销双方订货业务协同,提高订货处理效率及数据准确性。企业接收经销商提交的网上订单,依据价格政策、信用政策、存货库存情况对订单进行审核确认,以及后续的发货及结算。

② 经销商库存。

通过经销商网上确认收货,自动增加经销商库存,减少信息的重复录入;提升了经销商数据的及时性和准确性;通过经销商定期维护出库信息,帮助经销商和企业掌握准确的渠道库存信息,消除牛鞭效应,辅助企业业务决策

③ 在线退货。

企业通过在线订货平台,接收经销商提交的网上退货申请,依据销售政策、退货类型等对申请进行审核确认,经销商通过订单平台,实时查看退货申请的审批状态,帮助企业提高退货处理效率。

④ 在线对账。

通过定期从 ERP 系统自动取数生成对账单,批量将对账单发布网上,经销商上网即可查看和确认对账单,帮助企业提高对账效率,减少对账过程的分歧,加快资金的良性循环。

(3) 电子商务环境下的供应链管理革新

现代电子商务的广泛应用为传统的供应链管理理论和方法带来了新的挑战。信息技术的迅猛发展促成了电子商务的兴起。电子商务活动及电子商务包含的一系列技术手段为供应链管理提供了强有力的技术支持。电子商务和供应链管理作为企业提高竞争力的两大"利器",在实践过程中有互相渗透、相互结合的趋势。与传统的供应链管理相比,供应链上企业各个孤立的业务环节利用先进的现代电子商务技术和网络平台实现了无缝连接,供应链上的核心企业真正实现了与供应商、经销商和客户的信息共享,如图6-10所示。

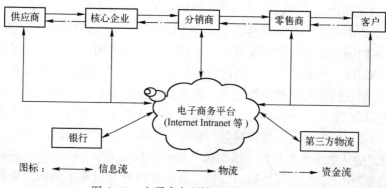

图6-10 电子商务环境下的供应链管理

① 供应链管理向协同化方向发展。传统的供应链管理只强调供应链中各个环节各自利益的最大化。采购、制造、市场营销、配送等环节都具有各自独立的目标和计划,这些目标和计划经常发生冲突,从而影响整个供应链的运行效益。现代电子商务环境下的供应链管理要求各个环节之间要建立一种合作协调的机制,控制供应链的各个环节都按照整体效益最大化的规律运作,以实现供应链整体的交易成本最小化、收益最大化。

② 注重客户需求,加强客户管理。在电子商务时代,客户是主要的市场驱动力,直接主导企业的生产、销售活动,因而客户的需求、客户的购买行为、客户的意见等都是企业要谋求竞争优势所必须争夺的重要资源。基于现代电子商务的供应链管理直接沟通了供应链中企业与客户间的联系,并且可以与最终的消费者在开放的公共网络上直接对话,从而有利于满足客户的各种需求,为企业赢得更多的客户资源。

③ 实施虚拟库存管理,节省库存费用。通过电子商务系统,供应链上的各节点企业可以将来自市场的适时、适量的真实需求信息进行及时有效的传递。同时,库存管理者和供应商还可以追踪现场库存商品的存量情况,及时反映进销存动态,实现对存储物资的有效管理。这个过程是用信息代替实物库存,即虚拟库存,它可以为企业节省大量的库存费用、仓储费用和缺货机会成本。

④ 促使企业供应链向全球网络化方向发展。传统的供应链管理忽视了社会分工。供应链上的节点企业只注重内部联系,依照大而全、小而全的方式生存,从一个产品的设计、生产、包装到运输都由企业自己完成。而面向现代电子商务的供应链管理可以建立一种跨企业的协作,并使之覆盖从产品设计、需求预测、外协和外购、制造、分销、储运和客户服务的全过程,从而促使供应链向动态的、虚拟的、全球网络化的方向发展。

2. 电子商务环境下供应链管理的特征

供应链电子商务是指借助互联网服务平台,实现供应链交易过程的全程电子化,彻底变革传统的上下游商业协同模式。在电子商务环境下，供应链为顾客提供了全新的用户界面，顾客可以利用互联网与企业进行直接的交流，进行商品间的比较，在最短的时间内满足自己个性化的需求。电子商务交易过程中的信息流、资金流、商流都可以很好地通过电子化的手段迅速进行，这大大缩短了交易时间，增加了贸易机会，提高了贸易效率，方便了交易双方，减少了交易成本，使电子商务的优势得以体现。通过电子商务在供应链中的应用，供应链的速度、柔性和顾客服务会有很大的提高，它们都将成为供应链获得竞争优势的新途径。在这样的环境下，赋予了供应链管理新的特点。

(1) 供应链短路化

在传统的供销渠道中，产品从生产企业流到消费者手中需经过多次分销，流程很长，因此造成了很多问题。现在电子商务缩短了生产厂家与最终用户之间供应链上的距离，改变了传统市场的结构。企业可以通过自己的网站绕过传统的经销商直接与客户沟通。虽然目前很多非生产企业的商业网站继续充当了传统经销商的角色，但由于他们与生产企业和消费者都直接互联，只是一个虚拟的信息与组织中介，不需要设置多层实体分销网络，也不需要存货。因此，仍然降低了流通成本，缩短了流通时间，使物流路径短路化。

(2) 供应链中货物流动方向由"推动式"变成"拉动式"

传统的供应链由于供销之间的脱节，供应商难以得到及时而准确的销售信息，因此只能对存货管理采用计划方法，存货的流动是"推动式"的。它有几个明显的特点：①缺乏灵活性、销路好的商品，其存货往往可得性差，销路不好的就会积压；②运转周期长等。在电子商务环境下，供应链实现了一体化，供应商与零售商、消费者通过 Internet 连在一起，通过 POS、EOS 等供应商可以及时准确地掌握产品的销售信息和顾客信息。此时，存货管理采用反应方法，按所获信息组织产品生产和对零售商供货，存货的流动变成"拉动式"。该方式完全可以消除上述两大缺点，并实现销售方面的"零库存"。

(3) 第三方物流成为物流业的主要形式

第三方物流是指由物流劳务的供方、需方之外的第三方去完成物流服务运作方式。鉴于目前第三方物流在实践中的成功发展，有人预言它将是电子商务时代物流业方面最大的变化。第三方物流将在电子商务环境下得到极大发展，其原因为：①电子商务的跨时域性和跨区域性，要求其物流活动也具有跨区域或国际化特征。企业不可能投资建立自己的全球配送网络，甚至全国配送网络都无法建成，所以他们对第三方物流的迫切要求是很容易理解的；②电子商务时代的物流重组需要第三方物流的发展。在电子商务时代，物流业的地位大大提高，而未来物流业的形式就是以现在的第三方物流公司为雏形，第三方物流将会发展成为将来整个社会生产企业和消费者的"第三方"。

(4) 供应链信息高度共享和信息集成

电子商务使整个交易过程实现电子化、数字化、网络化。众多的供应商、生产商、零售商和消费者以 Internet 为平台，利用现代电子商务技术，通过对物流、资金流与信息流的整合和控制，将生产资料以最快的速度通过生产、分销环节变成增值的产品，最后到达有消费需求的消费者手中。电子商务大系统包含 3 个关键组成要素：信息网、金融网和运输网。其对应的信息流、资金流、物流交换的质量和效率是实施供应链管理的关键。三者之间的动态联系，为建立基于供应链管理的虚拟企业提供了前提和基础。供应链管理的运作在很大程度上依赖于网链上的信息交换质量。信息技术的应用是推进供应链系统中信息共享的关键，它可以改进整个供应链的信息精度、及时性和流动速度。电子商务的运用为实施供应链管理提供了信息处理的有效手段，而电子商务极大地提高了信息传递的效率和准确率。

(5) 应用电子商务逐渐朝集成化供应链管理的方向发展

电子商务时代的到来和先进信息技术的发展与应用，改变了供应链上信息流、物流、资金流、人流和商务流的运作模式，促进了供应链管理的集成化发展，使供应链可以共享全球化网络，使中小型企业可以较低的成本加入全球化的供应链。从通信的角度看，通过先进的电子商务技术和网络平台，企业可以灵活地建立多种组织间的电子连接，从而改善商务伙伴之间的通信方式，将供应链上企业的各个业务环节孤岛连接在一起，使业务和信息实现集成和共享，使一些先进的供应链管理方法变得切实可行。供应链管理的集成化加深了各节点企业间的合作，彼此间不断融合，组织边界越来越模糊，使得整个供应链实现了无缝连接。集成化供应链管理的有效实施，将使供应链上各节点企业的产品需求信息、生产安排信息、订单传递信息、交货及库存状态信息和产品在途信息等实现高度共享与集成。集成化供应链管理与电子商务的结合，能使大量分散的企业连接成一个动态的、集成的、虚拟的、全球性的供应链网络。该网络可以降低企业的采购成本和物流成本，使每个链节都能实现合理的增长，提高企业对市场和最终顾客需求的响应速度，从而提高企业的核心竞争力。

综上所述，在迅猛发展的电子商务时代，供应链管理的核心任务可归纳为：动态联盟的系统化管理；生产两端的资源优化管理；不确定性需求的信息共享管理；以及生产的敏捷化管理。电子商务与供应链管理的整合带来了供应链的变革，使企业在满足个性化服务、改善信息管理、销售渠道和提高决策水平等几个方面改进企业经营，增强企业的核心竞争能力。供应链管理的核心是建立在一个合作理念的基础上，跨越供应链多个链节来成功协调企业的经营计划，形成集成化供应链管理系统；通过高度信息共享和信息集成，来提高企业的运作效率和增强其核心竞争力。

6.4.3 电子商务环境下的供应链管理方法

1. 电子商务供应链管理的核心思想

(1) 协同商务

在协同商务中，企业的定位从原企业本身向供应商、制造商、顾客三位一体转变，商业原则同时也变成协调、竞争、合作。电子商务时代的竞争已不简单地存在于企业之间，而是扩展到供应链与供应链，甚至是价值链与价值链之间。协同商务将是目前发达国家的信息技术的主流应用。究其原因，协同商务能确保企业决策的准确性和整体运作的高效率，尤其适用于合作制造环境。在协同商务中，企业信息化建设的目的不仅是管理企业内部的资源，还需要建立一个统一的平台，将客户、供应商、代理分销商和其他合作伙伴也纳入企业信息化管理系统中，实行信息的高效共享和业务的一系列链接。协同商务主要包括信息与知识的共享、业务整合、建立合作的空间、企业间安全可靠的商务交易4个方面。

(2) 业务外包

电子商务环境下，供应链管理的另一个重要方面就是利用业务外包把不属于核心竞争力的功能弱化，将非核心业务交由合作企业来完成，进而企业能把资源集中在企业的核心竞争力上，以便获取最大的投资回报。业务外包是企业整合其外部最优秀的专业化资源，从而达到降低成本、提高效率、充分发挥自身核心竞争力和增强企业对环境的迅速应变能力的一种管理模式。

2. 不同电子商务模式下的供应链管理

(1) B2B 模式的供应链管理

B2B 模式指的是企业与企业间的商务活动通称 B2B 商务活动,即企业与企业之间通过互联网进行产品、服务及信息的交换。B2B 模式通常供需链两端来看,上游是供应商,下游是客户,但因为所处的位置不同,B2B 的内容、方式不完全相同。作为中间环节的企业来讲,如何思考 B2B 策略,完全取决于双方在供应链上的规模和实力。一种是主动接入:通常规模较大的企业会掌握更多的主动权,有实力提供完善的互联网统一接入平台,要求对方接入;另一种是被动接入:企业接入对方,使用对方的平台交互供应链信息。

企业与上游供应商的 B2B 模式来看,存在 3 种管理思想的转变:一是从为库存而采购到为订单而采购的转变;二是从内部的采购管理向外部资源管理的转变;三是从一般买卖关系向战略协作伙伴关系的转变。

主要采用的是协同商务的方式来变革供应链。协同商务是一种供应链管理思想,将企业的合作伙伴、供应商、分销商和零售商甚至终端客户联系起来,统一计划和数据模式,形成动态联盟和协同。协同化供应链管理是将品牌商/厂商、分销商、零售点商、终端客户联系起来,统一计划和数据模式,实现信息流、物流和资金流的联动,形成"流水线"式作业体系。

苏宁电器 B2B 供应链管理变革即为一很好的例子。苏宁电器的供应商数量超过 1 万家,在全国有 100 多个分公司和 700 家零售终端卖场,上游与供应商的业务包括商品、采购计划、订单、收发货、结算账务的全部物流、信息流和资金流的环节。如何提高流程效率、降低交易成本、提高商品流转的准确率、加快供应商的响应速度,成为供应链成为核心竞争力的关键因素。苏宁电器与上游供应商的供应链是典型的 B2B 方式,构建了包含商品销售需求管理、采购管理、订单过程跟踪、物流管理、商品库存状态、资金结算管理和服务管理一体化的 B2B 供应链管理平台。为供应商提供了统一入口,上游可以实时获取商品销售状态、预测信息、库存状态,也可以自动响应来自苏宁电器的订单、配送需求,原有传统的供需链交互模式全部通过 B2B 自动化流程实现,显著提高了供应链管理水平,每单成本降低 40 元,人员效率提升 50%,每年节约数千万元交易成本。

(2) B2C 模式的供应链管理

B2C 模式即从企业到消费者的价值链条。因网络的发展,这类供应链也可以存在经过中间分销商环节再到 C 端的模式,且称之为 B2B2C。B2C 的典型企业包括京东商城、亚马逊等(自营产品部分),而由线上加盟店主经营的模式则为 B2b2C 模式,面向消费者的供应链服务由平台商和店主共同参与。当然,许多传统消费品公司自身提供的开放式电子购物商城,如 ZARA、必胜客、小米等都是由企业直接面向 C 端的。淘宝、天猫其实是典型的通过平台店主或者品牌旗舰店等电子分销渠道向消费者提供商品服务的 B2B2C 或者 B2b2C 模式。

当前大部分平台电商网站,包括一些专业的网购平台,在电商平台注册网上店铺,负责产品的买卖,而物流、信息流和资金流全部交由平台处理。这类商家扮演者线上电子渠道的代理商或者经销商的身份,打通供应链原始生产厂商和消费者之间的价值传递链条。

上述这类供应链管理就是典型的精益化供应链管理：以最终客户为中心，以"3CS"作为管理的出发点，建立端到端供应链精益化管理体系，改善客户服务质量，实现客户满意，促进交易成功。

（3）O2O模式的供应链管理

O2O模式是近几年电商发展的新事物，指整个消费过程由线上和线下两部分构成。线上平台为消费者提供消费指南、优惠信息、便利服务（预订、在线支付、地图等）和分享平台，而线下商户则专注于提供服务。目前O2O模式发展较快较为成熟的是"服务消费"模式，而"产品消费"模式真正成功具有规模的并不多见。由于"服务消费"更多侧重于服务体验的营销，较少涉及实物流的交易环节，供应链参与度较低。因此，下面将重点探讨未来如何围绕"产品消费"的O2O模式，设计创新供应链方案。

从业界正在尝试的"产品消费"领域来看，不仅只有零售企业的双线结合，与B2C相比，传统企业有许多产品更适合O2O模式，比如房产、汽车、家具、橱柜、家电等非标准、高单价商品，这类商品消费需要的是极致的用户体验，B2C可能无法提供实物的使用体验环节，因此O2O更能够引入用户思想，让用户深度参与到产品设计中，使用功能体验环节，也许未来全民参与设计的供应链将是O2O模式创新的趋势。O2O模式供应链与B2C的商业交易环节类似，但本质区别是在用户体验能够通过资源有效整合，设计模式改变参与到价值创造过程中，真正打造互联网思维与制造供应链集合的创新模式。

案例：京东商城O2O战略。2014年3月17日，京东商城宣布，将与上海、哈尔滨、温州、西安等15座城市的一万多家便利店达成战略合作，在交易、结算、物流和售后方面构建O2O业态。利用线下门店和其中央厨房、冷链、常温物流体系，提供更低成本和更高效率的配送服务，改变以往消费者光临线下商店的消费模式，转为直接送货上门，消费者在家收货。

京东商城O2O业务主要创新模式有：
- 开放京东商城的会员体系，以及基于门店LBS的大数据分析。
- 开放物流体系，提供全方位的物流服务。
- 开放供应链服务，包括网银钱包和消费信贷，在便利店也可以开展消费信贷业务。
- 开放采购体系，利用京东在大部分商品上的采购优势，帮助线下零售业实现品类的拓展，突破便利店在采购能力上的局限性。
- 开放技术体系，合作伙伴可以获得京东云端及围绕电商生态链的技术解决方案。

京东商城的优势就是供应链和物流，将物流和流量开放给便利店和卖场，有非常强的优势。从京东商城的O2O发展路径来看，京东商城对自身的优势及O2O市场分析有着非常清晰的思路。从需求开始到交易，再到采购到空运，整个打通供应链的变革，物流和供应链是核心。京东商城在物流和供应链体系已经相当成熟，以完全自建的核心来推动，可以适应行业的快速发展。京东商城联合万家店将推动渠道和末端整合，具有非常大的潜力。

（4）E2E模式的供应链管理

O2O（Online To Offline）供应链模式在实现以用户需求的满足为目标设计供应链方面是潮流，但这仅是在物联网规模应用的前奏。而E2E（End To End）端到端模式的供应链在移动互联网、物联网这种带宽像太平洋一样宽阔的时代将是商业主流。这里所说的E2E

模式，不是 Enterprise to Enterprise（10年前就很成熟），也不是企业内部端到端的业务过程，而是相对于O2O模式而言的全线上终端到终端的商业模式。

现有的E2E概念多数以服务消费为案例，典型的如滴滴打车，通过软件实现乘客和司机自由连接的E2E模式。因此，本书仅先从技术发展趋势角度预测未来E2E模式供应链的发展特点。

① 智能物流：O2O的概念在执行上是还是离不开移动互联网的，在没有的时候，比如店家没有电脑，只有手机，通过安装一个APP来进行实现即时的需求链到价值链的传递。而E2E模式的概念则是时刻在线，所有价值链传递都在线上进行，甚至实物流通过M2M的连接，实现智能物流。

② 需求智能化感知：

互联网发展至今，一直不断发生的事情就是取代传统中间人，形成新的中间人。如果司机的手机能够直接匹配到附近要坐车的乘客，即基于LBS（Location Based Service）技术，实现司机自动感知需要打车的乘客，而不需要乘客手动触发手机软件呼叫司机，这样，手机的地理定位功能让双方以更低成本找到对方，硬件被软件取代了，需求产生方式发生了革命，这会是新的行业机会。

③ 智能化供需协同：目前先进的企业通过企业软件实现了供需协同，自动协同、计划、预测和补货（CPFR）。但是现有技术不能做到真正的实时，系统之间的数据交换总是存在延迟。那么通过E2E模式，CPFR的所有交互数据将在瞬间自动完成，人们需要做的就是定义好CPFR的流程，规划好信息传递路线图，数据触发规则和控制逻辑，剩余的事情就可以完全实现自动化，解放作业人员的手工工作。

④ 简化供应链条：随着RFID技术与传感器网络的普及，以及物与物的互联互通，将给企业的物流系统、生产系统、采购系统与销售系统的智能融合打下基础，而网络的融合必将产生智慧生产与智慧供应链的融合，企业物流完全智慧地融入企业经营之中，打破工序、流程界限，企业之间的供应链环节将被缩短。

典型案例如三星智能化物流配送中心。这是基于传感、RFID、声、光、机、电、移动计算等各项先进技术，建立的全自动化的物流配送中心。借助配送中心智能控制、自动化操作的网络，可实现商流、物流、信息流、资金流的全面协同。目前一些先进的自动化物流中心，基本实现了机器人堆码垛，无人搬运车搬运物料，分拣线上开展自动分拣，计算机控制堆垛机自动完成出入库，整个物流作业与生产制造实现了自动化、智能化与网络化系统。这也是物联网的初级应用。E2E目前还只是个概念，未来供应链模式会随着移动互联网等技术的发展而被颠覆，新的概念也许会替代E2E，但E2E思想的应用会日趋成熟。

3. 电子商务环境下的供应链管理策略

传统的供应链管理仅仅是一个横向的集成，它只是将预先指定的供应商、制造商、分销商、零售商和客户依次联系起来，侧重于内部联系，灵活性差，仅限于点到点的集成。传统供应链管理的弊端主要在于：过分强调企业之间的竞争，而忽略企业之间的合作；重视企业产品的推销而轻视企业上游的供应商；企业与企业之间缺乏联系，不能共享信息；缺乏灵活有效的市场响应机制，使供求信息不准确，长鞭效应严重。电子商务下的供应链管理的理念是以顾客为中心，以市场需求的原动力为拉动力，强调企业应该注重于核心业务,更加重视围绕核心企业建立供应链关系。供应链作为一个利益集合体,强调企业间的战略合作关系。基于这种思想,产生了多种现代化的供应链管理策略,如快速反应策略、有效客户响应策略、供应商管理库存策略、联合管理库存策略等。

(1) 快速反应策略

快速反应(Quick Response,QR)是指物流企业面对多品种、小批量的买方市场时,不是储备了"产品",而是准备了各种"要素",在用户提出要求时,能以最快的速度抽取"要素"并及时"组装",提供用户所需的服务或产品。快速反应是供应链成员企业之间建立战略合作伙伴关系,利用 EDI 等信息技术进行信息交换与信息共享,用高频率、小数量配送方式补充商品,以实现缩短交货周期、减少库存、提高顾客服务水平和企业竞争力为目的的一种供应链管理策略。快速反应的重点是对消费者需求做出快速反应。快速反应实施的 3 个阶段为:①所有的商品单元条码化,利用 EDI 传输订购单文档和发票文档;②增加内部业务处理功能,采用 EDI 传输更多的文档,如发货通知、收货通知等;③与贸易伙伴密切合作,采用更高级的策略,如联合补库系统等,以对客户的需求做出迅速的反应。随着市场竞争的全球化和企业经营的国际化,在电子商务条件下,供应链管理的 QR 策略已成为实现供应链竞争优势的有效管理工具。

(2) 有效客户响应策略

有效客户响应(Efficient Consumer Response,ECR)是 1992 年从美国食品杂货业发展起来的一种供应链管理策略。20 世纪 90 年代初,日本食品加工和日用品加工开始模仿美国服装业的"快速反应",并形成自己的体系,也称为"有效消费者反应"(Efficient Consumer Response)。有效客户反应是指以满足客户要求和最大限度降低物流成本为原则,对市场变化及时做出准确反应,给客户带来最大效益,使提供的物品供应或服务流程最佳化的一种供应链管理方法。ECR 的最终目标是建立一个具有高效反应能力和以客户需求为基础的系统,使零售商及供应商以业务伙伴方式合作,提高整个供应链的效率,而不是单个环节的效率,从而大大降低整个系统的成本、库存和物资储备,同时为客户提供更好的服务。有效客户反应是零售企业满足顾客需求的解决方案和核心技术,其目标是最高效地满足消费者不断增长、多样化的需求。只有更好地满足消费者的需求,零售商、分销商和制造商才能生存和发展,才更有竞争能力。有效客户反应是流通供应链上各个企业以业务伙伴方式紧密合作,了解消费者需求,建立一个以消费者需求为基础和具有快速反应能力的系统。有效客户反应以提高消费者价值、提高整个供应链的运作效率、降低整个系统的成本为目标,从而提高企业的竞争能力。

(3) 供应商管理库存策略

供应商管理库存(Vendor Managed Inventory,VMI)是一种基于供应链环境下的用户和供应商之间的合作性库存运作模式。在企业与供应商一起制定的目标框架下,供应商等上游企业基于其下游客户的生产经营、库存信息,对下游客户的库存进行管理与控制。VMI 是以实际或预测的消费需求和库存量作为市场需求预测和库存补货的解决方法,即由销售资料得到消费需求信息,供货商可以更有效地计划、更快速地反映市场变化和消费需求。

VMI 的运作模式可分为以下 4 个环节:①供应商首先从分销商处接受电子数据,这些数据代表了分销商销售和库存的真实信息(如 POS 和库存水平的信息等);②供应商通过处理和分析得到的信息了解分销商仓库里每一种货物的库存情况和市场需求，制订和维护库存计划；③供应商依据分销商库存计划与需求信息生成订单，对分销商仓库进行补货；④当产品卖出后，分销商生成实际销售单，信息系统将销售记录转化为财务记录用于结算。

供应商管理库存策略的目的有：①降低供应链上产品的库存，抑制长鞭效应；②降低买方企业和供应商成本，从而提升利润；③保证企业的核心竞争力；④提高双方的合作程度和忠诚度。

（4）联合管理库存策略

联合管理库存（Jointly Managed Inventory，JMI）是一种风险分担的库存管理模式。它强调双方同时参与，共同制订库存计划，使供应链过程中的每个库存管理者（供应商、制造商、分销商）都从相互之间的协调性考虑，保持供应链相邻的两个节点之间的库存管理者对需求的预期保持一致，从而消除需求变异放大现象（牛鞭效应）。库存管理不再是各自为政的独立运作过程，而是供需连接的纽带和协调中心。联合库存管理是一种上游企业和下游企业权力责任平衡和风险共担的库存管理模式。它把供应链系统管理集成为上游链和下游链两个协调管理中心，库存连接的供需双方从供应链整体的观念出发，同时参与、共同制订库存计划，实现了供应链的同步化运作，从而部分消除了由于供应链环节之间的不确定性和需求信息扭曲现象导致的供应链的库存波动，为实现零库存管理、准时采购及精细供应链管理创造了条件。

本章小结

本章重点介绍了物流与供应链管理的相关概念和基本理论。通过对相关理论的学习，读者可以发现，在电子商务环境下，物流与供应链管理战略是企业实施电子商务的重要保证。在掌握传统的物流与供应链管理模式基础上，要结合最新的电子商务技术与物流信息技术，对信息时代下的供应链与物流管理，特别是第三方物流、第四方物流、物流信息技术等要重点学习，并关注菜鸟物流、智慧供应链等新型电商物流的发展动态。

思考题

1. 什么是物流、供应链、供应链管理？
2. 物流的主要功能有哪些？
3. 供应链管理的主要思想有哪些？
4. 电子商务环境下物流配送模式有哪些？
5. 企业如何进行物流战略的选择？
6. 不同电子商务环境下的供应链管理模式有哪些？
7. 电子商务环境下常用的供应链管理策略有哪些？

拓展题

请登录两家物流快递企业的网站，思考如何结合互联网思维，合理地利用供应链管理思想和先进的信息技术。

典型案例分析

打造第四方物流平台——宁波国际物流发展股份有限公司

案例导读

伴随着全国各地物流信息平台的广泛建设，宁波市作为全国性物流节点城市，发展目标已经由注重硬件服务向注重硬件软件服务并重转变，为建设一个具有开放型、服务型、标准化特征的物流公共信息平台，宁波市提出了发展第四方物流市场的战略。宁波国际物流发展股份有限公司作为宁波市的第四方物流平台，是提供国际海运、空运、内陆运输及信息化电子商务为一体的综合物流服务商，并且拥有一套先进的物流管理软件，能够整合实体物流企业与货主企业的需求，运用网络信息与电子商务相结合的方式为客户提供低成本、全方位的物流服务产品。该公司通过构筑物流服务网络，发展网上物流，不断提升自身物流服务水平。本案例将在阐述宁波国际物流发展股份有限公司发展概况的基础上，分析其市场机会与客户需求，优势与劣势，面临的市场竞争。

一、发展概况

宁波国际物流发展股份有限公司前身为宁波电子口岸物流信息有限公司。2008年，由宁波市政府、宁波交通投资控股有限公司、宁波海关、宁波国检、宁波港集团、中国电子口岸数据中心宁波分中心等单位发起组建为宁波国际物流发展股份有限公司，注册资本2425万元。公司旗下运营宁波电子口岸和四方物流市场两大公共信息平台，结合电子政务、电子商务、电子物流，为客户提供优质的大通关、大物流全程信息服务。

宁波国际物流发展股份有限公司从服务企业，结合企业创造价值的理念出发，运用现代信息技术，将物流信息集中到统一、安全、高效的平台上，实现政府、企业、园区、市场之间的信息交换和共享，并通过整合和管理，为客户提供一站式物流电子商务服务和供应链解决方案。宁波国际物流发展股份有限公司在开始运营的短短几个月时间内就吸纳了1900多家注册会员，目前，宁波国际物流发展股份有限公司已被定位为浙江省交通物流交易中心。

二、市场机会与客户需求

1. 市场机会

近些年，浙江省60%的工商企业将把所有的综合物流业务外包给新型的物流企业。第四方物流需求快速增长，预计整个浙江省第四方物流市场从2010年至2014年的年增长率为25%。但浙江省第四方物流尚处初期阶段，提供给第三方物流服务企业整合的平台尚不完善，而物流网络设计、预测、订存货管理等服务只有少数企业才能提供，因此发展空间非常巨大，市场机会众多。宁波国际物流发展股份有限公司通过构筑物流服务网络，提升物流信息交流，积极发展发展网上物流，提升第四方物流发展水平，力求抓住这一市场机会。

2. 客户需求

第四方物流市场中，客户的主要需求包括找物流商、找运价、找运力、找货盘、找服务，目标客户群体主要可以分为货主和物流服务企业。宁波国际物流发展股份有限公司从服务企业，结合企业创造价值的理念出发，运用现代信息技术，将物流信息集中到统一、安全、高效的平台上，实现政府、企业、园区、市场之间的信息交换和共享，并通过整合和管理，为客户提供一站式物流电子商务服务和供应链解决方案，满足客户需求。

三、优势与劣势

1. 核心优势

宁波国际物流发展股份有限公司核心优势为技术优势。公司通过与埃森哲长达半年合作，建立了科学的业务发展体系，并聘请IBM对公司进行整体IT架构设计、综合设计和详细设计，掌握了先进的互联网应用开发技术，具备强大的信息化项目设计与实施能力；公司拥有一流的来自于IBM、EMC、Cisco等大品牌厂商的硬件基础设备，以及独立的IDC机房；目前公司已积累优秀技术研发人员70多位，拥有专业软件开发团队以及经验丰富的系统运维、系统集成技术团队；公司团队结构稳定、技术研发能力强，物流信息化运营水平在全国领先。并且公司与浙江联通签署战略合作协议，将联通WCDMA的3G网络与第四方物流实现无缝对接，用户手机可以随时随地查询物流信息。

2. 劣势

第一，运营模式尚未健全。例如平台各种盈利方式和模式还处于待发展状态，广告费、会员费以及各种服务费的收取还有待进一步细化和完善。

第二，客户消费习惯尚待建立与形成。

第三，影响力和覆盖力尚待提升。

第四，货主与物流服务企业之间具有信息的不对称性。

四、市场竞争

目前，随着互联网的普及，物流平台越来越多，据不完全统计，全国已建和在建的物流公共信息平台至少有上千个。同种功能类型的物流信息平台不断增多，如：全国物流信息网一点通、长江物流公共信息平台、北京物流门户、华人物流网等。尤其像全国物流信息网一点通这种在国内处于领先地位的物流信息平台，该平台具备辐射城市多，信息质量高，每天更新物流车源、货源信息500万条，信息覆盖全国所有省份等优势。

与此同时，各物流信息平台为了争夺市场，推出的服务逐渐转向个性化、专业化，将导致行业竞争日益激烈。如何留住客户并维持好平台与客户长期稳定的合作关系，打造宁波国际物流发展股份有限公司的核心竞争力，也是企业在激烈的同行业竞争中最迫切、最关心、最实际的问题。

案例思考题：

1. 宁波国际物流发展股份有限公司应如何解决当前发展中的主要问题？
2. 面对众多的竞争对手，宁波国际物流发展股份有限公司如何增强市场竞争力？
3. 对于第四方物流公司，如何构建其核心竞争力？

第7章 网络营销

> **学习目标**
> - 了解网络营销的基本概念与内涵。
> - 了解网络营销基本策略的分类和方法。
> - 熟悉网络营销的工具与方法。

引导案例

新媒体营销——微信盘活桑果园旅游经济

一直以来,如何让自己的企业和产品通过移动端(如手机)进行销售,从而做强电子商务,已成为企业的关注重点。随着移动互联网的快速发展,微信已成为个人、企业和政府部门发布和获取信息的重要传播方式。

广东省湛江市遂溪县界炮镇大塘村有千亩桑果园,也是广东省内最大的桑果基地。同时,该果园也是广东丝源集团有限公司的合作基地。往年,桑果成熟时,丝源集团公司作了大量的媒体广告和户外广告进行推广,结果来果园摘桑葚的绝大部分都是遂溪县城里人。据调查,来果园的游客90%是依靠当地人民的口碑推广获得的信息,丝源集团公司的广告效果甚微。而今年,广东丝源集团公司改变以往的做法,抛弃传统的媒体广告,改用微信公众平台,值桑果成熟之际(3月12日~4月15日),宣传推广桑果园一天游与公司产品促销活动。为了更好地推广自己的产品,以及吸引和回馈广大游客,丝源公司做了四大优惠的微信促销策略:团购优惠;买一送二的促销;门票返现吸引大家关注;关注可以参与抢免费游桑果园门票。

微信朋友圈的传播能力特别强,丝源集团公司2016年3月11日刚推出微信公众平台的当天,500张票全部被抢光。除了免费抢票的之外,截止到3月17日已售出门票1 200多张,且有部分湛江以外的游客。3月12~13日(周六、周日)两天,桑果园接待游客370多人,桑果汁销售500多箱,单日销售业绩比去年同期翻了两番。

7.1 网络营销概述

7.1.1 网络营销的含义与内容

网络营销是企业利用网络媒体来开展的各类市场营销活动,是传统市场营销在网络时代的延伸和发展。

从营销的角度出发，网络营销是企业整体营销战略的一个组成部分，是建立在互联网基础之上，借助于计算机网络、数据通信来实现企业一定营销目标的一种营销手段。

据此定义，我们可以得出以下认识：

第一，网络营销不是网上销售。网上销售是网络营销发展到一定阶段产生的结果，网络营销是为实现网上销售目的而进行的一项基本活动，但网络营销本身并不等于网上销售。虽然网络营销有利于增加总的销量，但网络营销并不一定是在网上直接销售，如企业可以通过网上营销提升企业的品牌价值、加强与客户之间的沟通、对外发布信息等。

第二，网络营销不是营销活动的全部。互联网本身还是一个新生事物，在我国，上网人数占总人口的比例还很小，网络营销发挥的作用还十分有限。因此，一个完整的营销方案，除了在网上进行推广之外，还很有必要利用传统营销方法进行网下推广，如传统媒体广告、发布新闻、印发宣传册等。

1. 网络营销涉及的范围

网络营销产生于互联网飞速发展的网络时代，作为依托网络的新的营销方式和营销手段，它有助于企业在网络环境下实现营销目标。网络营销涉及的范围较广，包含的内容较丰富，主要表现在以下两个方面：

第一，网络营销要针对新兴的网上虚拟市场，及时了解和把握网上虚拟市场的消费者特征和消费者行为模式的变化，为企业在网上虚拟市场进行营销活动提供可靠的数据分析和营销依据。

第二，网络营销依托网络开展各种营销活动来实现企业目标，而网络的特点是信息交流自由、开放和平等，而且信息交流费用低廉，信息交流渠道既直接又高效，因此在网上开展营销活动，必须改变传统的营销手段和方式。

2. 网络营销包括的内容

具体来讲，网络营销包括以下一些主要内容：

（1）网上市场调查

网上市场调查是指企业利用互联网的交互式信息沟通渠道来实施市场调查活动，所采取的方法包括企业直接在网上通过发布问卷进行调查，或在网上收集市场调查中需要的各种资料。网上市场调查的重点是利用网上调查工具和手段收集整理资料，在互联网浩瀚的信息库中获取想要的信息和分辨有用的信息。

（2）网络消费者行为分析

网络消费者是网络社会的一个特殊群体，与传统市场消费群体的特性截然不同，因此要开展有效的网络营销活动，必须深入了解网上用户群体的需求特征、购买动机和购买行为模式。互联网作为信息沟通的工具，正成为许多有相同兴趣和爱好的消费群体聚集交流的地方，在网上形成了一个个特征鲜明的虚拟社区，网上消费者行为分析的关键就是了解这些虚拟社区的消费群体的特征和喜好。

（3）网络营销策略的制订

企业在采取网络营销实现企业营销目标时，必须制订与企业相适应的营销策略，因为不同的企业在市场中所处的地位是不同的。企业实施网络营销需要进行投入，并且也会有一定的风险，因此企业在制订本企业的网络营销策略时，应该考虑各种因素对网络营销策略制订的影响,如产品周期对网络营销策略的影响等。

(4) 网络产品和服务策略

网络作为有效的信息沟通渠道,改变了传统产品的营销策略,特别是营销渠道的选择。在网上进行产品和服务营销,必须结合网络的特点重新考虑对产品的设计、开发、包装和品牌的产品策略研究。

(5) 网络价格营销策略

作为一种新的信息交流和传播工具,互联网从诞生开始就实行自由、平等和信息基本免费的策略,因此在网络市场上推出的价格策略大多采取免费或者低价策略。所以,制订网络价格营销策略时,必须考虑互联网对企业产品的定价影响和互联网本身独特的免费特征。

(6) 网络渠道的选择与直销

互联网对企业营销活动影响最大的是企业的营销渠道。通过网络营销获得巨大成功和巨额利润的戴尔公司,建立了网上直销的销售模式,最大限度地降低了营销渠道中的营销费用。但是要注意,企业在建设自己的网上直销渠道时,需要在前期进行一定的投入,同时还要结合网络直销的特点改变本企业传统的经营管理模式。

(7) 网络促销与网络广告

互联网具有双向信息沟通渠道的特点,它可以使沟通的双方突破时空限制进行直接的交流,操作简单、高效且费用低廉。互联网的这一特点使得在网上开展促销活动十分有效,但是在网上开展促销活动必须遵循在网上进行信息交流与沟通的规则,特别是遵守一些虚拟社区的礼仪。网络广告是进行网络营销最重要的促销工具,网络广告作为新兴的产业已经得到了迅猛发展。网络广告作为在第四类媒体上发布的广告,其交互性和直接性的特点是报刊杂志、无线电广播和电视等传统媒体发布广告无法比拟的。

(8) 网络营销管理与控制

网络营销依托互联网开展营销活动,必将面临传统营销活动无法碰到的许多新问题,如网络产品质量的保证问题、消费者隐私保护问题及信息的安全问题等,这些都是网络营销必须重视和进行有效控制的问题,否则企业开展网络营销的效果就会适得其反。

7.1.2 网络营销与传统营销

1. 网络营销与传统营销的区别

(1) 营销理念的转变

在传统营销中,不管是无差异策略还是差异化策略,其目标市场的选择都是针对某一特定消费群的。但从理论上讲,没有任何两个消费者是完全一样的。因此,每一个消费者都是一个目标市场。而网络营销的出现,使大规模目标市场向个人目标市场转化成为可能。通过网络,企业可以收集大量信息来反映消费者的不同需求,从而使企业的产品更能满足顾客的个性化需求。

(2) 沟通方式的转变

① 信息输送的改变。传统的促销手段(如媒体广告、公关等)只能提供单向的信息传递。信息传送后,企业难以及时得到消费者的反馈信息,因此生产经营策略和企业营销方式的调整往往会滞后一步,这必然会影响企业目标和企业盈利的实现。同时,在传统的营销方式下,消费者总是处于被动地位,他们只能根据广告等在媒体中出现的频率、广告的

创意等来决定购买意向,很难进一步得到有关产品的功能、性能等指标。而互联网的出现,使传统的单向信息沟通模式转变为交互式营销信息沟通模式。在互联网上的网络营销是直接针对消费者的。企业以交互式营销宣传沟通方式为用户提供丰富翔实的产品信息,用户也可以通过网络向企业反馈信息。这是网络营销与传统营销最大的差别。在网络营销中,用户是主动的,他既可以查询自己喜欢的产品和企业信息,也可以将自己的信息(如喜好)及时提供给供应商。互联网已经从技术上保证和实现了这种信息的双向沟通。

② 信息容量的改变。在传统的媒体上(尤其是在电视上做广告),尽管企业投入的可能是巨额资金,但所达到的营销目标也许只是企业的形象宣传,对产品的性能、特征、功效却无法进行深入的描述。正因为如此,消费者也就无法深入了解企业的产品。互联网的出现在很大程度上弥补了传统营销在沟通方式上存在的不足。互联网在理论上具有无限的信息储存和传输空间,企业可以在互联网上利用各种不同类型的方式,为用户提供丰富翔实的产品信息,以及所有与产品有关的其他信息,即使在一句十分简短的广告语中,企业也可以通过链接的方式很容易地将客户带到他所感兴趣的、宣传企业产品和服务的页面上。

(3) 营销策略的改变

由于网络营销的双向互动性,使其真正实现了全程营销。传统的营销强调 4P (Product、Price、Place、Promotion) 组合,现代营销管理则追求 4C (Customer wants and needs、Cost to satisfy wants and needs、Convenience to buy、Communication),不管是强调 4P 还是追求 4C,任何一种观念都必须基于这样一个前提:企业必须实现全程营销,即必须从产品的设计阶段就开始充分考虑消费者的需求与意愿,但在实际操作中这一点往往很难做到。原因在于消费者与企业之间缺乏合适的沟通或沟通费用太高,消费者一般只能针对现有产品提出建议或批评,对尚处概念阶段的产品无法涉及。另外,大多数的中小企业也缺乏足够的资源用于了解消费者各种潜在的需求,它们只能从自身能力或市场策划者的策划出发进行产品的开发设计。

在互联网时代下,这一点将有所改变。即使是小型企业也可以通过电子公告栏、在线讨论和电子邮件等方式,以极低的成本在营销的全过程中对消费者进行即时的信息收集。消费者则有机会通过互联网对从产品设计到定价及服务的一系列问题发表意见。以上所提到的双向交互式沟通方式提高了消费者的参与性和积极性,更重要的是它能使企业的决策有的放矢,从根本上提高消费者的满意度。

(4) 时空观念的改变

网络营销比传统营销更能满足消费者对购物方便的需求。网络营销消除了传统营销中的时空限制,使各方相隔的"时差"几乎不复存在。由于网络能够提供 24 小时服务,消费者可随时查询所需商品或企业的信息并在网上进行购物。查询和购物程序简便快捷,所需时间极短。这种优势在某些特殊商品的购买过程中体现得尤为突出。例如,网上书店的出现,使广大消费者不必再为一本书跑遍大小书店,只需上网进行查询,就可以得到该书的详尽信息,进行网上订购。

2. 网络营销对传统营销的冲击

电子商务对传统的市场营销理念造成了极大的冲击,这种冲击表现在以下几个方面:

(1) 对营销渠道的冲击

传统营销依赖层层严密的渠道,并以大量的人力与广告投入市场,这在网络时代将成为"奢侈品"。在未来，人员推销、市场调查、广告促销、经销代理等传统营销手段，将与网络相结合，并充分运用网上的各种资源，形成以最低成本投入，获得最大市场销售量的新型营销模式。

互联网大大提高了商品和劳务供应方与需求方直接接触的能力，通过互联网，生产厂商可以更好地直接与最终用户联系，由传统中间人（零售商、批发商、分销商或经纪人）沟通生产与消费的必要性大大降低，中介渠道的重要性也因此而大打折扣。

（2）对定价策略的冲击

在网上对商品进行促销时，如果某种产品的价格标准不统一或经常改变，客户将会通过互联网认识到这种价格差异，并可能因此导致客户的不满。所以，相对于目前的各种媒体来说，互联网先进的网络比价服务会使价格水平趋于一致。这将对公司在各地采取不同价格策略的销售业务产生巨大冲击，于执行差别化定价策略的公司不能不说是一个严重问题。

（3）对广告策略的冲击

首先，相对于传统媒体来说，由于网络空间具有无限的扩展性，因此在网络上做广告可以较少地受到空间的局限，从而尽可能地将必要的信息一一罗列。其次，迅速提高的广告效率也为网上企业创造了便利条件。例如，有些公司可以根据其注册用户的购买行为很快地改变推送广告的内容；有些公司可根据访问者特性（如硬件平台、域名或访问时搜索主题等）有选择地显示其广告。

（4）对标准化产品的冲击

作为一种新型媒体，互联网可以在全球范围内进行市场调研。通过互联网，厂商可以迅速获得关于产品概念和广告效果测试的反馈信息，也可以测试顾客的不同认知水平，从而更加容易地对消费者的行为方式和偏好进行跟踪。因而，在互联网大量使用的情况下，对不同的消费者提供不同的商品将不再是天方夜谭。

随着网络技术迅速向宽带化、智能化、个人化方向发展，用户可以在更广阔的领域实现声、图、像、文一体化的多维信息共享和人机互动功能。"个人化"把"服务到家庭"推向了"服务到个人"。这种发展使传统营销方式发生了革命性的变化，它将导致大众市场的终结，并逐步体现市场的个性化，最终实现按每一个用户的需求来组织生产和销售。

（5）对顾客关系的冲击

互联网能够大大改进公司与顾客的关系。简单地说，这是因为互联网使顾客能够控制他们自己作为产品和服务潜在购买者的价值。

首先，互联网提供内容广泛的产品或服务信息，并把这种内容与便捷的沟通和通信环境结合起来，创造一个能大面积产生并传播信息的环境，这是虚拟社会产生强大力量的关键因素。在这个环境中，对同类产品或服务感兴趣的任何个人都可以在公告牌上"公布"，谁都可以得到信息，在交谈区进行实时书面"交谈"。它使成员能够在相互之间的信息交流学习中产生新的信息，同时，在这种不间断的信息交流与学习中，通过比较和判断积累自己的经验，创造更加丰富的信息，最终使消费者可以在重要信息资源的获取上形成不依赖卖主和广告宣传的意识。

其次，当互联网这个虚拟的社会在组织信息和进行信息交易时，网络信息中介商应运而生，它使顾客在与卖主讨价还价时处于主动地位，帮助消费者向卖主索取更多的价值。网络信息中介商实质上是顾客（买主）的代理人，它帮助买主从卖主那里获取更多的产品和服务信息,帮助潜在的买主了解可能在哪里找到自己所需要的信息资源,从而帮助消费者摆脱受供应商摆布的境地。

7.1.3 网络营销管理

根据营销大师菲利普·科特勒的理论,传统的企业管理包括 4 个职能:分析、计划、实施和控制。市场营销分析是指对企业内部和外部营销环境的分析,通过分析找出企业的机遇和环境威胁,以及企业自身的优势和弱点,从而使企业选择最适合的市场进入。市场营销计划是指对有助于企业实现总的战略目标的营销战略做出决策。企业的营销计划必须支持企业的战略计划。市场营销实施是指为实现战略营销计划目标而把营销计划转变为营销行动的过程。市场营销控制包括预计市场营销战略和计划的成果,并采取正确的行动以保证实现目标。

作为网络企业或进行网络营销的企业,仍然需要遵循上述原则来进行网络营销活动的管理。但值得注意的是,网络营销活动与传统的营销活动相比,有其自身显著的特点。因而,在进行管理时必须考虑到这些特点,从而更有效地实现网络营销活动的管理。有两个方面的因素值得特别注意:一是在市场营销环境分析方面的变化;二是在制订网络营销战略计划时的特点。

1. 市场营销环境变化

(1) 网络营销外部环境的变化

① 顾客源的变化。在网络营销环境下,互联网所连接的顾客群无论是在收入、教育水平上,还是在消费特性及购物标准等方面,与传统的消费者都有明显的不同,他们的个性化需求更趋于明显。

② 企业"规模优势"的消失。传统的市场环境,企业的知名度往往来自于企业自身经济规模的大小、企业历史等各种因素,企业的业务范围和客户资源是极为有限的,而大规模的促销、广告等手段对于大多数企业来说往往是可望而不可及的。

互联网的发展使企业尤其是中小企业突破了时空上的限制。在网络环境下,企业将产品的品牌、样式、规格、性能、包装及价格等内容做成图文并茂的页面放在互联网上,就能覆盖世界多个国家和地区,让各国客商直接随时查询企业的信息,扩大产品的对外宣传。网络营销市场环境为企业全面走向世界提供了巨大的机遇。

(2) 网络营销内部环境的变化

网络营销的实施必须有内部系统的支持,这个内部支持系统就是企业的内部网。只有建立了强有力的企业内部网,才有可能将外部网络输入的信息进行及时的分配和处理,并协调组织整个企业做出最适合的回应。

通过建立企业内部网,一方面使企业信息在内部的流动突破了传统模式的壁垒,使信息按价值链传递方向快速运转,同时也有助于企业的流程再造,提高企业对环境的应变能力。原则上,企业内部网的建立应该通过与外部信息渠道的结合来形成快速的市场反应能力,提高企业的核心能力。由于建网投资是巨大的,必须进行可行性分析和考虑投资能力和投资回报期。网络的有效运行与维护需要大批的网络人才和经过严格培训的员工。

2. 网络营销战略管理

互联网的功能使网络营销可以扩大企业的视野,重新界定市场的范围,缩短与消费者

的距离,取代人力沟通与单向媒体的促销功能,改变市场竞争形态。因此,企业网络营销战略管理应做好以下几个方面的工作:

(1) 注重顾客关系再造

网络营销的成功与否,关键是如何跨越地域、文化和时空的差距,再造企业顾客的关系,发掘网络顾客,了解网络顾客的愿望,以及利用个人互动服务与顾客保持关系。为了达到这一目标,目前有两种典型的做法:一是提供免费服务;二是组建网络俱乐部。

(2) 实行定制化营销

在网络环境下,巩固顾客、扩大网上销售的重要战略手段是通过定制化营销提升顾客的满意度,即利用网络优势,一对一地向顾客提供独特化、个性化的产品与服务。

(3) 建立广泛的网上伙伴关系

网络营销的战略重点是运用网络营销适时地获取、分析和运用来自网上的信息,运用网络结成合作联盟,从而以网络合作伙伴形成的资源规模优势创造竞争优势。

7.1.4 网络营销的理论基础

1. 网络直复营销理论

直复营销(Direct Marketing)是依靠产品目录、印刷品邮件、电话或附有直接反馈的广告,以及其他相互交流形式的媒体的大范围营销活动。美国直复营销协会(ADMA)为直复营销下的定义:直复营销是一种为了在任何地方产生可度量的反应和(或)达成交易,而使用一种或多种广告媒体的相互作用的市场营销体系。基于网络的直复营销将更加吻合直复营销的理念,在互联网上的网络直复营销具体表现在以下几个方面:

(1) 直复营销的互动性

互联网作为一个自由的、开放的双向式信息沟通的网络,作为营销者的生产企业与作为消费者的顾客之间,可以实现直接的一对一的信息交流与沟通。

(2) 直复营销的跨时空特征

直复营销活动强调的是在任何时间、任何地点,都可以实现营销者与顾客的双向信息的交流。互联网的持续性和全球性的特征,使顾客可以通过互联网,在任何时间、任何地点直接向作为营销者的生产企业提出服务请求或反映问题;企业也可以利用互联网,低成本、跨越地域空间和突破时间限制地与顾客实现双向交流。因为互联网是一种能够在全球范围内、全天候自动地提供网上信息交流的工具,这样顾客就可以根据自己的需要,安排在任何时间、任何地点上网获取信息。

(3) 直复营销的一对一服务

直复营销活动最关键的作用是为每个作为目标的顾客,提供直接向营销者反映情况的通道。这样企业可以凭借顾客的反映,找到自己的不足之处,为下一次直复营销活动做好准备。由于互联网的方便、快捷性,使得顾客可以方便地通过互联网直接向企业提出购买需求或建议,也可以直接通过互联网获取售后服务。企业也可以从顾客的建议、需求和希望得到的服务中找出自己的不足,从而改善经营管理,提高服务质量。

(4) 直复营销的效果可测定

直复营销活动的效果是可测定的。互联网作为最直接的简单沟通工具,可以很方便地为企业与顾客的交易提供沟通支持和交易平台,通过数据库技术和网络控制技术,企业可以很方便地处理每一位顾客的购物订单和需求，而不用考虑顾客的规模大小、购买量的多少。这是因为互联网的沟通费用和信息处理成本非常低廉。因此，通过互联网可以最低成本、最大限度地满足顾客需求，同时还可以了解顾客的需求，细分目标市场，提高营销效率和效用。

网络营销作为一种有效的直复营销策略，源于网络营销的可测试性、可度量性、可评价性和可控制性。因此，利用网络营销这一特性，可以大大改进营销决策的效率和营销执行的效用。

2. 网络软营销理论

网络软营销理论是针对工业经济时代以大规模生产为主要特征的"强势营销"而提出的新理论，它强调企业在进行市场营销活动时，必须尊重消费者的感受和体验，让消费者乐意主动接受企业的营销活动。

(1) 网络软营销与传统强势营销的区别

在传统的营销活动中，最能体现强势营销活动特征的是两种常见的促销手段：传统广告和人员推销。对于传统广告，人们常常会用"不断轰炸"这个词来形容，它试图以一种信息灌输的方式在消费者的心目中留下深刻印象，至于消费者是否愿意接受、需不需要这类信息则从不考虑，这就是一种强势。人员推销也是如此，它根本就不考虑被推销对象是否需要，也不征得用户的同意，只是根据推销人员自己的判断，强行展开推销活动。

概括地说，软营销与强势营销的根本区别在于：软营销的主动方是消费者，而强势营销的主动方是企业。消费者在心理上要求自己成为主动方，而网络的互动特性又使他们变为主动方真正成为可能。

(2) 网络软营销中的两个重要概念

网络社区（Network Community）和网络礼仪是网络营销理论中特有的两个重要基本概念，是实施网络软营销的基本出发点。网络社区是指那些具有相同兴趣、目的，经常相互交流、互利互惠，能给每个成员以安全感和身份意识等特征的互联网上的单位或个人所组成的团体。网络社区也是一个互利互惠的组织。在互联网上，今天你为一个陌生人解答了一个问题，明天他也许能为你回答另外一个问题，即使你没有这种功利性的想法，仅怀一腔热情去帮助别人也会得到回报。由于你经常在网上帮助别人解决问题，会逐渐为其他成员所知而成为网上名人，有些企业也许会因此而雇用你。另外，网络社区成员之间的了解是靠他人发送信息的内容，而不像现实社会中两人之间的交往。在网络上，如果你想要隐藏自己，就没人会知道你是谁、在哪里，这就增加了你在网上交流的安全感，因此在网络社区这个公共论坛上，人们会就有关个人隐私或他人公司的一些平时难以直接询问的问题而展开讨论。基于网络社区的特点，不少敏锐的营销人员已在利用这种普遍存在的网络社区的紧密关系，使之成为企业利益来源的一部分。

网络礼仪是互联网自诞生以来所逐步形成和不断完善的一套良好、不成文的网络行为规范，如不使用电子公告牌（BBS）张贴私人的电子邮件，不进行喧哗的销售活动，不在网上随意传递带有欺骗性质的邮件等。网络礼仪是网上一切行为都必须遵守的准则。

3. 网络整合营销理论

整合营销又是网络营销理论中的一个新理念，是传统的市场营销理论为适应这一网络营销的新环境而逐步转化形成的。互联网的特征在市场营销中所起的主要作用在于使顾客这一角色在整个营销过程中的地位得到提升。网络这一互动的特性使消费者能真正参与到整个营销活动的过程中,消费者不仅增强了参与的主动性,而且其选择的主动性也得到了加强。由于互联网具有信息丰富的特征,因此消费者在网上选择商品的余地也变得很大,在满足用户个性化消费需求的驱动下,企业也在设法探索和寻求一种现代市场营销的思想,以迎合这一消费市场的变化,满足消费者的需求,否则这些企业将逐步失去市场。这就要求企业建立以服务为主的经营理念,必须以顾客为中心,为顾客提供适时、适地、适情的服务,最大程度地满足顾客的需求。互联网是跨时空传输的"超导体"媒体,利用它企业可以在顾客所处的地方为其提供最及时的服务,同时利用互联网的交互性,企业可以不断地了解顾客的需求情况并及时提供针对性的响应,因此可以说互联网是消费者时代中最具魅力的营销工具。

7.2 网络营销基本策略

7.2.1 网络营销产品策略

一个企业的生存和发展,关键在于它所生产的产品能否满足消费者的需求。网络营销产品(也称网络产品)是在保留了传统市场营销产品整体概念中已有的三个层次(核心产品、形式产品、附加产品)的前提下,又扩展出期望产品与潜在产品两个层次。通过网络销售的产品,按照其形态的不同,可以分为两大类,即实体产品和虚体产品。

(1)核心产品

即能提供给顾客最核心效用的产品或服务。如顾客购买图书是为了获取信息和知识,购买游戏软件是为了娱乐等。网络营销利用其具有互动性,通过网络能充分地了解顾客的需求,更好地为顾客服务是网络营销的一大优势。

(2)形式产品

网络营销产品整体概念中的形式产品的含义与传统产品整体概念中的形式产品的含义相同,包括品牌、包装、质量、外观式样等。

(3)期望产品

期望产品是指顾客在购买前对产品的质量、特点、使用方便程度等方面的期望。期望产品对企业开发与设计核心产品和形式产品有指导作用。

(4)附加产品

指顾客在购买产品时,从产品的生产者或经营者那里得到的附加服务,在网络营销中,延伸产品层次包括售后服务、送货、质量保证、信贷等。

(5)潜在产品

潜在产品指消费者购买产品不但得到了该产品,而且还会得到一些未来的服务等。例如,现在大多数软件商都为消费者提供免费的软件升级服务,或是可以以优惠价格购买同一公司的软件或产品。

1. 产品组合策略

产品组合是指企业卖给消费者一组产品,包括一大类产品中的各种不同品种、价格的产品。企业通常将各种功能相似、用户相同的有关联的产品放在一起销售。具体来说,包括收缩策略、扩张策略、高档化策略、低档化策略等。

（1）收缩策略

收缩策略简单来说，就是企业减少经营的产品种类，缩小经营范围。该策略常是在市场环境不好，或企业经营状况不景气等情况下采用的，目的是降低经营成本、减少支出。

（2）延伸策略

延伸策略是指企业增加经营的产品种类，扩大经营范围。

（3）高档化策略

高档化策略是指企业在产品组合中增加一些质量好、价格高的高档产品，这主要针对有强大消费能力的富裕阶层。这样可以提高企业整体的产品形象，给人们一种高贵的感觉。

（4）低档化策略

低档化策略是指企业在产品组合中增加一些价格较低的产品，这样可吸引经济条件不佳的消费者，以扩大企业的生产规模。

2. 产品服务策略

传统营销中考虑的仅仅是售后服务，服务目标相当有限。要增加服务价值不能局限于售后服务，而是要把服务扩展到企业营销的全过程中，即不仅要提供售后服务，还要提供售前服务、售中服务。

（1）售前服务

售前服务是指企业在产品销售之前，针对消费者的购物需求，通过网络向消费者开展诸如产品介绍、产品推荐、购物说明、协助决策等消费者教育与信息提供活动。售前服务的主要功能是向消费者提供产品的详细信息，主要包括企业所经营的产品种类、主要性能、使用说明等。网络强大的互动式信息交流功能使企业可以向消费者充分展示产品的特性。

（2）售中服务

售中服务主要是指销售过程中的服务。在交易过程中，企业向用户提供简单方便的商品查询、体贴周到的导购咨询、简便高效的商品订购、安全快捷的货款支付、迅速高效的货物配送等服务，以保证商品交换活动顺利实现。

（3）售后服务

售后服务指企业帮助消费者解决产品使用过程中出现的问题，以及收集消费者反馈意见的一系列服务活动。

7.2.2 网络营销品牌策略

当我们看到一个知名企业网站时，会联想到该企业的品牌形象。随着 Internet 网上市场的不断拓展，"网络品牌"越来越被人们所熟知，如何在网上电子市场环境下进行品牌的管理与建设，是提高企业市场竞争力的重要手段。

所谓品牌，是生产者给自己的产品规定的商业名称，通常由文字、标记、符号、图案和颜色等要素或这些要素的组合构成，用作一个生产者或生产者集团的标识，以便同竞争者的产品相区别。

1. 网络品牌的开发

一般而言，网络品牌的开发具有如下三个层次：

（1）网络品牌要有一定的表现形式

表现形式，也就是可以表明这个品牌确实存在的信息，即网络品牌具有可认知的、在网上存在的表现形式，如域名、网站（网站名称和网站内容）、电子邮箱、网络实名/通用网址等。

（2）网络品牌需要一定的信息传递手段

仅有网络品牌的存在并不能为用户所认知，还需要通过一定的手段和方式向用户传递网络品牌信息才能为用户所了解和接受。网络营销的主要方法（如搜索引擎营销、许可 E-mail 营销、网络广告等）都具有网络品牌信息传递的作用。

（3）网络品牌价值的转化

网络品牌价值的转化过程是网络品牌建设中最重要的环节之一，指用户对一个网络品牌了解转化形成一定的价值，如网站访问量上升、注册用户人数增加、对销售的促进效果等，这个过程也就是网络营销活动的过程。

2. 网络品牌的推广

网络品牌建立和推广的过程，同时也是网站推广、产品推广、销售促进的过程。所以，有时很难说哪种方法是专门用来推广网络品牌的。在实际工作中归纳出建立和推广网络品牌的几种主要途径：企业网站中的网络品牌建设；电子邮件中的网络品牌建设和传播；网络广告中的网络品牌推广；搜索引擎营销中的网络品牌推广；提供电子刊物和会员通信等。

7.2.3 网络营销定价策略

产品的销售价格是企业市场营销过程中一个十分敏感而又最难有效控制的因素。它直接关系着市场对产品的接受程度，影响着市场需求量，即产品销售量的大小和企业利润的多少。所以网络营销定价策略是企业营销策略中最富有灵活性和艺术性的策略，是一种非常重要的竞争手段，是企业营销组合策略中的重要组成。影响企业定价的主要因素有生产成本、商品特点、顾客需求、竞争者的产品价格及国家物价政策法规等。

在网络营销中，企业定价目标主要有以下 5 种：

- 以维持企业生存为目标。
- 以获取当前理想的利润为目标。
- 以保持和提高市场占有率为目标。
- 以树立企业形象为目标。
- 以应付或抑制竞争为目标。

对处于不同阶段的产品定价应采取不同的定价策略。如新产品定价策略和商品阶段的定价策略是不同的。在特殊时期，采取一些折扣定价策略，可增加产品对顾客的吸引力。

1. 新产品定价策略

常见的新产品定价策略有 3 种。

（1）撇取定价策略

撇取定价策略是指企业的新产品一上市，就把价格定得尽可能高，以期及时获得较高的收益，在商品经济生命周期的初期便收回研制开发新产品的成本及费用，并逐步获得较高的利润。随商品的进一步成长再逐步降低价格。采用此策略的企业，商品一上市便高价厚利，其做法很像从牛奶的表面撇取奶油，故又称"取脂法"。

（2）渐取定价策略

渐取定价策略是指企业的新产品先低价出售，等产品在市场上站稳脚跟后，再慢慢提高价格。

(3) 中间定价策略

中间定价策略是指按照本行业的平均定价水平或者按当时的市场行情来制定价格。

2. 商品阶段定价策略

这是根据产品所处的经济生命周期阶段而制定不同价格的策略。

(1) 试销期定价策略

一般参考新产品的定价策略，对上市的新产品（或者是经过改进的老产品）采取较高或较低的定价。

(2) 畅销期定价策略

这一阶段，消费者接受产品，销售量增加，一般立刻降价。如果产品进入市场时价格较高，市场上又出现了强有力的竞争对手，可以适当降价。

(3) 饱和期定价策略

这一阶段市场竞争比较激烈，一般宜采取降价销售策略。如果竞争者少，也可维持原价。

(4) 滞销期定价策略

这一阶段，一般宜采取果断的降价销售策略，有时销售价格低于成本。如果同行业的竞争者都已退出市场，或者经营的商品有保存价值，也可以维持原价，甚至提高价格。

3. 折扣价格策略

(1) 数量折扣

根据购买者购买数量的大小给予不同的折扣。

(2) 季节折扣

一般在有明显的淡、旺季商品或服务的行业中实行。

(3) 现金折扣

其目的在于鼓励购买者尽早付款加速企业资金周转。

(4) 业务折扣

业务折扣是生产厂家给予批发企业和零售企业的折扣。

7.2.4 网络营销促销策略

促销，是指企业为了激发顾客的购买欲望，影响他们的消费行为，扩大产品销售而进行的一系列宣传报道、激励、联络等促进性工作。企业的促销策略实际上是对各种不同促销活动的有机组合。网络促销策略是指企业应用互联网技术与手段，将产品或劳务的信息传递给目标顾客，通过信息沟通，使网络目标顾客对企业及其产品或服务产生兴趣，建立好感，促使其购买，实现企业产品销售的一系列活动。

根据促销对象的不同，网上促销策略可分为：消费者促销、中间商促销和零售商促销等。针对消费者的网络促销策略有以下几种：

1. 网上折价促销

折价亦称打折、折扣，是目前网上最常用的一种促销方式。因为目前网民在网上购物的热情远低于商场超市等传统购物场所，因此网上商品的价格一般都要比传统方式销售时要低，以吸引人们购买。目前，大部分网上销售商品都有不同程度的价格折扣，如大众点评网、当当书店的饮食和图书等的折价促销。折价券是直接价格打折的一种变化形式，有些商品因在网上直接销售有一定的困难性，便结合传统营销方式，可从网上下载至个人手机、打印折价券或直接填写优惠表单，到指定地点购买商品时可享受一定优惠。

2. 网上变相折价促销

变相折价促销是指在不提高或稍微增加价格的前提下，提高产品或服务的品质数量，较大幅度地增加产品或服务的附加值，让消费者感到物有所值。由于网上直接价格折扣容易造成降低了品质的怀疑，利用增加商品附加值的促销方法会更容易获得消费者的信任。

3. 网上赠品促销

赠品促销目前在网上的应用不算太多，一般情况下，在新产品推出试用、产品更新、对抗竞争品牌、开辟新市场的情况下，利用赠品促销可以达到比较好的促销效果。

赠品促销的优点：可以提升品牌和网站的知名度；鼓励人们经常访问网站以获得更多的优惠信息；能根据消费者索取赠品的热情程度，总结分析营销效果和产品本身的反应情况等。

赠品促销应注意赠品的选择：不要选择次品、劣质品作为赠品，这样做只会起到适得其反的作用；明确促销目的，选择适当的能够吸引消费者的产品或服务；注意时间和时机，注意赠品的时间性，如冬季不能赠送只在夏季才能用的物品。另外，在危急公关等情况下也可考虑不计成本的赠品活动以挽回公关危急。注意预算和市场需求，赠品要在能接受的预算内，不可过度赠送赠品而造成营销困境。

4. 网上抽奖促销

抽奖促销是网上应用较广泛的促销形式之一，是大部分网站乐意采用的促销方式。抽奖促销是以一个人或数人获得超出参加活动成本的奖品为手段进行商品或服务的促销，网上抽奖活动主要附加于调查、产品销售、扩大用户群、庆典、推广某项活动等。消费者或访问者通过填写问卷、注册、购买产品或参加网上活动等方式获得抽奖机会。

网上抽奖促销活动应注意以下几点：奖品要有诱惑力，可考虑大额超值的产品吸引人们参加；活动参加方式要简单化，由于目前上网费偏高，网络速度不够快，以及浏览者兴趣不同等原因，网上抽奖活动要策划得有趣味性和容易参加。太过复杂和难度太大的活动较难吸引匆匆的访客；抽奖结果的公正、公平性，由于网络的虚拟性和参加者的地域广泛性，对抽奖结果的真实性要有一定的保证，应该及时请公证人员进行全程公证，并及时能通过 E-mail、公告等形式向参加者通告活动进度和结果。

5. 积分促销

积分促销在网络上的应用比起传统营销方式要简单和易操作。网上积分活动很容易通过编程和数据库等来实现，并且结果可信度很高，操作起来相对较为简便。积分促销一般设置价值较高的奖品，消费者通过多次购买或多次参加某项活动来增加积分以获得奖品。

积分促销可以增加上网者访问网站和参加某项活动的次数；可以增加上网者对网站的忠诚度；可以提高活动的知名度等。

现在不少电子商务网站"发行"的"虚拟货币"应该是积分促销的另一种体现，如8848的"e元"、酷必得的"酷币"等。网站通过举办活动来使会员"挣钱"，同时可以用仅能在网站使用的"虚拟货币"来购买本站的商品，实际上是给会员购买者相应的优惠。

6. 网上联合促销

由不同商家联合进行的促销活动称为联合促销，联合促销的产品或服务可以起到一定的优势互补、互相提升自身价值等效应。如果应用得当，联合促销可起到相当好的促销效果，如网络公司可以和传统商家联合，以提供在网络上无法实现的服务；网上销售汽车和润滑油公司联合等。

7.2.5　网络营销渠道策略

营销渠道是指某种商品和服务从生产者向消费者转移的过程中，取得这种商品和服务所有权或帮助所有权机构转移的所有企业或个人。简单地说，营销渠道就是商品和服务从生产者向消费者转移过程的具体通道或路径。营销渠道在营销过程中可创造以下三种效用：

- 时间效用。即营销渠道能够解决商品产需在时间上不一致的矛盾，保证了消费者的需求。
- 地点效用。即营销渠道能够解决商品产需在空间上不一致的矛盾。
- 所有权效用。即营销渠道能够实现商品所有权的转移。

网络市场使营销渠道的三种作用得到了进一步加强。在时间和地点上，它使产需不一致的矛盾得到了较为有效的解决，消费者在家中能在最近的地点，以较快的时间获得所需的商品。商家也能在较短的时间内，根据消费者的个性化需要进行生产、进货，并在最近的地点、以最小的费用将货物送到消费者手中。

1. 影响网络营销渠道选择的因素

（1）目标市场

目标市场的状况如何，是影响企业营销渠道选择的重要因素，是企业营销渠道决策的主要依据之一。市场因素主要包括：目标市场范围的大小及潜在需求量、市场的集中与分散程度、顾客的购买特点、市场竞争状况等。

（2）商品因素

由于各种商品的自然属性、用途等不同，其采用的营销渠道也不相同。主要包括：商品的性质、商品的时尚性、商品的标准化程度和服务、商品价值大小、商品市场寿命周期等。

（3）生产企业本身的条件

主要包括：企业的生产、经营规模，企业的声誉和形象，企业经营能力和管理经验，企业控制渠道的程度等。

（4）环境因素

2. 营销渠道策略

企业在确定了目标市场，并对影响营销渠道决策的各因素进行了分析以后，就需要进行营销渠道的决策。

（1）直接营销渠道与间接营销渠道策略选择

直接营销渠道，也称零层分销渠道，是指商品不经过中间商直接销售给消费者或使用者的营销渠道。直接营销渠道一般适合大宗商品及生产资料的交易。

间接营销渠道，也称层次分销渠道，是指把商品通过中间商销售给消费者或使用者的营销渠道。间接营销渠道一般适合小量商品及生活资料的交易。

（2）长渠道和短渠道策略的选择

长渠道策略的优点：一是批发商的介入，利用其经营的经验和分销网络，为零售商节省时间、人力和物力，又为厂商节省营销费用；二是能够提供运输服务和资金融通；三是组织货源，调节供需在时间和空间上的矛盾；四是为生产企业提供市场信息和服务。缺点：经营环节多，参加利润分配单位多，流通时间长，不利于协调、控制。

采用短渠道策略的条件：一是有理想的零售市场，即市场要集中在顾客流量大的区域，市场潜在需求量要大；二是产品本身的特殊性，如时尚商品、易损易碎商品、高价值商品、技术性强的商品等；三是生产企业有丰富的市场营销经验和实践能力；四是财力资源较为雄厚。

（3）宽渠道和窄渠道策略的选择

所谓营销渠道的宽窄，是以渠道的横向联系来考察的，即在渠道的某一层次上使用同种类型的中间商数目的多少，构成渠道的宽度。一般的分类标准是指商品生产者在某一特定目标市场的某一层次上（如批发或零售），选择两个以上中间商销售本企业的产品称为宽渠道，只选择一个中间商的称为窄渠道。企业对营销渠道宽窄的选择策略，通常有密集型分销渠道策略、选择型分销渠道策略和专营性分销渠道策略三种。

7.3 网络营销工具及方法

7.3.1 搜索引擎营销

1. 搜索引擎的分类

（1）全文索引

全文索引即为全文搜索引擎，国外代表有 Google，国内则有著名的百度搜索。它们从互联网提取各个网站的信息（以网页文字为主），建立起数据库，并能检索与用户查询条件相匹配的记录，按一定的排列顺序返回结果。

根据搜索结果来源的不同，全文搜索引擎可分为两类：一类是拥有自己的检索程序（Indexer），俗称"蜘蛛"（Spider）程序或"机器人"（Robot）程序，能自建网页数据库，搜索结果直接从自身的数据库中调用，上面提到的 Google 和百度就属于此类；另一类则是租用其他搜索引擎的数据库，并按自定的格式排列搜索结果，如 Lycos 搜索引擎。

如何让搜索引擎收录自己的网站？这就要了解搜索引擎的工作原理。搜索引擎的自动信息收集功能分为两种：一种是定期搜索，即每隔一段时间（如 Google 一般是 28 天）蜘蛛搜索引擎主动派出"蜘蛛"程序，对一定 IP 地址范围内的互联网站进行检索，一旦发现新的网站，它会自动提取网站的信息和网址加入自己的数据库；另一种是提交网站搜索，即网站拥有者主动向搜索引擎提交网址，它在一定时间内（2 天到数月不等）定向向你的网站派出"蜘蛛"程序，扫描你的网站并将有关信息存入数据库，以备用户查询。由于搜索引擎索引规则发生了很大变化，主动提交网址并不能保证你的网站能进入搜索引擎数据库，最好的办法是多获得一些外部链接，让搜索引擎有更多机会找到并自动将你的网站收录。

（2）目录索引

目录索引也称为分类检索，是互联网上最早提供 WWW 资源查询的服务。它主要通过收集和整理互联网的资源，根据搜索到网页的内容将其网址分配到相关分类主题目录的不同层次的类目之下，形成像图书馆目录一样的分类树形结构索引。目录索引无须输入任何文字，只要根据网站提供的主题分类目录，层层单击进入，便可查到所需的网络信息资源。

虽然目录索引有搜索功能，但严格意义上不能称为真正的搜索引擎，它只是按层级打开目录分类的网站链接列表而已。用户完全可以按照分类目录找到所需要的信息，不依靠关键词（Keywords）进行查询。目录索引中最具代表性的为 Yahoo!、新浪、搜狐（搜狗）分类目录搜索。

与全文索引相比，目录索引有许多不同之处。

首先，全文索引属于自动网站检索，而目录索引则完全依赖手工操作。用户提交网站后，目录编辑人员会亲自浏览你的网站，然后根据一套自定的评判标准甚至编辑人员的主观印象，决定是否接纳你的网站。

其次，全文索引收录网站时，只要网站本身没有违反有关的规则，一般都能登录成功；而目录索引对网站的要求则高得多，有时即使登录多次也不一定成功。

(3) 垂直搜索引擎

垂直搜索引擎是 2006 年后逐步兴起的一类搜索引擎。不同于通用的网页搜索引擎，垂直搜索专注于特定的搜索领域和搜索需求（如机票搜索、旅游搜索、生活搜索、小说搜索、视频搜索等），在其特定的搜索领域有更好的用户体验。相比于通用搜索动辄数千台检索服务器，垂直搜索需要的硬件成本低、用户需求特定、查询的方式多样。目前，搜索引擎也在向专业化方向发展。

(4) 其他搜索引擎形式

① 元搜索引擎。元搜索引擎接受用户查询请求后，同时在多个搜索引擎上搜索，并将结果返回给用户。著名的元搜索引擎有 InfoSpace、Dogpile、Vivisimo 等，中文元搜索引擎中具有代表性的是搜星搜索引擎。在搜索结果排列方面，有的直接按来源排列搜索结果，如 Dogpile；有的则按自定的规则将结果重新排列组合，如 Vivisimo。

② 网址大全。网址大全是集合较多网址，并按照一定条件进行分类的一种网站。网址大全方便网民快速找到自己需要的网站，不用记住各类网站的网址就可以直接进到所需的网站。现在的网址大全一般还提供常用查询工具，以及邮箱登录、搜索引擎入口，有的还有热点新闻、天气预报等功能。网址大全从诞生的那一刻起，就凭借其简单的模式和便利的服务，以及好的用户体验深得民心，不过也注定其发展与竞争都将成为互联网网站中最激烈的类别。随着网络搜索的不断发展，网址大全无疑成为众多网络巨头争夺搜索市场的重要战略武器。

③ 集成式搜索引擎。集成式搜索引擎类似于元搜索引擎，区别在于它并非同时调用多个搜索引擎进行搜索，而是由用户从提供的若干搜索引擎中选择，如 HotBot 在 2002 年年底推出的搜索引擎。

在我国，目前搜索引擎以百度的市场占有率最高。百度搜索引擎的其他特色包括百度快照、网页预览、相关搜索词、错别字纠正提示、MP3 搜索、Flash 搜索，后来又推出贴吧、知道、地图、国学、百科、文档、视频、博客等一系列产品，深受网民欢迎。百度高效的站内检索可以让用户在 0.01 秒之内快速、准确地找到目标信息，这种使用习惯是不会轻易改变的。因此，重视搜索引擎营销，能够更有效地促进产品或服务的销售，而且对网站访问者搜索行为的深度分析，对于进一步制订更为有效的网络营销策略具有重要价值。

2. 搜索引擎优化

一个网站的命脉就是流量，而网站的流量可以分为两类：一类是自然流量，另一类就是通过搜索引擎而来的流量。如果搜索引擎能够更多、更有效地抓取网站内容，那么对于网站的好处是不言而喻的。

（1）搜索引擎营销的目标

利用搜索引擎进行营销是分阶段和层次的。

第一，要做到搜索引擎可见，其目标是在主要的搜索引擎、分类目录中获得被收录的机会。这是搜索引擎营销的基础，离开这个目标，搜索引擎营销的其他目标也就不可能实现。

第二，要做到在被搜索引擎收录的基础上尽可能获得好的排名，即在搜索结果中有良好的表现。

第三，通过搜索结果点击率的增加来达到提高网站访问量的目的。由于只有受到用户关注，经过用户选择后的信息才可能被点击，因此我们也可以称为关注。

第四，通过访问量的增加转化为企业的最终收益，可称为转化。转化是在实现前面3个目标基础上的进一步提升，是各种搜索引擎方法所实现效果的集中体现。要做到网站对搜索引擎友好，搜索引擎优化是一种有效的方法。

（2）搜索引擎优化的概念和目的

搜索引擎优化（Search Engine Optimization，SEO）是一种利用搜索引擎的搜索规则来提高目的网站在有关搜索引擎内的排名方式。研究发现，搜索引擎的用户往往只会留意搜索结果最前面的几个条目，所以不少网站都希望通过各种形式来影响搜索引擎的排序，其中尤以各种依靠广告为生的网站为甚。所谓"针对搜索引擎作最佳化的处理"，是指要让网站更容易被搜索引擎收录。

SEO的主要目的是通过增加特定关键词的曝光率以增加网站的"能见度"，进而增加销售的机会，它分为站外SEO和站内SEO两种。SEO的主要工作是通过了解各类搜索引擎，抓取互联网页面、进行索引，以及确定其对特定关键词搜索结果排名等技术来对网页进行相关的优化，使其提高搜索引擎排名，从而提高网站访问量，最终提升网站的销售或宣传的效果。对于任何一家网站来说，要想在网站推广中取得成功，搜索引擎优化都是尤为关键的一项任务。同时，搜索引擎会不断变换它们的排名算法规则，每次算法上的改变都会让一些排名很好的网站在一夜之间"名落孙山"，而失去排名的直接后果就是失去了网站固有的可观访问量。

（3）搜索引擎优化技术

搜索引擎优化技术可分为两大类：白帽技术与黑帽技术。

① 白帽技术（Whitehat）。在搜索引擎优化行业中，使用正规符合搜索引擎网站质量规范的手段和方式，使网站在搜索引擎中获得良好的自然排名称为白帽技术。

搜索引擎优化应用遵循的原则如下：

a. 原创的文章以内容为主，所以一定要重视文章内容的原创性。

b. 外链建设要注重数量的自然增加。

c. 客户体验是实现网络价值的最终追求，应一切以客户体验为目的。

② 黑帽技术（Blackhat）。黑帽技术是指通过一些类似作弊的方法或技术手段，以不合规定的手法来获得短时间内较好的搜索引擎排名的一种技术。黑帽SEO获利的主要特点就是短、平、快，即为了短期内的利益而采用作弊方法，同时随时因为搜索引擎算法的改变

而面临惩罚。

黑帽常见的 8 种形式：域名群建、关键词叠加、桥页、跳页、隐藏文字和使用透明文字、障眼法、采用细微的文字、网站毫无意义的灌水、网页劫持。

（4）搜索引擎优化之关键词策略

网站关键词就是一个网站给各网页设定的，以便用户通过搜索引擎能搜到本网站的词语，它代表了网站的市场定位。网站的关键词至关重要，如果选择的关键词不当，对网站来说就是灾难性的后果，不仅会使搜索与网站失去关联，也失去了搜索引擎入口的功能。最重要的关键词不是由企业本身来决定的，而是由用户决定的，因为用户的搜索习惯和常用词汇的抉择决定着网站的关键词及产品的战略。

关键词的选择需要注意以下两个方面：

① 相关性。网站的关键词一定要和网站的主页及内容高度相关。例如，某网站是人才网，关键词就要选择诸如"人才网""求职""招聘"这一类的关键词。假如该网站没这么做，而是选了"学习培训"作为关键词，那么当搜索"学习培训"时，也许该网站排名很靠前，但网站的业务肯定上不去，因为搜索"学习培训"的人不是来招聘或求职的人员。另外，如果关键词跟网站的内容不相关，更会影响搜索引擎的收录和排名。因此，相关性是关键词选择的根本因素。

② 地域性和行业特点。如果网站是为某地区服务的，如人才网，如果定位于全国范围，选择关键词时就选"人才网"；如果定位于河北，就选"河北人才网"；如果仅仅定位于石家庄，那可能就选"石家庄人才网"了。在考虑相关性及地域性的同时，要充分考虑行业特点的不同。例如，搞培训网站，如果培训的内容和范围太广，且自己做的培训涉及面很多，最好也不要把"培训"或"河北培训"作为关键词，而是最好把自己业务范围内的优势项目拿出来融入关键词里，如"河北英语培训"。当某个行业涉及的范围太大时，如果关键词不具体，则很难保证会有好的效果，所以不要用意义太广泛的关键词。还有很多因素如竞争对手使用的关键词、关键词的热度，以及关键词在网页中的布局，都会影响网站对搜索引擎的友好性。

（5）搜索引擎登录

搜索引擎登录指搜索引擎给用户提供收录该用户网址的入口，用户可根据相关要求输入网站地址等信息，然后由搜索引擎根据规则决定是否收录该网址，这也是用户主动要求搜索引擎收录的方法之一。只有登录搜索引擎，才能搭起自己的网站与搜索引擎的桥梁，才能避免使自己的网站成为信息孤岛，才能使潜在的客户有可能在互联网的信息海洋中找到自己的网站。在几年前，搜索引擎都是免费登录的，但近年来一些搜索引擎开始收取费。因而，在自己的网站建好后，最好在著名的搜索引擎上都进行登录，并按要求填写相关内容。

7.3.2 电子邮件营销

电子邮件是直接传递信息的网络工具。电子邮件营销（E-mail Direct Marketing，EDM）是在用户事先许可的前提下，通过电子邮件的方式向目标用户传递价值信息的一种网络营销手段。电子邮件有 3 个基本因素：用户许可、电子邮件传递信息、信息对用户有价值。3个因素缺少任何一个，都不能称为有效的电子邮件营销。电子邮件营销是利用电子邮件与受众客户进行商业交流的一种直销方式,同时也广泛地应用于网络营销领域。电子邮件营销是网络营销手法中最古老的一种,可以说,电子邮件营销比绝大部分网站推广和网络营销手法都要老。例如,某网站有 50 万的注册用户,将优惠的信息用电子邮件的方式告诉他们肯定比在网站上登广告要直接和容易得多。但这么多年来,电子邮件一直没有很好地发挥作用,原因有二:一是受到垃圾邮件的干扰;二是短信、微信等新兴通信工具的兴起和大量运用对其产生了分流。

1. 电子邮件营销的特点

(1) 覆盖人群的范围广

随着互联网的迅猛发展,我国的网民规模已超过 6 亿人。面对如此巨大的用户群,作为现代广告宣传手段的电子邮件营销正日益受到人们的重视。只要你拥有足够多的电子邮件地址,就可以在很短的时间内向数千万目标用户发布广告信息(此外,电子邮件营销的范围可以是中国全境乃至全球)。

(2) 操作简单,效率高

使用专业邮件群发邮件,单机可实现每天数百万封的发信量。操作人员不需要懂得高深的计算机知识,不需要烦琐的制作及发送过程,发送上亿封的广告邮件一般几个工作日内便可完成。

(3) 成本低廉

电子邮件营销是一种低成本的营销方式,所有的费用支出就是上网费,成本比传统的广告形式要低得多。

(4) 应用范围广

采用电子邮件营销,其广告内容不受限制,适合各行各业,因为广告的载体就是电子邮件。电子邮件具有信息量大、保存期长的特点,具有长期的宣传效果,而且收藏和传阅非常简单、方便。

(5) 针对性强、反馈率高

电子邮件本身具有定向性,企业可以针对某一特定的人群发送特定的广告邮件,也可以根据需要按行业或地域等进行分类,然后针对目标客户进行广告邮件群发,使宣传一步到位。这样做可使行销目标明确,从而达到比较好的效果。

2. 电子邮件营销存在的问题

因为邮件营销的价格低,使得一些公司不注重网络礼仪,随意并大肆群发垃圾邮件,使得邮件营销的信誉越来越低。从用户角度看,邮件营销存在的问题有以下 3 个方面:

① 用户对提供的邮件内容不感兴趣,而且发件人经常匿名,正文中一般没有规范的公司名称和回邮地址,用户将其称为"垃圾邮件"。

② 部分商家不尊重用户权利,在用户不知情的情况下强制用户接收邮件,而且用户无法取消订阅和拒收。

③ 主题与内容不相符。有些公司主观上可能并不想发送一些对网民来说无用的信息,只不过不知道如何进行正规的营销方式。

避开以上这 3 个问题,垃圾邮件营销就会变为许可式电子邮件营销。

3. 许可式电子邮件营销

许可式电子邮件营销是指在用户事先许可的前提下,通过电子邮件的方式向目标用户传递有价值信息的一种网络营销手段。这种电子邮件营销有3个基本因素：用户许可、电子邮件传递信息、信息对用户有价值。

由此可见，要进行邮件营销是需要一定条件的。在许可电子邮件营销的实践中，企业最关心的问题是：许可电子邮件营销怎么得到用户的许可。获得用户许可的方式其实有很多，如用户为获得某些服务而注册成为会员，或者用户主动订阅新闻邮件、电子刊物等。也就是说，许可营销是以向用户提供一定的有价值的信息或服务为前提，让用户在主动获取这些信息的同时留下邮箱地址等通信方式。

可见，开展电子邮件营销需要解决3个基本问题：向哪些用户发送电子邮件；发送什么内容的电子邮件；如何发送这些邮件。许可式电子邮件营销有以下5个特点：

① 有退订功能。
② 有真实的联系方式，包括地址、电话、邮箱和网址。
③ 主题与内容一致，不出现那些诱惑性和虚假的词汇。
④ 内容有价值，外表美观；有明确的内容组稿、编辑计划；围绕同一主题的邮件每次发送都要有不同的表现形式。
⑤ 有专人定向收集和整理邮件地址，也称邮件列表；有详细的发送记录、发送计划、用户资料管理、退信管理、用户反馈跟踪等管理工作。

4. 电子杂志是邮件营销常用的手段

电子杂志是定期向订阅客户发送的关于某特定主题的一系列电子邮件。电子杂志可以通过网站发行或者通过电子邮件和网站两个渠道发行，这里只讨论通过电子邮件发行的电子杂志。从许可的角度讲，电子杂志获得的许可要多于简单的电子邮件营销，所以它通常能收到更好的效果，尤其是在保持同顾客的关系方面的优势比较明显。

电子商务网站的转化率在1%是正常的，也就是说，一般情况下，99%的潜在客户来到某网站之后没买东西就离开，以后也再不会回来了。这对前期所有网站推广的成效实在是浪费。我们再想象另外一个场景：一个浏览者来到某网站，他想买某种商品或有个问题要解决，而该网站刚好能满足他的要求。不过毕竟是第一次来，用户虽然感兴趣，但有99%的可能并不会马上购买。如果"刚好"该网站提供电子杂志，并且注册电子杂志的用户可以得到10元优惠券，外加免费电子书，而电子书讨论的话题正是这个潜在用户想解决的问题。那么，该潜在用户就有可能填上名字及邮件地址，得到优惠券及电子书。

网站运营者拿到潜在客户的电子邮件地址，也就抓住了后续沟通的机会，可以不断提醒潜在用户该网站的存在。用户通过订阅的电子书、电子杂志、电子新闻、"收到的"节日问候等会更加信任该网站。并且由于这些重复的提醒，潜在客户记住了该网站。当他决定要买这个产品时，该网站就会在他的备选网站的最前面。

如果网站设计及电子杂志策划得当，注册电子杂志的转化率达到20%左右也是常见的。相对于1%的销售转化率，通过电子邮件营销将极大地提高最终销售转化率。电子邮件营销还使网站营销人员能长期与订户保持联系。订阅者连续几年看同一份电子杂志是很常见的。互联网上的信息令人眼花缭乱，多不胜数，能连续几年保持与同一个订户的固定联系，在当今的互联网上是十分难能可贵的财富。以这种方式建立的强烈信任和品牌价值是很少有其他网络营销方式能够达到的。网站有任何新产品或有打折促销活动，都能及时传达给这批长期订户，销售转化率也比随机来到网站的用户高得多。

7.3.3 网络广告

网络广告发源于美国。1994年10月14日是网络广告史上的里程碑,美国著名的《Hotwired》杂志推出了网络版的《Hotwired》,并首次在网站上推出了网络广告,这立即吸引了AT&T等14个客户在其主页上发布广告。10月27日,当一个468像素×60像素的Banner广告出现在页面上时,标志着网络广告的正式诞生。更值得一提的是,当时的网络广告点击率高达40%。

网络广告就是利用网站上的广告横幅、文本超链接、多媒体的方法,在互联网刊登或发布广告,并通过网络传递到互联网用户的一种高科技广告运作方式。与传统的4大传播媒体(报纸、杂志、电视、广播)广告及近来备受垂青的户外广告相比,网络广告具有得天独厚的优势,是实施现代营销媒体战略的重要部分。互联网是一个全新的广告媒体,是中小企业扩展影响力的很好的途径,而对于有广泛国际业务的公司更是如此。

网络广告的市场正在以惊人的速度增长,其发挥的效用也越来越受到重视,以致广告界甚至认为互联网络将超越路牌,成为传统四大媒体之后的第五大媒体。因而,众多国际级的广告公司都成立了专门的"网络媒体分部",以开拓网络广告的巨大市场。

1. 网络广告的任务

网络广告的任务与任何其他形式的广告的任务并无不同,包括四个任务:①准确表达广告信息;②树立企业的品牌形象;③引导消费;④满足消费者的审美要求。

2. 网络广告的计费方式

(1) 按展示计费

CPM(Cost Per Mille/Cost per Thousand Impressions):每千次展现费用。广告每显示1000次的费用。CPM是最常用的网络广告定价模式之一。

CPTM(Cost Per Targeted Thousand Impressions):经过定位的用户的千次展现费用(如根据人口统计信息定位)。

CPTM与CPM的区别在于,CPM是对所有用户的展现次数,而CPTM是对经过定位的用户的展示次数。

(2) 按行动计费

CPC(Cost-Per-Click):每次点击的费用。根据广告被点击的次数收费,如关键词广告一般采用这种定价模式。

PPC(Pay-Per-Click):根据点击广告或者电子邮件信息的用户数量来付费的一种网络广告定价模式。

CPA(Cost-Per-Action):每次行动的费用,即根据每个访问者对网络广告所采取的行动收费的定价模式。对于用户行动有特别的定义,包括形成一次交易、获得一个注册用户或者对网络广告的一次点击等。

CPL(Cost for Per Lead):按注册成功支付佣金。

PPL(Pay-Per-Lead):根据每次通过网络广告产生的引导付费的定价模式。例如,广告客户为访问者点击广告完成了在线表单而向广告服务商付费。这种模式常用于网络会员制营销模式中为联盟网站制定的佣金模式。

(3) 按销售计费

CPO 广告（Cost-Per-Order）：也称为 Cost-Per-Transaction，即根据每个订单/每次交易来收费的方式。

PPS 广告（Pay-Per-Sale）：根据网络广告所产生的直接销售数量而付费的一种定价模式。

3. 网络广告的分类

（1）横幅广告

横幅广告又称旗帜广告（Banner），是以 GIF、JPG、Flash 等格式建立的图像文件。横幅广告定位在网页中大多用来表现广告内容。一般位于网页的最上方或中部的横幅广告，用户注意程度比较高。同时，还可使用 Java 等语言使其产生交互性，用 Shockwave 等插件工具增强表现力，这些都是经典的网络广告形式。旗帜广告是目前网络广告中最为常见的一种形式，它通常是一个大小为 468 像素×60 像素（或其他尺寸）的图片，通过广告语和其他内容表现广告主题。

（2）竖幅广告

竖幅广告位于网页的两侧，广告面积较大、较狭窄，能够展示较多的广告内容。

（3）文本超链接广告

文本超链接广告是以一排文字作为一个广告，单击该超链接可以进入相应的广告页面。这是一种对浏览者干扰最少，但却较为有效果的网络广告形式。有时候，最简单的广告形式效果却最好。

（4）按钮广告

按钮广告一般位于页面两侧，根据页面设置有不同的规格，动态展示客户要求的各种广告效果。

（5）浮动广告

浮动广告是一种在页面中随机或按照特定路径飞行的广告形式。

（6）插播式广告（弹出式广告）

插播式广告是指访客在请求登录网页时强制插入的一个广告页面或弹出的广告窗口。它们有点类似电视广告，都是打断正常节目的播放，强迫观众观看。插播式广告有各种尺寸，有全屏的也有小窗口的，而且互动的程度也不同，从静态的到全部动态的都有。

（7）富媒体广告

富媒体广告一般指使用浏览器插件或其他脚本语言、Java 语言等编写的具有复杂视觉效果和交互功能的网络广告。这些效果的使用是否有效，一方面取决于站点的服务器端设置，另一方面取决于访问者浏览器是否能查看。一般来说，富媒体广告能表现更多、更精彩的广告内容。

（8）其他新型广告

其他新型广告主要有关键字广告、视频广告、路演广告、巨幅连播广告、翻页广告祝贺广告、论坛广告等。

4. 网络广告的实施步骤

成功的网络广告，是在企业网络营销的整体战略指导下的一个重要组成部分。目前，网络广告的价格已经不是人们过去认为的价格洼地，价格的上涨也不是所有的中小企业所能承受的，所以要根据企业网站建设的整体规划，根据相关原则要求网络广告的效果测定的内容必须与广告主所追求的目的相关。举例来说，倘若广告的目的在于推广新产品或改进原有产品，那么广告评估的内容应针对广告受众对品牌的印象；若广告的目的在于在已有市场上扩大销售，则应将评估的内容重点放在受众的购买行为上。

正确实施网络广告，可以参考以下几个步骤：
① 确立网络广告目标。
② 确定网络广告预算。
③ 广告信息决策。
④ 网络广告媒体资源选择。
⑤ 网络效果监测和评价。

同传统的广告媒体相比，网络广告的易统计和可评估性、广告受众数量的可统计性都给商家进行广告策略的调整带来了便利。根据有效原则，评估工作必须要达到测定广告效果的目的，要以具体的、科学的数据结果而非虚假的数据来评估广告的效果。因此，那些掺入了很多水分的高点击率等统计数字，用于网络广告的效果评估中是没有任何意义的。这就要求采用多种评估方法，多方面地综合考察，使对网络广告效果进行评估得出的结论更加有效。

7.3.4 病毒营销

病毒营销（Viral Marketing），又称病毒式营销、病毒性营销、基因行销或核爆式行销，它是通过用户的口碑宣传，使信息像病毒一样传播和扩散，利用快速复制的方式传向数以千计、数以百万计的受众。也就是说，通过提供有价值的产品或服务，"让大家告诉大家"，通过别人为它宣传实现"营销杠杆"的作用。病毒式营销已经成为网络营销最为独特的手段，被越来越多的商家和网站成功利用。

病毒式营销利用的是用户口碑传播的原理。在互联网上，这种"口碑传播"更为方便，可以像病毒一样迅速蔓延，因此病毒式营销成为一种高效的信息传播方式。而且，由于这种传播是用户之间自发进行的，因此几乎是不需要费用的网络营销手段。和传统行销相比，受众自愿接受的特点使得成本更少、收益更多的现象更加明显。

1. 运用病毒营销时的规则

（1）确定有影响力的个人群体

确定有影响力的个人群体，如论坛版主、博客主人和圈主并与之建立联系。版主、编辑、博主等是网络空间所特有的一类网络人群。网络社区的版主对于网络社区而言，就像是社会里的热点人物，他们不仅仅是社区管理员，他们的观点更被大量网民所关注。所以，充分与这类有影响力的人沟通，并获得他们的支持，将会使活动传播得更快、更有效。

（2）设计具有较高传播性的内容

应设计具有较高传播性的传播体，或是有较高谈论价值的信息内容，或是幽默的可传播性强的内容。如果针对的是某个行业或某个职业的人群，如果能设计出与受众群体职业相关的有趣的内容，且在同行中广泛传播，那么该广告的投放就会相当有效。这里最为关键的是广告内容是否符合以下两个方面：第一，是否体现了产品的特征，别人是否看得明白；第二，是否有传播欲望，即传播对象是不是目标人群和潜在目标人群。

(3) 关注传播细节

应关注传播细节，在营销传播过程中，仅仅一个文字链接的内容修改几个字就可能带来关注量或者转发量几十个百分点的改变。

2. 病毒营销的成功要素

一个有效的病毒营销战略归纳为 6 项基本要素，如图 7-1 所示。一个病毒营销战略不一定要包含所有要素，但是包含的要素越多，营销效果可能越好。

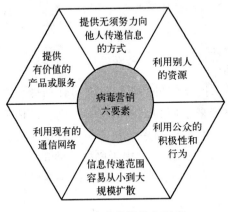

图 7-1　病毒营销的六要素

7.3.5　博客营销

1. 博客与博客营销

要了解什么是博客营销，首先要知道什么是博客。博客最初的名称是 Weblog，由 Web 和 log 两个单词组成，按字面意思就是"网络日记"。后来，喜欢新名词的人把这个词的发音故意改了一下，读成 Weblogo 由此，blog 这个词便被创造了出来。

博客这种网络日记的内容通常是公开的，自己可以发表自己的网络日记，也可以阅读别人的网络日记，因此，博客可以理解为一种个人思想、观点、知识等在互联网上的共享。由此可见，博客具有知识性、自主性、共享性等基本特征。正是博客这种性质决定了博客营销是一种基于包括思想、体验等表现形式的个人知识资源的网络信息传递形式。博客营销是利用博客这种网络应用形式开展网络营销的工具。公司、企业或者个人利用博客这种网络交互性平台，发布并更新企业、公司或个人的相关概况及信息，并且密切关注并及时回复平台上客户对企业或个人的相关疑问及咨询；并通过较强的博客平台帮助企业或公司零成本获得搜索引擎的收录和关注，以达到宣传目的的营销手段。

与博客营销相关的概念还有企业博客、职业博客、营销博客等，这些也都是从博客具体应用的角度来描述的，主要区别于那些出于个人兴趣甚至以个人隐私为内容的个人博客。其实无论是企业博客还是营销博客，一般来说，博客都是个人行为（当然也不排除有某个公司集体写作同一博客主题的可能），只不过在写作内容和出发点方面有所区别：企业博客或者营销博客具有明确的企业营销目的，博客文章中或多或少会带有企业营销的色彩。

真正的博客营销是靠原创的、专业化的内容吸引读者，培养一批忠实读者的，在读者群中建设信任度、权威度，形成个人品牌，进而影响读者的思维和购买决策。

2. 博客营销的技巧

博客的作用与商业价值是建立在一个博客运作成功的基础之上的。试想，如果你的博客粉丝寥寥，关注者非常少，怎么可能达到宣传推广效果？针对如何经营好企业博客，这里总结了以下企业博客的操作技巧与需要注意的禁忌，以帮助企业正确、快速地掌握博客这一网络营销工具：

（1）博客个性化

一个浏览者觉得你的博客和其他博客差不多，或是别的博客可以替代你，都是不成功的。这和品牌与商品的定位一样，从功能层面就要做到差异化，在感性层面也要塑造个性。这样的博客具有很高的黏性，可以持续积累粉丝与关注，因为此时的你有了不可替代性与独特的魅力。

（2）强化互动性

博客的魅力在于互动，拥有一群不说话的"粉丝"是很危险的，因为他们慢慢会变成不看你内容的"粉丝"，最后更可能是离开。因此，互动性是使博客持续发展的关键。企业首先应该注意的问题就是，企业宣传信息不能超过博客信息的10%，最佳比例是3%~5%，更多的信息应该融入"粉丝"感兴趣的内容之中。

（3）博客的专业化水平

企业博客的定位专一很重要，但是专业更重要。同市场竞争一样，只有专业才可能超越对手，持续吸引关注目光，专业是一个企业博客重要的竞争力指标。博客不是企业的装饰品，如果不能做到专业，只是流于平庸，倒不如不去建设企业博客。因为作为一个"零距离"接触的交流平台，负面的信息与不良的用户体验很容易迅速传播开，并给企业带来不利的影响。

（4）注重方法与技巧

很多人认为，博客就是短信，就是随笔，甚至就是"唠嗑"。对于个人博客来说也许的确如此，但是对于一个企业博客来说，就不能如此，因为企业开设博客不是为了消遣娱乐，而是以创造价值为己任，担当这样使命的企业博客在经营上自然也更困难与复杂。

3. 企业博客的运作

网络时代提倡全员营销，而博客是最适合的场所。

互联网上有了博客以后，尤其是博客不再是个人日志，而是成为一种营销工具以后，它已经具备了广告等其他营销方式所不能具备的互动功能。很多企业开始意识到博客的妙用，并积极尝试使用博客为自己的企业目标服务。

专业的企业博客一般是由以下4类人作为博客写手的：

（1）企业家

企业家（有些是设计人，也拥有大量粉丝）写博客，许多文章直接表现为写产品文化，是一种在高层次上推介产品的办法。这类博客能够呈现出公司元老的最初见解，他们是真实的人，具有普通人可以亲近的一面，而且还都是比较成功的人。如果这类博客经营得当，就能够成功营造出和谐与信赖感，传达公司的重要信息，对产业话题做出回应，让大家了解公司的状况。

（2）企业员工

很多企业的博客是由不同职业的员工或几个员工来当博客写手的，在博客写手中是比较有代表性的一类人。这样的博客写手一般对公司的某一些方面比较专业，如软件开发人员、律师、会计师、营销专家等，所以当他们传播消息时，大家都会仔细倾听。这类博客不仅传播知识，还会告诉大家消息的真正含义。例如，当微软还在测试新的搜索引擎以前，MSN 搜索小组的博客写手便使用博客发布产品信息，坦承哪些地方还需要再改进，并告诉大家产品的开发方向，让大家对产品产生信赖感与期待感。

（3）企业聘用的写手

目前有专门使用博客做营销的网络营销公司或称公关公司，他们由博客写手帮助企业打造企业博客。

（4）消费者

如果能让消费者主动为企业宣传，那将是最难能可贵的事情了，当然企业也有在后面推波助澜。例如，世界 500 强之一的美国宝洁公司，它的博客在全世界有 2 000 万注册客户。宝洁公司投放了大量的优惠券，鼓励老客户在宝洁的博客里为新产品叫好，而奖券让他们在世界各地购买宝洁产品的时候可得到折扣和实惠。

把博客当成营销的工具，就是让大家在公开的场合呈现真实的自我，从而达到营销的目的。

7.3.6 微博营销

1. 微博和微博营销

微博，即微型博客（Micro Blog）的简称，是一个基于用户关系信息分享、传播及获取信息的平台。它以 140 字左右的文字更新信息，并实现即时分享。Twitter 是 2006 年 3 月由 Blogger 的创始人埃文·威廉姆斯（Evan Williams）推出的，英文原意为"小鸟的叽叽喳喳声"，用户能用手机短信更新信息。Twitter 的出现把世人的眼光引入了一个叫微博的小小世界里。2009 年 8 月，中国门户网站新浪推出"新浪微博"内测版，成为门户网站中第一家提供微博服务的网站，微博正式进入中文上网主流人群视野。2013 年上半年，新浪微博注册用户达到 5.36 亿人，腾讯微博注册用户也超过 5 亿人，这些数字之间是有交叉的。微博已经成为中国网民上网的主要活动之一。

微博是一种通过关注机制分享简短实时信息的广播式的社交网络平台。国内微博的风格与其完全不同。中国人不爱隐私爱热闹，微博与其说是朋友圈，不如是粉丝场。微博有 140 个字符的长度限制，对于西文，以英文为例，一个英文单词加上空格平均也要五六个字符，而中文以双字词为主流，这样每条 Twitter 能够传达的信息量就只有一条中文微博的 1/3 左右。如果用信息密度更低的语言（如西班牙语）写微博，所传达的信息量就更少了。微博作为一种分享和交流平台，其更注重时效性和随意性。微博更能表达出博主每时每刻的思想和最新动态，而博客则更偏重于梳理自己在一段时间内的所见、所闻、所感。

微博营销是刚刚推出的一个网络营销方式。微博营销以微博作为营销平台，每一个听众（粉丝）都是潜在营销对象，每个企业都可以在新浪、网易等网站注册一个微博账号（也称官微），然后通过更新自己的微型博客向网友传播企业、产品的信息，树立良好的企业形象和产品形象。每天更新的内容都可以跟大家交流，或者是谈论大家所感兴趣的话题，这样就可以达到营销的目的了。

2. 微博营销的特点

（1）原创性

在微博营销中，大量原创性内容被爆发性地生产出来。微型博客的出现具有划时代的意义，真正标志着个人互联网时代的到来。博客的出现，已经将互联网上的社会化媒体推进了一大步，公众人物纷纷开始建立自己的网上形象。然而，博客上的形象仍然是化妆后的表演，博文的创作需要考虑完整的逻辑，这样大的工作量对博客作者来说是很重的负担。"沉默的大多数"在微博上找到了展示自己的舞台。140个字发布信息，远比博客发布容易，它可以方便地利用文字、图片、视频等多种展现形式，是完全利用人们碎片时间的消息集散基地。

（2）传播快

微博网站即时通信功能非常强大，它可以在计算机上、手机上直接书写，并且只要在有网络的地方，就可以即时更新内容。如果你就在事发现场发布微博，则这种现场性可增加事件的真实性。

例如，一些大的突发事件或引起全球关注的大事，如果有微博博主在场，他们利用各种手段在微博平台上发表出来，其实时性、现场感及快捷性甚至超过所有媒体。

（3）背对脸

与博客上面对面的交流不同，微博上是"背对脸"的交流，就好比你在计算机前打游戏，路过的人从你背后看着你怎么玩，而你并不需要主动和背后的人交流。微博可以一点对多点交流，也可以点对点交流。移动终端提供的便利性和多媒体化，使得微博用户体验的黏性越来越强。

3. 关于微博应用的注意事项

在微博大范围应用的过程中，也出现了各种值得关注的问题。例如，由于发布信息随意性强，真实性没有保障；微博具有草根性，实质是娱乐化平台，从众心理重；缺乏有效的盈利模式，微博在许多的营销组合中，辅助作用大家都看到了，但并不是营销的主战场；面临着管理的困境。

7.3.7 微信营销

1. 微信的产生

微信营销是网络经济时代企业对营销模式的创新，是伴随着微信的火爆产生的一种网络营销方式。微信不存在距离的限制，用户注册微信后，可与周围注册微信的"朋友"形成一种联系。因此，微信营销是用户订阅自己所需的信息，商家通过提供用户需要的信息，推广自己产品的点对点的营销方式。

2011年1月，腾讯推出即时通信应用微信，支持发送语音短信、视频、图片和文字，可以群聊。2012年3月，时隔一年多，腾讯宣布微信用户突破一亿大关，也就是新浪微博注册用户的1/3。在腾讯QQ邮箱、各种户外广告和旗下产品的不断宣传与推广下，微信的用户也在逐月增加。其中，微信团队针对海外用户开发的WeChat用户数已经超过7 000万人，并且还在快速增长中。截止到2016年12月，微信全球用户共计8.89亿，而微信公众号达1 000万个。

微信一对一的交流方式具有良好的互动性，在精准地推送信息的同时更能形成一种朋友关系。基于微信的种种优势，借助微信平台开展客户服务营销也成为继微博之后的又一新兴营销渠道。微信公众平台是腾讯公司在微信的基础上新增的功能模块。通过这一平台，个人和企业都可以打造一个微信的公众号，并实现和特定群体通过文字、图片、语音进行全方位的沟通和互动。

不同于微博的微信，作为纯粹的沟通工具，其亲密度更高，完全可以做一些真正满足需求和个性化的内容推送。

2. 微信公众平台

随着腾讯推出微信公众平台，微信营销给网络营销带来了诸多变化。

微博营销本身的曝光率是极低的，发布的广告信息很容易就被淹没在微博滚动的动态中，因此信息的到达率可能是采取微博营销最需要关注的地方。而微信不同，微信在某种程度上可以说是强制了信息的曝光，前提是要先关注上这个公众号。微信公众平台信息的到达率是100%，它还可以实现用户分组、地域控制在内的精准消息推送。这样，营销人员只需把精力花在更好的文案策划上，而不是不厌其烦地推广运营上。如此一来，微信公众平台上的粉丝质量要远远高于微博粉丝，只要控制好发送频次与发送的内容质量，一般来说用户不会反感，并有可能转化成忠诚的客户。

微信的公众平台，还能细化营销渠道。利用这种一对一的关注和推送，公众平台可以向"粉丝"推送包括新闻资讯、产品消息、最新活动等消息，甚至能够完成咨询、客服等功能。可以肯定的是，微信在信息的用户推送与粉丝的管理方面要优于微博。尤其是微信立足于移动互联网，更使得微信成为重要的营销渠道。微信公众平台的客户关系管理特点明显，管理上可以借鉴传统的CRM管理，每天实时收集反馈和回复，整理登记。

虽然，我们认为微信是不能忽视的营销利器，但是精细化、个性化、一对一的营销无疑在提升成功率的同时也会增加成本。

3. 微信营销的功能开发

（1）延伸的行业应用：公众账号的接口应用

随着微信的不断发展，未来延伸的地方还有很多。如医院的微信营销，有条件的医院可以开发一个微信的接口应用，如自助挂号、查阅电子病例等功能，将公众账号打造成工具，先让部分用户体验，等用户养成使用习惯之后推广开来，从而达到取代病患使用电话和到场办理业务的目的。

（2）形式灵活多样的漂流瓶

用户可以发布语音或者文字然后投入大海中，如果有其他用户"捞"到则可以展开对话。例如，招商银行的"爱心漂流瓶"用户互动活动就是个典型案例。

（3）位置签名

商家可以利用"用户签名档"这个免费的广告位为自己做宣传，附近的微信用户就能看到商家的信息，如饿的神、K5便利店等就采用了微信签名档的营销方式。这是基于位置服务LBS的延伸。

（4）二维码

用户可以通过扫描识别二维码身份来添加朋友、关注企业账号；企业则可以设定自己品牌的二维码，用折扣和优惠来吸引用户关注，开拓O2O（Online To Offline）的营销模式。

(5) 开放平台

通过微信开放平台，应用开发者不仅可以接入第三方应用，还可以将应用的标志放入微信附件栏，使用户可以方便地在会话中调用第三方应用进行内容选择与分享。例如，"美丽说"的用户可以将自己在"美丽说"中的内容分享到微信中，可以使一件"美丽说"的商品得到不断地传播，进而实现口碑营销。

(6) 强关系的机遇

微信的点对点的产品形态注定了其能够通过互动的形式将普通关系发展成强关系，从而产生更大的价值。微信通过互动的形式与用户建立联系，互动就是聊天，可以解答疑惑、可以讲故事甚至可以"卖萌"，可用一切形式让企业与消费者形成朋友的关系。你不会相信陌生人，但是会信任你的"朋友"。

(7) 查看附近的人

微信中基于 LBS 的功能插件"查看附近的人"可以使更多陌生人看到这种强制性广告。用户点击"查看附近的人"后，可以根据自己的地理位置查找到周围的微信用户。在这些附近的微信用户中，除了显示用户姓名等基本信息外，还会显示用户签名档的内容。所以，用户可以利用这个免费的广告位为自己的产品打广告。

7.3.8 APP 营销

1. APP 的含义

APP 是英文 Application 的简称，即应用的意思。由于 iPhone 等智能手机的流行，现在的 APP 多指智能手机的第三方应用程序。比较著名的 APP 商店有 Apple 的 APP Store、Android 的 Android Market，还有 BlackBerry 用户的 BlackBerry App World，以及微软的应用商城。

一开始 APP 只是作为一种第三方应用的合作形式参与到互联网商业活动中去的，随着互联网越来越开放化，APP 的盈利模式开始被更多的互联网创业者们看重。APP 一方面是可以积聚各种不同类型的网络受众，另一方面可借助 APP 获取流量，其中包括大众流量和定向流量。

目前主流的 APP 版本有：苹果系统版本 iOS、安卓系统版本 Android。

2. APP 的功能

随着智能手机和 iPad 等移动终端设备的普及，人们逐渐习惯了使用 APP 客户端上网的方式，而目前国内各大电商均拥有了自己的 APP 客户端，APP 客户端的商业使用已经日趋普遍。

APP 已经不仅仅是移动设备上的一个客户端那么简单，如今，在很多设备上已经可以下载厂商官方的 APP 软件对不同的产品进行无线控制。不仅如此，随着移动互联网的兴起，越来越多的互联网企业、电商平台将 APP 作为销售的主战场之一。

一些数据表明，APP 给电商商家来的流量远远超过了传统互联网（PC 端）的流量，通过 APP 实现赢利也是各大电商平台的发展方向。事实表明，各大电商平台向移动 APP 的倾斜也是十分明显的，原因不仅仅是每天增加的流量，更重要的是由于手机移动终端的庞大数量，为企业积累了更多的用户。更有一些用户体验不错的 APP 使得用户的忠诚度、活跃度都得到了很大程度的提升。

对用户基数较大、用户体验不错的 APP 客户端，本地服务的有大众点评、豌豆荚、去哪儿、墨迹天气、艺龙在线等；网购的有淘宝、京东商城、当当网、乐蜂网等；以分享为主的主要有美丽说、蘑菇街等；理财类的主要有同花顺、腾讯操盘手等。当然，游戏、阅读等热门应用更是层出不穷，iOS 用户的下载渠道相对比较明确，可直接在 APP Store 或者 iTunes 下载，安卓用户可以在各大下载市场去下载，如 360 手机助手等。

3. APP 营销的概念及特点

APP 营销，即应用程序营销，是指通过移动设备上的 APP 来开展的营销活动。

APP 营销的特点有如下 6 个：

① 营销成本低。企业只要开发一个适合于本品牌的 APP 之后，通过互联网进行营销，除了 APP 开发费用以及网络推广费用外，其他费用很少，成本相对相对于电视、报纸甚至是网络都要低很多，但 App 营销的营销效果是电视、报纸和网络所不能代替的。

② 持续性营销。一旦用户下载 APP 到手机，那么很大可能用户会持续性使用，这样会持续的产生营销效果。

③ 促进销售。APP 可以直接为企业带来流量，为产品和服务带来直接的销售机会，从而促进销售。

④ 信息全面。APP 可以借助移动设备为客户更全面地展示的产品或者服务的信息，增进用户对产品信息的了解，提升用户的购买欲望。

⑤ 提升品牌实力。制作良好的 APP 可以更直接地展示企业文化，进而提升品牌实力。良好的品牌实力是企业的无形资产，为企业形成竞争优势。

⑥ 随时服务。用户可以通过 APP 实现网上订购，随时随地在 APP 上下单，实现随时服务。

4. APP 营销的模式

不同的应用类别需要不同的模式，APP 营销主要的营销模式有广告营销模式、APP 植入模式、用户营销模式、移植营销模式和内容营销模式。

(1) 广告营销模式

在众多的功能性 APP 和游戏 APP 中，植入广告是最基本的模式。广告主通过植入动态广告栏链接进行广告植入，当用户单击广告栏的时候就会进入指定的界面或链接，了解广告主详情或者是参与活动。这种模式操作简单，适用范围广，只要将广告投放到那些热门的、与自己的产品受众相关的 APP 上就能达到良好的传播效果。

(2) APP 植入模式

① APP 植入之内容植入。"疯狂猜图"就是很好的内容植入的成功案例。该 APP 融入广告品牌营销，把 Nike、IEKA 之类的品牌作为关键词，既达到了广告宣传的效果，又不影响用户玩游戏的乐趣，而且因为融入了用户的互动，广告效果更好。所以，企业最好是接与自己的 APP 用户群贴近的广告，这样的广告不但能给用户创造价值，不会引起用户反感，而且点击率会比较高，因此能获得较高的收益。

② APP 植入之道具植入。例如，在人人网开发的人人餐厅这款 APP 游戏中，商家将伊利舒化奶作为游戏的一个道具植入其中，让消费者在游戏的同时对伊利舒化奶产品产生独特的诉求、认知与记忆，从而提升品牌或产品知名度，在消费者心中树立企业的品牌形象。同时，APP 的受众群体较多，这样直接的道具植入有利于提升企业品牌的偏好度。

③ APP 植入之背景植入，奖励广告。例如，在一款抢车位游戏 APP 中，一眼看去，最突出的就是 MOTO 手机广告，将 MOTO 的手机广告作为停车位的一个背景图标，无形中给消费者植入了 MOTO 的品牌形象。APP 中还提到"用 MOTO 手机车位背景，每天可得 100 的金钱"这样的奖励广告，驱使游戏玩家使用该背景。这些奖励当然是真的，但这确实是企业的广告。

（3）用户营销模式

用户营销模式的主要应用类型是网站移植类和品牌应用类，企业把符合自己定位的 APP 发布到应用商店内，供智能手机用户下载。用户利用这个 APP 可以很直观地了解企业的信息。用户是 APP 的使用者，APP 成为用户的一种工具，能够为用户的生活提供便利性。这种营销模式具有很强的实验价值，让用户了解产品，增强产品信心，提升品牌美誉度。例如，通过定制"孕妇画册"APP 吸引准妈妈们下载，并为她们提供孕妇必要的保健知识。客户在获取知识的同时，不断强化对品牌的印象。商家也可以通过该 APP 发布信息给精准的潜在客户。

相比植入广告模式，用户营销模式具有软性广告效应，客户在满足自己需要的同时，可获取品牌信息、商品信息。

从费用的角度来说，植入广告模式采用按次收费的模式，而用户营销模式则主要由客户自己投资制作 APP 实现。相比之下，用户营销模式虽首次投资较大，但无后续费用。而且用户营销模式的营销效果取决于 APP 内容的策划，而非投资额的大小。

（4）移植营销模式

商家开发自己产品的 APP，然后将其投放到各大应用商店及网站上，供用户免费下载应用。该模式基本上是基于互联网的购物网站，将购物网站移植到手机上去，用户可以随时随地地浏览网站并获取所需商品信息、促销信息，进行下单。这种模式相对于手机购物网站的优势是快速便捷、内容丰富，而且这类应用一般具有很多优惠措施。

（5）内容营销模式

通过优质的内容，吸引到精准的客户和潜在客户，从而实现营销的目的。例如，"汇搭"APP 通过为消费者提供实实在在的搭配技巧，吸引有服饰搭配需求的用户，并向其推荐合适的商品，这不失为一种商家、消费者双赢的营销模式。

一款 APP 的流行，首先取决于定位，其次是品质，最后才是营销手段。这意味着平庸的产品无法靠强营销来赢得市场。任何团队都应该把主要的注意力集中在产品本身，只要产品定位与质量俱佳，即使是营销能力相对较弱的 APP 也会脱颖而出。

本章小结

本章主要讲述网络营销的基本理论和多种网络营销工具与方法等内容，掌握它们的特性与适用范围是网络营销的应用基础。网络营销是建立在互联网基础上的实现企业营销目标的一种营销手段。本章应重点掌握网络营销的含义和内容，识记网络营销和传统营销的不同点，理解病毒营销和社会化网络营销工具和方法。

思考题

1. 名词解释：网络营销、病毒式营销、网络广告、微信营销。

2. 试述网络营销的内容。
3. 网络营销对传统营销有何影响?
4. 网络营销的基本策略有哪些?各有什么方法?
5. 网络广告的计费方式有几种?各有什么特点?
6. 试述病毒营销的规则和成功的要素。
7. 博客营销的技巧有哪些?
8. 什么是 APP 营销?其有何特点?

拓展题

选择一个产品,在分析其产品属性的基础上,利用病毒式营销理论进行相关策划。通过文字、图片、动画、视频等方式,借助微博、微信进行营销推广,并及时对营销效果进行评价。

典型案例分析

鸿家公司的"无微不至"微信营销计划

案例导读

鸿家公司是一家从事品牌终端销售的专业委托管理企业,旨在降低客户的异地运营成本,发挥品牌区域管理的职能作用。鸿家公司采用的日系管理模式,在行业中拥有近二十年的优良口碑,本着"先做人,后做事"的宗旨,以"服务第一,信誉第一"的管理理念,与多家服饰、杂货品牌保持着良好的合作关系,在大连及东北地区商业圈享有较高的声誉。目前,鸿家公司在大连旗下拥有四大比较成熟的品牌:GALLETO、DICKIES、GIALLO、三不卖。这些品牌分店遍布大连核心商圈,在大连新玛特、久光百货、锦辉商城、新天地百货均有分店。本案例将在鸿家公司"无微不至"微信营销计划 SWOT 分析的基础上,分析其需要解决的关键问题,进而提出相关的运营策略。

一、鸿家公司"无微不至"微信营销计划

随着 O2O 的发展,移动互联网必将成为商家的竞争之地,鸿家公司于 2014 年启动"无微不至"微信营销计划,全面开启企业微信营销之路,以增强客户体验、迎合社会发展。

所谓"无微不至"就是充分利用微信营销技术与方法,借助"鸿家生活"微信公众平台进行全方位营销活动,来进一步实现公司提出的"女人四季风尚标"的经营目标。

二、鸿家公司"无微不至"计划的 SWOT 分析

1. 鸿家公司实施"无微不至"计划的优势

(1)女性白领微信使用率高,为开展计划打下基础

鸿家公司主营女性服饰、箱包和饰品等知名品牌商品,在同行业中有良好的口碑,形成了一批以中青年白领女性为主的客户群。通过调研发现,这些客户对微信的使用程度和依赖程度是非常高的。因此,这就对鸿家公司开展微信营销打下了良好的基础。

(2) 公司高层微信营销意识强，为开展计划提供支持

鸿家公司管理层在微信刚推出企业公众平台时就给予极高的关注，2013年11月就派相关人员参加培训学习。2014年3月开始建立"鸿家生活"企业微信公众账号，用于企业品牌推广。2014年6月又提出了针对鸿家公司微信营销战略的"无微不至"计划。这些措施都表明公司管理层对搭建企业微信平台、开展微信营销信心和支持，这也成为该公司开展微信营销的一个重要保障。

2. 鸿家公司实施"无微不至"计划的劣势

(1) 各门店无法实现商品共享，组合销售策略难实现

鸿家公司虽然经营多个品牌，拥有多家门店，但因各门店经营品牌数量有限，无法实现全覆盖，导致店员只熟悉本门店的品牌商品，对公司其他门店的品牌商品知之甚少，造成组合销售或跨店销售难以实现，偏离了企业提出的"女人四季风尚标"经营目标。

(2) 各门店店员微信操作能力薄弱，公司微信策略难落实

虽然鸿家公司管理层对微信营销很重视，通过调研发现，各门店店员对企业"无微不至"计划只是一知半解，主要是因为店员缺少对微信营销理念的理解导致认同度不高，缺乏对微信的应用导致落实度不高，最终导致该计划有可能落实难、执行差。

(3) 订阅号群发消息杂乱无章，微信互动策略难引流

通过对企业现有订阅号"鸿家生活"的群发历史消息进行分析，发现虽然企业坚持每天发送消息，但其涉及范围从保健养生到心灵鸡汤多达十多种，而对企业产品和促销信息的宣传确少之又少，与客户的互动更无从谈起，最终导致该微信平台粉丝关注度不高，文章打开率和转发率较低。

3. 鸿家公司实施"无微不至"计划的机会

(1) 同行业微信使用程度较低，鸿家先入为主机会多

针对鸿家公司各店铺所在商场的竞争对手进行调研发现，80%的企业制作了本门店的二维码并进行展示。通过分析竞争对手中的10家企业微信公众平台发现，有6家企业的微信平台的订阅号在一月内仅发送两条消息且内容为企业硬广式宣传，其他4家企业虽有较好的发送频度，但因消息质量低下和缺乏自动回复设置而导致客户体验差。相对于上述企业，鸿家公司的微信平台存在领先机会。

(2) 微商汇提供微信开发接口，开发模式运行机会多

微商汇是专门针对微信公众帐号提供营销推广服务的第三方功能扩展平台，在各行业中拥有大量的成功案例，也是鸿家企业实施"无微不至"计划的平台提供商，该平台可以快速帮助企业从单一、简单的编辑模式切换至多样、复杂的开发模式，可以为企业实现微网站、微会员、微活动等多种形式的营销活动提供机会和可能。

(3) 微信公众平台功能渐完善，业务模式扩展机会多

随着腾讯微信企业公众平台功能不断完善，越来越多的新功能将被推出和使用，从微信认证到微信支付在到微信小店，这些功能都为鸿家企业微信公众平台业务模式扩展提供了机会，便于企业实施O2O，让移动互联网成为企业新的销售渠道。

4. 鸿家公司实施"无微不至"计划的威胁

(1) 群发消息及互动缺乏原创，导致用户敏感度下降

当下多数企业微信平台群发消息互相转载、千篇一律，客户互动形式也比较单一，造

成客户对这些群发消息的打开率和转发率不高,究其原因是缺乏原创,慢慢导致用户对微信平台及朋友圈中的信息敏感度下降,不看不转不关注。此种情况对鸿家公司的"无微不至"计划实施将带来威胁。

(2) 客户图利性心态不断增强,导致企业盈利点下降

由于企业微信平台建设近乎零成本,使得很多企业乐于在公众平台上通过免费赠送的形式来换取粉丝数,并且这种形式正在愈演愈烈,同时也使得客户的图利性心态不断提升,简单的打折优惠已经很难提起客户的兴趣,只有免费赠送这样的活动才能被关注。而鸿家企业主营的品牌商品是难以大幅度让利的,即便是优惠活动也会导致企业盈利点下降。

三、鸿家公司"无微不至"计划要解决的关键问题

1. 新增客户成本高,会员管理回报低

鸿家公司目前会员的办理要求一次性购物满1000元方可办理会员卡,并采用购物积分方法鼓励会员继续消费。但是在调研中发现,现行的会员卡策略存在成本高、回报低的问题,目前公司使用的是3.5元/张的PVC磁条卡,每次制作必须500张起,这就意味着每次定制会员卡都需要批量的定制,并且这个金额会随着客源的增长不断增加。不仅如此,通过对会员卡使用情况的调查发现,70%的客户觉得会员卡不够方便,而其中60%的会员在首次办理会员后因得不到促销信息而错过了优惠,逐渐放弃了会员卡的使用。准确有效的客户资料是企业产品定位和客户分析的重要依据,而这些数据均来自于会员卡的办理和使用,鸿家公司会员卡使用率降低,将会对企业的运营产生一定的影响。

2. 商品共享程度低,组合销售效果差

鸿家公司当前主要靠门店来进行产品的宣传和销售。而通过调查数据显示,中青年白领中有60%因为平时工作繁忙没时间去商场,休息时间因交通和天气原因去商场此处减少,他们更原因选择网购或网上浏览的形式了解挑选自己喜欢的商品。而鸿家公司目前尚未建立一个完整的网上展示平台。通过对鸿家公司13家门店调研发现,由于门店面积有限,加之一个门店最多两名店员,导致产品陈列数量有限,单个门店产品品牌单一,营业员只了解本门店信息,对其他门店所涉及的品牌商品了解不多,无法实现商品共享,很难实现组合推广与销售。

3. 店员微信基础差,二次营销难实现

鸿家公司"无微不至"计划就是利用微信公众平台将企业品牌和商品宣传出去,要实现这一目标的前提就是让更多的顾客加入鸿家公司的微信平台,让客户关注鸿家公司发布的咨询与活动。所谓微信平台的二次传播就是利用现有公众平台粉丝的朋友圈进行传播,来吸引更多的潜在客户加入鸿家微信平台。但鸿家公司员工微信基础差,二次营销难实现。主要表现在员工微信营销意识淡薄,对微信平台的理念和流程不清楚,推广微信平台不积极,客户对公司微信平台的使用率低,这显然和企业提出的"无微不至"计划相悖。

4. 粉丝阅读频率低,平台互动未形成

分析"鸿家生活"微信平台的统计数据发现,鸿家公司微信平台客户少,每次群发图文消息的打开阅读率仅为20%,平均消息转发人数仅为3人,并且在每次群发之后均有客户对内容进行询问,而该公司并没有专业客服人员进行回答,也没有设定相应的关键字进行回复。此外调研中还发现微信中的活动仅被简单定义为店庆和节日的单项促销,更注重

客户入店消费，而忽略了线上的宣传。

四、鸿家公司"无微不至"计划的实施策略

1. 建立微信会员管理系统，制定微信会员管理策略

(1) 建立微信会员管理系统

根据微商汇平台提供的会员功能，可以为公司制作基于微信平台的会员卡及会员管理系统。根据企业实际情况量身订做鸿家公司 Logo 和与公司形象相符的外观设计。会员用户可以在企业微信公众平台中随时调出自己的微信会员卡并可随时查看积分情况，营业员根据用户消费情况利用权限为可以随时添加消费记录，高效快捷。

(2) 制定微信会员管理策略

为了配合微信会员卡的使用，结合以往会员数据进行分析结构，为公司管理层重新制定一套会员管理策略，主要包括以下三部分。

① 入会策略：以往办理会员卡，都需要客户提前充值或设置最低消费限额，此策略将大部分客户置之门外，微信会员卡出现后，将打破上述限制，客户无须充值并且只要消费就可以直接获得会员，以便让微信平台获得更多用户关注，企业获得更多准忠诚客户。

② 独享策略：定期在企业微信平台推出会员限时抢购活动或打折信息独享活动，仅限微信会员参加。通过特价商品的限时抢购激发会员参与活动的热情，通过打折信息独享，让会员第一时间了解新品、优惠品信息。同时通过这样的活动也可以促使微信平台中的非会员转变为会员。

③ 积分策略：企业以往积分换礼多赠送礼品，对顾客吸引度不大。本次积分策略按照企业"无微不至"计划中要求的积分低值策略进行，微信会员卡不但是购买商品打折的凭证，还将是顾客购买其他商品的银行卡，店内积分可以折半低值在任意店铺使用，这样会提高客户对微信会员的依赖程度，也满足顾客的个性化需求。

2. 对内建立商品共享平台，对外搭建企业微信商城

(1) 对内建立商品共享平台

为了便于店员熟悉企业全部产品进行组合销售，利用微商汇平台制作针对企业内部员工的鸿家公司商品共享平台。该平台以女性整体配饰风格为主线，对鸿家公司全部商品进行整合，打破商品品牌和品类的界限，店员可以通过手机随时查看当季的流行穿着打扮，并为每一件商品提供详细的所在店铺信息和售价便于店员进行了解和推销。

(2) 对外搭建企业微信商城

为了满足用户通过手机了解企业商品信息的需求，鸿家公司利用微商汇为企业制作微信商城，该商城将以门店为导航，分别介绍各门店的商品，时尚的版面布局，简洁明快的操作感受，并在醒目位置对打折促销信息进行提示，供访问者浏览。并开通支付接口，以满足顾客的手机购物和移动支付的需求。

3. 开展员工微信营销培训，推进微信营销绩效考核

(1) 开展员工微信营销培训

鸿家公司针对企业一线员工和管理层进行微信营销测试，了解其对微信的掌握情况，制作相应的课程集中培训，然后采用下店跟踪的方式对一线员工进行指导，采用与管理层一直制作微信营销方案的方式对其进行指导。

针对一线员工主要从微信个人号和企业公众号作用、微信会员卡使用、内部商品共享

平台和客户微商场使用、朋友圈二次转发技巧四个方面进行培训。

针对管理层主要从微信营销与微信公众账号、微信活动策划、微信软文撰写、微信开发模式四个方面进行培训。

（2）推进微信营销绩效考核

为了激发一线员工和管理层参与"无微不至"计划，提升员工微信营销意识，鸿家公司管理层在引导顾客加入微信平台、引导顾客使用微信会员卡、朋友圈二次转发、利用微信进行跨店组合销售、参与企业微信群发信息、参与企业微信活动策划等方面，设定绩效考核点，制定具体的激励措施。

4. 规范微信群发消息主题，灵活开展线上线下互动

（1）规范微信群发消息主题

根据鸿家公司微信使用人群多为中青年女性白领的特点，公司将微信群发主题设定为"您身边的美丽顾问"，采用拟人化的方式，将微信平台定位成一个虚拟的人物，通过交流探讨的方式，同粉丝们一同讨论如何让自己变得美丽，为此设定了如表7-1所示的栏目。

表7-1　鸿家公司微信平台栏目

栏　　目	主　要　内　容
情感部落	以故事与点评的形式展现当下职场女性在工作、生活等方面面临的种种问题，通过此种方式开解女性心中不解，让粉丝知道好心情是最好的美容产品
流行时尚	以图片和攻略的形式向粉丝传达当下的穿着打扮主流，通过对当季的流行趋势并适度地加入企业的产品信息进行宣传，让粉丝永远走在流行的前沿
窈窕身姿	主要针对美容和瘦体等这些当下女性很感兴趣的话题进行推送，尤其是一些DIY小秘方更能赢得粉丝的关注
美丽分享	这是一个互动展示区，是对之前三个栏目的补充，很多女性现在更愿意将自己的经验进行分享，同时这种分享更具有原创性，因此设定了这个区域专门用于展示，并设定奖励以鼓励互动

（2）灵活开展线上线下互动

根据中青年白领女性的特点，为公司设计下列3类互动活动。

①"鸿家美丽分享"活动。微信朋友圈已经成为中青年白领女性发表个人心情和评论的最佳方式，公司利用这种特点，举办"美丽分享"活动，该活动鼓励顾客试穿拍照分享朋友圈，获得好友点评即可享受优惠。只要顾客按照公司事先设计好的文字和背景进行拍照获得好友留言就可以享受优惠，同时在顾客允许的情况下，将在微信平台进行评选，以达到一次拍照多次分享的目的，最大限度地挖掘顾客微信潜能，以实现"无微不至"。

②"鸿家美丽课堂"活动。鸿家公司产品主要消费人群为中青年白领女性，而这些人群又多源自高校高年级女生，也就是鸿家的潜在客户，因此，高校推广也是不可或缺的。针对高校高年级女生马上进入职场的需求，鸿家公司专门设定了"鸿家美丽课堂"，教学生如何快速转变形象变身职场丽人，活动中还通过微信平台的抽奖、游戏等形式吸引学生参与。让准职场女性们更加了解鸿家公司，给鸿家公司带来更多的潜在客户。

③"鸿家年节回馈"活动。逢年过节的营销活动已经越来越受到商家的关注，各类新

颖的节日庆典活动层出不穷，根据这个特点，鸿家公司整理出鸿家年节活动日历，在日历中明确地指出活动的时间、形式以及内容，这样不仅可以规范营销活动，也可以做到有备无患，更方便客户了解并参与活动。

案例思考题：
1. 鸿家公司微信平台应如何保持高的关注度？
2. 鸿家公司微信平台还有哪些需要进一步完善的内容？
3. 若该企业想进一步完善微信平台功能，你有何好的建议和策略？

第 8 章 电子商务的新发展

> **学习目标**
> - 熟悉移动电子商务的相关概念与发展模式。
> - 了解跨境电子商务的发展动态。
> - 掌握电子商务生态系统的相关知识。

引导案例

目标东南亚——跨境新平台壹零客

2015年11月25日,由壹零客科技有限公司举办的"打破跨境贸易障碍,提升中国品牌价值"暨壹零客跨境电子商务平台新闻发布会在中国厦门威斯汀酒店成功举办,此次会议正式宣告壹零客跨境电子商务平台诞生。壹零客(YiLinker)以"一带一路"倡议为指导,以电商平台为桥梁,连接国内厂商和全球消费者,致力于打造一个服务最优、物流最快、成本最低的端到端的互联网国际贸易平台,加快推进"互联网+"行动,帮助中国制造业解决产能过剩问题。目前,壹零客已启动全国招商,众多国内制造业厂商积极寻求与壹零客合作的机会,寄望"掘金"东南亚,乃至提升在海外市场的话语权,增加品牌竞争力,再迎发展春天。

移动端阅读

作为定位为全球性的跨境电商平台,壹零客的初步目标锁定东南亚。东南亚市场具备的三大特征:网络普及率高、人口基数大、庞大的消费能力,这都说明其线上消费需求将一触即发,并且东南亚的基础通信设施建设仍在不断发展,这个电商市场不久之后即将腾飞。就菲律宾这个国家而言,线上零售的占比2015年仅在4%左右,却有望在2017年达到17%,潜力之大可见一斑。

8.1 移动电子商务

8.1.1 移动电子商务概述

1. 移动电子商务的定义

移动电子商务(Mobile Commerce)是由电子商务(E-Commerce)的概念衍生而来的。传统的电子商务以PC为主要设备,是"有线的电子商务",而移动电子商务,则是将手机、平板电脑等无线移动终端作为媒介进行电子商务活动。移动电子商务(M-Commerce)

指的就是在网络技术、移动通信技术、无线网络技术等的支持下,在手机等移动通信终端之间,或移动终端与PC等网络信息终端之间,通过移动商务解决方案,在移动状态下进行的便捷的、大众化的、具有快速管理能力和整合增值能力的商务实现活动。人们可以利用手机、平板电脑等移动终端进行的B2B、C2C、B2C电子商务,将互联网、移动通信技术、短距离通信技术和其他信息处理技术进行完美结合,使用者可以在任何时间、地点进行各种商贸活动,实现随时随地、线上线下的购物和交易,在线电子支付的各种交易活动、商务活动和金融活动等。可以说,移动电子商务是商务活动在移动通信领域的延伸,是商务交易活动的双方使用移动通信技术进行的各类商务交易活动,如商品贸易、知识产权贸易和服务贸易等贸易活动。目前,移动电子商务主要体现在移动在线支付、移动银行、移动办公、移动股市和相关的综合性服务活动等方面。

从技术角度来看,移动电子商务是技术的创新。移动电子商务以网络信息技术和创新的现代通信技术为依托,把手机、平板电脑和笔记本电脑等移动通信终端与互联网和移动通信网有机地结合起来,实现了以下功能:①突破了互联网的使用局限和性能局限。②适应了移动电子商务参与主体要在移动的状态下活动的需求,并在这种活动的过程中,寻找商机、发现商机、抓住商机,并创造新的商机。③消除了时间和地域的限制,为电子商务主体和移动电子商务活动提供了便捷、及时、直接、高效、大众化的商务交往方式,使随时随地的信息传输和商业交易成为可能。④开拓了电子商务的崭新领域,在更大、更广的范围内扩展了商务主体的参与范围和参与程度。⑤节省了人力资源的成本和交易费用,为商务价值的实现提供了机遇和可能。

从商务角度看,移动电子商务是一种商务模式的创新。由于用户与移动终端具有紧密的对应关系,它不仅可以使移动电子商务运营和参与主体及时就商务信息做出反应,而且可以使用户更多地脱离设备状态和网络环境对商务活动的束缚,最大限度地在自由的商务空间进行沟通和交流、坚定购买意愿、增加购买动因、适时地进行商务决策,从而极大地提高了商务交往的速度和效率,降低了商务交易的成本,提升了社会交易效益。互联网与移动技术的结合为服务提供商创造了很多新的商机,使其能够提供更多种类的服务项目,并根据客户的位置和个性提供服务,从而建立与客户的关系,使企业的盈利空间大大增加。

根据艾瑞咨询《2017年中国移动电商行业研究报告》的最新数据,2016年移动购物市场交易规模约为3.3万亿元,占网络购物总交易规模的70.2%,继2015年超过PC端之后,占比继续扩大,移动端已经成为网络购物的主流渠道。在微信、手机QQ、微店等多个平台带动下,京东商城的移动端订单占比也快速增长,移动端成为其主要的流量来源已超过PC端成为网购市场更主要的消费场景。特别是用户消费习惯的转移,各电商企业持续发力移动端是移动电子商务不断渗透的主要原因。

2. 移动电子商务的发展历程

第一代移动电子商务,是以短信为基础媒介发展起来的,而短信存在不能当面交谈和字数限制的缺陷。所以很多时候,人们在应用短信进行商务工作时,往往会碰到不能及时回复答案、短信内容不完全等现象,导致第一代移动电子商务面临升级改造的境况。随后迎来第二代移动电子商务的发展。

第二代移动电子商务,它是一种基于WAP技术而进行开发的一种方式。它主要通过浏览器来访问WAP网页,这使得第一代电子商务存在的问题得到解决。但是,其访问网页耗时且缺乏安全性。种种问题的出现促进了第三代移动电子商务的产生。

第三代移动电子商务，也就是目前人们正在使用的移动电子商务。它是运用目前的智能手机融合最新的 4G 和移动 Wi-Fi 网络，以及身份认证系统，并借助许多最新的移动通信、信息处理等前沿技术的支持，使得安全性大大提高的同时，网络访问速度也在大大地提高，安全、快捷、高效。

第四代移动电子商务，在移动互联网发展推动下，消费模式共享化、设备智能化和场景多元化。首先，移动互联网发展为共享经济提供了平台支持，网约车、共享单车和在线短租等共享模式的出现，进一步减少交易成本，提高资源利用效率；其次，智能可穿戴设备、智能家居、智能工业等行业的快速发展，智能硬件通过移动互联网互联互通，万物互联时代即将到来；最后，移动互联网用户工作场景、消费场景向多元化发展，线上线下不断融合，推动不同使用场景更加细化，同时服务范围向更深、更广扩展。

3. 移动电子商务的特点

移动电子商务改变了信息获取的速度和方式，而且改变了商务对接、合同签订、货款的交割、库存的管理、流动性车辆的调度、移动目标的追踪和查询等固有运作和流转的方式。它给传统的企业管理、营销管理、商务管理带来了巨大的变革，形成了新的"商业气候"，满足了新的商业需求。移动电子商务的一般特点如下：

第一，即时性。消费者不仅可以在移动的状态下工作、开会、旅行、社交及进行购物等活动，而且可以在移动的状态下满足其即时产生的需求，并获得视听信息、图文信息、定制信息和相关服务。

第二，连通性。具有相同爱好或兴趣的用户，可以方便地通过文本消息和移动聊天的方式连接到一起。广告商可以通过这种途径促销商品，并做出特别的提议，以期望订阅者能回答和接受他们的信息。

第三，便携性。用户可以通过移动终端具有的照相功能等，保存商品的外形、公司地址、饭店和宾馆的信息、银行细目、支付和信用卡详情，以及安全信息，同时这些都可以在他们需要购物或签订合同时通过移动终端进行传递和确认。

第四，方便性。手机作为一种移动终端，按键少、屏幕小、操作简便、响应时间短。这种便捷性特征能够最大限度地扩展移动电子商务的主体规模，使移动电子商务成为大众化的商务工具。这样既可以直呼通话，也可以短信传情，还可以进行搜索和查询，更可以进行决策的确认和变更。

第五，私密性。移动互联网用户对于私密性的要求较高。例如，手机通信录里的私密性一定是大于 QQ、微博、人人网及用户的 E-mail 等的私密性。它天生的最大属性就是私密，而且是双向确认。不同于传统互联网，用户在手机中存有大量的私人信息，手机之于用户比计算机之于用户在私人社交中使用频率和私密性要求更高。

第六，可定位性。移动电子商务主体尽管在移动状态下进行商务活动，但是，由于手持移动终端和持有主体的对应性，就赋予了移动电子商务主体具有移动使用中的可定位性。这种特征对电子商务的创新和突破的意义是重大的。不仅如此，移动电子商务服务的对象也可以通过全球定位技术实现精准定位。

4. 移动电子商务与传统电子商务的区别

区别于传统计算机平台电子商务业务，移动电子商务模式具有以下一些新特征：

(1) 不受时空限制的移动性

同传统的电子商务相比,移动电子商务的一个最大优势就是移动用户可随时随地获取所需的服务、应用、信息和娱乐。用户可以在自己方便的时候,使用智能手机或移动终端设备查找、选择及购买商品和服务。移动电子商务突破传统计算机平台时间和空间限制,使电子商务交易更加方便灵活。移动电子商务由于用户是通过移动终端设备浏览和选购商品的,这样就打破了传统电子商务用户只能坐在计算机前在固定时间内购物的时空限制,扩展了移动商务客户的交易时间限制,使电子商务从传统单一固定计算机平台端变为随时随地能方便用户购物的移动贴身服务,从而能极大地提高电子商务的交易效率。虽然当前移动通信网的接入速率还比较低,费用也较固定网高,但随着下一代移动通信系统的推出和移动通信市场的竞争,这些因素的影响将逐渐淡化。

(2) 提供更好的私密性和个性化服务

移动终端一般都属于个人使用,不会是公用的,移动电子商务使用的安全技术也比电子商务更先进,因此可以更好地保护用户的私人信息。移动电子商务能更好地实现移动用户的个性化服务,移动计算环境能提供更多移动用户的动态信息(如各类位置信息、手机信息),这为个性化服务的提供创造了更好的条件。移动用户能更加灵活地根据自己的需求和喜好来定制服务与信息的提供(例如,用户可以将自己所处的城市结合进去,调整商品递送的时间,实现自己的个性化服务)。发展与私人身份认证相结合的业务是移动电子商务一个很有前途的方向。

(3) 信息的获取将更为及时

移动电子商务中移动用户可实现信息的随时随地访问本身就意味着信息获取的及时性。但需要强调的是,同传统的电子商务系统相比,用户终端更加具有专用性。从运营商的角度看,用户终端本身就可以作为用户身份的代表。因此,商务信息可以直接发送给用户终端,这进一步增强了移动用户获取信息的及时性。

(4) 基于位置的服务

移动通信网能获取和提供移动终端的位置信息,与位置相关的商务应用成为移动电子商务领域中的一个重要组成部分,如 GPS 卫星定位服务。

(5) 网上支付更加方便快捷

在移动电子商务中,用户可以通过移动终端访问网站,从事商务活动,服务付费可通过多种方式进行,可直接转入银行、用户电话账单或者实时在专用预付账户上借记,以满足不同需求。

(6) 移动电子商务潜在客户群庞大,发展前景广阔

随着移动终端设备的大量普及应用,移动电子商务用户会迅猛增加,发展潜力极大。由于我国的移动终端用户每年都成倍地增长,已经远远超过计算机上网用户的几倍,因而我国移动电子商务潜在客户群更为庞大,发展潜力极大。

截至 2016 年 12 月,我国手机网民规模达 6.95 亿,增长率连续 3 年超过 10%。台式计算机、笔记本电脑的使用率均出现下降,手机不断挤占其他个人上网设备的使用。移动互联网与线下经济联系日益紧密,2016 年,我国手机网上支付用户规模增长迅速,达到 4.69 亿,年增长率为 31.2%,网民手机网上支付的使用比例由 57.7% 提升至 67.5%。手机支付向线下支付领域的快速渗透,极大地丰富了支付场景,有 50.3% 的网民在线下实体店购物

时使用手机支付结算。这表明我国移动电子商务用户增量更明显,发展潜力巨大。如图 8-1 所示。

图 8-1 中国手机网民规模及其占网民比例

8.1.2 移动电子商务的实现技术

移动电子商务正在形成一个庞大的市场。从技术方面来说,将移动通信工具与互联网连接起来的无线上网技术,以及互联网服务商所提供的无线上网服务都已经成熟,因此移动电子商务不再存在技术障碍。新一代的移动电子商务系统,也就是目前使用的第三代移动电子商务系统,融合了 4G 移动技术、智能移动终端、VPN、数据库同步、身份认证及 Web Service 等多种移动通信、信息处理和计算机网络的最新前沿技术,以专网和无线通信技术为依托,使系统的安全性和交互能力有了极大的提高,为电子商务人员提供了一种安全、快速的现代化移动执法机制。随着科学的发展,实现移动电子商务的技术主要有以下几个方面:

1. 无线应用协议(WAP)

WAP 是一项比较传统的技术,同时也是电子商务的核心技术之一。通过这个技术,手机才能随时随地地连接到网络,这样才能真正地实现电子商务的快捷方便。其中,WAP 技术其实是一种通信协议,它的存在不仅提供了一个相对开放、统一的技术平台,而且它的接入方式相对也比较简单。当用户使用 WAP 技术接入移动网络时,是以基本相同的格式表现出来的互联网网页或企业相关信息。WAP 技术定义的手机软件接口与 PC 相似,可以随时随地地接入移动网络,且呈现的界面与 PC 一样,还可以自由地收发电子邮件。而且 WAP 技术还可以支持当前最新的操作系统,可以随着操作系统随时变换大小格式以适应系统。这个优势促使 WAP 系统可以应用在很多通信设备上。不仅如此,WAP 的开放态度还体现在它能支持很多种格式的移动网络,如 GSM、CDMA、PHS 等。对于现在兴起的第三代移动通信网络及 Wi-Fi,它也能很好地兼容并支持这种网络,并保证用户正常地进行网络访问。

WAP 是开展移动电子商务的核心技术之一。通过 WAP,手机可以随时随地、方便快捷地接入互联网,真正实现不受时间和地域约束的移动电子商务。WAP 是一种通信协议,它的提出和发展基于在移动中接入互联网的需要。WAP 提供了一套开放统一的技术平台,用户使用移动设备很容易访问和获取以统一的内容格式表示的互联网或企业内部网信息和各种服务。

2. 通用分组无线业务(GPRS)

GPRS应用技术可以提高用户在除了通话过程以外的传输速率来进行网络通信,可以改变传统的GSM网中网速慢的缺陷,达到能传送视听文件甚至直接进行视频的要求。GPRS能做到这些改变,主要是由于其改变了电路交换的模式,提供了一种新型的分组交换的模式,通过对现有的网络基站进行分组化管理,使资源能得到高效利用。而且对于用户来说,GPRS可以快速地连接上移动网络,使得任何时候进行网页访问等活动都变得快捷简单。对于数据偏大的业务也可以传送,只是颇费时间,对于小数据的业务则可以频繁地传送,且丝毫不影响传送速率。当然,它的缺陷也还是有的。所以,GPRS是移动电子商务应用技术中的第2.5代(2.5G),现在的第三代移动电子商务应用的网络系统就是在它的基础上进行更新、改革而来的。

3. 移动IP技术

移动IP技术也是支持移动电子商务发展的一个重要因素,它是通过改变IP协议来保证在移动环境下计算机或者手机等移动设备可以随意地访问网络而不需要更改IP地址,也不用临时中断正在进行的网络访问,这是促使移动电子商务发展的关键。

移动IP通过在网络层改变IP协议,从而实现移动设备在互联网中的无缝漫游。移动IP技术使节点在从一条链路切换到另一条链路上时无须改变它的IP地址,也不必中断正在进行的通信。移动IP技术在一定程度上能够很好地支持移动电子商务的应用。

4. 蓝牙(Bluetooth)

现在很多手机都具备蓝牙技术,它是一种无线连接技术。最初蓝牙技术的提出就是旨在短距离内取代有线连接,达到无线传输文件的能力,实现计算机与移动通信设备间的方便传输。它是一种简便、低成本、低速率的无线通信技术,可以随意地在手机、计算机、个人数字助理(PDA)、打印机等移动设备间进行无线通信。它支持语音文件和其他文字类文件的传输,且不受网络的限制,是一种不需要移动网络的短距离传输技术。但是,它的传输距离在10~100米,这也是它的缺陷所在。

5. 移动定位系统

根据定位系统的位置不同,移动定位系统可分为空基定位系统(GPS)、地基定位系统、混合系统定位3种。其中,GPS系统因其定位精度高,以准确寻找而被人们广泛运用,为人们所熟知,最常见于车载。A-GPS技术就是其升版,能改进在建筑物、封闭区域和没有信号的地区的定位能力,主要应用于手机的定位系统板块,提高手机定位的准确性。就像团购、查天气、定酒店等,首先必须定位城市,然后才能将相关的信息输送到移动设备上,这就需要移动定位系统技术的支持,它应用于移动电子设备上为移动电子商务提供更多方便,也为旅游业、网购、娱乐业、餐饮业带来了巨额利润,同时也促进了电子设备的发展。

6. 第四代(4G)移动通信系统

4G(第四代移动通信技术)的概念可称为宽带接入和分布网络,具有非对称的超过2 Mbit/s的数据传输能力。它包括宽带无线固定接入、宽带无线局域网、移动宽带系统和交互式广播网络。第四代移动通信标准比第三代标准具有更多的功能。第四代移动通信可以在不同的固定、无线平台和跨越不同频带的网络中提供无线服务,可以在任何地方用宽带接入互联网(包括卫星通信和平流层通信),能够提供定位定时、数据采集、远程控制等综合功能。此外,第四代移动通信系统是集成多功能的宽带移动通信系统,是宽带接入IP系统。

7. VR虚拟现实技术

虚拟现实技术(Virtual Reality,VR),是一种可以创建和体验虚拟世界的计算机仿真技术,它利用计算机生成一种模拟环境,是一种多源信息融合的、交互式的三维动态视景和实体行为的系统仿真,可以使用户沉浸到该环境中。VR技术进入移动电子商务领域后,会带给人们一个全新的购物体验。Google通过VR技术制作的对纽约最美丽的商店展示的虚拟之旅,让人们一窥未来购物的场景,阿里巴巴的Buy+VR购物体验绝对令人吃惊。移动互联网最注重"场景"的应用,从购买前的品牌和样式的挑选,到购买期间的换装、试衣,再到购买后的"相似品推荐",购物中可应用VR技术的场景遍布方方面面。基于VR技术的场景购买+展示模式,会成为移动电子商务的新趋势。

8.1.3 移动电子商务的运营模式

1. 移动电子商务价值链的构成

价值链是指在产品或服务的创造、生产、传输、维护和价值实现的过程中所需的各种投资和运作活动,以及这些活动之间的相互作用关系所构成的链式结构。移动电子商务的价值链就是直接或间接地通过移动平台进行产品或服务的创造、提供、传递和维持,进而在获得利润的过程中形成价值传递的链式结构。总体而言,可以把移动电子商务价值链的基本部分分成5个环节。

(1)内容提供商

内容提供商为用户提供各种形式的内容和服务,从简单的天气预报到复杂的移动销售支持等各种服务。

(2)门户和接入服务提供商

门户和接入服务提供商为内容提供商和无线网络运营商之间搭建了一个互通的桥梁。它为内容提供商提供了内容接入无线网络的接口,保证其顺利进入无线网络传输系统,最终到达移动用户。

(3)无线网络运营商

无线网络运营商介于内容提供商和用户之间,为他们提供信息传输服务。它一般包括无线网络基础设施运营商和无线服务提供商两部分。无线网络基础设施运营商为无线信号提供传递通道,而无线服务提供商为信号传递过程提供相关的个性化服务。

(4)支持性服务提供商

支持性服务提供商的职能是为无线网络运营商提供各种支持性服务,如基础设施制造、应用程序开发、付费支持、安全支付等。他们是保证无线网络运营商提供高效、可靠的信息传递服务不可缺少的部分。

(5)终端平台和应用程序提供商

终端平台和应用程序提供商的作用是为用户提供功能更加完备、内容更加丰富、使用更加方便的终端设备。苹果公司即为这样的提供商。

2. 移动电子商务的商业模式

移动电子商务商业模式指的是在移动技术的条件之下，相关经济实体通过商务互动的开展实现价值的创造与实现，最终获取利润。商业模式最基本的核心内容就是创造与实现价值。移动电子商务的商业模式通过对价值链中价值的传递与转移分析，找出价值的创造环节。在移动电子商务的不断发展中，移动电子商务的新商业模式具有全新的主要类型。

（1）手机支付模式

作为全新的支付方式，移动手机支付使用户体验到了快捷的支付方式。银联卡用户仅需下载商家支付界面的手机安全支付插件，然后正确输入卡号与密码即可完成支付。移动手机支付并不仅限于进行线上交易，更重要的在于能够满足用户对手机支付以外的需求，如交易安排、诚信保证作为较为私密的物品，手机一般不会公用，而且相对于 PC 而言，手机病毒较少，所以与 PC 支付相比，移动手机支付具有更强的安全性。有关移动手机支付的安全问题，银行系统会做好充分把关，移动电子商务企业也会适时提醒消费者通过官方网站进行消费，帮助消费者维护自己的权益。

（2）O2O 模式

在移动通信终端日益普及的背景下，商家通过无线通信网络及外部定位方式收集移动通信终端用户的位置信息，借助 GIS 平台，随时随地地将线下商务机会同移动通信终端结合起来；而用户通过移动通信终端即时即地筛选产品或服务，然后在线进行支付与结算。相比于传统的电子商务模式，O2O 模式的闭环特性可以做到对用户的每个交易及满意度进行全程跟踪，随时分析用户相关数据，及时调整商家营销策略。移动电子商务的 O2O 模式不是致力于提供给用户简单的分类展示与搜索信息服务，而是为了提供给用户智能化的精准信息服务，以帮助用户更快、更好地选择服务。随着 O2O 模式的日益成熟，用户将会获得更为优质的体验与服务，从而推动移动电子商务的进一步发展。

（3）APP 商用模式

随着使用手机及平板电脑上网的大众日益增多，大众的上网习惯正逐渐从使用 PC 转变为使用 APP 客户端。现在的国内各大电商，都先后拥有了各自的 APP 客户端。以京东商城为例，当其意识到移动电子商务的未来强大发展潜力后，京东商城上线了京东移动客户端。到目前为止，京东移动客户端已经应用于包括苹果、安卓等 10 几个移动平台。不只是京东集团如此，淘宝、国美在线等众多企业均先后开发了手机移动客户端，就类别而言，涵盖了大众吃、穿、住、行、用的各个方面。APP 商用模式是移动电子商务的必然走向，不论电子商务企业，还是传统的零售商，均对 APP 商用模式产生了极大的兴趣。

（4）微信营销模式

微信是近几年才兴起的智能手机即时通信软件，微信的主要功能包括聊天、查找附近的人、扫描二维码、扫描卡号等多种功能，微信用户数量巨大且活跃，利用微信营销可获得巨大效益。微信用户通过查看附近的人功能，可以查找到附近的微信用户，而微信用户也可以设定个性化的签名。于是，许多用户就利用这个免费的平台来为产品做广告。众多的企业和个人利用微信进行推广。借助一对一的关注及推送，移动电子商务企业的公众平台能够向关注的粉丝推送包括产品资讯、最新活动等方面的消息，以及完成包括咨询业务、售后服务等方面的功能。优惠的价格是移动电子商务企业吸引客户的重要手段。借助微信平台，越来越多的移动电子商务企业打出了实惠牌。除此之外，微信也适时支持了在线支付功能。微信营销已成为最主要的移动电子商务的商业模式之一。

3. 移动电子商务的盈利模式

（1）产品交易型盈利

产品交易型盈利是各类商业主体依靠现实产品交易来实现盈利，此类模式在制造业和零售业之中最为典型。制造企业依托互联网商业平台，把供应商、客户与合作同伙三者有机联系起来，缩短了产品交易的周期和优化产品交易环节，进而实现整体利润的增长。网络零售商是供货企业的下一级代理，赚取交易中间环节费用，淘宝网、京东商城等的各级代理商就靠这种模式盈利。

（2）服务型盈利

服务型盈利是服务商通过为客户提供个性化的服务收取费用，从而盈利。这种服务不同于现实的商品交易，客户对所购买服务的认可度与忠诚度对服务商利润的扩展有着直接的影响。如果服务商为客户提供的服务能较大化地转化为商业价值，那么这种服务的价值相应较大。这种盈利类型下的服务商常选择与运营商进行合作，依靠收取服务费、广告费、会员费等获得经济效益。现今的各大网站与网络销售平台大多靠此种方式盈利。

（3）信息交互型盈利

信息交互型盈利是指商业主体通过信息之间的交互在客户与供货商之间搭建了一条沟通的桥梁，如果双方都感觉这一商业主体有存在的必要与价值，那么商业主体就会在交易过程中抽取相应的中介费或佣金等。这一类型下的盈利价值实现一方面要靠平衡交易双方之间的经济冲突，另一方面要尽可能地扩展服务范围，如淘宝网中的数据魔方业务通过为客户提供有价值的信息而获得盈利。

4. 移动电子商务新模式的特征

当今企业相互之间的竞争，已不单纯是企业产品的竞争，而更多的是商业模式的竞争。所谓商业模式，实质上就是指反映价值创造、价值传递及价值实现的逻辑。移动电子商务的新商业模式具有独特的基本特征。

（1）营销的精确性

现代企业市场营销最新发展方向是朝向精确营销发展，也就是追求营销的精确性。精确营销以商家和用户互相之间一对一的精确联系与沟通为基础，而移动电子商务提供了这样的基础条件。通过移动电子商务，商家能够充分了解每位用户个性化的需求，从而提供有针对性的个性化服务。虽然新商业模式的形式与内容会发生较大的变化，但是商家提供给用户的将是能充分满足每位用户个性化需求的产品及服务。新商业模式发展的初期，通过一对一的联系与沟通，商家能够更好地宣传企业的产品，发现真正适合企业产品的潜在用户，而用户也会较为接受满足自身需求的宣传方式，不容易产生因广告轰炸方式而带来的排斥心理。如此一来，潜在用户的基数将会逐渐增长，从而提供给商家更好的拓展业务与扩展市场的发展空间。随着新商业模式创新服务的开展，用户接受商家宣传后将会不断地产生新的需求，新的需求又会及时反馈给商家，商家借助用户反馈可以更好地满足用户的需求。

（2）实时的动态性

移动电子商务的新商业模式，通过移动通信技术与互联网信息技术，形成网状的组织结构，能够实现商务交流与沟通的实时动态性。在新商业模式下，企业相互之间可以建立虚拟组织，形成虚拟市场。在虚拟市场上，企业注册资源、开展业务与提供服务。通过搜索虚拟市场资源，企业可以寻觅到与自身关联密切的、适宜合作的伙伴，然后进行企业内部系统的端对端连接，实现异构兼容目标。如此一来，企业实现了组织的网络化、信息的开放化，提升了工作的效率与服务的水平。在新商业模式下，企业相互之间建立了动态联盟，提供了实时的动态化商务交流与沟通，带来了企业商务运营与管理的变革性变化。新商业模式的实时动态性特征不仅体现在商业模式的建构之中，而且大大缩短了企业的商务流程，加快了企业资金周转，降低了企业管理费用与管理成本，提高了企业经营的效益。

（3）盈利的清晰性

作为当代大众经常使用的交流沟通工具，移动通信终端具有随时性、随身性等独特优势，为实现移动电子商务信息的快捷传递提供了可能，为营销主客体彼此之间的多维沟通提供了方便。移动通信终端的个性化、移动化及普及化特性，为移动电子商务新商业模式提供了群众性运用的广泛基础；移动通信终端的身份确认特性，使移动电子商务新商业模式在身份确认与消费计费等方面，相对于传统的电子商务模式而言，具有较强的明晰性与可控性。在移动电子商务新商业模式下，消费主体身份的明晰性与消费收费方式的可控性，形成了价值链的闭合性特征，决定了新商业模式具有较强的清晰性。

（4）较高的增值性

移动电子商务的新商业模式具有较大的创新与拓展移动增值业务空间的能力。具体来说，如移动广告、移动炒股、智能短信平台之类的移动电子商务模式的构建，轻而易举地就能够实现。借助于此类移动电子商务模式，企业可以在非常短的时间内获得企业产品与服务的增值空间。由于移动电子商务的新商业模式具有较高的增值性，移动增值业务正在逐步演变为促进移动运营业务增长的关键业务，移动增值业务的种类演化与模式组合也日趋多样化。在移动电子商务环境下，新商业模式增值价值与增值潜能具有较强的市场吸引力，也具备较大的发展空间。

8.1.4 移动电子商务的发展趋势

随着电商企业纷纷布局和发展移动电子商务，移动电子商务发展迅猛。在移动电子商务市场迅猛发展的同时，市场主体服务模式、市场推动因素和产业链结构也将会发生重大变化。移动电商发展呈现以下新趋势：

一是电子商务重心转向移动电子商务，市场格局已初步形成。随着智能手机的普及和3G网络的提升，加之工业和信息化部向中国联通、中国电信、中国移动正式发放了4G牌照，此举标志着我国电信产业正式进入了4G时代，这也将推动移动电子商务进入更加快速的发展时期。淘宝网凭借用户优势在移动终端担任着领导者和示范者的角色，伴随着其他电商平台的不断渗透，中国主流购物品牌纷纷推出移动客户端，未来移动客户端交易额占比还会进一步扩大，移动电子商务开始走向"百花齐放"的局面。移动电子商务呈现出更多的优势，包括用户移动化、个性化信息获取和"以用户为中心"，这些都将会加快"传统互联网电子商务"向"移动电子商务"的转变。

二是移动时代流量入口多元化，从线上到线下的入口布局是竞争焦点，给移动终端提供了发展机会。移动互联网极大地拓展了用户上网的应用场景，PC时代的入口和用户优势面临挑战。2013年以来，不论是阿里巴巴在来往、微博上的重金投入，还是腾讯、阿里巴巴在手机地图领域的大手笔并购，无不显示各巨头对入口争夺的重视。而2014年以来，移动入口争夺战更是从线上烧到了线下，阿里巴巴以支付宝钱包为依托、腾讯以微信支付为依托，与线下商家展开广泛合作，积极布局二维码入口。在2014年的"双十二"活动中，支付宝联合100个品牌、2万家门店，涵盖餐馆、甜品、面包店、超市、便利店等多场景应用扫码支付，创造了一天400万单的扫码交易记录。手机终端和网络硬件等技术因素是移动电子商务发展中的重要基础设施，移动电子商务的所有活动都和移动终端密切相关，移动终端不仅要带动移动电子商务的发展，还要在其价值链上实现各方顺利合作，为电子商务业务的开展提供便利。终端技术不断发展，移动终端的功能也越来越多，越来越人性化，并且形成被广为人知的移动电子商务品牌。移动终端上商品的图片信息显示效果已不弱于PC桌面端，虽然PC桌面端不会被完全取代，但其与移动终端的融合趋势越来越明显。

　　三是移动社交和自媒体的爆发，开启了去中心化的电子商务发展新模式。与传统电子商务企业通过一个平台聚集所有商家和流量的中心化模式不同，去中心化的电子商务模式是以微博、微信等移动社交平台为依托，通过自媒体的粉丝经济模式，通过社群关系链的分享传播来获取用户。更重要的是，购物也不再是单纯的购物，而是会在人们碎片化的社交场景中被随时激发，这极大地降低了商家的流量获取成本，吸引了众多商家的关注。从微店服务商口袋通的发展看，在2014年3月微信开放支付接口后，一周内开店商家暴增3 000家，并在此后以每月翻倍的速度增长，到9月商家数量就达到了约20万家。

　　四是企业应用成为移动电子商务领域的核心。当前，移动电子商务的发展热度持续上涨，并逐步成熟。同时，越来越多的个人及企业都开始应用移动电子商务，这对于自身更好地发展起到了重要作用。相对于个人来说，其大多处于消费者的角度，更多的是为了方便购物与浏览信息。而对于企业来说，其参与移动电子商务，更多的则是为了自身发展，这个平台为企业提供了更多的营销渠道，对于提升其经济效益具有重要意义。企业之间的竞争越发激烈，这也表现在移动电子商务的发展上面，随着新一轮淘汰机制的建立，无疑为企业提供了更具上升性的发展环境。比较这两种商业模式，显然基于企业的应用更加成熟，它具有较强的稳定性和消费力度，这两点是个人用户很难做到的。在移动电子商务的业务范畴中，很多类型的业务可以帮助企业获得更多的收入和提高工作效率，所以企业应用的快速发展能够极大地推动移动电子商务的发展。

　　五是基于LBS（Location Based Services）的应用将会大放异彩，业务发展更加多元化。国外移动电子商务运营者利用移动电子商务用户独有的移动性，将LBS技术引入其中。它能够依据用户所在的位置信息推出具有针对性的电子商务业务，用户在向系统登记其位置信息时，不但可以获得一定的奖励分值，还能够根据用户累计的奖励分值和用户当时所在的位置得到业务系统推荐的各种优惠券、代金券及折扣编码等。LBS定位技术的引入，给商家和用户提供了商业合作的平台，向在目标范围内的特定用户推荐商家信息和产品，通过手机短信、二维码等多种方式向用户推送优惠信息。这项技术的优点是使用户的搜索成本大为降低，不仅给用户提供了超低的优惠折扣，还让用户真实感受到了移动电子商务带来的优惠，提升了用户体验，并且能够让商家快速锁定人群，进行针对性的营销，而移动电子商务运营商可从其获得广告收入。伴随着应用商店的发展，移动定位、移动搜索、移动微博、移动社交、手机视频和手机支付等业务也逐渐受到广大用户的喜爱。社区交友和基于位置服务与移动电子商务的结合，将给移动电子商务带来新的运营理念和用户服务模式，也为用户带来更多的用户体验。移动电子商务不仅仅是一个购物平台，还会以内嵌于移动应用的形式出现，形式多样的各种业务有着丰富的资源，将有效地促进移动电子商务的发展。

六是快捷安全的移动支付将得到深入应用。在移动电子商务活动中，支付环节无疑成为最重要的环节，在移动电子商务中，二维码、RFID及空中圈存技术的引入，简化了手机支付流程。手机二维码是二维码技术中的一种，将其应用在电子票务方面，不但能够降低票据制作成本，还能提升防伪和检验能力。此外，用户还可以通过一张手机卡实现通信服务和实现其他支付业务的功能。与移动终端的结合，可实现随时使用的功能，用户仅通过一张手机UIM卡，就可以方便、安全、快捷地完成支付。在移动电子商务的发展趋势中，用户可以凭借移动终端实现安全快捷地完成小额支付，也可以像银行卡一样进行大额转账和消费。能够为用户和商家提供安全、快捷、方便的移动支付，成为电子商务的新特性之一。

七是移动电子商务将继续深入产业链整合。移动电子商务的产业链比较长，涉及运营商、网络设备商、服务商、终端厂商等各个方面，可见产业资源能否有效整合至关重要。在未来移动电子商务的发展中，产业链的整合将不断深入，电信运营商、传统电子商务提供商、设备提供商、应用提供商之间的合作将更加紧密，合作形式将会向多产业链和多层次协作的网状产业链形态转变，逐渐打破原来的形式和格局。市场竞争会越来越激烈，移动电子商务也将渗透到社会的各个领域中，打破原有的产业格局和形式。相关产业链的整合还将继续深入，合作形式将更加多样化，初期产业链上下游链状形态将会逐渐转化为多产业链主体和所在层次协作的网状产业链结构。例如，在产品交易方面不仅能够实现手机支付，而且金融服务商、电信运营商和第三方机构之间的合作将会更加密切。寻求合作、共同发展是不可避免的趋势，它能够为移动电子商务的发展注入新的活力。

当然，移动电子商务是电子商务时代新兴的交易模式，其发展一样面临着诸多挑战和难题。

① 移动终端设备屏幕格式多样化和操作系统版本不统一，造成移动电子商务软件平台更新难度加大。由于不同的移动终端设备屏幕格式和操作系统版本功能不一，这就给搭建移动电子商务网站和更新移动电子商务软件带来了相当大的难度。

② 移动电子商务比传统计算机平台电子商务安全问题更加突出。传统计算机平台电子商务用户经常会遇到网站假冒、投诉无门和信息泄露等安全问题，而移动电子商务由于采用的是无线通信技术，用户会遇到诸如移动终端窃取和假冒、无线网数据的篡改和窃听、移动终端设备安全缺陷等诸多安全隐患，所以，移动电子商务交易用户会比传统计算机平台商务安全问题更加严峻。

③ 我国的移动电子商务市场监管机制缺乏。移动电子商务是我国近几年随着移动通信的推广应用，而刚刚兴起的一个新兴产业，该产业还没有建立统一的国家标准和管理机构。虽然2010年中国移动互联网大会和国家工商总局出台了《网络商品交易及有关服务行为管理暂行办法》，制定了中国网店实名制政策，但是移动电子商务方面的法律、法规还需进一步完善，所以，移动电子商务市场监管也是我国移动电子商务发展面临的一大挑战。

8.2 跨境电子商务

8.2.1 跨境电子商务概述

1. 跨境电子商务的概念

近年来,随着网上购物者越来越多,许多商家开始在世界范围内寻觅消费者,以至于全球跨境电子商务市场明显增速,跨境电商市场潜力巨大。跨境电商,其本质是以国际贸易为主体。有人曾将其比作以下等式:跨境电商=产品品牌化+网络营销+策略本土化+全渠道。跨境电子商务脱胎于"小额外贸",这种形式在国内最早始于2005年,主要是交易双方通过互联网达成交易,再通过PayPal等第三方支付方式进行支付。由于买家多为个人,交易产品量小、交易金额小,在当时主要通过DHL、联邦快递等快递方式完成运送,因而形成了一个区别于传统贸易流程的进出口交易方式。

跨境电商(Cross-border E-business)是指不同国别或地区间的交易双方个人或企业通过互联网及其相关信息平台实现的各种商务活动,它包括出口和进口两个层面的总和。跨境电子商务是分属不同关境的交易主体,通过电子商务平台达成交易、进行支付结算,并通过跨境物流送达商品、完成交易的一种国际商业活动。我国跨境贸易电子商务主要分为企业对企业(即B2B)和企业对消费者(即B2C)的贸易模式。B2B模式下,企业运用电子商务以广告和信息发布为主,成交和通关流程基本在线下完成。B2C模式下,我国企业直接面对国外消费者,以销售个人消费品为主,物流方面主要采用航空小包、邮寄、快递等方式,其报关主体是邮政或快递公司。

近年来,全球跨境电子商务市场增速明显。其中,B2B电子商务模式被全球性的力量所拉动,而B2C则倾向于本地化。其原因就在于:B2B主要是跨国公司通过其全球性的供应商、客户和全球分公司来推动电子商务的发展,这反过来促使本地企业也从事电子商务以保持竞争力。相比之下,B2C被消费者市场所拉动,更多的是本地化、发散化。因此,当所有的消费者都希望购买便利、价格低廉的商品时,因消费者的偏好和价值观、民族文化、各国的物流体系等的不同,不同国家之间的本地消费者市场呈现出差异化。

跨境电子商务的兴起不仅源于信息通信技术的发展,而且也是消费模式的变化。不可否认,跨境电子商务的发展,对国际贸易产生了一系列影响,从贸易市场、贸易主体、贸易产品、贸易方式、贸易成本到贸易政策和贸易风险,都发生了相当程度的变化。电子商务在促进进出口贸易发展的同时,也增加了一定的贸易风险,并对已有的贸易政策提出了新的挑战。但是,跨境电子商务突破了进出口贸易的传统市场,深化了国际分工,缩短了生产者和消费者之间的距离,优化了全球资源配置;同时,需求者可以掌握商品更多相关信息,具备更广阔的选择空间。突破时空限制,打破区域政策限制,遵循全球贸易法则,有利于形成全球统一市场。

2. 跨境电子商务的特征

(1) 全球性

跨境贸易电子商务具有全球性和非中心化的特性,丧失了传统交易所具有的地理因素。网络是一个没有边界的媒介体,依附于网络发生的跨境电子商务也因此具有了全球性和非中心化的特性。互联网用户不需要考虑跨越国界就可以把产品尤其是高附加值产品和服务提交到市场。网络的全球性特征带来的积极影响是信息的最大限度的共享，消极影响是用户必须面临因文化、政治和法律的不同而产生的风险。任何人只要具备了一定的技术手段，在任何时候、任何地方都可以让信息进入网络、相互联系进行交易。

（2）无形性

数字化传输是通过不同类型的媒介在全球化网络环境中集中进行，这些媒介在网络中是以计算机数据代码的形式出现的，因而是无形的。数字化产品和服务基于数字传输活动的特性也必然具有无形性。

（3）匿名性

由于跨境贸易电子商务的非中心化和全球性的特性，因此很难识别电子商务用户的身份和其所处的地理位置。在线交易的消费者往往不显示自己的真实身份和自己的地理位置。

（4）即时性

电子商务中的信息交流，无论实际时空距离远近，一方发送信息与另一方接收信息几乎是同时的。电子商务交易的即时性提高了人们交往和交易的效率，免去了传统交易中的中介环节。

（5）无纸化

在电子商务中，计算机通信记录取代了一系列的纸面交易文件。由于信息以比特的数字化形式存在和传送，用户发送或接收信息时，整个信息发送和接收过程实现了无纸化。

（6）快速演进

互联网的技术在不断迅速发展变化中，基于互联网的电子商务活动也处在瞬息万变的过程中，不断快速演进，改变着人类的生活。

3. 跨境电子商务对传统国际贸易的影响

跨境电子商务发展使国际贸易主体出现了重大变化。跨国服务公司导致了信息在全球范围内的加速流动，产生了"虚拟"公司或企业这样一种新型的企业组织形式，向世界市场提供产品或服务。在各自专业领域拥有卓越技术的公司利用现代信息技术进行沟通协作，相互联合形成合作组织，可以更加有效地向市场提供商品和服务，迅速扩大市场范围。

跨境电子商务扩大了传统进出口贸易商品范畴。电子商务使一切可以数字化的产品和大多数服务项目进入了国际贸易领域，尤其是一些在传统国际贸易中不可交易的产品或者是由于传统交易成本太高而难以进行贸易的产品。世界贸易组织积极推进的网络贸易零关税方案，使出口国能充分发挥自身在网络化产品方面的竞争优势，提升外贸竞争力。

跨境电子商务使进出口贸易方式发生变革。电子商务形成了一种现代化的贸易服务方式，这种方式突破了传统贸易以单向物流为主的运作格局，实现了以物流为依据、以信息流为核心、以商流为主体的全新战略。它可以将代理、展销等传统的贸易方式融合，将进出口贸易的主要流程引入网络，为贸易双方提供服务，促进进出口贸易的深入发展，使贸易商品的供需双方可以通过网络直接接触，使得网络信息成为最大的中间商。贸易中间商、代理商和专业的进出口公司的地位相对降低，从而引发了国际贸易中间组织结构的革命。

跨境电子商务的突出优势是降低进出口贸易成本。通过"无纸化"的网络广告可降低促销成本；互联网将产品采购过程与制造、运输、销售过程有机结合降低采购成本；网络直销方式的采用可降低外贸企业的代理成本；标准化、格式化的电子合同、单证、票据等在网络中的瞬间传递，提高了交易效率，降低了签约成本；便捷的网络沟通降低了售后服务成本。

4. 跨境电子商务的发展概况

（1）跨境电子商务整体发展概况

2013年7月24日，eBay旗下的在线支付平台PayPal发布了首份全球跨境电子商务报告，对全球最主要的五大跨境电子商务市场——美国、英国、德国、澳大利亚和巴西共超过5000名消费者进行采样调查，并综合了PayPal跨境交易数据进行分析，认为未来5年内全球五大跨境电子商务市场的规模有望增长近3倍，达到3070亿美元。在全球五大跨境电子商务市场中，追求产品的多样化及高性价比是消费者进行跨境网购的两大驱动力。热门消费类别中，服装、鞋及配饰稳居榜首，其他热门类别包括健康及美容产品、个人电子产品、计算机硬件及珠宝钟表。此外，各个市场的热门消费类别仍显现出地域性特点。例如，英国消费者更青睐网购机票，德国消费者更偏向于家庭电子产品，巴西消费者则更热衷购买计算机硬件。

当前世界贸易增速趋于收敛，为开拓市场、提高效益，越来越多的商家开始着力于减少流通环节、降低流通成本、拉近与国外消费者距离，而跨境电子商务正为此提供了有利的渠道。2012年，我国外贸进出口超过美国，成为世界进出口贸易规模最大的国家。同时跨境电商贸易也快速增长。2014年我国跨境电商交易规模为4.2万亿元，增长率为35.48%，占进出口贸易总额的15.89%。跨境电商平台企业超过5000家，境内通过各类平台开展跨境电子商务的企业超过20万家。据商务部测算，2016年我国跨境电商交易规模从2008年的0.8万亿元增长到6.5万亿元，占整个外贸规模的19%，年均增速近30%。

（2）我国B2C跨境电子商务发展概况

2012年，淘宝的总销售额突破万亿元大关，超过了亚马逊和eBay两大国际巨头的销售总和，但相较于亚马逊和eBay在国际市场的风生水起，淘宝无论是从知名度还是从海外的使用国家数量看，都与其巨大的销售量不相匹配。因此，进军国际市场，充分发掘淘宝价值十分有必要。2012年，淘宝登陆中国香港特区、台湾地区市场，取得了不错的成绩。继进军中国港澳台地区市场后，2013年，淘宝推出东南亚版，把进军国际市场的首站放到新加坡，进军海外市场。

国内多家B2C电商都于2014年开始增加了海外购的业务，开启大规模"买遍全球"的架势，如阿里上线天猫国际、京东上线海外购。苏宁易购、聚美优品、唯品会也都纷纷试水海外购，另有多家早就从事海外购物的电商也频频获得融资，加码布局海外购物市场。国内电商巨头阿里巴巴将全球化视作其上市后的第一个热点，在2014年"双十一"期间喊出"买遍全球、全球可买"的口号。旗下天猫国际、淘宝海外、速卖通3个平台首次参加"双十一"，意图让全球人民参与这场电商狂欢节。1号店在"双十一"期间正式上线"1号海购"项目，通过保税进口模式将海外优质商品引入国内。顺丰优选的海外代购网站"优选国际"也于11月11日正式上线，聚焦于食品领域，选品标准为优质、差异化、高附加值，如奶粉、保健品等，这些都是海购的热门品类。亚马逊中国在2014年"双十一"也是主打国际品牌，于"双十一"期间开通亚马逊全球六大站点直邮中国的服务，中国消费者将有机会选购来自欧、美等8国的8000多万种国际商品，并享受美国同步价格。

(3) 我国 B2B 跨境电子商务发展概况

在外贸 B2B 领域，阿里巴巴、敦煌网、环球资源、中国制造网、环球市场集团等电商平台企业在海外市场已树立品牌。近年来，全球采购需求向小批量、多频次方向发展。为适应全球贸易发展趋势，阿里巴巴推出了"采购直达"跨境电子商务平台。在"采购直达"平台上，海外买家通过网络发布自己详细的采购需求，阿里巴巴整合中国各产业集群地的优质供应商与海外买家进行匹配，在限定时间内，供应商可以根据自己产品的特点主动报价并在线进行订单的洽谈和沟通。2012 年，"采购直达"平台上的供应商共获得超过 45 亿美元的订单；2013 年上半年，平台平均每天收到一万笔订单需求，总金额超过 3000 万美元。阿里巴巴的统计数据显示，接近 90%的订单被中国企业获得。截至 2013 年年底，阿里巴巴跨境电子商务平台已经累积超过 1000 万的全球买家的采购数据。敦煌网创建于 2004 年，是国内首个为中小企业提供 B2B 网上交易平台的网站，也是我国跨境电子商务开创者之一。敦煌网将自身定位为"B2B 在线交易及供应链服务平台"。敦煌网以交易服务为核心，提供整合信息服务、支付服务、物流推荐、竞价排名、免费翻译等全程交易服务，并在交易完成之后向买方收取一定比例的佣金。敦煌网"为成功付费"的模式打破了传统电子商务"会员收费"的经营模式。2013 年，敦煌网推出了外贸开放平台，借此发展外贸 B2B 的"中大额"交易，吸引中大型制造企业开展线上交易。

(4) 我国跨境电子商务综合实验区的建设

从 2012 年 2 月开始，海关总署联合相关部门选择了上海、重庆、杭州、宁波等城市开展跨境贸易电子商务试点，目前已取得明显成效。尤其是上海，由于拥有政策、人才及口岸优势，2008 年以来，上海跨境电商的年均复合增长率达到了 40%左右。上海作为长三角地区的龙头城市，一直以来都扮演着该区域贸易及物流中心的角色，尤其是 2013 年中国（上海）自由贸易试验区的成立，更为区域内跨境电子商务带来政策利好。2013 年 4 月 1 日，eBay 集团发布《上海跨境电子商务零售出口产业一览》显示，2013 年上海卖家通过 eBay 和 PayPal 实现的跨境电商零售出口交易量仅次于广东和中国香港特区，位于大中华区第三位。

2015 年 3 月 12 日，国务院印发《关于同意设立中国（杭州）跨境电子商务综合试验区的批复》（以下简称《批复》）。《批复》明确了该综合试验区的定位和作用，提出要以深化改革、扩大开放为动力，着力在跨境电子商务各环节的技术标准、业务流程、监管模式和信息化建设等方面先行先试，通过制度创新、管理创新、服务创新和协同发展，破解跨境电子商务发展中的深层次矛盾和体制性难题，打造跨境电子商务完整的产业链和生态链，逐步形成一套适应和引领全球跨境电子商务发展的管理制度和规则，为推动我国跨境电子商务发展提供可复制、可推广的经验。

2016 来，随着跨境电子商务新政的过渡，整体市场在调整中不断探索，行业逐步走向规范。市场结构上缺乏资质和供应链管理能力的中小企业被挤出，市场集中度进一步提高；模式结构上，呈现出由保税发货、单一爆品向直邮、多品类长尾模式探索发展。

当前，我国跨境电子商务快速发展，已经成为创新驱动发展的重要引擎和大众创业、万众创新的重要渠道。发展跨境电子商务，不仅能够带动就业、增加收入、解决民生问题，还能开辟市场空间、增强话语权，为中国经济发展提供新动力。

5. 我国开展跨境电子商务的相关政策

当前跨境电子商务政策主要包括以下几个方面：

①《关于实施支持跨境电子商务零售出口有关政策的意见》（以下简称《意见》）。在《意见》里，商务部等8部委针对支持跨境电子商务零售出口提出了确定电子商务出口经营主体、建立电子商务出口新型海关监管模式并进行专项统计、建立电子商务出口检验监管模式、支持电子商务出口企业正常收结汇、鼓励银行机构和支付机构为跨境电子商务提供支付服务、实施适应电子商务出口的税收政策、建立电子商务出口信用体系等一系列政策。

②《关于跨境电子商务零售出口税收政策的通知》。该通知发布了跨境电子商务零售出口税收政策。电子商务出口企业出口货物，符合特定条件的，适用增值税、消费税退（免）税政策。电子商务出口货物适用退（免）税政策的，由电子商务出口企业按现行规定办理退（免）税申报。

③《国家税务总局关于外贸综合服务企业出口货物退（免）税有关问题的公告》。国家税务总局经商财政部、商务部同意，发布出口货物的退（免）税事项。外贸综合服务企业以自营方式出口国内生产企业与境外单位或个人签约的出口货物，在规定情形下，可由外贸综合服务企业按自营出口的规定申报退（免）税。退（免）税时，应在第15栏（业务类型）、第19栏〔退（免）税业务类型〕填写"WMZHFW"。

④《支付机构跨境电子商务外汇支付业务试点指导意见》（以下简称《意见》）。国家外汇管理局综合司发布了这一指导意见。《意见》明确了试点业务申请、试点业务管理、支付机构外汇备付金账户管理、风险管理、监督检查等问题。

⑤《海关总署公告2014年第12号（关于增列海关监管方式代码的公告）》。海关总署为决定增列海关监管方式代码，发布了这一公告。增列海关监管方式代码"9610"，全称"跨境贸易电子商务"，其适用于境内个人或电子商务企业通过电子商务交易平台实现交易，并采用"清单核放、汇总申报"模式办理通关手续的电子商务零售进出口商品。

⑥《海关总署公告2014年第56号（关于跨境贸易电子商务进出境货物、物品有关监管事宜的公告）》。海关总署明确了电子商务企业或个人必须接受海关监管等监管要求。开展电子商务业务的企业，如需向海关办理报关业务，应按照海关对报关单位注册登记管理的相关规定，在海关办理注册登记。电子商务企业或个人、支付企业、物流企业应在电子商务进出境货物、物品申报前，分别向海关提交订单、支付、物流等信息。电子商务进出境货物、物品的查验、放行均应在海关监管场所内完成。

⑦《海关总署公告2014年第57号（关于增列海关监管方式代码的公告）》。海关总署增列海关监管方式代码"1210"，全称为保税跨境贸易电子商务，简称保税电商。它适用于境内个人或电子商务企业在经海关认可的电子商务平台实现跨境交易，并通过海关特殊监管区域或保税监管场所进出的电子商务零售进出境商品。"1210"监管方式用于进口时仅限经批准开展跨境贸易电子商务进口试点的海关特殊监管区域和保税物流中心（B型）。

⑧2016年4月7日至8日，国家财政部、海关总署、国家税务总局联合发布《关于跨境电子商务零售进口税收政策的通知》、财政部等11个部门发布《关于公布跨境电子商务零售进口商品清单的公告》、海关总署发布《关于跨境电子商务零售进出口商品有关监管事宜的公告》，要求自4月8日起实施新的跨境电商监管政策。这些政策在主要从事进口的跨境电商企业中产生了极大的反响，被业界称为"4.8新政"。此次政策调整主要是对跨境电商零售进口建立一个长效税收与监管机制，意味着国家对跨境电子商务由早期的以促进为主转向以"促进+规范"为主。未来，跨境电商一系列的促进和监管措施还将陆续出台，

中国的跨境电子商务将从早期的野蛮生长逐渐走向平稳、健康发展。

8.2.2 跨境电子商务的运营模式和实践模式

1. 跨境电子商务的运营模式

中国跨境电商运营模式主要由第三方服务平台（代运营）模式、小宗B2B或C2C模式、大宗B2B模式和独立B2C模式4种不同类型模式构成。随着跨境电商政策的完善和新型电商出口海关监管模式及信用体系的建立，跨境电商模式将从传统提供信息服务向提供交易、营销、支付、物流等综合服务转变，进而通过运营模式的转变促进跨境贸易交易额的增长，推动我国进出口贸易的稳步上升。

（1）第三方服务平台（代运营）模式

第三方服务平台模式为不同规模和行业的小额跨境电商公司提供解决方案，而本身不直接或间接参与任何电子商务的买卖过程，它帮助企业推动其电子商务跨境销售的发展，其主要盈利模式为服务费。

（2）小宗B2B或C2C模式

小宗B2B或C2C模式是类似于eBay的独立第三方销售平台，为境内外贸企业及海外买家服务。双方通过平台进行下单，而平台本身不参与资金流、物流等交易环节。盈利模式主要是收取一定比例的佣金。另外，还包括会员费、广告费等增值服务费。企业代表为阿里巴巴和敦煌网等。

（3）大宗B2B模式

大宗B2B模式是为境内外会员提供网络营销平台，传达供应商及采购商的商品或服务信息，最终促进买卖双方完成交易。此类平台通常包括网站、线下展会、出版品等多种推广渠道。会员费和营销推广费用为其主要盈利模式。

（4）独立B2C模式

独立B2C模式通过联系境内外企业作为供货商，买断货源，同时自建B2C平台直接服务海外终端消费者，负责物流、支付、客服等，将产品销往海外。通过销售收入，赚取进货销货价差。企业代表为兰亭集势。

2. 跨境电子商务的实践模式

在2016年跨境电商新政实施前，对跨境电商零售进口的商品视为"物品"而非一般贸易的"货物"进行管理，税收方面对跨境电商零售进口征收行邮税，而非一般贸易的关税、增值税等，且应征税额低于人民币50元可以免征。我国陆续设立宁波、郑州、上海、重庆、杭州、广州、深圳、福州和平潭等9个跨境电商进口试点城市。这些城市皆可开展网购保税进口业务，即"跨境零售进口直邮模式"和"跨境零售进口保税备货模式"。

直邮模式是指国内消费者在电商网站购买境外商品后，由电商海外仓库直接发送包裹，邮寄给国内消费者；保税备货模式则指电商企业从境外集中采购货物，运至国内海关特殊监管区域内备货，国内消费者从其网站购买商品后，电商直接从海关特殊监管区发货，送达消费者手中。这两种模式的跨境商品在"一线"进区时无须验核通关单，也无须缴税，在"二线"出关时才需要电商企业向海关系统发送"物流信息""订单信息"和"支付信息"，同时进行清单申报和缴纳行邮税。政策的宽松使得跨境零售进口获得了爆发式增长，但同时也出现了诸如"蚂蚁搬家"等偷税漏税的问题，行业发展秩序亟待规范。

(1) 直购进口模式

2014年2月,杭州跨境电子商务试点首批"直购进口"模式商品的顺利进境。该模式面向国内消费者,提供全球网络直购通道和行邮税网上支付手段。消费者通过跨境贸易电商企业进行跨境网络购物交易,并支付货款、行邮税等,所购买的商品由跨境物流企业从境外运输进境,并以个人物品方式向海关跨境贸易电子商务通关管理平台申报后送至消费者手中。同时,电子税单也将投递至消费者注册时使用的电子邮箱。其主要涉及的参与者有境内消费者、跨境电商企业、支付企业、物流企业、跨境贸易电子商务服务平台、海关等相关政府部门。其中,境内消费者需在跨境贸易电子商务服务平台实名注册,电商企业、支付企业、物流企业需提前在海关备案。

(2) 网购保税模式

网购保税进口模式主要依托海关特殊监管区域的政策优势,在货物一线进境时,海关按照海关特殊监管区域相关规定办理货物入区通关手续;二线出区时,海关按照收货人需求和有关政策办理通关手续。针对特定的热销日常消费品(如奶粉、平板电脑、保健品等)向国内消费者开展零售业务,将自贸区内商品,以整批商品入区,根据个人订单,分批以个人物品出区,征缴行邮税。网购保税进口商品及购买金额限制等问题具有以下规律性:一是试点商品为个人生活消费品,但国家禁止和限制进口的物品除外;二是行邮税的征收以电子订单的实际销售价格作为完税价格,参照行邮税税率计征税款;三是参与试点的电商、仓储等企业需在境内注册并能实现与海关等管理部门的信息系统互联互通。

网购保税模式成功案例

宁波保税区的"保税进口"模式

当人们在享受从国外购买产品带来的多选择、高品质、价格优等实惠的时候,也饱受运输周期长、风险大、维权难等问题的困扰。为了给海淘族们提供一个通畅安全的购物渠道,"保税进口"模式跨境电商平台悄然登场,它让人们享受到了更舒适的购物体验。

"保税进口"模式在宁波保税区试运行已逾半年。相较于传统的代购或者海淘模式,"保税进口"模式的优势在下单、物流和售后均有体现。传统模式的下单,首先要注册一个转运公司的仓库地址,然后再去海外的网站上淘商品,整个流程非常复杂,而且境外网站不提供中文咨询。付款方式以国际信用卡为主。但是在"保税进口"模式下,下单方式与国内电商一致,而且提供中文的在线咨询。付款方式也是大家所熟悉的支付宝、银联等。

在物流方面,传统模式下从海外邮寄产品,少则一两周,多则几个月。但是在"保税进口"模式下,商品是从宁波保税区仓库发货的,只需要两三天就可到消费者的手中,而且在下单的同时已经完成了海关申报,没有任何的不确定因素在里面。

对于消费者最关注的售后问题,在传统模式下,商品如果出现了问题,想退换货,对方是海外的,很难操作,想维权也不容易;而在"保税进口"模式下,要退换货,只需要把商品寄回宁波保税仓库就可以了,而且每个商品都有方位溯源标签,是非常方便的。

传统的跨境购物方式往往出现物流费用远超商品价格的现象,但是在"保税进口"模式下,人们看到的是更加省钱的物流模式。

目前的跨境电子购物物流模式主要有3种:第一种是快递,从国外网站选购之后快递回国,这种方式最简单,也最昂贵;第二种模式是集货1.0,即国外卖家将上百、上千个订单打成一个大的包裹或者集装箱运到中国,这种方式成本开始大大下降;第三种模式是集货2.0,全世界各地的人们把运往中国的集货仓储建立起来,然后以集装箱或者空运的方式运到国内,再来定点清关。这三种模式都是集货模式,先有订单,后有发货。

尽管集货1.0模式、2.0模式在物流成本上已经大大降低,但与宁波的"保税进口"模式相比,它们的成本还是相对较高的。"保税进口"模式和集货模式的区别在哪里呢?在"保税进口"模式下,是先把货运到国内,有了订单之后直接从保税仓进行分检包装,然后再发货。这个模式有以下几个好处:第一个是整个全链是可追溯、可管控的,所有的环节都是在海关和国检之下来管控的;第二个是消费者非常清楚这个商品在国内是有备货的,他会买得非常放心;第三个是由于货在国内,发货非常快。

(3) 一般出口模式

一般出口模式主要依托口岸监管部门实行无纸化通关和分类通关政策,通过快件、邮件的运输方式,实现跨境电商企业低成本通关、结汇、退税。一般出口模式业务流程分解如下:

① 检验检疫部门在货物进入海关监管仓库前实施检验监管。进行自动拦截、自动抽批,查验完毕后可查看结果,查验不通过的不得入库。

② 第三方综合服务平台在跨境服务平台进行资质备案。申请提交到管理平台,关员审核,只有通过审核后的电商企业才能开展相应的业务。

③ 由第三方平台在服务平台进行商品备案,备案内容包括品名、描述、HS编码等。

④ 由第三方综合服务平台负责采集数据与服务平台无缝对接,信息自动发送。

⑤ 电商根据订单配置相应商品、封装邮包、打印邮件详情单并送交物流企业寄递。在寄递的同时,服务平台根据物流企业发送的邮包收寄信息激活暂存的交易清单向海关电子申报。

⑥ 电商订单成交的同时,支付企业发送支付信息至服务平台,同时服务平台将支付信息传送给海关管理平台。信息比对不一致的清单予以退回。

⑦ 在管理平台中设置红、绿通道,对红通道的商品激活后进入现场审核,涉税商品直接转为报关单方式申报;对绿通道的商品激活后进入放行环节,实施实时监控。

⑧ 管理平台自动根据查验率的设置对清单货品进行随机布控,风险管理人员也可利用该功能进行人工布控。

⑨ 物流企业扫描邮件条形码,海关通过自动查验分拣流水线进行X光机同屏比对,涉证货物,需开箱查验货物;而放行货物则从不同的口子下线。

⑩ 完成查验、放行后的邮件按现有监管规定和要求,施加封志,并使用在海关注册备案的海关监管车辆运至口岸海关。

⑪ 口岸海关验核封志,监管放行。

⑫ 货品在邮运或快件渠道出境后,物流企业将出境信息通过服务平台反馈给海关,然后系统将货品出境信息按清单核放、汇总核销的归并方式汇总成报关单数据向H2000报关。

3. 跨境进口电子商务的交易模式

跨境电子商务近年来一直是中国乃至全球互联网行业的热门话题,其话题主要围绕的是出口领域。随着自贸区政策、电子贸易通关政策试点的放开,进口跨境电商将逐步成为行业热点,引人关注。进口跨境电商的传统原生形态就是零散海淘、代购。但是2014年以后，以往的海淘、代购等名词将被进口跨境电商概念进行重新定义。现在，我们按当前的商业形态分析进口电商4大商业模式。

(1) 大平台模式

支付和物流开道，吸引电商入驻。其典型代表有阿里巴巴、跨境通、顺丰、天猫国际。当今我国电商平台领域，都是在物流、信息流、资金流三方面进行比拼，未来电商平台将会是"支付+物流"的综合比拼。

(2) 联盟营销模式

联盟营销是众多国外电商网站惯用的链接销售模式，通常由联盟机构整合各个电商资源，制定统一接口开放给接入者。在外链接入平台上一旦产生接入销售，商家就给接入者提供返点（通常为5%~15%）。其典型代表有美国的shop.com和国内的55海淘（论坛+返利性质）、海淘城等，这类海淘平台往往携投资进入，发挥资金优势，铺货速度相当迅速，商品选择基数大，品类齐全，接到订单后，以离岸买手方式转手下单即可获利。但缺点是对货源的控制力度弱，对供货源没有太多话语权，切入门槛较低。这个领域以返利来吸引用户，借助其论坛平台优势，与国外众多商家有合作，甚至包括他们的竞争对手都为其用户解决了语言和支付问题。

(3) M2B2C模式

M2B2C模式货源需要靠自己的力量去谈判，同时还要建立国际物流管道能力，IT整合要求高，进入门槛相对较高。国内其典型代表有洋码头和海豚村，目前，洋码头主要专注于美国市场，海豚村主要专注于欧洲市场。所谓M2B2C模式，在国外通常称为Dropship模式，意思为通过IT、物流、售前售后管理有效整合商品资源，为消费者提供良好的购物体验。国内大一点的外贸B2C基本上都会做这块业务，美国一些做得好的Dropship公司都已经上市，如DOBA、Dropship Access、DSDI等公司。此种模式一旦发展起来会有较强的竞争力。他们的优点是：货源稳定，可掌控性强，拥有整合货源、物流和IT的能力，整体利润较高。缺点是：货源拓展速度慢，难度高。

(4) 海外转运公司模式

众多海外转运公司早已参与到跨境电商这个市场。拥有跨境物流能力、身在海外贴近货源都是他们的优势。但对于这些转运公司而言，普遍都需要面临一个选择，即是向多元化方向发展还是做深、做大物流。

4. 跨境电子商务环境下的物流方式

(1) 邮政小包

邮政小包是万国邮联邮政产品体系中的一项基本业务，即通过万国邮联体系采用个人邮包方式收发、运送货物。我国跨境电子商务中70%左右的业务使用邮政小包配送，常用的有中国邮政小包和新加坡邮政小包，其中中国邮政小包占业务量的50%左右。借助基本覆盖全球的邮政网络，邮政小包的物流渠道能延伸到全球各主要城市，这是其最大的优势。另外，中国邮政为国营企业，享受国家税收补贴，虽然随着近年政策的调整，运费价格在不断上涨，但相比国际快递等物流方式，其运价相对低廉。例如，中国邮政小包，以前邮递至美国的价格为每千克50元，2013年涨价后为90元，而采用国际快递的话，运费在200元以上。

邮政小包限制单包重量、速度较慢、丢包率高、非挂号形式无法跟踪商品、无法享受出口退税是其存在的问题。虽然邮政小包的运送时间一般在15~30天，但实际运送时间半数以上均超过30天。邮政小包若通过非挂号形式发出，中国海关显示通关后无法跟踪邮件后续信息，容易造成较高的丢包率；若采用挂号形式，则需要另缴挂号费，增加了成本。邮政小包以个人行邮方式进出关境，在自用合理范围内进境无须缴纳进口税，同时出境也无法享受出口退税。

（2）国际快递

国际快递方式主要是指由FEDEX（联邦快递）、UPS（联合包裹）、DHL（敦豪）、TNT四大跨国快递公司提供的全球快递物流服务。这些国际快递公司拥有自己的运送机队、车辆，设有地区航空中转站，签约有服务机场，在全球主要城市自建投递网络，配以现代化的信息管理系统支撑，具有信息传递失误率较低、丢包率低、能时时进行邮件跟踪、配送速度快、服务较为完善等优势。但国际快递的收费较高，特别是到偏远地区的费用更是昂贵。以2千克邮件为例，采用FEDEX从我国邮寄到美国，最快48小时内可以送达，但运费为200元以上。除非客户对时效性要求较强，一般使用国际快递方式运输的跨境电商很少。此外，国际快递主要采用航空运输，对商品的要求也比较高，不适航空运输的商品，如含电类商品就不能采用国际快递。目前，国际快递在跨境电商物流中所占份额相对较小。

近年来，我国国内快递公司也开始积极开拓国际市场。我国邮政的EMS业务，属于万国邮联管理下的国际邮件快递服务，依托邮政网络，可直达全球多个国家，并且在航空、海关等部门享有优先处理权，通关能力较强。顺丰、韵达等快递公司，近年逐步开通了到美国、日本、新加坡等国家的快递服务。国内快递公司的跨国业务，优势在于费用较国际快递低廉，速度比邮政小包要快，但因起步较晚，覆盖城市有限，服务体系有待提高。

（3）专线物流（含铁路专线）

跨境专线物流是针对某一国的专线运输，其主要是采用航空包舱的方式将商品运送到国外目的国，再通过目的国合作公司送达目的国终端客户。其优势是通过到同一目的地的规模运输使运费较国际航空快递便宜，丢包率较低，通关服务专业效率高。时效性较国际快递稍慢，始发国机场到目的国机场的物流速度较快，但邮件到达目的国后最终派送到终端客户手中的时间受目的国合作公司效率的影响。专线物流国内发货时间基本固定，若终端客户所在地较远，合作公司网点不完善，容易出现最后"一公里"运送延误。同时，由于专线物流覆盖地区有限，当到某一国家或地区的货物较多时，可开通专线物流，以集中运输。我国市场上最多的专线物流目的国也是我国主要贸易伙伴国，如美国专线、欧洲专线、澳洲专线、俄罗斯专线等。跨境电商若专注于某国市场，可以选择专线物流。

跨境铁路专线方面，我国于2010年和2013年分别开通了"渝新欧"国际货运铁路专线和"郑欧班列"，从我国重庆、郑州始发，经西安、兰州、乌鲁木齐，从新疆阿拉山口出境，再经哈萨克斯坦、俄罗斯、白俄罗斯、波兰等国，分别到达德国的杜伊斯堡和汉堡。国际货运铁路专线的开通，加之我国海关给予的通关便利，大大缩短了我国到欧洲的距离和成本，并且适用于大体积、大批量货物的运输。以郑欧班列为例，途经五国，全程运行时间为16~18天，与邮政小包物流时间相差无几，比海运节省20天左右的时间，费用是航空运输的1/3。其发展劣势除覆盖地区受限外，运输节点的阿拉山口冬、春季常有大风，恶劣的天气可能会延长交货时间、增加丢货风险。

(4) 海外仓储

海外仓储物流方式是指跨境电商平台运营商、第三方物流公司独自或共同在本国以外地区建立海外仓库，卖家将货物通过传统外贸方式采用海运、空运等形式运输并存储到国外仓库，当海外买家网上下单购买商品时，卖家通知国外仓库对商品进行分拣、包装、派送。这种方式一是可采用运费较低的海运运输，提早将货物储存于海外仓库，节约了物流成本；二是使本需从本国发送的货物直接从海外仓库配仓运送，一般情况下从发货到收货只需1~3天，大大缩短了物流时间。但并非所有货物都适合海外仓方式，一般销量好、周转快的商品较为适合，否则容易出现压仓的情况。此外，使用海外仓储方式，需要提前备货仓储，占压卖家资金，增加仓储费用。

建海外仓成为跨境电商的发展趋势。近年来迅速兴起的海外仓使跨境电商在海外市场提供本土化服务成为可能，并将成为推动跨境零售出口加速发展的新动力。对从事跨境零售出口的卖家来说，以往大多通过类似国际小包快递方式，将货物快递给国外消费者，这种方式的缺点非常明显：费用贵、物流周期长、退换货麻烦，还有各种海关查扣、快递拒收等不确定因素，由此造成客户体验差，长期下去还会限制卖家扩张品类。解决小包物流成本高昂、配送周期漫长问题的有效方案，就是在海外设立仓库。卖家将货物提前存储到当地仓库，当海外买家有需求时，直接从当地仓库进行货物分拣、包装及递送，从而缩短物流时间，提升用户购物体验。

海外仓的本质就是将跨境贸易实现本地化，提高跨境卖家在出口目的市场的本地竞争力。通过使用海外仓，中国卖家将在提高单件商品利润率、增加销量、扩充销售品类、降低物流管理成本、提升账号表现等方面得到显著提升，这最终还将促进跨境电商产业由价格战逐渐变成良性的服务竞争。

跨境电子商务出口零售未来一定是"海外仓+自营"，把仓储建到目的国去，通过一般贸易、集装箱把主要货物拉到海外仓库，当网上消费者下单之后，通过当地物流配送直接送给消费者，这样可以显著降低物流成本。国内各大跨境电商平台也开始纷纷布局海外仓。例如，阿里巴巴旗下菜鸟网络公司，已着手建立覆盖全球五大洲的海外仓储网络和航空干线资源能力，在全球各个重要城市设置仓库节点。

8.3 电子商务生态系统

8.3.1 电子商务生态系统概述

1. 电子商务生态系统的相关概念

移动互联网、物联网、云计算和大数据等技术的发展使我们已经进入到万物互联、移动互联的社交化时代。新技术和大趋势孕育了商业模式创新和企业价值提升的无限可能，社交化时代的到来向企业提出与外部资源开展全面开放和链接的机会和要求，而这种开放链接需要的载体就是创新生态系统。生态系统最大的优势在于建立了一个价值平台，这个价值由生态系统里的各个企业共同创造出来，有多少企业加入这个系统，价值平台就有多大。随着生态系统内部、外部结构优化不断完善、成熟，吸引到的企业合作伙伴会越来越多元化，创造的价值也会越来越大，优势会更为突出。

近年来,传统的商业模式面临着新的商业模式的挑战,商业创新的理念不断深入人心,并有越来越多的中小型企业用其自身行动来证明此理念。在众多的改革实践中,有这样一些群体,他们通过与众不同的方式来构建属于自己的商业生态系统,构建属于自己的商业帝国,比如以阿里巴巴为代表的创新型商业生态系统,在自己的战略布局下不断创新新产品,成为中国目前最大的电子商务公司。

(1) 商业生态系统

生态系统这一概念由英国生态学家亚瑟·乔治·坦斯利于1935年首次提出,他认为生态系统是生物物种和非生物环境的统一体,各个物种之间相互依存、相互制约,通过食物链彼此竞争与协调,形成一种动态的平衡机制。商业生态系统最先由James F. Moore (1986) 提出。Moore将其定义为"基于组织互动的经济联合体",将生态学观点应用到企业竞争战略中,为研究企业发展与市场运作提供了新思路,初步奠定了商业生态系统的研究框架。Peltoniemi和Vuori (2004) 在此基础上认为商业生态系统是由具有一定关联的组织组成的一个动态结构系统,这些组织可能是企业、高校、研究机构、社会公共服务机构及其他各类与系统有关的组织。其后,国内外学者针对这一复杂适应系统中各主体之间的关联、价值创造及均衡发展展开了探讨,商业生态系统的应用越来越广。类似的,将传统生态学的研究成果和理论应用到电子商务领域就产生了所谓的电子商务生态系统。

商务生态系统指的是一种经济联合体,是以个人、组织的相互作用为基础,融合供应商、中间商、客户、资金供应者、生产厂家等组织,实现资源、信息互通、共同发展,以个体和组织的相互作用为基础的经济联合体。该经济联合体中每个参与者必须依靠其他的参与者才能实现自己的生存。商务生态系统理论认为,企业应适应外部环境的变化,确定同联盟成员的共同愿景,结合各成员的不同贡献,组成商务生态系统。处在这个商务生态系统中的各企业应共同为客户创造价值,共同抵御来自系统外部的竞争,在市场生存中求得共同进化。

从实际应用角度,商业生态系统理论用动态发展的思想剖析了各企业与外部环境之间的相互依赖、紧密联系的关系,显著优于供应链理论、战略联盟理论等。结合我国电子商务当前以共同客户链为导向、共生关系明显的集群化现象,商业生态系统理论相比价值链理论等能够更好地解释电子商务产业的集群化现象,和强调成员共生关系及对环境的动态适应与改变。

(2) 电子商务生态系统

将商业生态系统的理论和研究成果应用到电子商务领域,就产生了电子商务生态系统的概念。实际上,传统商务的本质是商业机械系统,电子商务的本质是商业生态系统。在商业机械系统中,商业性与公共性是分离的;在商业生态系统中,商业性与公共性是融合的。作为生态系统的商业,可以实现由市场供给公共的社会服务,以生物性保证市场的公共性。

电子商务生态系统是商务生态系统的一种,是由一系列关系密切的企业和组织机构,超越地理位置的界限,将互联网作为竞争和沟通平台,通过虚拟、联盟等形式进行优势互补和资源共享结成一个有机的生态系统。电子商务生态系统包括社会生产消费的各成员,并将其看作为一个整体,以产品为需求载体,以消费者需求为核心,通过信息流、物流、资金流的作用,使生产消费以系统的形式稳定运行,从而实现系统的经济效益,维持效益最大化。

在电子商务环境下，针对企业发展战略的复杂性，电子商务生态系统既是企业的关键战略途径，也是一种管理理念的创新。系统中各成员间应实现资源共享、共同创新的集成化商务模式和标准，在不同的发展阶段调整战略选择、培养核心竞争力。马云就曾说过："我们运营的不是一个公司，而是一个生态系统，一个用新技术、新理念组建而成，由全球数亿的消费者、零售商、制造商、服务提供商和投资者组成的仍在持续长大和进化的新经济体。"

因此，电子商务生态系统就是一系列密切关联的企业和组织机构，超越地理局限，利用互联网络平台作为竞争和沟通环境，围绕核心电子商务企业，通过优势互补和资源共享联合成为一个有机的生态系统。

2. 电子商务生态系统的主要构成

电子商务生态系统存在于互联网这个虚拟的网络技术平台上，该平台由互联网服务供应商、互联网内容提供商及专业服务三大板块共同构成。存在于该技术平台上的系统成员包括两类：一是存在于传统地域空间的实体企业（如生产商、供应商、代理商和中间用户等）和相关机构（如政府组织、大学、科研机构、金融机构等），它们利用网络信息技术以虚拟的形式集聚在电子商务生态系统中；二是完全生存于互联网上的非实体企业，如网上商城、网络广告公司、网络音乐提供商、网络游戏软件开发商和经营商、网上咨询中介公司等。

利用商业生态系统理论来分析电子商务生态系统，可以发现，电子商务生态系统是一系列关系密切的企业和组织机构，超越时间、功能和地理位置的界限，将互联网作为合作和沟通平台，通过虚拟企业、动态联盟等形式进行优势互补和资源共享，结合成一个有机的生态系统。该系统内的各个成员各司其职、相互交织，形成完整的价值网络，物资流、信息流和资金流在价值网络内不断循环流动，共同组成一个多层次、多要素、多侧面的错综复杂的商业生态系统。电子商务生态系统中的物种成员按其定位可以划分为以下几类：一是关键种群，即电子商务交易主体。它包括个体消费者与企业消费者两类，这类群体主要从事电子商务产品的消费，往往在交易活动中占主导角色，是电子商务生态系统其他种群共同服务的对象。二是领导种群，它们是电子商务核心企业，是电子商务服务平台提供商，通过提供平台及监管服务，在电子商务生态系统中扮演着资源整合和协调的领导者角色。三是支持种群，即电子商务必须依附的组织。它包括物流公司、交易机构、安全认证中心，以及 ISP、硬件制造商、系统开发商和相关政府机构等。它们为电子商务交易的完成提供各种支撑服务，如物流配送、网上支付、安全认证、网络接入服务等，这些种群作为基础，支撑和优化着电子商务生态系统。四是寄生种群，即为网络交易提供增值服务的提供商等，包括技术外包商、电子商务咨询服务商、网络营销服务商等。这类群体"寄生"于电子商务生态系统之上，与电子商务生态系统共存亡。

按成员在电子商务生态系统中的地位及特点，系统成员又可以分为 4 种类型：一是网络核心型企业，该类企业提供各种"平台"，促进系统与顾客的连接，促进整个生态系统改进生产率、增强稳定性，并有效地激发创新；二是支配主宰型企业，该类企业实施纵向或横向一体化，占据和控制网络的大部分节点；三是坐收其利型企业，该类企业从网络中抽取尽可能多的价值，但不直接控制网络；四是缝隙型企业，该类企业拥有使自己区别于网络其他成员的专业能力，并将自己独特的能力集中在某些业务上，利用其他企业提供的关键资源来开展经营活动。

另外，还可以认为电子商务生态系统是由电子商务核心交易企业、金融服务企业、物流服务企业、政府等组织机构，以联盟或虚拟合作等方式通过互联网平台分享资源形成的一种生态系统，其成员间信息共享、协同进化，实现自组织和他组织。从生态链的角度来看，电子商务生态主体由生产者、传递者、消费者、分解者等构成。卖家和企业在交易活动中占主导，是生态系统中其他主体的服务对象。传递者主要是指电子商务生态系统中传递信息的媒介和通道。它主要包括门户网站、交易平台等，是生态系统中其他主体依赖的信息通道。分解者主要是指为电子商务生态系统中的主体提供有价值信息的政府机构、科研机构、进入机构等。通过对信息的分解、分析和加工，为主体提供有价值的信息，如物流公司、金融机构及相关政府等。消费者主要是接收并使用信息的组织，主要包括终端消费者和其他。有时电子商务生态系统中的4个主体会出现一些重合，如卖家和企业也同样是一些信息的消费者。生态系统中信息的传递和分解最终目的都是末端的消费。

3. 电子商务生态系统的优势

电子商务生态系统的优势不仅仅是一种交易手段，更是一种新兴电子商务产业。与传统商务生态系统及供应链、价值链、动态联盟等管理模式相比，电子商务生态系统具有以下优势：

① 系统特征更加明显。电子商务生态系统成员包括来自生产、流通、中介及发挥辅助作用的各行各业的诸多成员。成功的电子商务生态系统具有自我协调、自我修复的功能。系统的最大效用就是使整个组织能够正常运转，保证每个部分都行使其功能并使产出或效益最大化。系统内的竞争更加具有良性循环的效果，强调成员共生关系，更关注系统的进化过程及对环境的适应能力。电子商务生态系统不仅是一种实施电子商务的战略途径，也是一种管理理念的创新。

② 种群间的协作、共生关系加强。电子商务的发展使得传统企业之间的分工协作发生了变化，从而引起企业的组织形式、组织文化、管理方式、决策过程发生变化，并相继出现了虚拟企业、动态联盟等组织形式。企业间的协同合作越来越密切，协同商务不再仅仅是一个概念，而是与企业的业务紧密地联系在一起。

③ 小规模、差异化种群大量涌现。类似于亚马逊这样的综合型电子商务企业的数量将不会大量增加，而大量的利基电子商务会不断涌现。所谓利基市场，就是满足具有特殊需求的一类消费群体市场，它与大批量生产是相对的。这类小规模的电子商务企业将会长期生存下来，满足人们的差异化需求。

④ 物种更新迭代速度加快。一个生态系统由于各种原因会随着时间而衰败，而互联网即时、快速的特点更是大大加速了生态系统的更新周期。因此，电子商务生态系统需要形成其成员间共呼吸、共命运的模式，系统中成员的命运是连在一起的。这样，系统中的企业、个人才会有共同的目标，使系统向更完善的方向发展，而不合群的成员必将陆续被适应环境的优秀成员所替代。

⑤ 成本大大降低，竞争优势增强。首先，基于计算机网络的电子商务生态系统交易成本降低。电子商务生态系统与普通电子商务一样，打破了交易的时空限制，信息的交流、检索及辨别更为便利，促进了市场的透明度，从而降低了交易成本。其次，电子商务生

系统具有集聚经济效应，使系统成本降低，竞争优势增强，具体表现在：一是公共配套设施如网络基础设施等可由系统内成员共享，大大降低了企业产品的陈列展示、宣传推广费用以及其他相关费用；二是系统内第三方商业服务机构的存在，使得系统内合作伙伴可把辅助性增值活动进行外包，节约开支；三是通过电子商务生态系统网络平台，可解决国际业务和转口贸易中介过多等问题，降低企业成本；四是系统内的现代信息技术提高了企业内部各部门之间、各员工之间及各虚拟企业间的沟通协调，提高了劳动生产率，降低了生产成本；五是电子商务生态系统带来了集群品牌效应，克服了企业个体自创品牌需要庞大的资金投入和强大的产品设计能力的困难；六是电子商务各类标准在系统内被各企业接纳采用的越多，市场份额越大，则系统的外部效应越大，议价能力越强，竞争优势越大。

8.3.2 电子商务生态系统的培育

1. 电子商务生态系统的系统设计

（1）生态系统设计的原则

马尔科·扬西蒂和罗伊·莱维恩在与生物生态系统的类比中，提出商业生态系统的原则，其中有许多原则是人们没想到的。一是强健性，即着眼于更强健的生命力，强调核心物种（相当于龙头企业）的强健性（鲁棒性）；二是创造性，即着眼于创造新生事物的能力，这是针对小前端说的，但不是强调小前端的盈利；三是异质性，即着眼于求异，而不是我们一般认为的公平或平等（因为认为它们是市场的特征，但不是生物的特征）。

（2）电子商务生态系统设计的要点

第一，核心物种的使命在于通过分享资产，简化生态系统的复杂性。例如，支付宝的"因为信任，所以简单"，这是生态系统健康的保障。分享资产与分享产品不同，它不是分配，而是生产，目的在于共同创造价值。一般在规划电子商务时，都会注意到分享，但常常忽略了简化复杂性。生态系统与机械系统的区别，是复杂系统与简单系统的区别。降低复杂系统的复杂度，与降低一个非常复杂的简单系统的复杂度有本质区别。后者一般通过建立分层的金字塔解决，但生物体化简主要是靠智慧。对商业生态系统来说，要靠大数据来化简。

第二，要保持生态多样性，以增强生态整体的稳定性。要围绕"企业多样性的增加"和"产品及技术多样性的增加"两个指标来构造富生态。对此，核心物种大平台与利基小前端之间的界面非常重要。可以说，应用接口的丰富程度，就是生态系统的多样程度。规格，就是规划的多样性。

第三，驱动多样性的关键在提供开发工具上。在规划电子商务生态系统时，一般的想法是为小企业提供大市场或大生意，但其结果经常导致的不是多样性，而是规模性。"授之以鱼，不如授之以渔"，提供开发工具意味着鼓励小前端自己创造，如果大平台只创造市场，而让小前端来分抢现成大单，又因为成本领先者往往从中受益，就会导致趋同，从生态系统倒退回机械系统。从苹果公司APP生态系统建设的经验中就可以看出，开发工具水平的高低，往往直接决定生态系统多样性水平的高低。

2. 电子商务生态系统的构建模式

（1）构建基于平台经济的电子商务生态系统

电子商务的快速发展预示着平台经济的到来。平台经济是指"基于互联网、云计算等现代信息技术，以多元化需求为核心，以平台型企业为主导，整合产业链，融合价值网，提高市场资源配置效率的一种新型经济形态"。构建电子商务生态系统要以平台治理为手段，通过搭建平台将相互依赖的不同群体集合在一起，促进群体间高效互动，解决系统内成员竞争力的问题，通过平台自觉领导系统成员，协调他们在生态系统中的活动，从而从整个价值网络中获取利润。平台技术能够促进商业生态系统发展，优化商业生态系统，形成合理的生态位及促进成员企业之间的互动，从而形成健康的电子商务生态系统。近年来，世界许多企业都是通过平台治理建立生态系统而迅速崛起的。

（2）构建基于云计算的电子商务生态系统

电子商务环境下，云计算是基于互联网实现数字资源共享的计算模式。电子商务生态系统成员通过云计算能够随时获得超大规模、可靠性高、通用性强的数据，为企业提供安全快速的存储和网络计算服务，以新的模式提供高效率、降低成本。企业在电子商务环境下转型升级，通过商业生态系统实行集约化管理，依托云计算构建平台，利用企业数据资源定位目标群体，凭借计算服务功能细分目标市场，优化企业业务流程再造，实现价值创造的快速提升，使企业在激烈的竞争环境下抢夺市场，获得持续和稳定的发展。基于云计算的商业生态系统，面对动态、不稳定的内外部环境，能够快速反应调整，适应动态环境，促进系统成员健康成长。

（3）构建基于大数据的电子商务生态系统

大数据已经成为企业商业模式创新的基本时代背景。在基于大数据的电子商务生态系统中，核心企业通过互联网聚集资源，加强大数据基础设施建设，通过数据方法对原始数据的挖掘、存储、分析、管理，实现企业精准营销、个性化定制，发挥数据的预测效应。在大数据时代，市场逐渐从隐性的看不见的手，走向商业实践的前台，作为价值创造和实现的载体。大数据时代的到来，应深入认识大数据与电子商务生态系统的核心规律，通过大数据之间的价值关联形成共同利益的有机体，在电子商务生态系统中大数据的价值关联越紧密，释放其经济和社会的效应就越大。大数据战略推动了全球产业结构进行重大的调整，是未来经济发展的基础。

（4）构建基于创新理念的电子商务生态系统

电子商务环境下，商业生态系统正在借助与客户、供应商、合作伙伴共同搭建的开放式创新项目进行创新实践。一个好的电子商务生态系统可以重新定义商业格局，不断开发和应用新的解决方案，建立一套关于交流、合作和创新的治理规则。电子商务生态系统的持续创新，不仅是商业模式的转型，而是培育合作共赢的思维模式来推动共同创新。电子商务生态系统创新的主要途径是指组合现有资源推动新价值创造的创新活动，通过推动新理念价值，引导其他相关经济成员加入，开拓新市场，满足新需求，不断重新构建价值网络，以实现参与者各方的价值，建立一个不断创新的新生态系统。

3. 电子商务生态系统的培育策略

电子商务生态系统的发展壮大一般要经历创建、拓展、协调及进化4个阶段。电子商务生态系统数量及规模的发展壮大需要包括政府、行业、企业及消费者在内的全社会的共同努力。

（1）加强网络信息系统及物流系统的建设

信息流及物流的畅通是电子商务生态系统成功运转的两大基石。在网络信息基础设施建设方面，应搞好互联网的规划及建设，加快网络公共服务平台的建设，协助相关企业解决网络信息技术缺乏的难题，引导企业建设完善可行的企业信息管理系统；在物流基础设施建设方面，应大力发展第三方物流、第四方物流，积极引导物流企业利用电子数据交换及互联网等技术，加快物流与电子商务的融合，将有形的物流体系与无形的网络结合起来，保证各种要素在电子商务生态系统的各节点之间快速、顺畅地流动。

（2）鼓励发展第三方电子商务平台

提供交易服务、业务服务及技术服务的第三方电子商务平台在电子商务生态系统中属于领导种群，为系统中其他成员提供了一个发挥能力创造价值的舞台。企业开展电子商务的途径有两个：一是企业内部建立电子商务平台；二是借助行业网站、政府主导的网络公共信息服务平台等第三方电子商务平台，以及类似于阿里巴巴的独立的第三方电子商务平台。前者是势力雄厚的企业的选择，后者是广大中小企业的最佳选择。依托第三方电子商务平台，建立多物种、强大健壮的生态系统将是适合我国中小型企业电子商务发展的趋势和方向。

（3）培育大型核心电子商务企业

大型核心电子商务企业是在生态系统中占据中枢位置，能够找到行之有效的方法去创造价值，并与其他系统成员分享资源及价值的企业。大型核心电子商务企业可以是实体企业，也可以是第三方电子商务平台企业。电子商务生态系统内部必然首先实践一个或几个核心企业在前所未有的空间内大规模相互协调，将资源集中起来，甚至将消费者也融合进来形成一个共同进化的生态体系。如阿里巴巴就是不断通过为系统创造价值并与系统内其他成员分享价值，而不是单向攫取价值来获得广阔的发展空间的。

（4）加快信用管理体系建设及电子商务法律法规建设

信用管理体系是电子商务生态系统生存发展的保障。一要强化政府监管职能，为整个社会信任体系的建设打下坚实的基础；二要利用现代网络信息技术建立有效的制度化企业信誉管理体系，引导和约束成员企业的行为；三要建设科学、合理、权威、公正的征信机构，加快网络信任体系建设及全社会的征信体系建设；四要加强成员企业之间的信息沟通和交流，增进彼此之间的了解与信任。同时，为解决电子商务发展过程中暴露出的一些问题，如电子支付的风险及恶性竞争问题、信用卡盗窃问题、交易税收流失问题、安全认证及虚拟货币风险问题，需要加强电子商务的相关立法。目前，我国在网上开店、网络支付及虚拟货币交易方面的立法监管已经取得实质性进展，但还需要进一步制定各种相关政策法规，规范电子商务市场秩序，为我国电子商务稳定发展营造良好的商务环境。

总之，随着电子商务的迅速发展，企业的发展将更多地受到外部环境和利益相关者的影响，构建一个可持续发展的电子商务生态系统逐渐成为企业战略经营的必然选择。

本章小结

本章重点介绍了移动电子商务、跨境电子商务和电子商务生态系统的相关概念和特征。通过对相关理论的学习，可以发现在电子商务迅猛发展的背景下，无论是移动电子商务、跨境电子商务和电子商务生态系统都必将是未来发展的重点和必由之路。

本章重点是掌握移动电子商务的相关概念与发展模式，了解移动电子商务与传统电子

第8章 电子商务的新发展

商务的区别,并在此基础上,理解跨境电子商务和电子商务生态系统。

思考题

1. 名词解释:移动电子商务、跨境电子商务、电子商务生态系统。
2. 移动电子商务的主要商业模式有哪些?
3. 微信在移动电子商务中有哪些具体应用?
4. 移动电子商务与传统电子商务相比有哪些优势?
5. 跨境电子商务的运营模式和实践模式有哪些?
6. 跨境进口电子商务的交易模式有哪些?
7. 电子商务生态系统的优势有哪些?

拓展题

用手机上网下载一家企业的 APP,并思考在移动电子商务环境下,如何进一步对其移动电子商务模式进行重构或优化。

典型案例分析

高原农特产品走入百姓家——云南米土巴巴的电商生态系统

案例导读

云南米土巴巴网络技术有限公司(以下简称"米土巴巴")成立于2008年,是一家专业的移动互联网方案提供商、B2C电子商务交易平台服务提供商、社区O2O服务平台研发、运营、培训为一体的服务提供商。公司旗下主要产品:米土商城、米土e生活、米土资讯等,构建了较为完善的电子商务生态系统。

本案例在阐述米土巴巴电商生态系统构成的基础上,分析其商业模式、运营模式及电商模式创新,进而提出米土巴巴优质农产品的发展瓶颈及解决措施。

一、米土巴巴的电商生态系统

米土巴巴旗下的主要平台形成了米土巴巴的电商生态系统。其主要平台包括米土商城(移动端、PC端)、O2O社区平台及资讯平台。

1. 米土商城移动端

米土巴巴电商生态系统中的米土商城移动端,为米土巴巴打开了移动互联网的空间。移动互联网的普及,让人人都能更方便地加入到互联网,每个人的价值都将逐渐显现出来。传统营销推广效果越来越局限,全民营销的时代已经到来,凭借更快、更好的互动与交流,每个人都能以简单的方式参与营销和推广,并获得分红。如图8-2所示为米土巴巴手机端(微信端)首页图,米土商城移动端即在其中。

米土商城移动端的主要作用是便于用户方便购物,不受时间和地点的限制,同时,用户在米土商城移动端上购物的同时,可以把自己认为好的产品分享给身边的朋友,此时,米土巴巴公司会把一部分佣金奖励给这位用户,使双方受益。

图 8-2　米土巴巴手机端（微信端）首页图

2. 米土商城 PC 端

米土商城的 PC 端是大众化的购物展示平台，米土商城的所有功能、产品和服务在 PC 端尽展无遗。并且，PC 端与移动端满足数据连通，佣金结算不论是通过移动端还是 PC 端都能实现。如图 8-3 所示为米土巴巴 PC 端首页图。

图 8-3　米土巴巴 PC 端首页图

第 8 章 电子商务的新发展

3. 米土 e 生活（O2O）

米土 e 生活是米土巴巴电商生态系统中的便民信息社区 O2O 服务平台。其业务覆盖全国各地，主要涵盖日常生活所需服务，如商超、酒店、洗衣、送水、美食、保洁等全面的日常生活服务。让广大群众用最便捷的方法让生活更简单；让广大商家线上线下结合，多渠道发展，通过 O2O 模式去除中间环节，助力为广大线下服务商轻松实现"互联网+"思想，让广大线下服务商家拥有标准化的电子商务一站式服务平台。

4. 米土资讯

米土资讯是米土巴巴电商生态系统中的信息窗口。该资讯平台围绕"互联网+"农业，提供农业新闻、农业资讯、致富经、健康养生、营养美食等全方面的资讯。这些资讯，为米土巴巴其他电商生态种群提供了信息支持。如图 8-4 所示为米土资讯网首页图。

图 8-4　米土资讯首页图

二、米土巴巴的商业模式

1. 搭建 B2C 购物平台：米土商城

米土巴巴围绕优质农产品，搭建 B2C 购物平台，该平台为追求"极致生活，溯源定制"的客户群体提供优质农产品。其购物流程如 8-5 所示。

2. 走进社区生活：米土 e 生活 O2O 服务平台

米土 e 生活主要打造便民服务 O2O 平台，业务主要服务社区居民，覆盖社区周边超市、外卖、洗衣、维修、保洁等所有家庭日常生活所需服务，米土 e 生活平台结构如图 8-6 所示。

3. 打造电商生态闭环：跨平台融合模式（B2C2O）

米土巴巴抓住"互联网+"带来的机遇，运用大数据分析市场走向，将战略引申布局到整个农产品领域，基于自身拥有优质的农产品资源，将采用 O2O 模式进行互联网农产品营销。但是，再次考虑到线下布局农产品实体门店的成本会非常高，为此快速引入米土 e

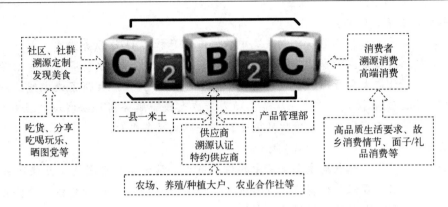

图 8-5 米土巴巴农产品购物平台运营流程图

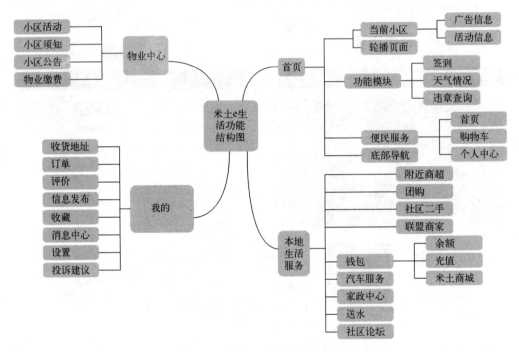

图 8-6 米土 e 生活平台结构图

生活 O2O 模式。

如图 8-7 所示,米土商城与米土 e 生活融合发展,即 B2C2O 跨平台融合模式。该模式首先利用米土 e 生活的优势,以综合生活服务的高频次再次黏住客户,绑定忠实客户并挖掘商品或服务的需求,且再次开拓垂直细分的优质农产品市场;其次,以社区为单位,有效组织多样化的活动,保证享受简单生活服务的同时提升生活品质,打造吃喝玩乐一体化的地标农产品,树立生活新风向。再次,米土巴巴最终会把土特产和生活服务巧妙结合,让生活更简单,吃出健康也会更简单。

三、米土巴巴的运营模式

米土巴巴的经营思想:利用互联网搭建平台,使得农村的品牌农产品和城镇、国外购买能力直接对接,去除中间冗余环节,促进农业价值链条大调整、价值重分配,帮助农民获得品牌资产的同时满足城市人优质农产品需求。最终形成农产品销量好,农民收入增加,

第8章 电子商务的新发展

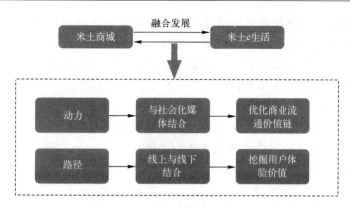

图 8-7 跨平台融合模式图

再次刺激消费的良性循环。

米土商城运营战略:"一县一米土"战略是米土商城的运营战略。供应链、物流配送是电商的核心竞争力。"一县一米土"战略即一县一产品,在 IT 基础设施、电商生态、在线购物、物流配送尚未完全成熟的农村市场,"一县一米土"战略将切实发挥强大力量。

米土巴巴发展 O2O 服务模式涉及以下几个重要方面,首先,利用米土商城原有的客户进行有效的导入和变现,成熟地运用米土巴巴微信公众号、新浪微博、二维码等入口吸纳用户;其次,利用会员积分计划来有效连接用户的消费和社交,便于平台进行精准化营销;最后,由于米土巴巴的竞争优势在于成熟的线上服务模式,而发展 O2O 服务必须进行线下的实体服务,通过与附近商超、商家联盟、餐饮娱乐、美容健身、家政服务等产品型或服务型商家进行合作,与商家携手共同打造线上和线下完整的服务链条,推动整个环节有序高效地运行。

米土巴巴在农产品最核心的领域,始终保持较高的研发投入与架构升级,以持续保持先发优势,保证更好地同米土 e 生活跨平台融合。当这些平台的功能弥漫于整个移动互联网空间的时候,那它们就真正成为一个生态体系中的空气、水一样的基础设施,从而构建出一个完美的生态链。

四、米土巴巴的电商模式创新

1. 个性化服务

为顺应电子商务市场多样化的发展,满足个性化服务需求的目的必然存在,米土巴巴的电商模式不断创新,不断升级服务。主要表现为如下几方面,首先是满足顾客的多样性选择。无论是价格、产品、服务还是消费体验等不同层面,都可以快速、精准地迎合顾客的需求并增加相应的附加值;其次是有效提供顾客参与设计的平台,享受服务的同时也可以为他人服务,兼顾经济效益与社会效益,使顾客的精神需求得以满足;再次是主导创造,基于社群经济扩张的现状,除了消费需求还衍生出分享需求。米土 e 生活的功能非常强大,把本地生活服务功能和社交、分享功能强强联合起来,如旅游日志、美食体验、心情感悟等能自由展现并分享。

2. 一体化拓展

米土巴巴不同的业务和应用都具有可扩散、可传播、便于更多用户所选的特点。足够多的用户使用后,边际成本随之降低,最终形成规模经济。而规模效应依赖于用户长期的、保持较高频度的应用，用户深度地沉浸于应用，将会有效实现商业回馈，进而拉伸价值的广度。由于流量来自于平台，把自己的市场地位维系在单一业务基础上是存在风险的，米土巴巴通过业务的一体化拓展，并且在业务与业务之间形成一套坚实的、密不可分的、可彼此支持的、有机组合的业务体系，最终进一步夯实了米土巴巴的核心能力和市场地位。

案例思考题：
1. 分析米土巴巴优质农产品与社区生活服务的联系在哪里？
2. 分析米土巴巴跨平台融合发展的意义和延伸？
3. 结合"互联网+"的背景，如何理解电子商务O2O这种发展模式以及其应用的实际效果？
4. 试分析电子商务生态系统构建的关键点。

参 考 文 献

[1] 黄海滨,赵小红,焦春凤. 电子商务概论 [M]. 上海:上海财经大学出版社,2006.
[2] 杨凤召. 电子商务概论 [M]. 北京:电子工业出版社,2011.
[3] 高功步,焦春凤,柯浚. 电子商务物流管理与应用 [M]. 北京:电子工业出版社,2010.
[4] 周曙东. 电子商务概论 [M]. 南京:东南大学出版社,2008.
[5] 邵兵家. 电子商务概论 [M]. 2版. 北京:高等教育出版社,2006.
[6] 陈德人. 电子商务案例及分析 [M]. 北京:高等教育出版社,2010.
[7] 陈德人. 电子商务概论 [M]. 2版. 杭州:浙江大学出版社,2008.
[8] 俞立平,曹进文,高功步,等. 企业电子商务与网络营销 [M]. 北京:科学出版社,2004.
[9] 李琪,等. 电子商务概论 [M]. 北京:人民邮电出版社,2004.
[10] 方美琪. 电子商务概论 [M]. 2版. 北京:清华大学出版社,2002.
[11] Gary P. Schneider, James T. Perry. 电子商务 [M]. 成栋,译. 北京:机械工业出版社,2002.
[12] 王汝林. 移动电子商务理论与实务 [M]. 北京:清华大学出版社,2007.
[13] 邵康. 电子商务概论 [M]. 上海:华东理工大学出版社,2005.
[14] 张基温,等. 电子商务原理 [M]. 2版. 北京:电子工业出版社,2009.
[15] 姜红波,等. 电子商务概论 [M]. 北京:清华大学出版社,2009.
[16] 邓顺国. 电子商务概论 [M]. 北京:北京交通大学出版社,2004.
[17] 营利荣. 电子商务概论 [M]. 北京:科学出版社,2005.
[18] 张铎. 电子商务物流管理 [M]. 北京:高等教育出版社,2006.
[19] 胡怀邦,等. 物流管理学 [M]. 广州:中山大学出版社,2006.
[20] 查先进. 物流与供应链管理 [M]. 武汉:武汉大学出版社,2004.
[21] 冯英健. 网络营销基础与实践 [M]. 3版. 北京:清华大学出版社,2007.
[22] 姜旭平. 网络营销 [M]. 北京:清华大学出版社,2003.
[23] 赵永秀. 网上开店七日通 [M]. 北京:人民邮电出版社,2009.
[24] 陈次白,等. 企业商务电子化技术基础 [M]. 北京:科学出版社,2004.
[25] 张耀疆. 网络安全基础 [M]. 李磊,译. 北京:人民邮电出版社,2006.
[26] 洪国彬,等. 电子商务安全与管理 [M]. 北京:清华大学出版社,2008.
[27] 张爱菊. 电子商务安全技术 [M]. 北京:清华大学出版社,2006.
[28] 胡伟雄. 电子商务安全认证系统 [M]. 武汉:华中师范大学出版社,2005.
[29] 管有庆,王晓军,董小燕. 电子商务安全技术 [M]. 北京:北京邮电大学出版社,2005.
[30] 周云霞. 电子商务物流 [M]. 北京:电子工业出版社,2008.
[31] 周长青. 电子商务物流 [M]. 北京:北京大学出版社,2006.
[32] 黄海滨. 电子商务物流管理 [M]. 北京:对外经济贸易大学出版社,2007.
[33] 张铎,周建勤. 电子商务物流管理 [M]. 北京:高等教育出版社,2009.
[34] 胡燕灵,马洪娟,王英伟. 电子商务物流管理 [M]. 北京:清华大学出版社,2009.
[35] 卢国志,董兴林,杨磊. 新编电子商务与物流 [M]. 北京:北京大学出版社,2005.
[36] 郑称德,何瑛瑛,王羽. 电子商务的物流管理 [M]. 上海:复旦大学出版社,2008.

[37] 秦成德. 电子商务法律与实务 [M]. 北京：人民邮电出版社，2008.
[38] 高功步，马丽. 企业物流联盟的现状及运营策略研究 [J]. 经济纵横，2011 (3)：40-43.
[39] 李尤奇，张庆英. 呼叫中心在物流业中的应用及其营运管理优化 [J]. 物流技术，2007 (6)：20-22.
[40] 袁方. 浅谈电子商务中的电子支付方式 [J]. 商场现代化，2008 (31)：70-70.
[41] 王娜. 论网络银行在我国电子商务中的发展 [J]. 山东行政学院山东省经济管理干部学院学报，2008 (S1)：109-111.
[42] 孙琴. 网络金融与电子支付问题探讨 [J]. 中国商界，2009 (6)：68-68.
[43] 张喜征. 对电子商务商业模式专利化的思考 [J]. 科学学与科学技术管理，2004 (6)：104-106.
[44] 吴晨，梅姝娥. 电子商务模式的多维分类体系研究 [J]. 华东经济管理，2005 (9)：80-84.
[45] 徐健. 电子商务对国内传统企业的挑战 [J]. 东北财经大学学报，2004 (2)：37-38.
[46] 李存周. 电子签名和电子商务基本法律问题 [J]. 研究江海学刊，2005 (6)：205-208.
[47] 金香爱. 电子商务环境下税收法律体制的构建 [J]. 税务研究，2005 (11)：85-87.
[48] 范蕾. 国内传统拍卖企业网络发展模式的研究 [D]. 华东师范大学，2005.
[49] 李如年. 基于 RFID 技术的物联网研究 [J]. 中国电子科学研究院院报，2009 (6)：594-597.
[50] 邢晓江，王建立，李明栋. 物联网的业务及关键技术 [J]. 中兴通讯技术，2009 (12)：2-7.
[51] 张丽萍，胡坚波. 移动电子商务应用现状和趋势分析 [J]. 现代电信科技，2010 (5)：1-3.
[52] 张源. C2C 网站信用模式研究 [J]. 情报探索，2010 (4)：82-84.
[53] 胡书君，黄娟. 淘宝网盈利模式研究 [J]. 现代商业，2008 (17)：171-171.
[54] 高功步. 电子商务概论 [M]. 北京：机械工业出版社，2013.
[55] 陈德人，张少中，高功步，徐林海. 电子商务案例分析 [M]. 2版. 北京：高等教育出版社，2013.
[56] 陈耀. 管理学 [M]. 北京：高等教育出版社，2014.
[57] 孟显勇. 电子商务安全管理与支付 [M]. 北京：清华大学出版社，2014.
[58] 张宽海. 电子商务概论 [M]. 3版. 北京：电子工业出版社，2013.
[59] 谭玲玲. 电子商务理论与实务 [M]. 北京：北京大学出版社，2015.
[60] 樊世清，王星，王辉，等. 电子商务 [M]. 北京：清华大学出版社，2012.
[61] 董志良，丁超，陆刚. 电子商务概论 [M]. 北京：清华大学出版社，2014.
[62] 卢金钟，张昭俊，王永生，等. 新编电子商务概论 [M]. 北京：清华大学出版社，2012.
[63] 李常建. 新经济时代下电子商务的价值链和盈利模式分析 [J]. 山东经济，2004 (3)：43-46.
[64] 姜奇平，曹小林，肖芳，等. 电子商务的生态构建 [J]. 互联网周刊，2013：28-31.
[65] 刘根. 电子商务生态系统的构成及培育 [J]. 江苏商论，2010 (9)：82-84.
[66] 郭旭文. 电子商务生态系统的构成、特征及其演化路径 [J]. 商业时代，2014 (10)：71-72.
[67] 杨振源，叶青，耿荣娜. 电子商务生态系统特征及优势 [J]. 电子商务，2013：67.
[68] 董鹏. 国内跨境电商前景探析 [J]. 中国储运，2014 (9)：116-118.
[69] 杨丽敬. 基于跨境电子商务发展模式的分析 [J]. 齐鲁工业大学学报，2014 (4)：89-91.
[70] 高少华. 建海外仓成为跨境电商趋势 [N]. 深圳商报，2015-04-07.
[71] 曲晓丽. 跨境电商的保税进口模式 [N]. 国际商报，2014-06-24.
[72] 王莉莉. 跨境电商渐成国际贸易新模式 [J]. 中国对外贸易，2014 (12)：56-57.
[73] 廖蓁，王明宇. 跨境电商现状分析及趋势探讨 [J]. 电子商务，2014 (2)：9-10.
[74] 王蒙燕. 跨境电子商务与物流互动发展研究 [J]. 学术探讨，2014 (5)：105-106.
[75] 孙圣勇. 跨境电子商务政策概述与操作模式 [J]. 商业文化，2015 (3)：186-187.
[76] 王明宇，廖蓁. 我国跨境电商的主要问题和对策研究 [J]，2014 (33)：76-80.
[77] 刘纪元. 电子商务发展的新阶段：移动电子商务 [J]. 学园（教育科研），2013 (1)：26-27.

[78] 刘玉军，杨晔．我国移动电子商务运营模式分析与发展对策研究［J］．情报科学，2014（4）：122-125．

[79] 何钰．移动电子商务的发展与支持技术研究［J］．信息技术与信息化，2014（9）：88-89．

[80] 殷莉．移动电子商务模型构建研究［J］．软件导刊，2014（10）：18-19．

[81] 姚永敬．移动电子商务视域下新商业模式探讨［J］．电子商务，2014（13）：62-63．

[82] 张琳．移动电子商务盈利模式分析［J］．东方企业文化，2014（24）：263．

[83] 李强治．移动电子商务正成为O2O新力量［N］，2015-04-10．

[84] 高功步．从微信到微团购：微信营销体验与分析［J］．互联网天地，2014（3）：73-74．

[85] 黄敏学．电子商务［M］．4版．北京：高等教育出版社，2014．

[86] 中国电子商务协会，2014中国电子商务年鉴，2014．

[87] 中国电子商务研究中心，2014电子商务市场监测报告，2014．

[88] 中国互联网络信息中心，第39次《中国互联网络发展状况统计报告》，2017．

[89] 张波，蔡娟，张立涛，等．电子商务实用教程［M］．北京：清华大学出版社，2014．

[90] 高功步．电子商务［M］．北京：人民邮电出版社，2015．

[91] 吕瑞祥，韩静．电子商务类平台型企业生态系统构建［J］．商业经济研究，2015（20）：112-113．

[92] 胡岗岚，卢向华，黄丽华．电子商务生态系统及其演化路径［J］．经济管理，2009（06）：110-116．

[93] 李景怡．电子商务环境下商业生态系统的构建［J］．电子商务，2017（1）：18-19．

[94] 袁燕．网络时代我国跨境电子商务发展现状与运作模式［J］．商业经济研究，2017（2）：87-89．

[95] 黎雪荣，高博轩，申正远，等．2017—2021年中国电商物流行业投资分析及前景预测报告．

[96] 高功步，王成春．中国芭比的转身之美：江苏笛莎的成长之路［J］．中国管理案例共享中心入库，2014.9．

[97] 赵雪晴，高功步．电子商务生态系统协调性优化策略研究：以苏宁云商为例［J］．电子商务，2015（9）：13-14．

[98] 陆鹏，高功步．工商银行移动支付发展策略研究：以工银e支付为例［J］．电子商务，2015（8）：37-38．

[99] 刘惠珠，高功步．电子商务生态系统可持续发展研究［J］．中国集体经济，2014（1）：56-57．

[100] 王炳南．国内外电子商务的现状与发展，http://www.npc.gov.cn/npc/xinwen/2017-06/29/content_2024895.htm

[101] 中国互联网络信息中心，第40次《中国互联网络发展状况统计报告》，2017．

[102] 中国电子商务案例云服务平台，www.ceccase.com